〔現代市民社会叢書 4〕

辻中豊・坂本治也・山本英弘編著

現代日本のNPO政治
市民社会の新局面

The Politics of Non-Profit Organization in Contemporary Japan:
A New Stage of Civil Society

木鐸社

まえがき

　本書は，NPO（Non-Profit Organization，非営利民間組織。後述のように本書では基本的にNPO法人を指す）の活動実態と政治との関わりを実証的に分析するものである。

　NPOは1990年代以降，日本の市民社会の中に定着してきた新興の団体である。NPOの存在は，1995年の阪神・淡路大震災における被災者支援ボランティア活動，および1998年の特定非営利活動促進法（通称NPO法）制定を重大な契機として，広く日本社会に知られることとなった。今日では，福祉・環境・教育・まちづくりといった政策領域を中心に，NPOは公共サービスの新たな担い手として，あるいは公共問題に関する政策提言者として，多様な活動を行っている。また，新たな市民参加の場として，一般の人々の間にも認知されるようになった[1]。

　政府関係者の間でも，NPOに対する関心や期待は高い。2009年9月の政権交代を経て新たに誕生した民主党を中心とする連立政権（鳩山由紀夫内閣と続く菅直人内閣，野田佳彦内閣）では，「新しい公共」という考え方が打ち出され，その中心的な担い手としてNPOが位置づけられている。東日本大震災後，2011年6月にはNPO強化策の一環として，NPO法人への寄付を税制面で後押しするための特定非営利活動促進法の改正とそれに関連した一連の税制改正が行われた[2]。

　学術的な営みとしてのNPO研究も，この10数年間で着実に進展した。経

（1）「市民協働」といった概念で，市区町村が自治基本条例などで積極的にNPOを連携対象としていることがその背景にある。

（2）2011（平成23）年6月15日に「特定非営利活動促進法の一部を改正する法律」（平成23年法律第70号）が成立し，6月22日に公布。この改正はNPO法成立以後，最大の改正である。

済学, 経営学, 社会学, 行政学, 法学, 社会福祉学などを中心に, NPOに関連した多数の書籍・論文が刊行されたほか, 1999年には国内初の本格的な学会である日本NPO学会も創設され, NPOに特化した研究ネットワークが構築された。また, 各地に設置された公共政策大学院や政策系学部など教育機関においても, さまざまなNPO関連科目が設置され, カリキュラム上に組み込まれることが多くなっている。

このように現在NPOは, 実践の場においても, アカデミズムの世界においても, 大きな注目を集める存在となっているが, 未だ知られていないNPOの側面も残されている。そのようなものの1つに, NPOと政治の関係がある。この点について, 既存のNPO研究では, 本格的な調査研究が行われてこなかった[3]。

他方, 政治学者は, これまで利益団体研究や市民社会研究において, 団体と政治の関係をさまざまな角度から論じてきた。しかし, NPOについては, これまでは十分な分析が行われていない。

そこで本書は, NPOの活動実態および政治との関係構造を, 政治学の利益団体研究や市民社会研究の分析視角に立脚しつつ, 体系的に分析していきたい。後述するように, 本書の試みは, 筆者らが行っている日本の利益団体・市民社会組織に関する広範な実証的研究の一環である。それゆえ, NPOという日本の市民社会における最も新しい部分を分析することによって, 団体と政治の関係が現在どう変容しつつあるのかを探ることも, 本書の重要な狙いとなる。

政治に対する忌避意識

本書の分析の中心はNPOと政治の関係構造を解明するところにある。既に指摘したように, このテーマはこれまでのNPO研究において, あまり論じられてこなかったものである。その大きな原因の1つとして考えられるのが, NPO関係者の間に存在する漠然とした政治に対する忌避意識である。

---

(3) 最新の動向として, 政権交代を契機に, 日本でもNPOと政治の関係が本格的に論じられ始めている。たとえば, NPO研究者を中心に『ボランタリズム研究』(大阪ボランティア協会・ボランタリズム研究所編)が2011年3月に発刊されたが, その第1号の特集テーマは「政治とボランタリズム」であった。

NPO政治というタイトルについても議論があるかもしれない。それは日本だけの現象ではない。アメリカの著名な公共的利益団体やNPOの研究者ジェフリー・ベリー（Jeffrey M. Berry）が，近年 "Nonprofit Organizations as Interest Groups: The Politic of Passivity" と題して論じているように（Berry 2007），最もNPOセクターが発展し成熟したといわれるアメリカでも，NPOと政治はやや遠ざけられ，「消極的な政治」とみなされている。すなわち，NPOは公共サービス供給で重要な役割を果たしつつあるものの，立法過程へのロビイングなどの参加が連邦法によって妨げられているのである。いうまでもなく彼は政治的側面が極めて重要であることを力説している。アメリカでは，NPOはIRS内国関税庁501(c)(3)で税制上の優遇を受ける団体を指すことが多く，そのため政治活動には少なくとも表面上は消極的である。アメリカではNPOという略語が用いられることは少ないが，非営利セクターの定義は日本同様，多様なものが存在する。

日本でも，政権交代を契機にNPOと政治の関係が次第に論じられてきている。しかし最近までNPOは，時に「ノン・ポリティカル・オーガニゼーション（non-political organization）」の略称だと誤解されることがあるように，「政治とは無縁な組織」「政治的にニュートラルであるべき存在」として理解されることが多かった。実際，NPO活動に従事する人々の間にも，政治と距離を置こうとする人が少なくない（柏木2008：3）。

このような認識や規範意識が生じる背景には，NPO法上の規定の存在がある。同法2条2項2号ロとハでは，NPO法人は「政治上の主義を推進し，支持し，又はこれに反することを主たる目的とするものでないこと」，「特定の公職（公職選挙法（昭和二十五年法律第百号）第三条に規定する公職をいう。以下同じ。）の候補者（当該候補者になろうとする者を含む。）若しくは公職にある者又は政党を推薦し，支持し，又はこれらに反対することを目的とするものでないこと」と定められている。また同法3条2項では，NPO法人を「特定の政党のために利用してはならない」ことが明記されている。

もちろん，団体活動の「主たる目的」にさえ掲げなければ，NPO法人が政治活動に関係した諸事業を行うことは法的に可能である。他方，選挙活動に関しては，一切禁止されている。また，特定非営利活動促進法の規定はあくまで組織に関しての規定であり，NPO法人に関わる個人が自主的に行う政治活動や選挙活動までをも禁じているわけではない（柏木2008：18-20）。

このように厳密にいえば，NPOが政治と関わることは完全に法的に禁じられているわけではない。しかし，NPO法に謳われている規範・理念を重視して，「可能な限りNPOは政治の世界と関わるべきではない」という漠然とした政治忌避意識が，NPO関係者の間には広まっているのである。そして，実践の世界の関心の低さに引きずられる形で，研究の世界でも「NPOと政治」というテーマが本格的に展開されることはなかったのである。

NPOの政治性

以上のように，NPOは「非政治的」な存在として捉えられることが多い。しかし，客観的な実態においても，NPOは政治とは何ら関わりをもたない存在なのだろうか。われわれはそうではないと考える。

実際のNPOは，さまざまな形で政治過程・政策過程と接点を持ち，政治の世界と一定の範囲内で関わっている。NPOの行動は現に，政治的決定や公共政策に一定の影響を及ぼし，逆に政治的決定や公共政策はNPO活動のあり方を大きく規定している。また政治の世界の側にも，NPOとの関係を深化させようとする動きがみられる。要するに，NPOに関わる当事者たちにその自覚はなくとも，社会科学的に見れば，NPOは十分に1つの政治的アクターとして捉えることができる存在である。

たとえば地方政治の世界に目を向けると，むしろNPOによる積極的な政策参加を求める声が大きいことがわかる。近年，福祉国家体制の行き詰まりに伴い，公共サービスの供給および地域経営を，政府（ガバメント）による独占的な役割ではなく，多様な主体（ステイクホルダー）による相互行為として捉える「ガバナンス」に注目が集まっている（Rhodes 1997; Stoker 2004; 山本編 2008）。そして，一般市民から構成されるNPOは，このようなガバナンスを担うステイクホルダーとして活躍することが期待されている。NPOの役割として期待されているのは，行政の業務委託を受けたり，行政サービスを補助・補完したりするばかりではない。政策形成に関与し，行政などとともに地域経営の方針を決定することが求められているのである。

実際，NPOの地方レベルの政策過程への参加状況については，数多くの事例研究が行われている（坪郷編 2003, 2006；武智編 2004）。また，前述の市区町村に対する全国調査データの分析からは，NPOの政策過程の各段階への参加が一定程度見られており，それにより地方政府が多元化する傾向にある

ことが示されている（辻中・伊藤編 2010）。

　他方，中央の政党の側にも，NPO を「非政治的」存在と捉えて遠ざけるのではなく，むしろ新たな支持団体や人材供給源とみなして，積極的に連携していこうとする動きがみられる。朝日新聞の下記の記事が各政党の動きを端的に示している。「民主党は結党時の1998年より NPO 局（設置当初は NPO 委員会）という内部部局を設置しており，NPO との政策懇談会・意見交換会・勉強会などを頻繁に開催して連携を深めている。さらに，NPO 出身者を公認候補として擁立したり，秘書・政策スタッフとして登用したりすることも増えてきている。自民党は，当初こそ多くの議員がNPOを『反自民勢力の一部』とみなして，NPO にあまり関心を示さなかったが，旧来の支持団体の集票力低下や無党派層の増大という流れの中で，次第に考え方を改めるようになった。2004年1月には党内の組織本部に『NPO・NGO 関係団体委員会』を新設して，NPO を『独自のネットワークを持ち，大企業の退職者ら政治意

表0－1　NPO・NGO 出身国会議員の一覧

	氏名	政党	初当選年	衆参別	前歴記載事項
1	首藤信彦	民主党	2000	衆	NGO 代表
2	鈴木寛	民主党	2001	参	NPO 法人代表
3	市村浩一郎	民主党	2003	衆	NPO 事務局長
4	村井宗明	民主党	2003	衆	NPO の事務局長
5	内山康一	自民党	2005	衆	海外支援 NPO 職員
6	渡嘉敷なおみ	自民党	2005	衆	NPO 理事
7	福岡資麿	自民党	2005	衆参	NPO 理事
8	岡部英明	自民党	2005	衆	NPO 法人監事
9	中森ふくよ	自民党	2005	衆	NPO 法人副理事長
10	安井潤一郎	自民党	2005	衆	NPO 法人東京いのちのポータルサイト理事長
11	大河原雅子	民主党	2007	参	環境 NPO 理事
12	武内則男	民主党	2007	参	NPO 高知市民会議理事
13	石津政雄	民主党	2009	衆	NPO 法人日本地域健康支援機構理事長
14	櫛渕万理	民主党	2009	衆	NGO ピースボート事務局長
15	柳田和己	民主党	2009	衆	NPO 法人理事
16	中島政希	民主党	2009	衆	NPO 法人地域シンクタンク高崎国際センター理事長
17	石田三示	民主党	2009	衆	NPO 法人理事長
18	小原舞	民主党	2009	衆	NPO の事務局長
19	渡辺義彦	民主党	2009	衆	NPO 法人顧問
参考	辻元清美	社民党	1996	衆参	民間国際交流団体ピースボート
参考	石毛鍈子	民主党	1996	衆	NPO 法人代表理事

NPO 法制定（1998年）以降に国会議員になった者で，前歴（経歴・プロフィール）に NPO・NGO などの表記がある者。辻元清美と石毛鍈子は，96年初当選であるが，参考までに欄外に挙げてある。
出所）『国会便覧』（日本政経新聞社）および『政官要覧』（政策時報社）より筆者作成。

識の高い無党派層が集まる』新たな支持団体と位置づけて，支持基盤として積極的に取り込んでいくようになっている」（朝日新聞2004年3月26日付朝刊）。

表0-1は，NPO法制定（1998年）以降に国会議員になった者のうち，2009年総選挙時点でNPO・NGO関係を前歴に挙げている者の一覧である[4]。現在までにNPO出身の国会議員は，衆参併せて少なくとも19名は存在しており，2000年以降，選挙ごとに増加していることがわかる。このようにNPOは今日，有力な政治家供給源の1つにもなりつつあると推測される。もちろん，これはデータ元である『国会便覧』や『政官要覧』で調べた限りのものであり，厳密にみれば必ずしもNPO出身者とはいえない者も含まれている。しかし，少なくともNPO出身であることを有権者へのアピール材料として積極的に考えて，自らの前歴に挙げる議員が増えてきたことだけは確かであろう。以上の点からも，NPOの政治性をうかがい知ることができる。

NPOと日本社会・日本政治

日本においてNPOという言葉は，特定非営利活動促進法（通称NPO法）とともに一般化した。同法は1998年に成立し同年末に施行されたが，その制定過程で1990年代中ごろから次第に流布していった比較的新しい言葉である。しかし21世紀に入ってからは毎日数件の記事が新聞紙上に見出されるほど広く観察できる。NPOは日本において市民権を得た日常語となったのである。このこと自体が注目すべきことである[5]。

日本での言葉の由来はNPOサポートセンターを設立した山岸秀雄によれば，1988年の第一回訪米調査交流団によってNPOという存在，概念を発見し

---

(4) データ収集・整理の面で濱本真輔氏（北九州市立大学）の助力を得た。記して感謝申し上げたい。

(5) 例えば朝日新聞での頻出度で平均1日1回以上を意味する365回をこえる市民社会組織関連用語は，2009年においてNPO（783回），NGO（453回），労働組合（376回）の3つだけであり，業界団体は227回，市民団体は250回，市民運動は41回であった。こうした傾向はNPOに関しては2000年から観察できる。かつては市民団体が最高（604回，1996年）であった時期もある。NPOは初出が1992年（2回）である。『朝日新聞　Digital News Archives』（ただし新聞以外の関連誌も含む）。

たことに発するという（山岸2000：10-14）[6]。山岸は「『普通の市民』や『ボランティア団体』が安定的，継続的に組織運営を行い，その発展を可能にする背景には，社会の仕組みのなかにNPOとしての存在基盤が組み込まれているという事実があった」として「ともすれば，社会から孤立して活動するというイメージを抱かれがちだった日本の市民グループとの比較において，社会制度が具体的に実現することで市民活動の領域を拡大し，民主的社会をつくっていくことの重要性を改めて認識させられた」（山岸2000：13）と述べた。

　NPO政治が注目される背景には，いくつかの日本社会をめぐる「謎解き」がある。日本政治の比較政治的文脈での「謎」のなかに，なぜ自民党政権が1955年から93年まで（さらに復権して2009年まで）続いたか，などと並んで，厳密にはその裏側に，なぜ日本の革新政党（具体的には社会党）がかくも弱体で政権交代可能な政党に成長できなかったか，そしてその延長に，なぜ政権交代後もなお民主党が弱体か，という謎がある。

　さらには日本の市民社会（組織）の「謎」としては，4つのS（Small, 小ささ）「少ない会員数，少ない専門職員数，少ない予算額，狭い地域における活動」がある。これを主張するスーザン・J・ファー[7]もおそらくその比較の視野が狭く欧米に偏っていたことを認めるだろうが，いずれにせよ，ある程度，西洋先進国や韓国と比べてそうした「小ささ」を指摘できるのは一種の謎なのかもしれない。経験的にも西欧と比べて，1970年代の様々な市民運動や環境運動が堅固な「緑の党」を持てなかったことや革新政党が市民運動と連携し自らを強化できなかったことも先の政党システムに関連した謎であった。

　2011年の東日本大震災[8]は，この4つの小ささをもつかもしれない市民社会組織が，同時に絆，繋がり，ネットワークの強さ，いわばソーシャル・キャピタルをも持つことを示したと思われる。しかしなお，日本の市民社会組

（6）　辻中は1990年代に直接，山岸氏に聞き取りをする機会も得た。
（7）　2005年アジア研究学会（The Association for Asian Studies）年次総会「現代日本における市民社会集団と政策形成」パネルの討論者として，「4つの小ささ」という言葉を用いている（Pekkanen 2006＝2008: 49）。
（8）　大震災と日本の市民社会については，別に英文，邦文ともに別の書物を準備している。

織が，ロバート・ペッカネン（Robert Pekkanen）のいうように「メンバーはいるがアドボカシー（政策主張）はしない」（Pekkanen 2006=2008）ものなのかどうか，市民社会組織は，大震災とその後の復興において果たした役割の大きさとは裏腹に，たとえば原発への対応にみられるような専門知識やアドボカシー力に欠けていたのかどうか，という問題である。

　さらに日本は，先進国最小の政府公共部門を持ちながら，一方で世界有数の経済規模を維持しつつ，他方で世界最大の累積赤字に悩むといった極端な正と負の側面を呈している。「小さな政府，大きな財政赤字」の問題と市民社会組織，NPO はどのように関係するのか。

　このようにみると，日本の政治・社会と市民社会の関係はある意味でパズルに満ちている。そのため，実証的に日本の市民社会構造を位置づけ，市民社会と政府，政党やガバナンスとの関係の解明を行うことが日本社会・政治のパズルを解くことになる。

方法と問題意識，限界

　こうした一連の日本社会や政治の意味ある謎を，広い比較を念頭において，また広く市民社会組織全体（NPO，NGO だけでなく自治会・町内会から，業界団体，農協，労組まで）に目配りしながら，社会過程の側から照射するというのが，JIGS 調査（JIGS [9] = Japan Interest Group Study，団体の基礎構造に関する調査）の方法論的射程である。

　NPO 法人＝ NPO というのは特殊日本的な文脈である。しかし，ではなぜ1998年に NPO 法が成立したのか，その後，2011年末には4.6万組織を数えるまでに急成長したのはなぜか。後述のように，この20年は「市民社会冬の時代」とも見える経済的財政的な低迷の中にあるが，NPO はなぜ設立され，どのような活動，関係を社会過程で築き，政治過程の諸アクターとなっている

（9）　1997年に最初の「団体の基礎構造に関する調査（日本）」が，Japan Interest Group Study 略称JIGS（JIGS1）という名称で東京都と茨城県を対象に行われており，それ以来，現在まで多くの利益団体，市民社会組織の調査が行われている。また，JIGS2 という略称は，第二次の調査全体を指す呼称としても使用しており，社会団体調査を除く国内での調査は，J-JIGS2-○○（例：J-JIGS2-LG＝日本・市区町村調査）といった形式で略称を付与し区別をしている。すでに触れたように今回の調査は J-JIGS2-NPO である。

のか。このような問題を設定しそれを解明することは，私たちが，NPO政治が，広く日本の市民社会と政治過程のアクターとの関係や市民社会の自治的政治を解き明かす鍵となると想定しているからである。20年足らずのNPO法人の在り様は，市民社会の最も先端的な成長点である可能性がある。

しかし，またNPO法人の在り方は，二重の意味で環境により制約されている可能性もある。1つは，日本社会の歴史的な軌跡による規定である。NPOもまた他の市民社会組織と同様に，これまでの体制と社会，文化に規定され，その痕跡をもっているかもしれない。またNPOは，国際的な環境や規範，たとえばグローバリゼーション下での新自由主義的なイデオロギーに規定されているのかもしれない。

こうした問題意識を有しているとはいえ，本書はNPO法人に絞った我々の調査（J-JIGS2-NPO）を，一定程度他の関連調査と対比させつつ行った量的な分析が主要なものである。そのため，事例分析など質的な分析によってこそ明らかにされる実態や変化の兆しを捉えきれていないかもしれない。その意味で，あくまで暫定的な成果である。

また，本書の成り立ちについては，本書が含まれるシリーズの他の書物と共通する点が多い。本書は，15年以上にわたり日本および世界の市民社会組織，利益団体に関する実証的調査研究を行ってきた「団体の基礎構造に関する調査」研究グループ（辻中豊代表）の研究成果の一つである。特に2005年から5年間は，筑波大学を拠点とし，文部科学省科学研究費（平成17～21年度，2005年から2010年春）特別推進研究『日韓米独中における3レベルの市民社会構造とガバナンスに関する総合的比較実証研究』（課題番号：17002001，辻中豊代表，略称「市民社会構造とガバナンス総合研究（特推研究）」）を得て複数の国に跨り多くの実態調査を行ってきた[10]。

日本の市民社会の実態調査は平成18年度（2006年度）を中心に，(1)自治会

---

(10) 日本，韓国，アメリカ，ドイツ，中国，ロシア，トルコ，フィリピン，ブラジル，バングラデシュ，日本2（2＝第二次拡大），韓国2，アメリカ2，ドイツ2，中国2，ウズベキスタン，ポーランド，エストニアは既遂であり，2011-12年，インド調査を実施中。その後継研究組織が，「政治構造変動と圧力団体，政策ネットワーク，市民社会の変容に関する比較実証研究」（科学研究費基盤研究S，2010-14年度，辻中豊代表）である。データはhttp://tsujinaka.net/tokusui/index.html，http://cajs.tsukuba.ac.jp/などを参照。

・町内会・区会などの近隣住民組織, (2) NPO法人, (3)社会団体（職業別電話帳に掲載されている経済団体, 労働組合, 公益法人, 市民団体などあらゆる非営利の社会団体）に関する調査を行い, 4万件以上の団体データを収集した。また, 平成19年度（2007年度）以降は, (4)日本の全市区町村を対象に調査を行うとともに, (5)韓国, (6)ドイツ, (7)アメリカ, (8)中国の各国に対して同様に市民社会組織に関する調査を企画し, （各国の第二次となる）調査を終えた。

本書は, そのうち, (2)の日本におけるNPO法人に対する全国調査, 正式には「特定非営利活動法人（NPO法人）に関する全国調査」(Nation-wide Survey on Nonprofit Organizations in Japan, 略称 J-JIGS2-NPO) を中心とした研究書である。これまでにコードブックと報告書を刊行済みである（辻中編2009a；辻中・坂本・山本編2010）。

このような経緯から, 本研究は, (1)日本の市民社会組織全体の調査の中でのNPO研究, (2)広い国際的な比較市民社会調査の中での日本のNPO研究, であるという特長がある。ただし, この特長を十分活かしきれていないとすればそれは今後の課題である。

NPOの概念定義と使用法を巡って, 定義は後述のように多様なものがあるが, 本書では, 特に断らない限りNPO＝NPO法人という用語法を使っている。これはNPOに関する日本の文脈としてもっとも理解が容易である。すでに触れたようにNPO法は1998年に制定されたが, その制定過程でNPOという用語は1990年代中ごろから次第に流布していったからである。しかし, 言葉としてNPO＝非営利組織であるから, 法人以外のものがNPOに含まれることはいかなる定義をとっても当然であることも十分承知している。定義についての理論的問題は第1章で述べる。

時期的留意点

2012年現在からみて本研究には時期的な留意点が3つある。

一つは, 調査期間が自民党政権期という点である。本書のもととなるデータは, 2009年政権交代以前, 2007年の参議院選挙（民主党の勝利で,「ねじれ国会」が鮮明化した）以前のNPO法人を対象とした調査であることに注意が必要である。調査は2006年12月から2007年3月にかけて行われた。1年で退陣した安倍内閣（安倍内閣2006年9月26日から2007年9月26日）の中盤の

時期である。

　2つには，もう少し長く時間軸をとってみると，調査時点は市民社会財政の冬の時代にあたるという点である。NPO法が1998年に成立しその後，NPOの設立ラッシュが続くとはいえ，この同じ時期には，1997年のアジア通貨危機から日本の金融危機が生じバブル崩壊後の景気後退に一層の拍車がかかり，それへの対応から小泉構造改革が叫ばれ，結果的には失われた10年が失われた20年となり，経済格差など諸問題が深化していく時期である。この点は広く市民社会の中でNPOを位置づけようとする場合大切なので2つのグラフを示しておこう（図0－1，図0－2）。これは，内閣府経済社会研究所が毎年行っている民間非営利団体に対する標本調査[11]から日本全体の団体財政と団体活動費を推計したものである。ここにはいわゆる市民社会組織のうち経済団体，労働団体，学術文化団体，その他の団体と分類された団体の推移だけを表示した。ここにNPOやNGOなどがどの程度含まれるか不明であり，おそらくはほとんど含まれていないと推察できる。しかし，広義の市民社会の財政状況を間接的に知るほぼ唯一の統計であるので，貴重である。これを見ると明らかなのは，1997年から市民社会組織の財政は急速に減退し，2002年から少しずつ回復するがなお，80年代中葉のレベルであるということである。NPOが急成長したのは，実は冬の時代であるという点である。

　3つ目には，東日本大震災が日本の市民社会組織を考察する大きな機会を与えている点である。これについては，別にまとまった研究を準備中であるし，現時点で述べるのは時期尚早である。ここでは震災直後の8週間につい

---

(11)　内閣府の調査は多様なものが対象である。「事業所・企業統計調査」（総務省）の経営組織が民営のもののうち「会社以外の法人」，「法人でない団体」が対象となる。820：管理，補助的経済活動を行う事業所（82その他の教育，学校支援業）821：社会教育840：管理，補助的経済活動を行う事業所（84保健衛生）842：健康相談施設850：管理，補助的経済活動を行う事業所（85社会保険・社会福祉・介護事業）851：社会保険事業団体853：児童福祉事業854：老人福祉・介護事業ただし，8542（介護老人保健施設）は対象外。855：障害者福祉事業859：その他の社会保険・社会福祉・介護事業 870：管理，補助的経済活動を行う事業所（87協同組合）872：事業協同組合（他に分類されないもの）931：経済団体932：労働団体933：学術・文化団体939：他に分類されない非営利的団体94：宗教950：管理，補助的経済活動を行う事業所（95その他のサービス業）951：集会場。

図0－1　団体財政の推移

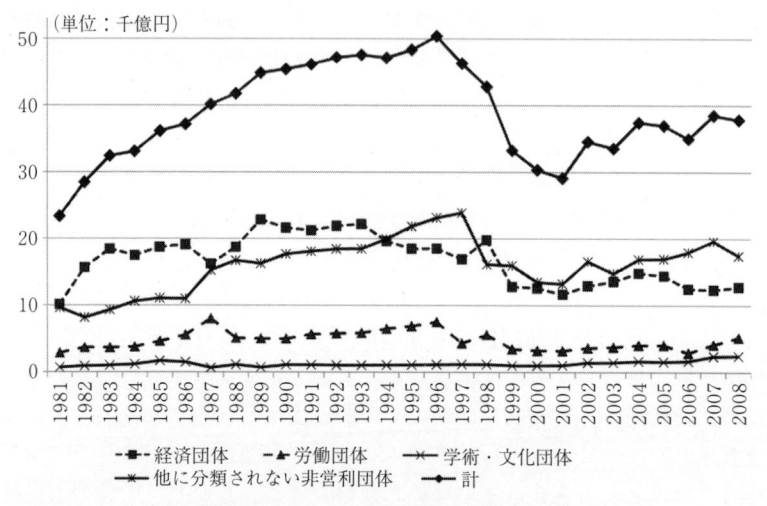

(単位：千億円)

(注) 収入ベース。1994年及び1997年は，データ未入手のため前後年の平均値で代用
(出所) 内閣府経済社会研究所『民間非営利団体実態調査報告書』各年版。

図0－2　団体活動費の推移

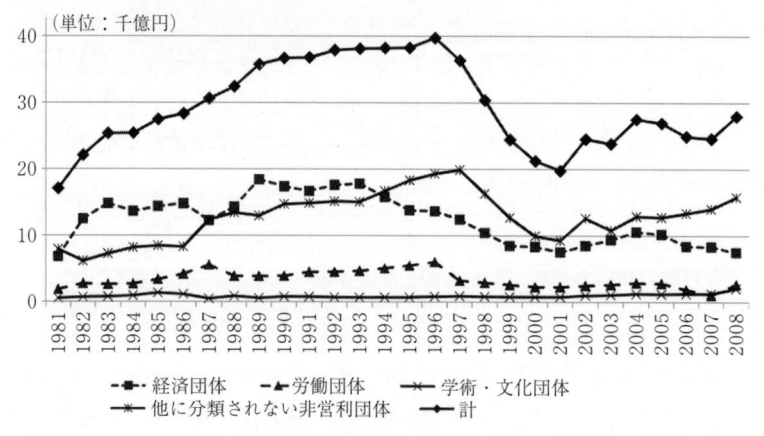

(単位：千億円)

(注) (団体財政)－(人件費)。1994年及び1997年は，データ未入手のため前後年の平均値で代用
(出所) 内閣府経済社会研究所『民間非営利団体実態調査報告書』各年版。

て，NPOなど市民社会に関わる語を含んだ新聞記事量の分析から得た，簡単な知見にだけ触れておきたい（久保・和嶋・竜 2011）[12]。

NPOがNPO法人としては存在しなかった1995年の阪神・淡路大震災の時と比べて，東日本大震災後8週間をとってみれば当然であるが広い意味でのNPOの記事は増大している。市民社会全体の記事量はほぼ同じであり，比較的平穏であった2007年と比べると2倍の記事量である。6週間程度で報道状況が平時に戻った阪神・淡路大震災時に比べて，今回は2カ月たった時点でも，寄付，復旧，復興といった語が頻繁に使われており，震災による影響の長期化が観察できる。市民セクター全体でみると，阪神・淡路大震災時とほぼ同程度の記事が登場しており，危機下における市民セクターの活性化を指摘できる。内訳をみると「ボランティア」とは直接関連しない「NPO／非営利団体／NGO」が増加しており，NPOの定着も見える。阪神・淡路大震災時と比べて，市民セクターと支援を関連させた記事が増加しており，市民セクターによる支援活動のほか，NPOに対する支援に注目が集まる可能性がある。そして現実に2011年にNPO法が改正された。他方で，震災の性格が異なるため比較は困難であるが，震災直後3カ月のボランティアの数は阪神・淡路大震災の時の半分程度と伝えられている。東北被災地域においてボランティアの受け皿となったNPOなど組織自体の少なさを指摘する声もみられた[13]。

　震災後の分析を通じて，日本の市民社会組織全般やNPOのもつ強さと弱さ，特徴を浮き彫りにすることもできるが，それ自体は本書の射程の外にある。2009年の政権交代後のNPO環境の変化や「新しい公共」と税制改正などの制度改革・政策刺激策とともに，本書での検討を終えたのち，最後の結論で再び触れたい。

　本書は，辻中豊，坂本治也，山本英弘3名の共同編集である。各部分や章はそれぞれの責任で最終的には執筆することになったが，その過程では，共著としても十分成立するように，1年近く討議を重ねた。3名以外のいわゆるJIGSチームやそれに関係する多くの研究者の協力を得たが，特に森裕城氏には実質的に編集作業に携わっていただいた。心から感謝したい。

---

(12)　対象紙は，朝日新聞，読売新聞，日本経済新聞。データ収集の手続き，結果については以下のURLを参照。http://cajs.tsukuba.ac.jp/2011/05/2011518cajs.html（最終アクセス2012年1月16日）。

(13)　毎日新聞は2011年8月5日の朝刊で，阪神では3カ月で117万人が集まったが，今回は4カ月で62万人と報じた（田中2011b）。

2012年1月

辻中 豊

（編著者を代表して）

謝辞

　こうした大規模な調査研究を遂行するに当たって，多くの組織での関係者，研究者，スタッフの助力を得ている。まず，現在のプロジェクト自体を可能とした文部科学省の関係者各位（特に審査や毎年の進捗状況評価に当たられた審査部会の構成メンバー，担当学術調査官である鈴木基史氏，増山幹高氏，研究振興局学術研究助成課）に感謝したい。同様に現在の担当である日本学術振興会の関係各位（審査部会の構成メンバー，研究事業部）にも感謝したい。毎年の研究実地審査，進捗状況審査，中間評価などでの厳しいコメントは学術的な面で私たちに熟考を促し，いくつかの積極的な修正や発展を導いた。

　さらに，研究スペースや関連研究への助成を惜しまれなかった筑波大学にも心から感謝申し上げたい。関連研究プロジェクトとしての筑波大学「比較市民社会・国家・文化」教育研究特別プロジェクト以来，この特別推進研究に対しても，岩崎洋一（前）学長，山田信博（現）学長を始め，多くの関係者から一貫して物心両面での暖かい支援を頂いている。

　大規模調査には，それに丁寧に答えてくれる調査対象団体の皆様なしには成り立たない。本（サーベイ）調査には，5,000以上のNPO法人のデータが含まれ，少なくとも5,000人以上の方々に参加協力していただいたことがわかる。心から感謝申し上げます。

　特別推進研究『日韓米独中における3レベルの市民社会構造とガバナンスに関する総合的実証研究』および科学研究費基盤S『政治構造変動と圧力団体，政策ネットワーク，市民社会の変容に関する比較実証研究』の正式メンバー，協力メンバー，スタッフの皆さんに感謝する。

　以上のメンバー以外にも多くの研究者や大学院生が関与し，協力を惜しまなかった。感謝申し上げる。研究室スタッフとしては，研究員の朴仁京，小橋洋平，非常勤職員の舘野喜和子，安達香織，矢吹命大（かつてのスタッフの近藤汎之，佐々木誓人）の日々の努力に心から感謝する。

　最後に出版社の木鐸社，坂口節子社長に感謝する。同氏の激励と叱咤がなければ本書が誕生することはなかった。本書は同氏に捧げたい。

　研究組織は次の通り。研究代表者：辻中豊（筑波大学）。研究分担者：森裕城（同志社大学），山本英弘（山形大学），坂本治也（関西大学），崔宰栄（筑

波大学),竹中佳彦(筑波大学),近藤康史(筑波大学),大西裕(神戸大学),小嶋華津子(慶應義塾大学),Dadabaev, Timur(筑波大学),波多野澄雄(筑波大学),坪郷實(早稲田大学),伊藤修一郎(学習院大学)。研究協力者(国内,主要メンバー):鈴木創(筑波大学),大友貴史(筑波大学)。横山麻季子(北九州市立大学),濱本真輔(北九州市立大学),京俊介(中京大学),久保慶明(筑波大学)。筑波大学大学院生:権妍李,柳至,桶本秀和。研究協力者(海外)韓国:廉載鎬(高麗大学)。米国:Robert J. Pekkanen(ワシントン大学),Steven Rathgeb Smith(ワシントン大学),Joseph Galaskiewicz(University of Arizona),Susan J. Pharr(ハーバード大学),T. J. Pempel(カリフォルニア大学)。ドイツ:Gesine Folijanty-Jost(マーチン・ルター・ハレ大学),Jana Lier 研究員(同)。中国:李景鵬(北京大学),Yuan Ruijun(同),Chu Songyan(同)。

《目　次》

まえがき……………………………………………………辻中豊　3

第1章　NPO 政治の分析視角 ……………………坂本治也・辻中豊　23
　1. 市民社会と NPO　(23)
　2. JIGS プロジェクトにおける NPO の位置　(33)
　3. NPO 調査の意義　(39)
　4. NPO の政治学的分析　(43)
　5. 本書の構成　(47)

第2章　NPO の形成局面 ………………………………………坂本治也　49
　1. 時系列の視点からみた NPO の形成　(49)
　2. 地理的分布の視点からみた NPO 形成　(62)
　3. 政治・行政と NPO の形成　(68)
　4. 本章のまとめ　(76)

第3章　NPO の価値志向と存立様式 …………………………山本英弘　79
　1. NPO の存立様式　(79)
　2. NPO の価値志向　(81)
　3. NPO のリソース　(87)
　4. NPO の構成員と組織構造　(97)
　5. 本章のまとめ　(105)

第4章　政治過程における NPO ………………………………坂本治也　109
　1. 利益団体としての NPO　(109)
　2. NPO の政治過程との接触面　(114)
　3. NPO の政治行動の規定要因　(129)
　4. 本章のまとめ　(145)

第5章　NPO の政治的影響力とその源泉 ……………………坂本治也　149
　1. NPO の政治的影響力の現状　(149)
　2. NPO の情報力　(152)
　3. NPO のネットワーク力　(157)
　4. アウトサイド・ロビイングによる世論動員　(161)

5. 政治的影響力の規定要因　(174)
  6. 本章のまとめ　(180)

第6章　ローカル・ガバナンスの中のNPO　………………山本英弘　183
  1. 地域社会におけるNPO　(183)
  2. NPOと様々なアクターとの関係　(186)
  3. NPOと自治体・議員との関係　(188)
  4. NPOの行政との関係についての認識　(202)
  5. 本章のまとめ　(206)

第7章　NPOによる市民社会の補完と開拓　…久保慶明・山本英弘　209
　　　　―福祉，教育，地域づくり分野の分析―
  1. NPOは社会に何をもたらすのか　(209)
  2. NPO，社会団体，市民団体を比較する　(210)
  3. 福祉分野　(212)
  4. 教育分野　(220)
  5. 地域づくり分野　(227)
  6. NPOの新しさとは　(234)

第8章　NPO法人格の積極的利用者？　………………………足立研幾　237
　　　　―世界志向NPOの活動・存立様式―
  1. 国際NGO，世界志向団体，世界志向NPO　(237)
  2. 世界志向NPO法人の活動分野・活動地域　(239)
  3. 世界志向NPOの組織基盤　(241)
  4. 専門知識を背景とした行政からの自律性追求？　(246)
  5. 国際的ネットワーキングとマスメディア利用　(247)
  6. 自律的なアドボカシーを追求する世界志向NPO　(252)

終章　結論　……………………………辻中豊・山本英弘・坂本治也　255
  1. 本書の課題　(255)
  2. 主な知見の整理　(256)
  3. 知見の含意　(262)
  4. エピローグ：民主党政権下でのNPOに関する政策，新しい動向　(264)

引用文献……………………………………………………………………271
付録1　NPO調査の設計と実施…………………………………………287
付録2　NPO調査・調査票………………………………………………295
アブストラクト……………………………………………………………308
索引…………………………………………………………………………310

現代日本のNPO政治

― 市民社会の新局面 ―

第1章　NPO 政治の分析視角

坂本治也・辻中豊

1. 市民社会と NPO

1．1．市民社会とは何か

⑴　市民社会の定義

　NPO について詳しく論じていく前に，市民社会という概念についてまず検討しておこう。我々は，NPO は市民社会組織の一部分を構成するものとみなしている。したがって，市民社会とは何かを考える作業なくして，NPO の存在意義は十分理解されないだろう。

　周知のとおり，市民社会（civil society）概念は，西欧政治思想の中で実に2500年以上にわたって議論されてきた多義的・論争的概念である（Ehrenberg 1999; 山口 2004；植村 2010）。したがって，誰もが納得するような定義を提示することは不可能に近い[1]。我々 JIGS プロジェクトでは，市民社会の定義を論じることを目的としていないため，経験的分析への適用のしやすさという点で，「家族と政府の中間的な領域であり，そこでは社会的アクターが市場の中で（経済的）利益を追求するのではなく，また，政府の中で権力を追求

（1）　筆者の1人である辻中は，これまでも市民社会概念と日本での同概念受容の問題性について，何度か議論してきた（辻中 2002a，2002b，2009）。同概念についてのより深い検討や，我々の基本的な研究スタンスについては，これらの論考を参照されたい。

するのでもない領域」という The State of Civil Society in Japan 国際共同研究プロジェクトでのフランク・シュワルツ（Frank Schwartz）の定義を採用している（Schwartz 2002: 196）。

図1－1は，我々が定義する市民社会の領域を視覚的に表わしたものである。これを見れば了解されるように，市民社会の領域とは，国家（政府機構）でもなく，市場（営利企業）でもなく，親密圏（家族）でもない領域のことを指す。換言すれば，①非政府性，②非営利性，③人間関係としての公式性，という3つの基準を同時に満たすのが，市民社会の領域である。この領域は，議論の文脈によっては，国家や市場との対比で「サード・セクター（third sector）」，あるいは「ボランタリー・セクター（voluntary sector）」など[2]とも呼ばれることもあるが，本質的にはそれらはほぼ同じ領域を捉えるための概念である[3]。

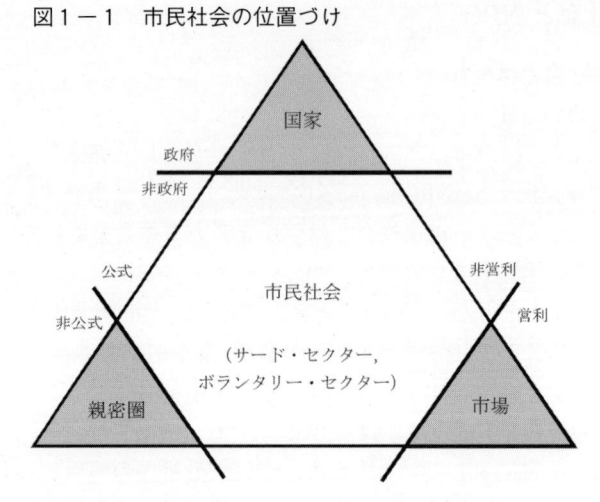

図1－1　市民社会の位置づけ

（出所）Pestoff (1998)，重冨（2002）などを参考に筆者作成。

(2)　「ノンプロフィット・セクター（nonprofit sector）」とも呼ばれることがあるが，この点については，本章後段で触れる。
(3)　ただし厳密に言えば，それぞれの概念に込められる理論的含意はやや異なる。論者によっては，「サード・セクター」は，政府と営利企業に近接した組織を含め，厳密な意味での政府と営利企業以外のすべてを包摂する幅広い領域を指す概念として用いられることがある。また，「ボランタリー・セク

市民社会領域にはさまざまな団体・結社・組織が存在しており，それぞれ多様な活動を行っている。市民社会研究では通常，これらの団体・結社・組織を「市民社会組織（civil society organization）」と呼んで，それを直接の分析対象とすることが多い。

(2) 市民社会はなぜ今注目されるのか

このような市民社会やその具体的な実体である市民社会組織は，なぜ近年重要になってきているのか。それには，市民社会以外の3つのセクターの変容と「公共性の担い手」問題が深く関係している。従来，ケインズ主義的な福祉国家体制の下で積極的な公共サービス提供，市場規制，社会福祉政策などを行っていた政府は，1980年代に端を発する財政状況の逼迫や新自由主義の影響などを理由に，公共政策の守備範囲や財政・組織規模を時代とともに縮小させつつある。また，市場セクターにおいてもグローバリゼーションの進展が引き起こした世界規模の経済競争が激化する中で，営利企業はとくに日本において特徴的であった企業内福祉や企業スポーツなどの多様な公共的活動を急速に整理し始めている。さらに，親密圏では，家族という私的な個人にとっての最後の拠り所となる場所も次第に溶解・変容し始めており，従来のような家族による福祉，生活扶助，教育，余暇などが十分供給されなくなってきた。このように，これまで公共的役割を果たしてきた政府・企業・家族のあり方が大きく変容し，その役割に十分な期待が寄せられなくなったために，新たな公共性の担い手として市民社会の存在が浮上してきたのである[4]。

　　ター」という概念を強調する論者には，自発性の要素をより重視し，その要素の少ない団体をセクターの領域から除外する傾向がみられる。これら概念ごとのニュアンスの違いには注意しなければならない。

（4）そもそも市民社会の語源であるラテン語の societas civilis には，「公共性ある社会＝政治共同体」という意味がある。さらに，近代国家や市場が十分発達していなかった19世紀以前にも，市民社会は公共性の担い手として重要であったといえる。アレクシス・ド・トクヴィル（Alexis de Tocqueville）が観察した1830年代の米国は，まさにそのような市民社会が大きな公共的役割を果たす新興国であった（トクヴィル 1972 [1840]）。その意味で，市民社会の公共的機能の重要性は，近年になって新たに発見されたというより，むし

(3) 市民社会組織の4つの機能

　では，市民社会組織には具体的にどのような公共的機能が期待されているのだろうか。政治学の市民社会研究では，つぎの4つの機能に焦点が当てられることが多い（坂本 2010a）。

　第1に，市民性の育成機能である。人々は多様な市民社会組織に参加することで，より洗練された政治意識や強い政治参加意欲，あるいは人間関係や組織運営のスキルを学ぶ（Truman 1951; Almond and Verba 1963; Almond and Powell 1966）。また，市民社会組織への参加は，政治・経済・社会のパフォーマンスを高めるとされるソーシャル・キャピタル（social capital，社会関係資本）の醸成にもつながるものである（Putnam 1993, 2000; 坂本 2010b）換言すれば，市民社会組織は民主主義の健全な発展に必要不可欠な「善き市民（good citizen）」を育てる「民主主義の学校」として機能するのである。

　第2に，公共サービスの供給機能である。市民社会組織は，福祉，医療，環境，治安，教育，文化芸術などの多様な政策領域において，自主的に公共サービスを供給する。それは，とりわけ国家，市場，親密圏によって十分カバーされていないサービスの場合に，大きな意味を成す。他方，場合によっては，市民社会組織は政府と協働で公共サービスの供給に関わることもある。この場合，市民社会組織の活動は，政府の政策執行への協力という意味合いが強くなる（トクヴィル 1972［1840］; Gidron et al. eds. 1992; Salamon 1995; 辻山編 1998；中邨 2003）。

　第3に，政治過程への利益表出機能である。市民社会組織は，選挙過程やロビー活動への関与を通じて，社会に存在するさまざまな要求や利害を政治過程に表出する。つまり，政治と社会をつなぐ「媒介項」としての役割を担っているのである。市民社会組織に媒介されて政治過程に表出される利益は，特定職業や狭い地域に限定された私的利益の場合もあれば，環境や人権の保護のように広範な人々を利する公共利益（public interest）の場合もある（Truman 1951; Key 1958; Berry 1977; 辻中 1988；辻中・森編 2010）。なお，政治学では利益表出機能を捉える際には，市民社会組織を「利益団体（利益集団）」[5]という概念レンズで捉えるのが通例である。また，既存の NPO 研究では，

　　ろ何度目かの「再発見」がなされたとみるのが妥当である。

とくに公共利益に限定した利益表出活動のことをアドボカシー（advocacy，政策提言）と呼ぶことが多い。しかし，呼び方は何であれ，いずれの場合にも，市民社会組織が政治過程と社会過程をつなぐ重要な接点の役割を果たしていることを捉えようとしている点では同様である。

第4に，政府への対抗・監視機能である。旧共産圏諸国の民主化過程において見られたように，市民社会組織は時として，圧政を行う政府と対峙し，国家権力からの「防波堤」として，社会や個人の自由や自律を擁護する（Cohen and Arato 1992; Diamond 1999; Burnell and Calvert eds. 2004）。また平時においても，政府の不正や怠業を監視し，問題があれば政府を批判する。市民社会組織はこれらの対抗・監視活動を行うことで，政府の暴走や腐敗を防ぎ，健全な民主主義の維持・発展を支える存在なのである（Rothenberg 1992; Edwards and Foley 2001; Geissel 2008; 坂本 2010b）。

市民社会組織は以上の4つの機能を果たしているために，政治学ではその存在が重視されている。もっとも，注意しなければならないのは，4つの機能を果たしているといえるのは，市民社会組織を全体として捉えた場合に限られるという点である。つまり，個々の市民社会組織が4つの機能すべてをつねに果たしているわけではない。たとえば，Putnam (2000) が指摘したように，地域に存在するボウリング・リーグ（同好会）は市民性の育成機能を果たすかもしれないが，政治過程への利益表出機能や政府への対抗・監視機能を日常的に果たすとは考えにくい。同様に，反原発を訴える市民団体は，利益表出機能や対抗・監視機能を主として果たすであろうが，公共サービスの供給機能とは情報の提供という点を除けばほとんど無関係であろう。場合によっては，1つの機能も果たさない市民社会組織も中には存在しうるであろう。要するに，ある団体・組織が市民社会組織に該当するかどうかと，ある団体・組織が4つの機能を果たしているかどうかは，まったく別次元の問題なのである。この点には留意する必要がある。

（5） 我々の用語法では，利益集団のうち，自らの利益実現のための組織を有するものをとくに利益団体と呼び分けて，両者を区別している。なお，英語における interest group や organized interest の訳語に相当するものは，利益団体である。詳しくは，辻中（1988），辻中編（2002）の議論を参照。

1．2．NPO とは何か

(1) 不明確な NPO の定義

本書は，多種多様な日本の市民社会組織の中で，新興勢力である NPO にとくに焦点を当てる。NPO とは，そもそもどのような種類の団体・組織のことを指すのだろうか。本書では，基本的に特定非営利活動法人（NPO 法人）の全数を対象とした実態調査（J-JIGS-NPO 調査）に基づいて分析を行うために，「NPO = NPO 法人」という用語法を主として使っている。しかし，「NPO = NPO 法人」というのは，特殊日本的な文脈での用語法であり，国際的にこうした用語法が使われているわけではない。また，市民社会概念の場合と同様に，NPO 概念にも多様な背景と異なる理論的含意が存在しており，国際的に合意された定義や用語法が存在しているわけでもない。そのような事情から，日本でも NPO の定義や用語法をめぐって一定の混乱がみられる。そこで本節では，こうした NPO の定義・用語法をめぐる問題について検討を加えておきたい[6]。

まず留意しておきたいのは，日本で通例用いられている「NPO」という呼称は，国際的にみれば必ずしも一般的ではない点である。いうまでもなく，「NPO」は Non-Profit Organization（非営利組織）の略語であるが，そのような略語法は国際的にはあまり普及していない。むしろ，略さずにそのまま Nonprofit Organization と呼ばれるか，あるいは Nonprofits, Nonprofit Sector などと表現されることの方がより一般的である[7]。この点は，Non Governmental Organization（非政府組織）の略語である「NGO」が国際的にもかなり頻

---

(6) NPO 概念についてのより詳しい検討，および NGO やボランティアといった隣接概念との異同については，筆者らによる別稿（辻中・坂本・山本 2010）の議論を参照されたい。

(7) ただし，近年に限ってみれば，日本発の「NPO」という略称が国際的にも徐々に浸透しつつある。たとえば，『国際市民社会エンサイクロペディア（*International Encyclopedia of Civil Society*）』における「比較の視点からみた非営利組織（Nonprofit Organizations, Comparative Perspectives）」の項目では，「NPO」という略語が用いられている。なお，この項目の執筆者である Ishkanian は，米国では Nonprofit Organization という呼称が好まれるのに対し，英国では Voluntary Organization が好まれる傾向があること，および NPO と NGO は等値概念として扱えること，なども指摘している（Ishkanian 2010）。

繁に用いられていることと比べると,非常に対照的である[8]。
　つぎに,日本におけるNPO概念の定義や用法についてみていこう。周知のとおり,NPOという言葉は1990年代以降に日本で普及し始め,現在では世間一般でも言葉自体はよく知られたものとなっている。しかし,この言葉に含まれる意味内容や対象物が,具体的に一体何を指すのかについては,未だ不明確であり,確固たる共通了解が存在しているとはいい難い。
　日本における代表的なNPO研究者である山岡義典は,「そのような背景のあるNPOという言葉ですが,現実に日本で使われている意味は,実に多様です。人によっても,また同じ人でも時と場合によって,その指し示す対象が異なることがあります」と指摘している（山岡 2005：6）。山岡が指摘するように,日本ではNPOという言葉が多様な定義・用法で使われており,それゆえに,NPOをめぐる議論に一定の混乱が生じてしまっている。
　では,具体的にどのような定義でNPO概念は用いられているのか。日本における多様な定義・用法は,大別すれば以下の4つのタイプに分類できる。

(2) 経済学的定義

　第1に,経済学者による最広義の定義である[9]。山内（2004:22）は,NPOを「収入から費用を差し引いた利益を関係者に分配することが制度上または事実上できないような民間組織」と定義している。この定義にしたがえばNPOには,学校・病院・老人ホームなどを経営する事業体,助成財団,環境・人権・平和など社会問題に取り組む市民団体,国際援助・交流を行う国際団体,政治団体,宗教団体,労働組合など,広範な組織・団体が含まれるこ

---

(8) 国連憲章第71条の規定などの歴史的経緯から,人権・平和・環境・国際協力・国際交流・開発などの問題に取り組む国際的団体ないし国内団体の一部では,NPOよりもNGO（non-governmental organizations,非政府組織）という呼称が好まれる傾向がある。しかし,NPOもNGOも,「非営利性」と「非政府性」を捉える概念という点では同一であり,両者の違いは,基本的には使われ方の沿革の違いにすぎないと考えられる（辻中・坂本・山本 2010）。ゆえに,本書では自称・他称を問わず「NGO」と呼ばれる団体も,すべてNPO概念の下で検討している。

(9) 厳密にいえば,「最広義」のNPO定義には,営利性がないという意味で,政府や政府関連組織（国営企業など）も含まれることになる。

とになる。

　経済学的定義では，事業などで得た利潤を利害関係者に分配しないという「非営利性」（換言すれば，「非分配制約」）と，政府や公営企業ではないという「非政府性」の2点が重要な要件となる。ゆえに，「非営利性」と「非政府性」をもった組織であれば，福祉事業体や助成財団のような公共的・社会的な目的をもって活動する組織（＝公共奉仕・公益型）であろうが，業界団体や同窓会のような会員向けサービスに特化した組織（＝会員奉仕・共益型）であろうが，すべて NPO に含まれることになる（山内 1997：1－4）[10]。

(3)　サラモンらによる非営利セクター国際比較研究プロジェクトでの定義
　第2に，レスター・サラモン（Lester M. Salamon）らによる国際比較のための定義である。この定義は，サラモンらジョンズ・ホプキンズ大学の研究グループが中心となって行っている非営利セクター国際比較研究プロジェクト（The Johns Hopkins Comparative Nonprofit Sector Project）において，非営利部門の国際比較調査に用いるために考案されたものである。その具体的な要件とは，①組織化されていること（organized），②民間であること（private），③利潤を分配しないこと（non-profit-distributing），④自己統治であること（self-governing），⑤自発的であること（voluntary），の5点である（Salamon and Anheier 1997）。

---

　(10)　米国での「一般的用法」では，nonprofit organizations はもっぱら公共奉仕・公益型の組織・団体のみを指し，会員奉仕・共益型の組織・団体が nonprofit organizations と呼ばれることは少ない（経済企画庁編 2000：130；山岡 2005：7）。米国において NPO は，広義には内国歳入庁（IRS）における501項に含まれる31分類の組織（ただし，501以外にも4項目存在する）を指す用語であり，何らかの税制上の優遇を得た，市民団体から業界団体，友愛団体，協同組合，共済組合までの広範な団体・組織などがそこに含まれる。他方，狭義の用法としては，501(c)(3) に該当する，宗教，教育，慈善，科学，文芸，公衆安全の検査，アマチュア・スポーツ競技育成，児童虐待防止，動物虐待防止などを目的とする組織，および501(c)(4) に該当する，社会福祉組織，市民協会，雇用者地方団体などの公共的な便益に資する組織のみを指す。なお，501(c)(3) 団体は，税制上の優遇措置に加えて，税控除の可能な寄付・献金を受領することができる。ゆえに，数の上では米国の広義 NPO のおよそ3分の2を占めている（Hall 2010: 1073）。

経済学的定義との相違として，ボランタリーな参加という「自発性」が要件に入っている点が注目される。ただし実体としてみれば，この定義と経済学的定義との間で，把握される組織・団体の範囲にそれほど大きな違いは存在しないといってよい。両者はともに広義のNPO定義として捉えられる。

(4) 狭義の定義

第3に，日本国内で普及している狭義の定義である。内閣府国民生活局ホームページによれば，NPOとは「様々な社会貢献活動を行い，団体の構成員に対し収益を分配することを目的としない団体の総称」であり，「法人格の有無を問わず，様々な分野（福祉，教育・文化，まちづくり，環境，国際協力など）で，社会の多様化したニーズに応える重要な役割を果たすことが期待されて」いる存在だとされる[11]。

この定義に含まれる団体・組織の具体的範囲は，従来から内閣府国民生活局が用いてきた概念である「市民活動団体」の範囲とほぼ重なり合う。「市民活動団体」とは，「継続的，自発的に社会貢献活動を行う，営利を目的としない団体で，特定非営利活動法人及び権利能力なき社団（いわゆる任意団体）」である。そして「市民活動団体」には，地域性の強い自治会・町内会や青年団・老人クラブなどの地縁組織，共益性の強い同好会・同窓会や趣味・スポーツ団体，行政からの委嘱によって活動している消防団や民生委員協議会，社団法人・財団法人・社会福祉法人・学校法人・宗教法人・医療法人などの各種公益法人等（広義の公益法人），商工会議所，商工会，協同組合などの法人格を有する団体，宗教団体，政治団体などは含まれないとされる（内閣府国民生活局編 2009：2 − 3）。

狭義のNPO定義の最大の特徴は，広義の定義でもみられた「非営利性」，「非政府性」，「自発性」に加えて，団体活動の「公益性」ないし「社会貢献性」が重視される点であろう。また，定義上に具体的な基準の明示はないものの，旧来から存在してきた公益法人などは一切除外されていることから，団体・組織の「新興性」や「グラスルーツ（草の根団体）性」が暗に重視されていることがわかる。日本国内で実務家やマスメディアが「NPO」という

---

(11) 内閣府国民生活局NPOホームページ（https://www.npo-homepage.go.jp）最終アクセス2012年1月16日。

言葉を使う場合は、ほとんどがこの狭義の定義を念頭に置いている。

(5) 最狭義の定義

第4に、日本国内のみで通用する最狭義の定義である。この定義の内容は至ってシンプルである。この定義は、1998年に制定された特定非営利活動促進法（NPO法）に基づいて、法人格を取得した特定非営利活動法人のみをNPOとみなす。

ただし、一部のNPO研究者や市民活動家の間では、特定非営利活動法人のみを「NPO」と呼ぶのは適切ではない、という見解が根強く存在している（山岡 2005：6）。他方で、特定非営利活動法人の範囲は法的に明瞭に確定できるため、「NPO＝特定非営利活動法人」と定義すればNPOの存在が実証的に捉えやすい、という分析上の利点がある。実際、既存の「NPO実態調査・分析」と称するものの大半が、特定非営利活動法人だけを具体的な分析対象としているのはそのためである。つまり最狭義のNPO定義は、操作的な定義としては優れた一面があるといえる。

以上のように、NPOという言葉には多様な定義・用法があり、「NPOとは何か、何であるべきか」を一義的に確定することはきわめて困難である。ゆえに、現時点で最も重要なのは、NPOという言葉を用いる者が、文脈ごとにどの意味合いでその言葉を用いているのかをしっかりと自覚し、外部の者にわかりやすく明示していくことであろう。そうすることによって、不要な議論の混乱や誤解を未然に防ぐことができる。

我々の研究の立場ははっきりしている。経済学的定義やサラモンらの定義のような広義のNPO（非営利性・非政府性・自発性を有する団体・組織）を示す言葉として、我々はすでにみたように「市民社会組織」という言葉を用いることにしている[12]。したがって、我々がNPOという言葉を使う場合には、日本での一般的な用法である狭義の定義を基本的には前提としている。つまり、NPOは「日本の市民社会の中で、さまざまな公益活動を行う特定非営利

---

(12) ただし、操作的な定義としては若干異なる。後述するJIGSプロジェクトの社会団体調査では、医療法人や学校法人を「市民社会組織」の調査範囲には含めていない。この点には留意する必要がある。

活動法人および任意団体」を指すための概念として考えている。また，最狭義のNPOを指すことをとくに強調する際には，「特定非営利活動法人」（「NPO法人」と略記）という呼称を用いる。

繰り返しになるが，本書の分析の元になっているNPO実態調査の調査対象がNPO法人に限られることから，本書の調査分析の記述においては「NPO＝NPO法人」として表現している。この点には留意されたい。

NPOの定義は正誤の問題ではない。各国において市民社会の成り立ちが異なるように，NPOで表象される存在の位置づけやNPO概念導入の経緯はそれぞれ異なっており，多様な文脈で定義がなされていることは押さえておかなければならない。本節で検討した4つのNPO定義には，それぞれ研究上の意義と利点があり，場面場面に応じて適切な使い分けをしていけばよい，と我々は考えている。

2. JIGSプロジェクトにおけるNPOの位置

(1) JIGSプロジェクトによる市民社会の経験的分析

新たな公共性の担い手としての可能性を秘める市民社会組織の存在は，現在世界的に注目されている。しかし，多様な団体・組織を包括的に把握し，その活動と民主主義に対する諸機能の実相に迫るのは，決して容易な作業ではない。選挙研究においての世論調査法に相当するような信頼性の高い確立された調査手法は，団体研究の場合，未だ開発されていない。多様な団体世界への接近の難しさから，団体に関する体系的な実態調査は，日本ではもちろん，世界的にみてもこれまであまりなされてこなかった。このような研究上の空白地を埋めるべくスタートしたのが，我々のJIGS (Japan Interest Group Study) プロジェクトである。

JIGSプロジェクトでは，日本に存在する全市民社会組織の活動実態をできる限り系統的かつ網羅的に把握するべく，2006－2007年に大規模な社会団体調査を実施した[13]。社会団体調査は，日本全国の職業別電話帳（iタウンペー

---

(13) 我々は1997年にも東京都と茨城県の電話帳掲載団体を対象にした同様の「第一次社会団体調査（J-JIGS1調査，詳細は辻中編2002を参照）」を実施しているが，今次の社会団体調査はその範囲を全国に拡大した第2回調査に該

34

ジ)に登録されている「組合・団体」に該当する91,101団体を母集団として郵送法によって行われた全数のサーベイ(質問紙)調査である。最終的には,15,791団体から回答を得た(回収率17.3%)。調査によって把握された全国の社会団体には,財団法人・社団法人・社会福祉法人などの法人格を有する公益団体をはじめ,協同組合・労働団体・同好会・スポーツ団体のような共益団体,商工会議所,商工会,宗教団体,政治団体,市民団体,学術団体など,多種多様な団体・組織が含まれている。我々はこのサンプルを用いて,日本の市民社会組織の活動実態を探究している。

　社会団体調査については,すでに辻中豊・森裕城編『現代社会集団の政治機能―利益団体と市民社会』(木鐸社,2010年)として研究書を公刊しているので,詳細な分析結果はそちらを参照されたい[14]。我々は社会団体調査によって,日本に存在する「市民社会組織=広義のNPO」の全体像をかなりの程度把握することに成功したと考えている。なお,社会団体調査のデータは本書においても,NPO調査の比較対象として活用されている。

(2) 社会団体調査を補う3つの調査

　しかしながら,社会団体調査には,調査方法上避けられない1つの問題点があった。同調査はあくまで職業別電話帳に掲載されている団体だけを捉えたサーベイである。当然ながら,固定電話を保有しない団体,何らかの理由で電話番号の公知を拒否する団体などは,この調査には含まれないことになる。したがって,日本の市民社会組織の重要部分を成し,一般市民にとっても身近な参加の場と考えられる自治会・町内会などの伝統的な地縁諸組織,あるいはNPO法人や市民活動・ボランティア活動を行う任意団体などの新興団体などが,電話帳調査によっては十分把握されないのである[15]。この点は,

　　　当し,正しくは「第二次社会団体調査(J-JIGS2調査)」と呼ばれるものである。したがってプロジェクト全体の名称も,正しくはJIGS2プロジェクトとなる。
　　(14) その他,社会団体調査についての大部の研究報告書(508頁)である辻中・森編(2009)とコードブック(129頁)である辻中編(2009b)も公刊済みである。併せて参照されたい。
　　(15) ただし,一部の自治会・町内会やNPO法人は電話帳に掲載されており,社会団体調査においても一定数は調査対象に含まれている。このうちNPO

1997年に第一次社会団体調査を実施した当初より我々研究チーム内で認識されており，将来的に克服すべき課題点であった。

そこで，文部科学省科学研究費特別推進研究を得て2006-07年に実施した日本の市民社会組織実態調査においては，全国レベルの社会団体調査に加えて，異なる母集団による自治会調査とNPO調査という2つの団体調査，および社会団体，自治会，NPOといった多様な市民社会組織についての自治体側の認識を明らかにするための市区町村調査，という3種類の調査を別途実施することとなった。この3つの調査を同時並行的に行うことによって，社会団体調査では十分すくい上げられなかった自治会やNPOの存在を包括的に捉えていくことを企図したのである（表1-1）。

本書で扱うNPO調査以外の2つの調査について，ここで簡単に概略を紹介しておこう。なお，これら2調査から得られたデータや分析結果は，本書の中でも随時利用されている。

自治会調査は，自治会，町内会，町会，部落会，区会，区など多様な名称で存在する近隣住民組織（以下，自治会と略す。子ども会や老人会などの機能別・対象別組織は含まれない）を対象とする初の全国調査である。全国でおよそ30万団体存在すると推計される自治会の母集団情報は現在に至るまで体系的に整備されておらず，入手可能なデータベースは存在しない。そこで，自治会は市町村との関わりが強いことから，調査対象となる自治会情報の入手や調査票の配布・回収は，各市町村の協力を得て行った。協力が得られた890自治体（全体の48.3％）における33,438の自治会に対して調査票を配布し，

法人に関しては，社会団体調査Q10で「あなたの団体には法人格がありますか。ある場合は，該当する名称をご記入ください」という設問があり，それで「特定非営利活動法人」や「NPO法人」と回答した団体を数えることで実数が把握できる。それによれば，社会団体調査の全回収サンプル15,791団体のうち581団体（3.7％）がNPO法人であると推測される。なぜ調査時点では実際には2万団体以上存在したNPO法人が，社会団体調査のサンプル内にはわずか600足らずしか含まれていないのか。その理由については今のところ不明であるが，NPO法人はそもそも固定電話を持たないため，あるいは電話帳の「組合・団体」欄に電話番号を掲載することを拒否しているため，などいくつかの理由が考えられる。この点は，今後検討していくべき課題である。

表1－1　JIGSプロジェクトにおける日本の市民社会組織関連調査の概要

区　分	社会団体調査 (JIGS2)	自治会調査 (JIGS2-NHA)	NPO調査 (JIGS2-NPO)	市区町村調査 (JIGS2-LG)
調査期間	2006.12～2007.3	2006.8～2007.2	2006.12～2007.3	2007.8～2007.12
母集団数 (a)	91,101[i]	296,770[ii]	23,403[iii]	1,827[iv]
調査対象地域	日本全国	日本全国	日本全国	日本全国
調査方法 (配布・回収)	郵便	郵便	郵便	郵便
調査票配布数 (b)	91,101	33,438	23,403	7,308[v]
回収数 (c)	15,791	18,404	5,127	4,550[vi]
回収率 (c/b)	17.3%	55.0%	21.9%	62.2%
抽出率 (c/a)		6.2%		
調査内容	団体の概要，活動内容，行政・政党との関係，他団体との関係，組織の課題・意見，行政の政策評価，リーダーの特徴など			市区町村の概要，住民自治制度，行政サービス，各種団体との関係，政策形成過程，自治体運営への意見など

注）　i）NTT番号情報（株）iタウンページ，http://itp.ne.jp/servlet/jp.ne.itp.sear.SCMSVTop，2005年12月時点。
　　ii）総務省自治行政局行政課「地録による団体の認可事務の状況等に関する調査結果」2003年7月。
　　iii）内閣府および各都道府県のホームページからNPO法人数をカウントした（2006年1月～5月）。
　　iv）2007年3月現在。　v）1,827自治体の4部署に配布。　vi）4部署の総回収数。

　最終的に18,404団体から回答を得た（回収率55.0%，抽出率6.2%）。その分析結果は，すでに辻中豊・ロバート・ペッカネン・山本英弘『現代日本の自治会・町内会─第1回全国調査にみる自治力・ネットワーク・ガバナンス』（木鐸社，2009年）として公刊されているので，詳細はそちらに譲りたい。

　市区町村調査は，ローカル・ガバナンス（Rhodes 1997; Stoker 2004; 山本編 2008）の観点から，さまざまな市民社会組織が地域社会においてどのように機能しているのかを解明すべく，基礎自治体である市区町村レベルを対象にしたサーベイ調査である。具体的には，日本全国の全市区町村（2007年3月時点で1,827）の市民活動，環境，福祉，産業振興という4つの部署に回答を依頼した（4部署併せて総配布数は7,308）。町村部も含め全市区町村を対象としたことは，これまでの調査にはみられない本調査の特徴といえる。最終的には，4部署併せて4,550票の回答を得た（回収率62.2%）。この調査研究成果についても，すでに辻中豊・伊藤修一郎編『ローカル・ガバナンス─自治体と市民社会』（木鐸社，2010）として公刊しているので，詳しくはそちらを参照されたい。

(3) NPO調査の概要

NPO調査は，上記の社会団体調査，自治会調査，市区町村調査では十分把握されていない団体，すなわち，固定電話を所有しない可能性が高く，それゆえに電話帳にはあまり掲載されていない「新興性」や「グラスルーツ性」を有する市民中心の公益団体を包括的に捉えるために企図されたものである。そのような経緯から，企画当初の段階ではNPOの世界を広く把握するために，NPO法人と市民活動・ボランティア活動などを行う任意団体の双方を対象とする調査案が構想されていた。

しかしながら最終的には，最狭義のNPOであるNPO法人のみを対象にした全数のサーベイ調査を行うこととなった。調査対象から法人格を有さない任意団体を外し，NPO法人のみにターゲットを絞り込んだのは，以下の2つの理由による。

第1に，任意団体である各種の市民活動団体（以下，任意市民団体と略記）に関する適切な母集団情報が得られる包括的な団体リストやデータベースが，現時点では存在していないためである。調査時点でNPO法人だけでも全国で約2万3千団体が存在しているが，任意市民団体はその数倍ないし数十倍は存在していると推計され，その全容把握は決して容易な作業ではない。各自治体や内閣府が「NPO」の一部として把握している任意市民団体，NPOの中間支援組織が把握する団体リスト，あるいは『環境NGO総覧』や『国際協力NGOダイレクトリー』などの各種団体名鑑に掲載されている任意市民団体などからできるだけ把握して，それを母集団とみなすという方法も検討したが，いずれの方法によっても調査バイアスの問題が避けられないため，結果としては断念した[16]。

第2に，NPO法人だけを調査することによっても，「公益性」，「新興性」，「グラスルーツ性」を特徴とするNPOの世界は，ある程度うかがい知ること

---

(16) 一橋大学の町村敬志教授を中心とした社会学者から成る研究グループは，団体の機関誌（ミニコミ）やホームページ，市販の団体名鑑などを丁寧にフォローすることによって任意市民団体を可能な限り把握し，それらに対する郵送サーベイ調査を実施している（町村編 2009）。この研究は我々が踏み込まなかった部分に一定の光を当てており，我々の調査を補完するものとして貴重な研究成果である。

ができると考えたからである。日本の市民社会組織を広く見渡した時，大きな「断絶線」は狭義のNPOとそれ以外の団体との間に存在するように思われる。すなわち，NPO法人と，経済・業界団体や労働組合のような共益団体，あるいは自治会や各種公益法人などとの間における存立・行動様式上の差異は大きいが，NPO法人と任意市民団体との間における存立・行動様式上の差異は比較的小さいと仮定した。

確かに，任意市民団体と比べて，NPO法人はメンバー数・組織財政・活動量・活動範囲などが概して大きく，組織の制度化も比較的高いレベルにある（内閣府国民生活局編 2009：158-161)[17]。また，所定の手続きをとって行政機関によって認証される必要があり，認証後も所轄官庁から，(旧来の公益法人制度と比べれば弱いながらも) 一定の監督・指導を受ける法人格という面から考えて，行政との密接な関係構築を忌避する団体はNPO法人格をあえて取得しない可能性が考えられる。結果としてNPO法人は，任意市民団体と比べて，社会変革やアドボカシー志向がより弱い可能性もあろう[18]。

そのような差異が存在する可能性は確かにあるものの，「組織規模の小ささや制度化の低さ」と「社会変革・アドボカシー志向の強さ」という点は，たとえば旧来から存在する各種公益法人などと比べた場合には，NPO法人にも当てはまる特徴なのであり，NPO法人と任意市民団体の差異は本質的にそれほど大きなものではないといえる。両者はともに狭義のNPOを構成するものとして，ゆるやかな連続体を成していると考えられる（図1-2）。換言すれば，NPO法人の実態を包括的に把握することによって，狭義のNPOの世

---

(17) さらにつけ加えるならば，活動分野にも若干の違いがある。芸術・文化振興関係の団体は任意団体であることが比較的多く，逆に障害者福祉関係の団体ではNPO法人であることが比較的多いという傾向が見られる。しかしながら，全体として見れば，両者の間で活動分野に大きな違いは存在しないとみてよい（内閣府国民生活局編 2009：158)。

(18) ただし，内閣府国民生活局編（2009：138）で調査されている「任意団体が法人格を取得しない理由」において，最も多く挙げられているのは「法人格がないことに困っていないから」という理由であり（全体の63.6％），「柔軟な活動を妨げることになるから」，「団体活動・運営内容を変える必要があるから」，「行政の監督下におかれたくないから」などの理由を挙げる団体は，いずれも全体の1～2割程度にとどまり，比較的少数であることがわかる。

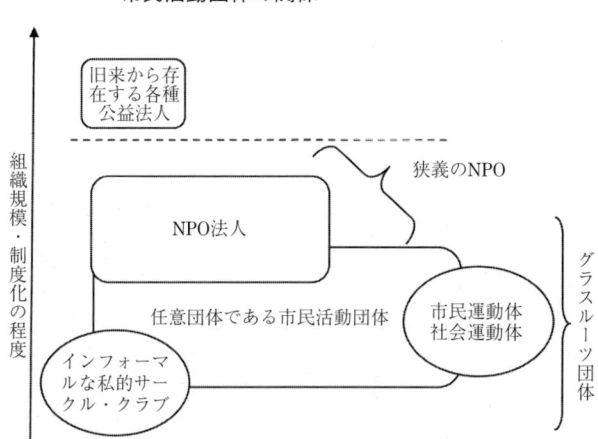

図1−2　旧来型の公益法人，NPO法人，任意団体である市民活動団体の関係

（図：縦軸「組織規模・制度化の程度」，横軸「社会変革・アドボカシー志向の強さ」。要素として「旧来から存在する各種公益法人」，「NPO法人」，「任意団体である市民活動団体」，「インフォーマルな私的サークル・クラブ」，「市民運動体・社会運動体」があり，「狭義のNPO」と「グラスルーツ団体」が括られている。）

界を，ひいては任意市民団体の実態をも一定の範囲内で推論することが可能である，と我々は判断している[19]。

　以上の経緯から，我々のNPO調査は，2006年12月時点の全NPO法人23,403団体を対象に実施されたものである。具体的には，2006年12月から2007年3月の期間に郵送法による全数調査を行い，最終的に5,127団体から回答を得た（回収率21.9％）[20]。本書では基本的にこの回収サンプルのデータを用いた分析を行うことで，NPOの世界を描写していく。

3．NPO調査の意義

　NPO調査を用いた本書の分析には，以下に記す3つの大きな特徴がある。

---

(19)　もちろんJIGSプロジェクトでは，今後機会さえあれば，任意市民団体，あるいはより強い社会変革・アドボカシー志向を有する市民運動体や社会運動体，インフォーマルな私的サークル・クラブなどまでを含めた「グラスルーツ団体」全体を包括的に調査することも視野に入れている。この点は今後の重要な研究課題として残されている。

(20)　より詳しい調査実施のプロセスおよび調査票については，巻末の付録を参照されたい。

いずれのポイントも，これまでの研究では十分扱われてこなかったものであり，一定の意義を有する。

(1) レイトカマーとしてのNPOの姿を捉える

　第1に，我々はNPOと旧来型の市民社会組織とを対比させて論じる。既存研究では，すでに指摘したNPO概念の多様性や用法の混乱の影響もあって，NPOとそれ以外の市民社会組織の関係を探ったり，両者を比較分析したりする視点が乏しい[21]。ゆえにNPOが，古くより日本の市民社会の中に存在してきた，財団法人・社団法人・社会福祉法人のような各種公益法人，協同組合・労働団体のような共益団体，自治会・町内会などの地縁諸組織などの旧来型市民社会組織とどのような関係にあるのか，また存立基盤や行動様式の面でどのように異なるのか，を明らかにするような研究は，ほとんど存在していない。

　我々のNPO調査では，同時期に別途実施した社会団体調査と共通の設問が多数配置されており，両調査間でデータ結果の比較分析が可能である。つまり，NPO法人と電話帳掲載の社会団体とを比較することによって，NPOと旧来型の市民社会組織の異同を論じることができるのである。さらに，一部の設問については，自治会調査や市区町村調査の設問とも密接にリンクしている。同一の研究プロジェクトで得られた複数の調査結果を総合的に分析することによって，先行の調査研究では十分解明されなかったNPOとその他の市民社会組織の関係，あるいは両者の間の組織特性，価値観・認識，社会行動，政治行動といった存立・行動様式の共通点と相違点を明らかにすることができる。

　そのような作業を通じて浮かび上がってくるNPOの世界には，一体どのような含意があるのだろうか。我々は，NPOを日本の市民社会における「レイトカマー（late comer，新規参入者）」として捉えている。そして，レイトカマーであるがゆえに，NPOは日本の市民社会の先端的変化を表象する存在なのではないか，と考えている（このことは必ずしもNPOが「新しい」タイプであることを保証はしない。旧来の鋳型で同様に形づけられるかもしれない）。つまり，旧来の市民社会組織と比べた場合のNPOの特徴を的確に把

---

　(21)　同様の指摘をしているものとして，須田（2011：93-94）を参照。

握することによって，日本の市民社会の変容の方向性や今後のあり方について，一定の見通しを立てることができるのではないだろうか。そのような目論見の下に，本書はできるだけNPOと旧来型の市民社会組織とを対比させて論じていきたい。

(2) NPOの政治過程との関わり

　第2に，我々はNPOの政治過程との関わりを包括的に論じる。これまで日本のNPO研究では，NPOと政治の関係について本格的な調査研究が行われてこなかった[22]。対照的に，NPOと行政の関係については，ローカル・レベルを中心に数多くの研究が存在し，かなりの程度調査分析が進んでいる（代表例として，田中建二 1999；山本ほか編 2002；小田切・新川 2008；後 2009）。しかし，NPOの政治過程や政策過程との関係局面は，都道府県や市区町村などの地方行政組織との関係だけに限定されるわけではない。NPOが国会議員，地方議員，政党，中央省庁，官僚，裁判所，マスメディア，学者・専門家といった政治の諸アクターとどのような相互作用を行っているのか。それらのアクターとの関係を包括的に解明しなければ，NPOの政治過程・政策過程との関わりの全容が明らかになったとはいえないだろう。

　我々のNPO調査は，政治学者を中心とする初の本格的なNPO法人調査として，従来の類似の調査ではあまり問われてこなかった政治学的な観点からの設問を数多く含んでいる。たとえば，政治家・政党・官僚・中央省庁・マスメディアなどとの接触状況やロビー活動の頻度，政治機関に対する信頼，政策関心，政策満足度，政策への影響力行使経験，政策執行への関わり，などである。これらのデータを用いることによって，これまでの調査研究では十分明らかにされてこなかったNPOと政治の関係構造を包括的かつ実証的に解明することが可能となる。なお，このポイントは本書の中核を成す重要部分であるため，次節（第4節）でより詳しく説明することにしよう。

---

(22) もちろんNPOと政治をテーマにした研究がまったく存在しなかったわけではない。尾野（2002），Pekkanen (2006)，柏木（2008），岡本（2011），山岡（2011）といった優れた論考がいくつか存在している。本書はこれらの先行研究の蓄積から学びながら，より本格的なNPO政治の実証研究を志向するものである。

(3) NPO世界の俯瞰図を描く

　第3に，我々はNPO世界の俯瞰図を描き出すことを目指す。これまでのNPO研究は，どちらかといえば，個別具体的なNPOを対象としたケース・スタディ（末村編 2007；柏木 2008；Ogawa 2009），あるいは福祉や環境など特定分野のNPOに焦点を絞った研究（安立 2008；馬場ほか 2009；須田 2011）が多かった。反面，ケースや分野を横断する形でのNPO世界全体を捉えようとする総合性・包括性を志向する研究は，それほど行われてこなかった。

　しかし，たとえラフな形であったとしても，NPO世界全体を把握し，その全体的な姿を把握しておくことは重要であると思われる。なぜなら，個別ケースや特定分野で明らかになった知見は，NPO全体で俯瞰的に見直せば，また違った形で現れてくるかもしれないからである。NPO世界に存在する普遍的な事実や法則性を明らかにしていくうえでは，個別事象を注意深く観察する作業に加えて，全体から構成される俯瞰図を鳥瞰することも必要である。我々が志向するのは，まさに後者の視点に立つ研究であり，前者の視点に立つ研究を補完するものとなる。

　NPO世界の俯瞰図を描き出していくうえで有効な研究方法となるのは，定量的（quantitative）手法である。NPO全体を対象にした定量的分析は，もちろんこれまでにも一定数行われてきている。代表的なものとしては，内閣府国民生活局による「市民活動団体等基本調査」（毎年実施），経済産業研究所（RIETI）による「NPO法人活動実態調査」（2002－06年の期間，毎年実施）の2つが挙げられる[23]。これらの調査が，NPO世界の俯瞰図の把握のために大いに役立つものであることについては，疑問の余地はないだろう。しかしながら，問題点もある。第1に，全国のNPO法人を対象にした全数調査は，法人数が少なかった時期を除けば，近年実施されていないことである。これは主に調査費用の問題が影響していると推測されるが，結果として回収サンプル数が多くても3,000程度に抑えられることの原因となっている。第2に，財政や人材管理など内部マネジメントについての設問が多い反面，NPOが外部のアクターに対してどのような接点・認識・相互作用を有しているのかについての設問が少ないことである。

---

　　(23)　これまで行われてきたNPO関連の主要サーベイ調査のレビューについては，筆者らによる別稿（坂本・山本 2010）を参照されたい。

我々が実施したNPO調査は，まさにそのような欠点を補うものであり，NPO世界の俯瞰図を描き出すうえで，有力な研究素材となりうる。我々の調査は，2006-2007年時点での全NPO法人に対する全数調査であり，調査票配布数23,403，回数サンプル数5,127はいずれも過去最大級の規模を誇る。十分なサンプル数を確保することにより，活動分野・活動範囲・組織規模・組織財政などの下位類型にサンプルをブレイクダウンした上でのNPO間の比較分析も可能となっている。加えて，全48問から成っている調査票では，人員・財政などの内部マネジメントについての設問はもちろん，政治を含む外部のアクターとの関係全般を明らかにするような設問が配置されている。

　このように，我々の調査は包括性・総合性を有し，NPO世界の俯瞰図を描写するのに適した定量的データを提供するものである。次節で詳しく説明するように本書の分析の中心はNPOと政治の関係解明にあるが，章によっては政治とは直接関係しないNPO世界そのものの記述・分析にも相当な力点を置いている。それはまさに，NPO世界の俯瞰図を描き出していくことも本書の重要な課題である，と我々が強く認識しているためである[24]。

4. NPO の政治学的分析

4.1. そもそもの研究の動機

　まえがきで触れたように，15年以上にわたる全体としてのJIGS調査の趣旨は，政策決定過程・政治過程・社会過程という円錐型権力過程における団体（市民社会組織）の位置づけを明らかにすることであった（辻中編 2002）。すべての社会における団体（組織された集団）は程度の差はあれ，自己の集団的利益を，政治・政策関心をもって集団外の場面で追及する利益団体的側面と，単なる自己利益（私的）を超えて公共性を意識し行動する市民社会的側面を有していると考えている。市民社会と利益団体は実は同一のものの異なる側面からの把握である。

---

(24) 他方で，「平均値」から推測される全体像を見ているだけでは，「変化の兆し」をうまく捉えることが難しい，という問題もある。「変化の兆し」は，大量のデータの中では外れ値として処理されたり，平均化されて埋もれたりして，看過されてしまうことが多いからである。こうした限界を，筆者らは社会団体調査のデータを分析する中で痛感した（辻中・森編 2010）。

政治学的な接近としては，当初から特に利益団体的側面に着目しながら，政治過程と社会過程の接触面を明らかにすることを狙いとしていた。

　こうした視角からなされた1997年と2006-2007年の2次にわたるJIGS調査の結論は，いわゆる政権交代以前からの旧構造が残存していることを示した。つまり，官僚主導，自民党一党優位，セクター団体中心といった基本的構造は2時点にわたって確認される。ただし，徐々に溶解の傾向をみせていることも事実であった。例えば，生産に関係するセクター団体（経済，農業，労働）の政治アクターとの接触活動の低下と市民団体や一部の政策受益団体の上昇傾向が観察された。団体世界が徐々に平準化していることは明らかであり，当時の野党＝民主党への緩やかな傾きも見出すことはできた。まえがきで触れたように，1990年代末以降の既存の団体セクターにおける団体財政・活動費の急速な落ち込みを考慮に入れると，旧構造の形は維持されつつも，セクター団体の内実が空洞化していることは把握できる。

　こうしたことを踏まえてNPO調査の趣旨を考えると，それはJIGS調査（職業別電話帳を母集団とする社会団体）では十分に捕捉できない1990年代末以降に台頭してきた市民社会組織に焦点を合わせることであった。市民社会が注目を集める中で，その中心的担い手とされる（新興団体の）NPOはどのような位置づけにあるのか？　アドボカシーとしての政治過程への参加はどの程度みられるのか？

　我々は同時に，JIGS調査（職業別電話帳を母集団とする社会団体）では十分に捕捉できない自治会・町内会などの近隣自治組織への調査研究も行った。同調査は社会過程と政治過程を媒介する既存の市民社会組織を捕捉することが目的であり，特に地方行政と市民社会の両方に足をかけ橋渡しをする（straddle）性格を浮き彫りにするとともに，そこでの市民社会への力点変動や影響力の増大も把握することができた（辻中・ペッカネン・山本2009）。

4．2．分析枠組み
(1)　社会過程と政治過程

　社会において団体は必ずしも政治に関わることを意図しているわけではない。まして，政治との直接的な接触が敬遠されがちなNPOではなおさらである。我々が注目するのは，社会における利益を政治に媒介する過程である。そのため，社会過程における団体の存立様式および価値志向と，政治過程に

おける接触ルート，ロビイング，影響力のそれぞれをみていく必要がある。
　ただし，社会過程については経営学や社会学等の分野で研究の蓄積があり，本書ではそれを確認する程度にとどまる。さらにNPOの場合，事業体として見た場合，経済的な諸過程，つまり市場との関係や内部的な雇用など労働過程もみる必要があるが，これらは本書の射程を超えるものである。

(2) 活動空間による相違

　市民社会と利益団体の全体像を捉えようとするJIGS調査は，政治学的な発想から，国政レベルでの理解を念頭においた議論が中心であった。旧構造の残存の程度如何というのも国政レベルの議論であった。それゆえ，JIGS調査との比較でNPOを論じるなら，全国レベルのNPOを分析する必要がある。

　他方で実際のNPOは，後述のように多くはローカル・レベルで活動している。これは社会団体，自治会も同様である。そのため，ローカル・レベルの団体世界を分析する枠組みも当然，必要となる。こうしたことから，ローカル・ガバナンスに注意しつつ，市区町村調査も含め，複数の調査からの多角的検討を行おうとしている。いうまでもないが，NGOと呼ばれるNPOのうち世界を活動対象とする団体へも特別な枠組みを用意して検討を行った。

(3) 活動分野による相違

　JIGS調査（職業別電話帳に基づく社会団体）では，活動分野に基づく団体分類（表1－2）によって団体世界をうまく描くことができた。これは頂上レベルの圧力団体調査（村松・伊藤・辻中1986）からの継続でもある。つまり，団体は活動分野によって異なる性格をもつといえる。NPOも同様に分野による相違がみられるだろうか。

　我々のNPO調査では，Q11で17種類の「特定非営利活動」のうち，どの分野を主たる活動分野に定めているかを尋ねている。ただし，17の分類のまま，クロス集計などの分析を行っていけば，結果が煩雑でわか

表1－2　社会団体内の13の団体分類

	N	%
農林水産業団体	2,777	17.8
経済・業界団体	4,000	25.6
労働団体	1,184	7.6
教育団体	570	3.6
行政関係団体	845	5.4
福祉団体	1,175	7.5
専門家団体	857	5.5
政治団体	337	2.2
市民団体	704	4.5
学術・文化団体	592	3.8
趣味・スポーツ団体	460	2.9
宗教団体	136	0.9
その他	1,985	12.7
全体	15,622	100.0

りにくいうえに，ケース数が極端に少ない分類も現れてしまう。そこで本書では，活動分野間の政策的近接性を考慮しつつ，「保健福祉系」，「教育文化系」，「地域づくり系」，「環境災害系」，「経済産業系」，「人権国際系」，「団体支援系」の7分類にまとめ直したうえでみていくことにしたい[25]。表1-3は，17分類をどのように再分類したかを示すとともに，それぞれの分類の分布も示している。内訳を見れば，保健福祉系が最も多く40.5%である。続いて教育文化系が22.8%，地域づくり系が12.1%，環境災害系が11.6%となっている。他方，経済産業系（6.0%），人権国際系（4.8%），団体支援系（1.3%）はNPO全体から見ると少数である[26]。

表1-3　NPOの7つの活動分野

新しい分類名 （度数，全体の%）	NPO法で定められた17の活動分野名（度数，全体の%）
保健福祉系 （N＝2,075，40.5%）	＝ 1. 保健，医療又は福祉の増進を図る活動（N＝2,075，40.5%）
教育文化系 （N＝1,171，22.8%）	＝ 2. 社会教育の推進を図る活動（N＝201，3.9%） 4. 学術，文化，芸術又はスポーツの振興を図る活動（N＝507，9.9%） 11. 子どもの健全育成を図る活動（N＝463，9.0%）
地域づくり系 （N＝618，12.1%）	＝ 3. まちづくりの推進を図る活動（N＝557，10.9%） 7. 地域安全活動（N＝61，1.2%）
環境災害系 （N＝593，11.6%）	＝ 5. 環境の保全を図る活動（N＝572，11.2%） 6. 災害救援活動（N＝21，0.4%）
経済産業系 （N＝306，6.0%）	＝ 12. 情報化社会の発展を図る活動（N＝93，1.8%） 13. 科学技術の振興を図る活動（N＝37，0.7%） 14. 経済活動の活性化を図る活動（N＝71，1.4%） 15. 職業能力の開発又は雇用機会の拡充を支援する活動（N＝67，1.3%） 16. 消費者の保護を図る活動（N＝38，0.7%）
人権国際系 （N＝245，4.8%）	＝ 8. 人権の擁護又は平和の推進を図る活動（N＝73，1.4%） 9. 国際協力の活動（N＝131，2.6%） 10. 男女共同参画社会の形成の促進を図る活動（N＝41，0.8%）
団体支援系 （N＝69，1.3%）	＝ 17. 前各号に掲げる活動を行う団体の運営又は活動に関する連絡，助言又は援助の活動（N＝69，1.3%）

＊その他，DK・NA＝50（1.0%）

(25) 本書の図表中では，7つの分類をそれぞれ，「福祉系」，「教育系」「地域系」，「環境系」，「経済系」，「国際系」，「支援系」と略記することがあるので，予め留意されたい。

(26) 環境災害系や人権国際系のNPOには，「NGO」と自称する団体，ないし他称される団体が多く含まれていると考えられる。すでに述べたように，こ

以上に示された7つの活動分野ごとにみた場合，NPOの存立・行動様式はどのように異なるのか，また逆に共通する部分はどのような点なのかについて本書では追究していきたい。なお，次章以降で行われる分析では，NPOの7つの分類間の比較はもちろん，社会団体の下位分類である13の団体分類との比較も随所で行われるので，表1-2，1-3で示された領域別の内訳には十分留意されたい。

従来のNPO研究においては，NPOと営利企業や行政組織との比較を志向する研究はそれなりに存在してきたが（たとえば，山内1997；田尾・吉田2009），同じNPO同士の間に存在する多様な差異を比較する研究は，どちらかといえば乏しかったといえる。よって，政策領域ないし活動分野ごとにNPO間の差異を析出しようとする本書の試みは，一定のユニークさを有するものとなろう。

5. 本書の構成

本書は全9章から構成される。次章以下で展開される議論の概要をここで説明しておこう。

第2章「NPOの形成局面」では，NPOの形成局面の分析を行う。NPOの形成はどの時期に行われたのだろうか。また，NPOはどのような場所でより多く形成されているのだろうか。他方，NPOの形成局面に政治・行政はどのように関わっているのだろうか。これらの点について分析していく。

第3章「NPOの価値志向と存立様式」では，NPOの基本的な特徴である価値志向と組織資源について分析していく。NPOはどのような価値やミッションに基づき，どのような活動目的を掲げているのか。また，活動を維持していくうえでの，物的・人的資源の調達および組織マネジメントをいかなる形で行っているのか。NPO活動の基盤に深く関係したこれらの点を概観していくことが，この章のねらいである。

第4章「政治過程におけるNPO」では，NPOの政治行動のパターンとその規定要因について検討する。NPOは政治過程の諸アクターとどのように接触し，どの程度の働きかけを行っているのか。どのような働きかけのパターンが存在し，それはNPO以外の団体とどう異なるのか。また，活動分野ご

れは歴史的な経緯に由来するものである。

とに NPO の政治行動のパターンには差異が存在するのか。そして，NPO の政治行動の規定要因となるものは何か。これらの点について，実証的なデータに基づいた分析を行っていく。

　第5章「NPO の政治的影響力とその源泉」では，NPO が有する政治的影響力の評価とその源泉となる要因の探究を行う。具体的には，NPO の政治過程との接触は，いかなる政策的帰結をもたらしているのか，NPO が政策形成に一定の影響を及ぼしているのだとすれば，それはいかなる影響力資源に基づいているのか，といった点を明らかにしていく。

　第6章「ローカル・ガバナンスの中の NPO」では，ローカル・ガバナンスの観点から市町村レベルにおける NPO の活動を詳細に分析していく。NPO はローカル・ガバナンスを支える諸アクターとどのような関係にあるのか。また，市町村の政策過程にどの程度関与しているのか。そして，行政との関係をどのように捉えているのか。これらの点について，多面的な検討を行う。

　第7章「NPO による市民社会の補完と開拓——福祉，教育，地域づくり分野の分析」では，NPO の代表的活動分野である福祉，教育，地域づくりのそれぞれについて，既存の社会団体と比較分析を行い，分野別の NPO の特徴を明確化させる。

　第8章「NPO 法人格の積極的利用者？——世界志向 NPO の活動・存立様式」では，世界レベルで活動する NPO 法人を対象に，国内レベルで活動する NPO 法人や NPO 法人以外の国際団体と比較しながら，その特徴を考察する。

　終章「結論」では，各章の分析から得られた知見をまとめつつ，現代日本の NPO と政治についての本書の分析の含意を検討する。また，残された今後の分析課題についても言及する。

第2章　NPOの形成局面

坂本治也

　本章では，NPOの形成局面についての分析を行う。現存しているNPOは，一体いつ頃形成された団体なのであろうか。形成された時期によってNPOの特徴はどのように異なっているのだろうか。また，NPOはどのような場所でより多く形成されているのだろうか。さらに，活動分野によってNPO形成のパターンは異なるのであろうか。他方，政治・行政はNPOの形成局面にどのように関わっているのだろうか。本章では，これらの点について分析していく。

1. 時系列の視点からみたNPOの形成

1.1. NPO形成の時期
(1) NPO増加の軌跡

　NPOという存在が日本の市民社会の中に登場し，広く世間に認知されるようになったのは，1990年代以降のことである。以来，20年弱の間にNPO総数は急速に増加していった。今日ではNPOは，日本の市民社会の中に確かな一勢力を築き上げているといえる。

　NPO総数の増加の軌跡を統計データから捉えてみよう。図2－1は，NPOの中で明確にカウントできるNPO法人総数の推移を示したものである。1998年の同法制定以前には一切存在しなかったNPO法人の総数は，2010年12月31日現在で41,618団体（内閣府認証団体と都道府県認証団体の合計）に

図2-1　NPO法人数の推移

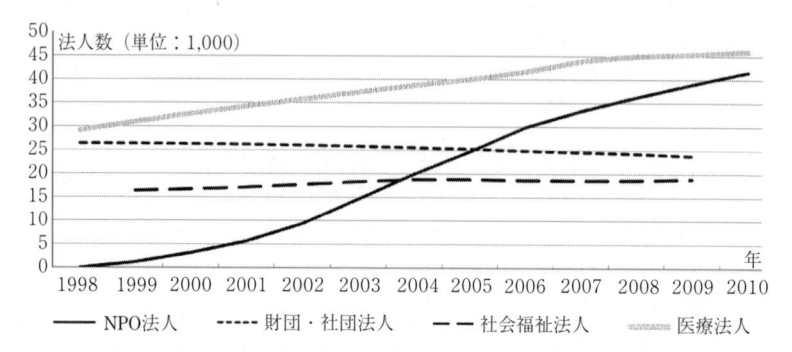

法人数（単位：1,000）

― NPO法人　　----- 財団・社団法人　　－－ 社会福祉法人　　……… 医療法人

（出所）NPO法人（内閣府・都道府県認証の合計）数は内閣府国民生活局NPOホームページ，財団・社団法人数は総務省「平成20年度版公益法人白書」および内閣府「平成22年度特例民法法人に関する年次報告」，社会福祉法人数は厚生労働省「厚生労働白書」各年度，医療法人数は厚生労働省医政局指導課医療法人・医業経営ホームページより取得。

上っている[1]。これは，民法旧34条上の公益法人である財団・社団法人や社会福祉法人の数を大きく上回り，医療法人数に迫るほどの多さである。また，全国に点在するコンビニエンスストアの店舗数（43,372店）と同程度の多さでもある[2]。

　NPO法人総数の増加は，1998年からの12年間で相当のハイペースで起こったといえる。平均すれば1日あたり9.5団体が誕生した計算になる。財団・社団法人の総数は，明治以来百年近くの時間をかけてようやく2万5千団体に到達した。それに比べると，NPO法制定後わずか7年あまりで同程度の数に到達したNPOの増加ペースは，かなり急激なものである。

(2)　団体設立年と法人格取得年

　ところでNPO法人の中には，法人格取得以前に任意団体としての活動歴

---

(1)　執筆時の最新データでは，2011年7月31日現在で43,116団体を数える。データ参照元は，内閣府国民生活局ホームページ（https://www.npo-homepage.go.jp/data/pref.html）最終アクセス2011年9月6日。

(2)　社団法人日本フランチャイズチェーン協会の正会員であるコンビニエンスストアの総数。詳細は，同協会ホームページ（http://www.jfa-fc.or.jp/particle/42.html 最終アクセス2011年7月5日）内の「コンビニエンスストア統計調査」を参照。

を有するものが一定数存在している。すなわち，団体の形成・設立が法人格取得に先行して行われたケースである。そのようなケースを含めて，NPOの形成時期が一体いつ頃なのかをより正しく把握するために，我々の調査では団体設立年（Q2）と法人格取得年（Q3）を別々の設問に分けて尋ねている。表2－1はその結果をまとめたものである[3]。

表2－1 団体設立年と法人格取得年の分布

	団体設立年		法人格取得年	
	%	累積%	%	累積%
1989年以前	10.8	10.8	—	—
1990－93年	4.9	15.7	—	—
1994－97年	8.2	23.9	—	—
1998年	3.4	27.3	0.3	0.3
1999年	4.6	31.9	4.3	4.6
2000年	7.2	39.1	6.8	11.4
2001年	7.5	46.5	8.1	19.5
2002年	9.9	56.4	12.1	31.6
2003年	13.3	69.8	18.4	50.0
2004年	13.7	83.4	20.7	70.8
2005年	12.8	96.3	21.0	91.8
2006年	3.6	99.9	8.0	99.7
2007年	0.1	100.0	0.3	100.0

これをみれば，現存するNPOの多くはNPO法が制定された1998年以後に設立されたことがわかる。中でも2002年以降に設立された団体が全体の53.5%を占めており，とくに多い。これらのNPOは，調査時点（2007年）において設立後5年以内の比較的若い団体である。

他方で，NPO法制定以前に設立された，比較的長い活動歴を有する団体も一定割合で存在していることがわかる。NPO全体の23.9%は，1997年以前に設立された団体である。さらに，全体の10.8%は1989年以前に設立された団体である。「NPO」という言葉が普及する1990年代以前の古い時期から活動を継続しているNPOも，およそ1割程度は存在しているのである。NPOは総じて新興の団体であるが，このように中には20年以上の活動歴を有する「老舗」の団体も一定数含まれていることには留意しなければならない。

NPO法人格の取得年については，当然ながらすべて1998年以降に分布しているが，とくに2002－2005年頃に集中している。これは図2－1でみたNPO法人総数の増加の軌跡とも一致する傾向である。

では，団体設立年と法人格取得年はどのような関係にあるのだろうか。そ

---

(3) このデータは，あくまで我々が調査において把握した現存するNPOの設立年の分布を示しており，いわば人間の場合の人口ピラミッドと同様のものである。ゆえに，設立したものの，その後解散・消滅した過去の団体は考慮に入れられていない点には注意を要する。この点は設立年を用いた以下の分析でも同様に当てはまる。

図2-2　団体設立年と法人格取得年の関係

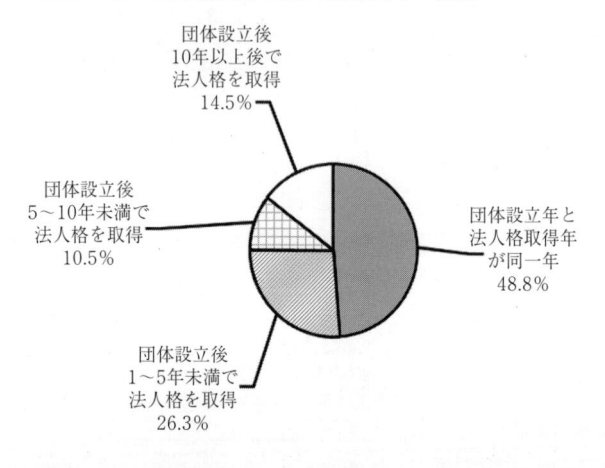

- 団体設立後10年以上後で法人格を取得　14.5%
- 団体設立後5〜10年未満で法人格を取得　10.5%
- 団体設立後1〜5年未満で法人格を取得　26.3%
- 団体設立年と法人格取得年が同一年　48.8%

の点を調べたものが図2-2である。これをみれば，約半数のNPOは団体設立と法人格取得が同一年に行われていることがわかる。これらのNPOは，出発時点からNPO法人としてスタートした団体と推定される。他方，団体を設立してから1〜5年未満の期間が経過した後に，法人格を取得したNPOも26.3%存在していることがわかる。同様に，5〜10年未満経過後に法人格を取得したNPOは10.5%，10年以上経過後に法人格を取得したNPOは14.5%，それぞれ存在している。このようにNPOの約半数は，一定期間任意団体として活動を行った後に，法人格を新たに取得した団体なのである[4]。

(3) 団体設立の理由

我々のNPO調査では，団体設立の理由についても尋ねている（Q7）。その結果についても，ここで併せて確認しておこう。図2-3に示されるように，NPO全体の47.8%は，団体設立の最もふさわしい理由として，「自発的な市民活動が発展した」ことを挙げている。この設立理由は，その他の「NPO法が制定された」(15.0%)，「その他」(13.3%)，「行政の勧めがあった」(9.1%)，「公的サービスへの不満があった」(9.1%) といった設立理由を大きく引き離して，最も多くのNPOから選ばれている[5]。

---

(4) 内閣府『平成20年度市民活動団体等基本調査報告書』によれば，任意団体がNPO法人格を取得する理由として多く挙げられるのは，「対外的な信用が高まるから」「寄付金や援助が得やすくなるから」「営利目的でないことを理解してもらえるから」「会員や協力者が得やすくなるから」「委託事業が受けやすくなるから」などであるという（内閣府国民生活局編 2009：141）。

以上からうかがえるように，約半数のNPOには，現在の団体・組織としての体裁を整える以前から有志による自発的な活動を行ってきた「前史」がある。そのような「前史」の時期まで含めて考えた場合，NPOの形成時期はより古い時代にまで遡れるかもしれない。

図2-3 団体設立の理由（最もふさわしいものを1つ選択）

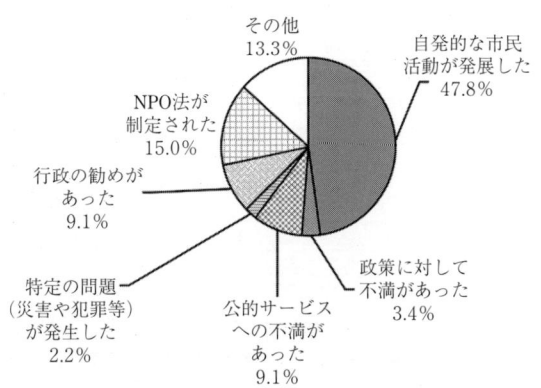

- 自発的な市民活動が発展した 47.8%
- その他 13.3%
- NPO法が制定された 15.0%
- 行政の勧めがあった 9.1%
- 特定の問題（災害や犯罪等）が発生した 2.2%
- 公的サービスへの不満があった 9.1%
- 政策に対して不満があった 3.4%

もっとも，NPOの前身である「自発的な市民活動」の開始時期が一体いつ頃なのかについては，我々の調査では尋ねていないため，はっきりとしたことはわからない。しかし，高田（2003）や牛山（2006）といった先行研究が指摘しているように，1960年代から80年代にかけて展開された，さまざまな市民運動や市民活動を「前史」とするNPOも一部には存在している可能性がある。この点は，今後の調査研究で明らかにされていく必要がある。

1.2. 活動分野による形成時期の違い

NPO形成の時期は，活動分野によって異なるのであろうか。たとえば，保健福祉系NPOは，2000年に施行された介護保険法を契機に新たに形成されたものが多いといわれているが，その他の活動分野ではより古い時期に形成された団体の割合が多いのだろうか。もしそうだとすれば，とくに古い団体が多いのはどの活動分野なのであろうか。これらの点をデータから調べたのが，表2-2である。

全般的にみれば，活動分野間で団体設立年の時期に大きな違いは存在しな

---

(5) 活動分野別にみた場合でも結果に大きな違いはないが，保健福祉系で「公的サービスへの不満があった」を設立理由に挙げる割合（15.4%）がやや多い。行政が主として供給する現状の福祉サービスでは不十分であるために，自らサービスを供給しようという団体が保健福祉系には多いのであろう。活動分野別のより詳しい結果については，山本（2010a）を参照。

表2-2　活動分野別の団体設立時期　　　　　　　　　　(単位:%)

	1987年以前	1988-1992年	1993-1997年	1998-2002年	2003-2007年	1997年以前設立の合計	N
NPO全体	9.1	5.2	9.6	32.6	43.6	23.9	5,076
福祉系	8.3	5.5	10.5	33.3	42.4	24.3	2,055
教育系	13.5	5.3	8.7	31.6	40.9	27.5	1,160
地域系	6.2	4.7	8.3	30.1	50.7	19.2	615
環境系	5.8	4.4	11.4	36.3	42.0	21.7	586
経済系	6.6	3.0	4.6	28.0	57.9	14.1	304
国際系	10.3	9.5	10.7	32.6	36.8	30.6	242
支援系	9.0	4.5	6.0	35.8	44.8	19.4	67

いといえる。保健福祉系NPOでは，確かに介護保険法施行以後に設立された団体の割合が多いが，同様の傾向はその他の活動分野にも概ね当てはまる。どの活動分野であったとしても，およそ7～8割程度は1990年代末以降に設立された比較的新しい団体が占めているのである。

ただし，より細かく差異をみれば，人権国際系や教育文化系のNPOは，NPO法制定以前の時期に設立された古い団体の割合がやや多いことがわかる。逆に，経済産業系のNPOは，古い団体の割合がやや少なく，2003年以降の時期に設立された新しい団体の割合が多い。これは，経済産業系に該当する活動分野[6]は2003年5月の改正NPO法施行以前には「特定非営利活動」として認められていなかった（したがって，その活動分野ではNPO法人格を取得することも出来なかった）ことが影響していると思われる。

なお，詳細な結果は省略するが，法人格取得年でみた場合でも，活動分野間で大きな違いは存在しない。

1.3. 形成時期別にみたNPOの特徴

NPOの特徴は形成された時期によって異なるのであろうか。先行研究では，近年形成されたNPOでは，必ずしも団体活動の基盤を市民の参加に置かないタイプが増えていることが指摘されている。つまり，もともとNPOの

---

(6) 具体的には，NPO法の別表中にある「情報化社会の発展を図る活動」(12号)，「科学技術の振興を図る活動」(13号)，「経済活動の活性化を図る活動」(14号)，「職業能力の開発又は雇用機会の拡充を支援する活動」(15号)，「消費者の保護を図る活動」(16号)，という5つの活動分野である。

大半は市民を中心にしたボランタリーな活動体であったが，最近では「マーケティングの一環で企業が設立したNPO，補助金の受け皿として公益法人が設立したもの，行政職員OBの受け皿として設立したNPO」なども少なからず存在するようになってきており，NPOの世界に一定の「変質」がみられる（田中2011a：13）[7]。また，行政から業務委託を積極的に受け[8]，そこから得た事業収入を団体の主たる資金源とするNPO（行政・公的資金依存型NPO）も増加している（田中2006）。以上のようなNPOは，寄付やボランティアを集めることが少なく，必ずしも市民の参加を必要とはしていない。このように，市民参加の場としての役割をあまり果たさないタイプの団体が，近年形成されたNPOの中には多くなっている点が，既存の研究では指摘されている。

　以上の点は，我々の調査データからどの程度うかがえるであろうか。その点を調べたものが，表2－3である。

　団体活動の基盤の状況をうかがい知るために，ここでの分析では以下の人的・財的リソースに関係した諸変数に着目した。

・現在の個人会員数（Q5）の平均値および中央値
・常勤スタッフ数，非常勤スタッフ数，ボランティア・スタッフ数の平均値（Q6）
・年間収入合計額（万円，Q45）の平均値および中央値
・年間収入合計額に占める会費・入会金収入（Q45）の割合の平均値
・年間収入合計額に占める事業収入（Q45）の割合の平均値
・年間収入合計額に占める行政からの委託業務手数料（Q45）の割合の平均値
・年間収入合計額に占める行政からの委託業務手数料（Q45）の割合が50%

（7）　政治家・企業・暴力団などが自らの行為の正統化のために，NPOの地位を悪用するケースも急増しているといわれている。とくに暴力団関係者が，詐欺・脅迫・賭博などの犯罪行為を行うための「隠れ蓑」としてNPO法人格を利用する事例は，大きな社会問題となっている（朝日新聞2004年10月5日付朝刊）。

（8）　背景には，2003年施行の指定管理者制度などの影響によって，行政からの委託事業が量的に拡大していることが挙げられる。

表2－3　設立時期によるNPOの特徴の相違点　　　（単位：人，万円以外%）

	個人会員数(現在)の平均値(人)	個人会員数(現在)の中央値(人)	常勤スタッフ数の平均値(人)	非常勤スタッフ数の平均値(人)	ボランティア・スタッフ数の平均値(人)	年間収入合計額の平均値(万円)	年間収入合計額の中央値(万円)
1987年以前	1053.4	84.0	4.1	6.8	23.2	3424.3	824.0
1988－1992年	356.4	61.0	3.5	10.5	30.9	2636.2	900.0
1993－1997年	223.9	67.5	3.5	10.4	20.1	2264.9	786.5
1998－2002年	113.2	40.0	3.3	7.4	14.3	1486.0	460.5
2003－2007年	79.3	21.0	2.8	5.5	11.6	916.8	200.0
全体	203.5	34.0	3.2	6.9	15.4	1572.6	370.0

	収入合計に占める会費入会金の割合の平均値	収入合計に占める事業収入の割合の平均値	収入合計に占める行政の委託業務手数料の割合の平均値	収入合計に占める行政の委託業務手数料の割合が50%以上の団体	収入合計に占める行政の委託業務手数料の割合が75%以上の団体	一般会員が団体運営や意思決定に頻繁に関与する	一般会員がイベントなど実地活動に頻繁に参加する
1987年以前	29.7	41.0	23.4	20.2	12.3	34.1	56.3
1988－1992年	24.3	44.9	18.9	14.3	6.7	33.1	56.8
1993－1997年	19.9	50.4	20.8	18.4	11.1	34.8	52.7
1998－2002年	21.6	50.8	22.6	20.8	12.0	31.0	49.8
2003－2007年	28.8	50.2	26.8	26.7	17.6	27.7	42.0
全体	25.4	49.2	23.8	22.3	13.7	30.3	47.7

	一般会員が会費や寄付金を頻繁に支払う	懇談会・勉強会・ミニフォーラムを不実施	シンポジウム・イベントを不実施	広報誌・ミニコミ誌の発行を不実施	HPなどインターネットを使った情報発信を不実施
1987年以前	54.0	15.2	12.0	16.7	18.7
1988－1992年	53.9	11.9	10.5	16.8	15.7
1993－1997年	57.1	14.6	11.8	18.7	15.7
1998－2002年	44.3	15.1	17.7	26.5	21.2
2003－2007年	36.0	22.5	26.1	37.6	31.2
全体	43.2	18.1	20.0	29.3	24.7

「一般会員が団体運営や意思決定に頻繁に関与する」「一般会員がイベントなど実地活動に頻繁に参加する」「一般会員が会費や寄付金を頻繁に支払う」（Q39）は，「かなり頻繁」（5点尺度で4点）以上に該当する場合．
「懇談会・勉強会・ミニフォーラムを不実施」「シンポジウム・イベントを不実施」「広報誌・ミニコミ誌の発行を不実施」「HPなどインターネットを使った情報発信を不実施」（Q32）は，「まったくない」（5点尺度で1点）に該当する場合．

以上の団体の割合
・年間収入合計額に占める行政からの委託業務手数料（Q45）の割合が75％以上の団体の割合
・一般会員の団体活動への参加状況（Q39）：「団体の運営や意思決定に関与する」「イベントなど実地活動に参加する」「会費や寄付金を支払う」を，それぞれ「かなり頻繁」（5点尺度で4点）以上行っている団体の割合
・一般の人に向けた諸活動の状況（Q32）：「懇談会・勉強会・ミニフォーラムを実施」「シンポジウム・イベントを実施」「広報誌・ミニコミ誌の発行を実施」「ホームページなどインターネットを使った情報発信を実施」を，それぞれ「まったくない」（5点尺度で1点）と答えた団体の割合

　順を追って結果をみていこう。まず，個人会員数については，設立時期が古いNPOほど多く，新しいNPOほど少ない。たとえば，個人会員数の平均値は1987年以前に設立されたNPOでは1053人であるが，2003−2007年に設立されたNPOでは79人ほどである。これは中央値でみた場合でも同様にみられる傾向である。設立年が古い団体ほど活動年数が長くなるため，これは当然の結果ともいえよう。
　つぎにスタッフ数についてみていくと，常勤スタッフ数はどの設立時期区分でみても3〜4人程度と少ない。同様に，非常勤スタッフ数も設立時期に関係なく5〜10人程度と少ない。他方，ボランティア・スタッフ数については，設立時期によって一定の相違がみられる。ボランティア・スタッフ数の平均値は，1988−1992年設立のNPOでは約31人であるのに対し，2003−2007年設立のNPOでは約12人である。ここから，近年形成されたNPOはボランティア集めにそれほど熱心ではないか，あるいはそれに成功していない可能性が高いことがうかがえる。
　次いで，収入面のデータをみていこう。個人会員数の場合と同様，年間収入合計額は設立時期が古いNPOほど多く，新しいNPOほど少ない。内訳についてみると，設立時期によってそれほど大きな違いはみられないが，会費入会金収入が占める割合は1987年以前設立および2003−2007年設立のNPOでやや多く，事業収入が占める割合は1993年以降に設立されたNPOでは軒並み50％超と，やや多い傾向がうかがえる。行政からの委託業務手数料収入が占める割合も，1987年以前設立および2003−2007年設立のNPOでやや多

い傾向がみられる。

　さらに，収入面で行政からの委託業務手数料に大きく依存している団体を把握するために，年間収入合計額に占める行政からの委託業務手数料の割合が50％以上の団体および同割合が75％以上の団体が，それぞれどの程度存在しているかを調べたところ，近年形成されたNPOには，そのような行政に大きく依存する団体がより多く含まれていることがわかった。2003－2007年設立のNPOの26.7％は，収入合計に占める委託業務手数料の割合が50％以上の団体であり，さらに17.6％は，同割合が75％以上の団体である。

　以上の収入面のデータから推測するかぎり，緩やかな傾向ではあるものの，近年設立されたNPOほど行政・公的資金依存型の団体であることがより多い，という先行研究で指摘されたトレンドの存在を見出すことができよう。

　他方，一般会員の団体活動への参加状況や一般の人に向けた諸活動の状況を示す変数をみても，近年形成されたNPOの「異質」性をうかがうことができる。2003－2007年設立のNPOでは，それ以前の時期に設立されたNPOに比べて，一般会員を団体の意思決定やイベントに積極的に関与させる団体や一般会員から会費や寄付を積極的に集める団体がより少ない。また団体外の一般市民に向けた催事や広報活動をまったく行わない団体がより多い[9]。

　以上の知見をまとめれば，我々のデータからは，近年形成されたNPOの特徴として，①会員数や収入額の規模が小さい，②ボランティア・スタッフが少ない，③収入面で行政に大きく依存する団体が多い，④一般会員の団体参加あるいは一般市民に向けた催事や広報活動などをあまり行わないタイプが多い，という4つの特徴が析出された。確かに近年形成されたNPOには，必ずしも団体活動の基盤を市民の参加に置かないタイプが増えている，という傾向が確認される。

　もっとも，以上の特徴は，団体が形成された時期の違いに由来するもの（世

（9）　とりわけ，「ホームページなどインターネットを使った情報発信」をまったく行わない団体が2003－2007年設立のNPOには31.2％も存在しており，他の設立時期区分のNPOより10～15ポイント以上も多い点は特筆されるべき事実であろう。日本社会は2000年代に入ってから急速にIT化が進展しており，人間の場合は，明らかに若い世代ほどインターネットを通じた情報発信に通暁している。しかしNPOの場合は，逆説的に2000年代に設立されたNPOの方が，前世代のNPOに比べて，IT技術を積極活用していないのである。

代効果)なのか,あるいは単に団体の活動年数の違いに由来するもの(加齢効果)なのかは,ここでの分析だけでは判別がつかない。ゆえに,ここで指摘した近年形成されたNPOの特徴は今後,時間の経過とともに弱化ないし消滅していく可能性もある。形成時期ごとのNPOの特徴の違いをより正確に把握するために,今後も粘り強く観察を続けていく必要がある。

1.4. 他の市民社会組織との形成時期の違い
(1) 団体形成時期と「アソシエーション革命」

他の市民社会組織と比べた場合,NPOの形成時期にはどのような特徴がみられるのであろうか。我々が同時期に実施した社会団体調査,自治会調査,NPO調査という3種類の団体調査における設立時期のデータから,この点を探ってみたものが図2-4である。

図からは,すでに確認したように,NPOの団体設立年や法人格取得年は1990年代後半以降の時期に集中しており,とくに2000年代前半に大きなピークを迎えていることがわかる。しかし他方で,社会団体や自治会の形成時期は,NPOのパターンとはまったく異なっていることがわかる。社会団体や自治会では,1930年代以前に設立された団体,あるいは戦後期から高度成長期にかけて設立された団体[10]が多数を占めており,それらの時期が団体形成の大きなピークとなっている。逆に,NPOが急増した1990年代後半以降の時期

図2-4 団体設立年と法人格取得年の分布

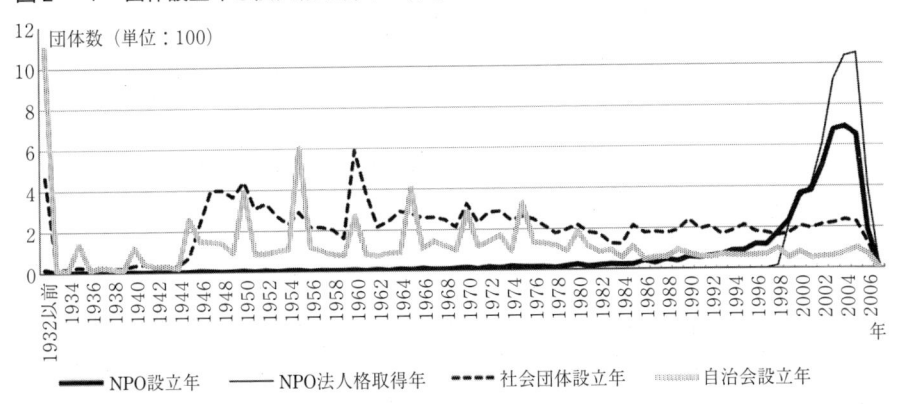

―― NPO設立年　　―― NPO法人格取得年　　---- 社会団体設立年　　……… 自治会設立年

(出所) JIGS2社会団体調査,自治会調査,NPO調査のデータ。

に，社会団体や自治会の設立数が増大した様子はうかがえない。このように，NPOとその他の市民社会組織の間では，形成時期のピークは大きく異なっているのである。

ところで，Salamon (1994) は団体形成の世界的なトレンドとして，「アソシエーション革命」と呼ばれる団体噴出の「波」の存在を指摘している。すなわち，1990年前後の時期に世界各国では，福祉国家政策の行き詰まりやコミュニケーション技術の発達を背景として，新興の民間ボランティア団体，非営利組織，非政府組織などが多数形成され急増したというのである[11]。

この観点から日本の市民社会を巨視的に捉えれば，「アソシエーション革命」の存在は，日本においてはNPOのみに限定して観察され，その他多くの市民社会組織ではほとんど確認されないといえる[12]。世界的なトレンドとは異なり，日本の市民社会では，戦前あるいは戦後期から高度成長期に設立された団体が今もなお中心を占めている。団体世界にはNPO以外に「革命」的な動向が弱く，むしろ歴史的に構築されてきた「旧構造（アンシャン・レジーム）」が安定的に持続しているのである。

(2) NPO急増の理由

では，なぜNPOだけが「アソシエーション革命」に匹敵するような団体噴出期を近年迎えたのであろうか[13]。NPO増加の要因については，これまで

---

(10) 戦後日本のケースを題材に，戦争終結と団体噴出の因果関係を詳細に検討した研究として，Kage (2011) を参照。

(11) サラモン自身は世界各国の「アソシエーション革命」の存在を実証はしていない。他方，我々JIGSプロジェクトでは，日本，韓国，米国，ドイツ，中国，ロシア，トルコ，フィリピン，ブラジル，バングラディッシュという10カ国で団体調査を実施することによって，その実証を試みている。詳しくは，辻中ほか (2007)，辻中 (2009)，辻中・山本・久保 (2010) の議論を参照。

(12) ただし社会団体内でも，特定の地域や分野によっては「アソシエーション革命」の兆しが一応確認される。たとえば，兵庫県や新潟県に所在する団体，あるいは政治団体，市民団体，福祉団体など特定分野の団体では，1990年代以降に一定の増加傾向がみられる。詳しくは，辻中・山本・久保 (2010) を参照。

(13) 加えて指摘するならば，NPOが急増した1990年代後半から2000年代初頭

の研究でもさまざまな点が指摘されてきた。主だったところを列挙すれば，

- 政府や市場によって満たされないニーズの増加（Weisbrod 1977; Hansmann 1980; Pestoff 1998）
- 旧来組織とは異なる緩やかな結びつきの場を求める人々の増加（Berry 1999; 田中弥生 1999）
- IT技術の進歩や情報公開制度の制定による情報コストの低下（山内 2004）
- 阪神・淡路大震災という偶発的事件・災害の発生（本間・出口編 1996；早瀬・松原 2004）
- 団体に関する法制度の変化（雨宮 2002；早瀬・松原 2004；Pekkanen 2006）

などを指摘することができるが，このうち最も重要であったのは，法制度の変化の影響と考えられる。

　日本における団体法制度は，伝統的に市民社会組織の自由な発展を阻害する，規制色の強いものであった。民間非営利の団体が法人格を得るためには，明治期に創設された民法旧34条に規定される狭義の公益法人制度，あるいは各種特別法に規定される社会福祉法人・学校法人・宗教法人などの広義の公益法人制度などに拠る必要があった。主務官庁の許可が得られ，さらにその監督・指導を受け入れることのできる比較的大規模な団体を除いて，市民の自発的な活動体や草の根団体が法人格を得る道は事実上閉ざされていた。

　この伝統的な厳しい規制枠組みが大きく変化していく決定的な転換点となったのが，いうまでもなく1998年に制定されたNPO法であった。認証主義を採用するNPO法の制定によって，資源に乏しい小規模団体であっても，比較的簡易な申請手続きを行いさえすれば，容易に法人格を取得できるようになった。そして多くのNPOは，NPO法人格を取得することによって社会的信用を得た存在となり，会員・支援者・寄付金を得やすくなった。また，法的な権利主体としてさまざまな契約・事業も行えるようになった。つまり

　　　　の時期にかけては，必ずしも団体形成に有利な状況が整っていなかった。辻中・山本・久保（2010）で明らかにしたように，市民社会のマクロな団体財政や市民の団体加入率は，同時期に大きく低下していたからである。日本の市民社会を取り巻く環境が良好とはいえない時期に，なぜNPOだけが急成長したのか。これは，きわめて興味深い論点といえる。

NPO法の制定によって、日本のNPOを取り巻く法制度環境は大きく改善したのである（雨宮2002；早瀬・松原2004；Pekkanen 2006）。

さらにNPO法制定後も、NPOの形成を促すような法制度が次々と整備された。国レベルでは、2000年の介護保険制度施行（介護保険の指定事業者としてNPO法人が参入可能になる）、2001年の税制改正による認定NPO法人制度創設（以後、数度にわたって認定要件緩和の改正が行われる）、2002年のNPO法改正（特定非営利活動の範囲拡大、NPO法人設立の認証申請書類の簡素化、予算に関する制約の廃止など）、2006年の公益法人制度改革関連3法（一般社団・財団法人法、公益法人認定法、関係法律整備法）制定に基づく新しい公益法人制度創設などがとりわけ重要である（金谷2004；早瀬・松原2004；川北2007）。加えて、2009年以降の民主党政権で採用された「新しい公共」路線や2011年のNPO法や関連税制の大改正といった最近の動向も見逃すことはできない（政権交代後の動きについては終章でまとめて取り上げる）。

他方、自治体レベルでは、「宮城県の民間非営利活動を促進するための条例」（1998年制定）のようなNPO支援条例、「かながわボランタリー活動推進基金21」（2001年創設）のようなNPO支援基金制度、「大和市新しい公共を創造する市民活動推進条例」（2002年制定）のようなNPOと行政の協働推進制度、各地でみられるNPO支援センター・NPOプラザなどの中間支援施設設置など、より多様な手段と内容をもつNPO支援・活性化策が積極的に講じられている（大久保2004）。

以上のような国・地方の双方のレベルで整備されたさまざまな新しい法制度が、NPOの急増を強力に後押ししたのだと考えられる。

2. 地理的分布の視点からみたNPO形成

前節では、NPO形成の時系列的傾向を把握した。では、NPOの形成は地理的にはどのように異なっているのだろうか。NPOは全国各地で同じように叢生しているのだろうか。それとも、都市部など一部の地域に偏重する傾向があるのだろうか。また、活動分野によって地理的分布に違いはあるのだろうか。他方、地理的な団体所在地とNPOの活動範囲はどのような関係にあるのだろうか。たとえば、地域に根ざした活動を行うNPOと全国的課題に取り組むNPOは、それぞれ活動目的や活動内容が異なるが、地理的にはそれぞれどのような場所でより多く形成されているのであろうか。本節では、こ

れらの点を明らかにするために，地理的分布の視点から NPO の形成局面を分析していく。

2.1. 団体所在地の地理的分布
(1) NPO の所在地の地理的分布

まず，NPO の所在地の地理的分布から確認していこう。NPO は新興の市民社会組織として注目されているが，その存在は日本国中いたるところで同じように形成されているのだろうか。それとも，一部の地域にかなり限定して形成されているのだろうか。

埴淵（2007）などの先行研究では，NPO は都市部に偏在しているという指摘がなされている。これは，都市部には種々の政治的・経済的・文化的資源が集積しており，これら資源へのアクセスが容易であることが影響しているとみる考え方である。

では，我々の調査データから，NPO の地理的不均等分布はどのように観察されるであろうか。表2-4は NPO と社会団体の都道府県別の分布を示したものである。NPO は社会団体と比べると，東京・神奈川・千葉などの首都圏および京都・大阪・兵庫などの関西圏の都府県に所在する傾向がより強いことがわかる。やはり NPO の形成は大都市圏に偏重して行われている様子

表2-4　NPO・社会団体の都道府県別分布　　　　　　　　（単位：％）

	NPO	社会団体		NPO	社会団体		NPO	社会団体
北海道	5.2	6.2	石川県	0.9	1.7	岡山県	1.4	1.8
青森県	1.1	1.7	福井県	0.8	1.2	広島県	1.3	2.5
岩手県	1.5	2.2	山梨県	0.4	0.9	山口県	1.1	1.7
宮城県	1.8	2.0	長野県	3.0	3.2	徳島県	0.9	1.1
秋田県	0.8	1.5	岐阜県	2.2	2.2	香川県	0.5	1.3
山形県	1.1	1.5	静岡県	2.8	2.9	愛媛県	1.0	1.7
福島県	1.6	1.7	愛知県	3.8	3.5	高知県	0.8	1.3
茨城県	1.6	1.8	三重県	2.0	1.7	福岡県	3.1	3.1
栃木県	1.3	1.7	滋賀県	1.5	0.9	佐賀県	0.8	0.9
群馬県	1.7	1.7	京都府	2.7	1.8	長崎県	0.9	1.4
埼玉県	3.5	2.1	大阪府	6.5	4.6	熊本県	1.1	1.6
千葉県	4.2	2.3	兵庫県	3.7	2.9	大分県	1.1	1.3
東京都	15.5	11.6	奈良県	1.0	0.7	宮崎県	0.8	1.4
神奈川県	6.1	2.9	和歌山県	1.2	0.9	鹿児島県	1.1	1.7
新潟県	2.1	3.1	鳥取県	0.3	0.8	沖縄県	0.5	1.3
富山県	1.0	1.2	島根県	0.8	1.0	N	5,108	15,609

がうかがえる。

　NPOの地理的不均等分布をさらに詳しく確かめるために，NPOが所在する市区町村の都市規模別の分布を調べたものが，表2－5である。表によれば，NPO全体の11.9％が東京23区所在，17.2％が13大都市（東京都除く）所在であり，併せると約3割に上る。これに県庁所在地（13大都市除く）13.4％を加えると，NPO全体の4割以上は中枢的機能を有する都市部に存在していることがわかる。他方，社会団体においても，県庁所在地以上の都市部に存在する団体は，全体の47.3％と多くみられる。また，社会団体の中の市民団体についても同様の傾向がみられる。したがって，団体形成が都市部に偏在する傾向は，NPOに限らず，市民社会組織全般で一般的にみられるものといえる。

　さらに，人口シェアの分布と比較してみると，東京23区については一定の開きがある（人口シェア6.6％，NPO11.9％）ものの，それ以外の都市区分ではおおむね同じような割合である。全体としてみればNPOの地理的分布は，確かに都市部に偏在しているが，それは人口分布と同程度の偏りだということができる。

　ただし，活動分野ごとにみた場合，やや異なる傾向が見出せる。経済産業系や人権国際系のNPOでは，東京23区や13大都市に所在する割合が4割以上あって，他の分野と比べると多い。また団体支援系は，県庁所在地で多い。

表2－5　団体の所在地　　　　　　　　　　　　　　　　　　　　　（単位：％）

	町村	人口20万人未満の市	人口20万人以上の市	県庁所在地（13大都市除く）	13大都市（東京都除く）	東京23区	N
人口シェア	10.7	40.6	15.3	10.8	16.0	6.6	127,766,473
社会団体全体	10.6	34.5	7.7	21.4	15.5	10.4	15,608
市民	5.2	37.1	9.7	19.9	18.8	9.3	698
NPO全体	8.9	36.8	11.8	13.4	17.2	11.9	5,065
福祉系	9.8	38.2	13.9	11.8	17.1	9.1	2,056
教育系	7.6	38.0	10.1	12.8	17.0	14.5	1,160
地域系	12.3	39.7	10.3	12.9	15.1	9.8	604
環境系	9.6	37.8	9.8	15.9	16.3	10.6	584
経済系	5.0	26.5	10.9	16.6	22.2	18.9	302
国際系	5.8	24.3	11.5	15.6	20.6	22.2	243
支援系	2.9	27.5	14.5	23.2	17.4	14.5	69

東京都を除く13大都市の内訳＝札幌市，仙台市，千葉市，川崎市，横浜市，名古屋市，京都市，大阪市，神戸市，広島市，北九州市，福岡市。

表2－6　設立年と団体所在地の関係　　　　　　　　　　　　（単位：％）

	町村	人口20万人未満の市	人口20万人以上の市	県庁所在地(13大都市除く)	13大都市(東京都除く)	東京23区	N
1987年以前	6.6	32.8	10.7	16.2	19.0	14.8	458
1988－1992年	7.6	33.8	11.8	14.4	20.5	11.8	263
1993－1997年	5.6	34.6	12.9	10.8	21.8	14.3	482
1998－2002年	8.4	37.1	11.6	13.5	17.1	12.4	1,627
2003－2007年	10.7	38.1	12.0	13.3	15.5	10.4	2,190
全体	8.9	36.8	11.8	13.4	17.2	11.9	5,065

これらの活動分野の団体は，後にみるように，都道府県レベル以上の広い活動範囲をもつ団体が多い。それゆえに，資源・情報が集積する中枢都市に活動の本拠を置く必要性が高いのであろう。他方，保健福祉系，教育文化系，地域づくり系，環境災害系については，NPO全体の傾向とほぼ同様であることがわかる。

(2) 団体設立年と団体所在地

NPOの所在地は，NPOが形成された時期によって異なるのであろうか。この点を確かめたのが，表2－6である。

これをみれば，NPO法制定の1998年以後に設立されたNPOでは，それ以前に設立されたNPOに比べて，東京23区や13大都市に所在する割合がやや少なく，逆に人口20万人未満の市や町村に所在する割合がやや多いことがわかる。つまり，近年形成されたより新しいNPOほど，都市部ではない地域に拡散して存在しているのである[14]。ここから，緩やかな動きではあるものの，NPOが都市部に偏在する傾向は，今後徐々に修正されていくことが予想される。

2．2．団体所在地と活動範囲の関係

NPOは概してローカル・ガバナンス論の文脈で取り上げられることが多く，その活動範囲のローカル性がしばしば強調されている（田中2002；坪郷編2006；後2009）。しかし，実際のNPOの中には，ローカルを超えた大きな活

---

(14) ただし，非都市部で形成されたNPOほど長続きせず，すでに解散・消滅してしまっており現存していない，という解釈が成り立つ可能性もある。

動範囲をもつ団体も一定数存在している。たとえば，複数の都道府県にまたがった広域圏レベル，日本全体を視野に入れた全国レベル，国境を越えた世界レベルなどで活躍するNPOも決して少なくはない。このようにローカル・レベルを超えた活動範囲をもつ可能性を考えれば，NPOの団体所在地と実際の活動の場所は必ずしも一致するわけではない。つまり，NPOが「どこに」存在するかを調べるだけでは，NPOが「どこで」活動しているかを特定することはできないのである。

以上の点を考慮して，我々の調査では団体所在地とは別に，団体の活動範囲についての設問を用意している。具体的には，「あなたの団体が活動対象とする地理的な範囲は，次のどのレベルですか」という質問文で，「1.市町村レベル」，「2.都道府県レベル」，「3.複数県にまたがる広域圏レベル」，「4.日本全国レベル」，「5.世界レベル」の5段階で回答してもらっている（NPO調査Q9，社会団体調査Q11）。表2－7は，その回答結果をまとめたものである。これを基に，まずNPOの活動範囲を以下では確認していこう。

表より，市町村レベルで活動するNPOは，全体の49.6％と約半数を占めていることがわかる。これに都道府県24.2％を加えると，全体のおよそ4分の3はローカル・レベルで活動していることがわかる。逆に，それ以上の広域圏レベル，全国レベル，世界レベルで活動するNPOは少数派である。

このような活動範囲のローカル性はNPOに限らず，社会団体でも同様に確認されるものである。社会団体全体でみた場合でも，約78％の団体が都道府県以下のレベルで活動している。同じ傾向は，社会団体の中の福祉団体や市民団体でもみられる。要するに，NPOがとりたててローカル性を有する団体なのではなく，日本に存在するあらゆる団体が，そもそも平均的にはローカル・レベルで活動する団体であることが多いのである。

表2－7　団体の活動範囲　　　　　　　（単位：％）

	市町村	都道府県	広域圏	全国	世界	N
社会団体全体	46.9	30.9	5.7	12.1	4.4	15,640
福祉	54.9	28.3	2.6	9.4	4.8	1,173
市民	52.7	24.9	5.4	9.5	7.4	702
NPO全体	49.6	24.2	8.5	11.7	6.1	5,111
福祉系	*64.4*	20.4	5.3	7.8	2.1	2,073
教育系	39.1	26.7	10.9	16.1	7.1	1,165
地域系	56.3	23.5	8.7	9.4	2.1	618
環境系	37.9	29.8	11.1	13.3	7.8	593
経済系	27.5	31.0	14.7	20.3	6.5	306
国際系	17.2	20.9	9.4	11.9	*40.6*	244
支援系	40.6	*36.2*	4.3	17.4	1.4	69

ゴチック・斜体字はNPO全体より10ポイント以上上回る場合，網掛けは10ポイント以上下回る場合。

他方，活動分野別にみれば，活動範囲は分野によって大きく異なっていることがわかる。保健福祉系と地域づくり系は，市町村レベルで活動する団体が半数を超えており，とくにローカル性が強い。これは，これら分野の団体が取り組む問題やイッシューが地域社会と密接に関係したものであることが多いからであろう。また，団体支援系は都道府県レベルで多くみられるが，これは団体支援系のNPOは都道府県内のさまざまな団体をコーディネートする役割を果たしていることが多いことの現れであろう。

これらの活動分野と異なる傾向を示しているのが，経済産業系と人権国際系である。経済産業系は都道府県レベル，広域圏レベル，全国レベルで活動する団体がやや多く，人権国際系は取り組むイッシューの性質から世界レベルで活動する団体が40.6％と突出して多い。

以上のようにNPOの活動範囲は，それが取り組む活動分野，換言すれば政策領域によって大きく規定されていることがわかる。団体の活動範囲が政策領域によって強く規定されることは，社会団体調査の分析によってもすでに明らかにされていたが（辻中・森 2010），同様の傾向がNPO調査でも確認されたといえる。

では，この団体の活動範囲は団体所在地の地理的分布とどのような関係にあるのだろうか。たとえば，地域に根ざした活動を行うNPOに比べて，全国的課題に取り組むNPOは，より多くの資源を必要とし，さらに中央政府に働きかけていく必要もあることから，東京を中心に形成されることがより多いのであろうか。この点を調べてみたものが，表2－8である。

表より，活動範囲によって，NPOの所在地の都市規模は異なっている様子がうかがえる。市町村レベルで活動するNPOは町村や一般市に所在することが多いが，都道府県レベルで活動するNPOは県庁所在地に所在すること

表2－8　活動範囲と団体所在地の関係　　　　　　　　　　（単位：％）

	町村	人口20万人未満の市	人口20万人以上の市	県庁所在地（13大都市除く）	13大都市（東京都除く）	東京23区	N
市町村	11.8	46.8	14.6	8.7	12.7	5.4	2,517
都道府県	6.4	29.7	9.8	26.4	20.6	7.1	1,214
広域圏	6.1	27.4	9.4	13.7	25.2	18.2	424
全国	5.7	24.8	7.1	7.1	19.9	35.3	592
世界	5.3	20.7	8.9	11.8	23.4	29.9	304
全体	8.9	36.8	11.8	13.4	17.2	11.9	5,065

が多い。また,広域圏レベル以上の活動範囲をもつNPOは,13大都市や東京23区といった大都市圏に所在する割合がより多い。とりわけ,全国レベルの活動範囲をもつNPOでは35.3％が東京23区に所在している。このように,活動範囲が大きくなるにしたがって,中枢的機能を有する都市部に所在する可能性がより高くなる傾向がみられる[15]。

もっとも,団体の活動範囲が団体所在地を完全に規定してしまっているわけではない点には注意を要する。たとえば表をみれば,全国レベルや世界レベルで活動するNPOであっても,25～30％程度は人口20万人未満の市ないし町村という非都市部に所在していることがわかる。これは,交通網や情報通信手段が発達した今日では,必ずしも中枢都市に活動の本拠を置かなくても,全国的ないし世界的な活動を行っていくことが可能であることを示唆しているのかもしれない。

3. 政治・行政とNPOの形成

3.1. 行政による設立時支援の実態
(1) 設立時支援に関わったアクター

政治・行政はNPOの形成局面にどのように関わっているのであろうか。本章1節ですでに確認したように,1990年代後半に始まるNPOの急増は,同時期に並行して起こったNPO法に代表される種々の団体法制度の転換の影響を強く受けたものである。そして,その法制度の変化はいうまでもなく,政治・行政アクターによる政治的決定によって,初めて実現したものである。その意味で,NPOの形成局面に政治・行政がまったく無関係であるとはそもそも考えにくい。

これまで多くの市民社会研究が指摘してきたように,国家が設定する団体活動についてのさまざまな法制度枠組み,あるいは国家による団体支援策のあり方は,市民社会組織の発展の様態やスピードを決定的に左右する (辻中1988;Salamon and Anheier 1997b; Levy 1999;重冨 2002;Mettler 2002; Putnam ed. 2002; Skocpol 2003; Pekkanen 2006)。この理論は,日本のNPOのケースにも当てはまるものである。つまり,政治・行政が行う諸決定やさまざまな支

---

(15) 結果は省略するが,同様の傾向は社会団体の場合でも確認できる。

援は，NPO の形成に無視できない一定の影響を与えていると考えられる。

本節では，NPO の形成局面における政治・行政の関与の実態を探る一作業として，行政による設立支援状況を分析していきたい。NPO の中には，団体設立時に，国や自治体から活動資金・情報・人材などの面で直接的な支援を受けているものが一定数存在している。我々の NPO 調査では，団体設立時にさまざまな組織からの支援を受けたかどうかを尋ねた設問（Q15）が存在しており，ここではその回答結果を用いて，行政による NPO の設立支援の実態を調べていきたい[16]。

表2−9をみれば，設立時支援に関わったアクターとして，最も多くの NPO から名を挙げられているのが自治体であることがわかる。NPO 全体の31.5％が自治体から設立時支援を受けている。これは，他の NPO（20.1％），専門家（16.2％），企業（10.7％）などによる設立時支援よりも多い。また，全体の3.1％ほどではあるものの，国から設立時支援を受けた NPO も存在していることがわかる。他方，NPO 中間支援施設の支援を受けた NPO は全体の14.9％であるが，中間支援施設のおよそ3割は行政主導で設置・運営さ

表2−9　団体設立時に支援に関わったアクター　　　　　　　　　（単位：％）

設立支援に関わったアクター（複数回答可）	国	自治体	企業	専門家	NPO中間支援施設	他のNPO	その他	いずれかの支援あり	N
NPO全体	3.1	31.5	10.7	16.2	14.9	20.1	9.3	73.1	5,127
福祉系	2.1	29.3	7.3	14.5	16.9	24.0	10.8	74.1	2,075
教育系	3.0	29.3	11.4	16.3	14.5	19.1	7.9	70.6	1,171
地域系	3.6	40.9	13.4	19.6	13.6	15.7	6.5	74.9	618
環境系	5.4	35.8	16.9	16.0	13.3	16.2	8.3	75.0	593
経済系	5.2	30.4	18.6	16.3	11.4	13.1	9.8	71.9	306
国際系	1.6	26.9	7.8	22.0	11.8	20.4	12.2	71.4	245
支援系	2.9	36.2	7.2	20.3	15.9	27.5	11.6	73.9	69
1987年以前設立	3.0	39.5	6.3	15.2	12.8	17.8	12.8	75.5	461
1988−1992年設立	4.5	29.1	10.2	18.5	12.1	18.5	8.3	68.3	265
1993−1997年設立	2.5	33.2	11.3	17.5	16.1	21.6	9.1	75.9	485
1998−2002年設立	3.7	28.7	11.9	16.4	14.6	20.1	10.8	71.5	1,653
2003−2007年設立	2.7	32.1	10.9	15.9	15.7	20.3	7.6	74.1	2,212

(16)　我々の調査の設問では支援を受けたかどうかの事実だけを尋ねており，支援の内容については尋ねていないため，活動資金・情報・人材など，どのような点についてどの程度の支援を受けたのかについては不明である。

ていると推定され[17]，その一部分については行政による設立時支援の一端と捉えてもよいだろう。以上から勘案すれば，NPO全体の3分の1以上が，行政から何らかの形で設立時支援を受けていたことになる。やはり行政はNPOの形成局面に深く関与しているといえよう。

他方，活動分野別にみた場合，地域づくり系，環境災害系，団体支援系のNPOは，その他の分野のNPOに比べて，自治体から設立時支援を受けることが多い傾向がうかがえる。これは，自治体がこれら分野のNPOの形成をより積極的に支援しようとする意思の現われと考えられる。

また，設立時期別にみた場合，1987年以前設立のNPOは，自治体から設立時支援を受けた団体の割合がその他の時期に設立されたNPOよりも多いことがわかる。これは，自治体によるNPO（正確に表現すれば，後にNPO法人となる任意団体）の形成支援策が，実際には1990年代以前のかなり早い時期から一部の自治体では積極的に行われていた可能性を示すものとして，注目される[18]。

(2) 政治・行政のNPOに対する認識の変化

行政がNPOの設立時支援に積極的に関与していることからうかがえるよ

---

(17) 内閣府国民生活局「平成13年度中間支援組織の現状と課題に関する調査報告」によれば，中間支援組織の設置・運営形態は，官設官営15％，官設民営が18％，民設民営が55％と推計されるという。

(18) 後段で指摘するように，1990年代半ば頃までの政治・行政アクター（とりわけ，自民党や中央省庁）は，総体としてみれば必ずしもNPOの発達を望んでいなかったと考えられる。にもかかわらず，表2－9の結果では，自治体による設立時支援は，1990年代以前の時期から活発に行われていたことが示されている。2つの現象の間のズレを整合的に理解するための解釈としては，①1990年代以前に行政から設立時に支援を受けたNPOは，より長く「生き残る」傾向があった，②1990年代以前に，革新系市長を擁する一部の自治体では，実際にNPO形成支援策が先駆的に講じられていた，という2つが考えられるが，真偽のほどは定かではない。他方で，データから行政による設立時支援が1990年代半ば以降増大している傾向が明確に確認されないのは，「支援」の具体的な内容を問わず，あいまいな形で尋ねている現行の設問の不備に由来するかもしれない。いずれにせよ，この点については今後さらなる探究がなされなければならない。

うに，今日，日本の政治・行政アクターは，基本的にはNPO活動が発展していくことを望ましいものと考え，NPO形成を促すような法制度や支援策の整備に乗り出している。しかしながら，このような認識は当初から必ずしもそうであったわけではない。

長年にわたって日本政治をリードしてきた自民党や中央省庁は，少なくとも1990年代半ば頃までは，市民によるボランタリーな諸活動の成長や発展をあまり望ましいものとは考えていなかった。たとえば，それは当初「市民活動促進法案」という名称であったNPO法案が，国会審議の最終局面で一部の自民党有力政治家の強い反対によって「特定非営利活動促進法案」へと改められたエピソードからもうかがい知ることができよう。自民党政治家の間では，NPOは「革新寄りの反自民勢力の一部」という認識が少なからず見られたのである（加藤2008）。また，各省庁は，民法旧34条に基づく公益法人制度下で主務官庁として，団体に対する法人格付与，監督，行政指導などの強い権限を有しており，それらを背景にした公益法人への天下りも頻繁に行われていた（中野2009）。したがって，官僚は旧制度下において一定の利益を得ていたため，その他の法制度創設による新種の市民社会組織の発達には一貫して消極的な姿勢であった。

その後，1998年のNPO法制定前後の時期より，徐々に自民党や中央省庁の考え方は親NPOの方向にシフトしていった。背景には，冷戦構造が終焉したことにより，保守政治家の間で市民運動・市民活動が反体制色を強めることへの危惧が和らいだこと（早瀬2010），あるいは1990年代を通じて見られた選挙制度改革，行財政改革，地方分権改革などのさまざまな改革の進展，経団連を始めとする財界の市民活動推進策への積極的支持，1995年の阪神・淡路大震災の発生，NPOや市民活動に親和的な新党の登場（新党さきがけ，民主党），自社さ連立政権の成立などの影響などが考えられる（Pekkanen 2006: 133-155）。

以上の認識変化は，中央のみならず，地方レベルでも同様に起こっていった。たとえばそれは，1998年の宮城県NPO支援条例の制定過程における自民党県議の認識変化に端的に現れている。自民党県議の間では，当初「NPOは自民党の敵。なんで敵を利するようなことをするのか」という認識が強かったという。しかし，1年近くの議論を重ねる中で，次第にNPO支援を訴える声が大きくなり，最終的には自民党県議がNPO支援条例制定の先頭に

立つことになったのである(朝日新聞特別取材班 2000：131)。同様の NPO 支援条例は, 90年代後半以降, 全国16道府県で制定され, さらに指針レベルでは現在, 全都道府県で制定されている[19]。

以上のように, 政治・行政アクターの対 NPO 認識は今日では概ね好意的なものであるが, かつては必ずしもそうではなかった点は押さえておきたい。この十数年あまりの間に政治・行政の世界では, 市民社会関連政策について一種のアイディア転換が生じた。それがあったからこそ, 政治・行政は NPO の形成をより積極的に支援するようになったのである。

3.2. 行政による設立支援を受けた NPO の特徴

以上みたように, NPO の形成局面において, 行政による支援は少なからぬ影響を与えたと考えられる。ところで, 行政が団体形成に深く関与することは, 何も NPO の世界だけに限った話ではない。むしろ戦後日本の行政官僚制は, 少ないリソースを最大限活かしていくために, 業界団体や防犯協会などの準統治機能を有する種々の団体を自ら積極的に作り出し, その育成に努めてきた(村松 1994)。裏返していえば, 業界団体から市民団体まで, ほとんどすべての利益団体は, 官庁のクライエント組織であるという点では共通しているのである(辻中 1988)。

このように行政が市民社会組織の形成・育成に広く関与することについては, 古くより一定の批判が加えられてきた。たとえば, 政治学者の篠原一による以下の一節は, 行政の関与によって, 市民参加や市民運動のエネルギーが統治エリート側に都合の良い形で「換骨奪胎」されてしまうことについて, 警鐘を鳴らす議論の典型例といえる。

> 「市民参加は権力側の『包絡』作用とつねに裏合わせになっている。賢明な統治者は統治の経済のためにむしろ市民の参加を歓迎する。たとえ時間はかかっても, 強制よりは参加の方がエネルギーの節約になり, はるかに能率的であることをしっているからである。さらに, 現代の巧妙な統治者は反対運動を抑圧するために, 故意に市民運動をおこし, 運動

---

(19) 椎野修平「自治体の NPO 政策(2011年8月1日現在)」(http://www.osipp.osaka-u.ac.jp/janpora/shiinodata.htm) 最終アクセス2012年1月16日。

と運動を対決させることによって,反対をのりこえ,市民の支持をえたという形で施策を行なうことすらある。このような露骨な方法をとらない場合も,運動の翼賛化は容易におこりやすい。このように,市民参加は意識的にあるいは無意識的に『包絡』作用に転化する傾向をもっている。いわば権力に相対するものであるだけに,政治権力の磁場に引きつけられやすいのである」(篠原 1977:78-79)。

行政の支援を受けることによって,市民社会組織は行政側の動員の論理に取り込まれてしまい,本来の魅力を失った「行政補助団体」に堕してしまう。このような警戒感は,現在のNPO研究者の間でも一部共有されているといえる。それゆえに,「行政はNPOの形成・育成に関わるべきではない」という主張がなされることもしばしばある。たとえば,松下圭一や田中弥生によるつぎの一節は,そのような見解の典型的なものである(本書4章の議論も参照)[20]。

「NPOは自立した市民活動から出発し,ただ法人格を便宜上もっただけですから,NPOを保護・育成するなどという考え方を,行政はぜひ取り去っていただきたい。行政が『支援』しなければ潰れるようなNPOは潰れてよいのです」(松下 2005:12)。

「あえて極論を言えば,市民のボランタリズムや社会貢献活動について政府は何もしないほうがよい。オカミ意識が根強く,市民参加が途上段階にある日本の状況に鑑みれば,政府が直接的に支援や介入をすることで,市民の自発性を損ねてしまうからだ。このことはNPO政策の歴史が証明している」(田中 2011a:15)。

他方,後(2009:7-9)は,上記のような見解は「ボランタリズムの神話」に基づくものであるとして,逆に批判している。日本のNPO関係者の

---

(20) さらに,行政による市民活動・ボランティア支援策を,新自由主義的国家システムの動員作用の現われとして警戒する見解も存在する(中野 1999;渋谷 2004;Ogawa 2009)。

間では,「真のNPOは,ボランティアと民間寄付によって形成・運営されるべきである」,「それゆえに,行政の支援は受け取るべきではない」と信じる人が多い。しかし,政府・行政による介入がなければ,Salamon (1995) が指摘した「ボランタリーの失敗」は放置されたままになってしまう。つまり,市民のボランタリーな活動には,①フリーライダー問題の発生 (Olson 1965) によって,社会の要請に十分応えるための資源が不足している,②特定のテーマに活動分野が偏っている,③民間の慈善寄付者の意向に従いがちになる,④素人主義的な対応に終始しがちになる,という弱点があり,その弱点を補うためにも政府・行政による支援はむしろ必要なものである。これらの論拠から,後は行政によるNPO支援を過度に警戒する見方に反論している。

以上のように,行政によるNPOの設立時支援のあり方については賛否両論がありうるが,実際のところ,行政の支援の影響はどのような形で現れてくるのだろうか。つまり,行政(国・自治体)による設立時支援を受けたNPOは,そうでないNPOと比べて,何らかの特徴を有しているのだろうか。その点を考える素材となるのが,表2-10である。

表より,行政から設立時支援を受けたNPOは,そうでないNPOと比べて,組織規模の面ではおおむね同程度と考えられる。常勤スタッフ数,非常勤スタッフ数,年間収入合計額の平均値などの指標でみれば,両者の間にはほと

表2-10 行政から設立時支援を受けたNPOの特徴

	個人会員数(現在)の平均値(人)	個人会員数(現在)の中央値(人)	常勤スタッフ数の平均値(人)	非常勤スタッフ数の平均値(人)
国・自治体から設立時支援を受けたNPO	142.4	40.0	3.2	7.2
その他のNPO	233.5	30.0	3.1	6.8

	行政へ政策提言している	行政からの有償委託業務をしている	行政とイベント等を共同で企画・運営している	行政の政策執行に援助・協力している
国・自治体から設立時支援を受けたNPO	40.3	49.8	42.6	28.9
その他のNPO	30.3	31.7	27.1	15.6

「行政へ政策提言をしている」「行政からの有償委託業務をしている」「行政とイベント等を共同で企画・運営している」「行政の政策執行に援助・協力している」(Q18) は,国・都道府県・市町村のいずれかのレベルで該当する場合。
「一般会員が団体運営や意思決定に頻繁に関与する」「一般会員がイベントなど実地活動に頻繁に参加する」

んど差はない。また個人会員数（現在）は平均値でみれば，行政から設立時支援を受けたNPOの方が少ないものの，中央値でみれば逆にやや多い。

他方，収入内訳をみれば，両者の間に一定の差があることが確認される。行政から設立時支援を受けたNPOでは，行政からの委託業務手数料や補助金が占める割合がより多い。反面，会費・入会金収入や事業収入が占める割合は少ない。ここから，行政から設立時支援を受けたNPOは，その後の活動においても財政面で行政に依存することが多い団体であることがわかる。

つぎに，行政との協働関係（Q18）について調べてみると，政策提言，有償業務委託，イベント等の共同企画・運営，政策執行の援助・協力など，いずれの指標でみても，やはり行政から設立時支援を受けたNPOほど，より多く行政と関係をもっていることがわかる。

以上の結果だけをみれば，先行研究が指摘するような，行政から支援を受けたために起こる「行政依存体質」や「行政補助団体」化が生じているように思えなくもない。

しかし他方で，行政から設立時支援を受けたNPOは，必ずしもボランタリーな草の根基盤が失われているわけではないし，行政に恭順な態度ばかりをとっているわけでもない点は決して見逃すべきではない。表に示されるように，行政から設立時支援を受けたNPOは，そうでないNPOに比べて，ボ

（単位：人，万円を除き％）

ボランティア・スタッフ数の平均値（人）	年間収入合計額の平均値（万円）	収入合計に占める会費入会金の割合の平均値	収入合計に占める事業収入の割合の平均値	収入合計に占める行政の委託業務手数料の割合の平均値	収入合計に占める行政からの補助金の割合の平均値
18.7	1,575	21.3	44.6	33.1	24.2
13.9	1,571	27.5	51.5	18.0	14.9
一般会員が団体運営や意思決定に頻繁に関与する	一般会員がイベントなど実地活動に頻繁に参加する	一般会員が会費や寄付金を頻繁に支払う	請願への署名・集会参加・直接的行動をする	国の政策・方針の修正・阻止経験がある	自治体の政策・方針の修正・阻止経験がある
31.3	50.5	45.4	32.4	6.9	19.3
29.8	46.3	42.1	29.6	7.6	15.0

「一般会員が会費や寄付金を頻繁に支払う」（Q39）は，「かなり頻繁」（5点尺度で4点）以上に該当する場合。
「請願への署名・集会参加・直接的行動をする」（Q33）は，「ある程度」（5点尺度で3点）以上行っている場合。

ランティア・スタッフ数や一般会員の団体参加頻度（意思決定，イベント，会費・寄付）はより多く，請願への署名・集会参加・直接的行動（デモ，ストライキ，Q33），国や自治体の政策・方針の修正・阻止経験（Q34）は同程度である。つまり，行政の支援を受けて形成されたNPOだからといって，直ちに市民性が喪失したり，政府に対する批判的態度・行動が低下したりするわけではないのである。この点を考慮に入れれば，「NPOの形成に行政が関与すれば，NPOは行政の動員の論理に取り込まれ，その自律性を失ってしまう」という見解は，一定の範囲内で修正が加えられるべきものなのかもしれない。

4. 本章のまとめ

本章では，NPOの形成局面についての分析を行ってきた。NPO形成は時系列的に，地理的に，どのような形で行われてきたのか。また，政治・行政はNPOの形成にどのように関わっているのか。これらの問いに答えるべく，本章で明らかにしてきたことをまとめれば，以下のとおりとなる。

（1）NPOの多くは，NPO法が制定された1998年以後に設立された団体であるが，一部にはより古い時期に設立された団体も存在している。これらの団体は，NPO法人格を取得する以前に，任意団体や自発的な市民活動として活動を行っていたものである。活動分野別にみれば，人権国際系や教育文化系のNPOは古い時期に形成された団体がやや多く，逆に経済産業系のNPOは比較的新しい時期に形成された団体がやや多い。

（2）近年形成されたNPOには，会員数や収入額の規模が小さい，ボランティア・スタッフが少ない，収入面で行政に大きく依存する団体が多い，一般会員の団体参加あるいは一般市民に向けた催事や広報活動などをあまり行わないタイプが多い，という特徴がみられ，必ずしも団体活動の基盤を市民の参加に置かないタイプが増えている。

（3）NPOの形成時期は2000年代前半に大きなピークを迎えているが，その他の市民社会組織では同時期に設立数増大が起こった形跡はみられない。NPOを除けば，日本の市民社会組織の中心は，現在も戦前あるいは戦後期から高度成長期にかけて設立された古い団体が占めている。したがって，サラモンがいう「アソシエーション革命」は，日本では

NPO に限定して観察される事象に留まっている。
（4）NPO の地理的分布は都市部に偏重している。しかし，そのような傾向は NPO だけに限らず，市民社会組織全般で一般的にみられる傾向である。また，偏りの程度も人口分布の偏りと同程度と考えられ，より新しく設立された NPO ほど非都市部に拡散する傾向がみられる。他方，活動分野別にみた場合，経済産業系や人権国際系の NPO は中枢機能をもつ大都市に所在することが多い。また，団体支援系の NPO は県庁所在地に本拠を構えることが多い。
（5）NPO 全体のおよそ4分の3は，都道府県以下のローカル・レベルの範囲内で活動している。これは社会団体でも同じようにみられる傾向である。ただし，経済産業系や人権国際系の NPO では，広域圏レベル，全国レベル，世界レベルで活動する団体もそれなりに多い。また，全国レベルや世界レベルで活動する NPO は，東京23区に所在することがより多いが，他方で人口20万人未満の市や町村にも25～30％程度は存在している。
（6）NPO 全体の3分の1以上は，行政から何らかの形で設立時支援を受けている。日本では，行政からそのような支援を受けることについて，一部で根強い抵抗感がある。しかし実際，行政から設立時支援を受けた NPO は，そうではない NPO と比べて，確かに行政との関係は濃密ではあるものの，団体の草の根基盤や政府に対する批判的姿勢・行動などを喪失しているわけではない。

　以上から明らかになったように，NPO の形成パターンは，その他の市民社会組織と類似した部分もあれば，異なる部分もある。また，活動分野ごとにも，一定のバリエーションが存在している。このように，団体世界に存在する普遍的な傾向性と団体の種類別に存在する個別的な傾向性を丁寧に腑分けして記述していくことが，団体活動の実態を把握していく際には重要である。そのような作業を通じて，NPO の特徴，あるいは政策領域ごとの NPO の特徴が浮き彫りにされていくものと思われる。このスタンスは，次章以降の分析でも基本的には維持されている。
　本章ではさらに，政治・行政は NPO の形成局面に一定の影響を与えていることも明らかになった。しかも，それは必ずしも先行研究が指摘するよう

なネガティブな影響ばかりではない点も確認された。NPO という新興の団体が，今後も順調に形成されていくためには，政治・行政による支援が欠かせないものとなるといえよう。

第3章　NPO の価値志向と存立様式

山本英弘

1. NPO の存立様式

　前章の NPO の形成局面に引き続き，この章では NPO の組織としての基本的特徴である価値志向，リソースの動員，会員との関係について順にみていくことにしよう。NPO が営利を目的としない組織であるために，上記の諸点について，まずはしっかり確認しておく必要がある。

　第1に，NPO は営利追求以外の明確なミッション（使命）を定め，それに基づいた具体的目標のために活動する（Drucker 1990=1992; 藤井 1999；島田 2003；田尾・吉田 2009）。Drucker (1990=1992) によれば，NPO のミッションには，社会に存在しているニーズとの適合性，自らの組織が他の組織と比べて卓越している部分，自らの組織が信じる価値観の3点が含まれなければならない。個々のNPOは，このようなミッションに照らして重要だと考えられる活動を行っているのである。今回の NPO 調査では，ミッションについて直接質問していないものの，活動目的や政治・社会認識についての回答をもとに，NPO の価値志向を推察していくこととする。

　第2に，NPO が組織として様々な活動を行う上では，メンバーや資金，物財などの様々なリソースも必要となる。活動を継続し，さらに規模を大きくしていく上では専従スタッフも必要となるだろう。NPO によるリソースの調達やマネジメントは，これまでの NPO 研究において中心的に取り上げられてきた（Drucker 1990=1992; Salamon and Anheir 1994= 1996; Grønbjerg 1993; Anheier 2005 など）。非営利の NPO は全般にリソースが不足している

ことが指摘されているが (Salamon 1987), とりわけ日本の NPO については, 規模の小ささが繰り返し言及されてきた (山内編 1999;田中 2006)。すなわち, 日本の NPO は数こそ10年あまりで急増したものの, 個々の団体の会員数や財政は小規模のままにとどまっているのである。この点は国際比較からも示されており, Salamon と Anheier らの調査によっても日本の NPO の小ささが示されている (Salamon and Anheier 1994=1996)[1]。また, スーザン・J・ファー (Susan J. Pharr) や Pekkanen (2006=2008) は, 日本の市民社会組織や NPO について, 韓国やアメリカの市民社会組織との比較から4つの小ささ (会員数, 専従スタッフ数, 財政規模, 活動範囲) を指摘している。今回の NPO 調査についても, こうした特徴を確認していく。

　また, 非営利で公共的利益に基づく NPO は, 特定の人々の利益を代弁することで団体メンバーや支持者を獲得することはできない。そのため, リソースの調達先 (リソース源) を多様化させる必要がある (Anheier 2005; 田尾・吉田 2009)。つまり, 営利企業においては財やサービスの対価, 政府においては税金が主要な財源であるのに対して, 非営利の NPO には財やサービスの対価を受け手から得ることもあれば, 会費, 民間の寄付金, 政府等からの助成金, 業務ボランティアなどを通して調達することもある。これらのうち, NPO は実際にどのようなリソース源に主に依拠しているのかを, データを通してみていくこととする。

　第3に, NPO は市民同士の身近な交流の場であり, 連帯感やソーシャル・キャピタル (社会関係資本) を高める機能をもつ。すなわち, NPO における様々な活動への関与を通して, メンバー同士の結びつきが強化され, 信頼や互酬性の規範が醸成される (山内・伊吹編 2005;坂本 2010b;西出 2011)。さらには, メンバーの社会や政治への関心を強めたり, 政治参加や市民参加を一層促していく。こうした NPO における市民の育成機能の基礎となるメンバーの参加, 交流, 組織構造の諸項目の実態を捉えていく。

　本章の構成は次の通りである。まず2節では NPO の活動目的や関心政策領域を取り上げ, 価値志向を検討する。3節では, NPO の財政規模, 収入の内訳, 会員数, スタッフ数について検討する。さらに, 4節では, メンバー

---

(1) ただし, Salamon らの調査も Pekkanen (2006=2008) の議論も, NPO 法人よりも広い市民社会を対象としていることに注意する必要がある。

の参加，組織におけるメンバー間関係および組織の内部構造などを取り上げる。

2. NPO の価値志向

2.1. NPO の活動目的

　冒頭でも述べたように，NPO にとってその価値志向を表すミッションはもっとも重要なものに位置づけられる。NPO はミッションに基づいて，公共サービスの供給，政府や自治体に働きかけるアドボカシー活動，メンバーのためのサービス供給や組織経営のための事業などの諸活動のうち，どれにウエイトをおくかを決める。

　それでは，ミッションに導かれた活動目的として，NPO はどのようなものを挙げているのだろうか。1章でも述べたように，NPO の機能として，市民性の育成機能，公共サービスの供給機能，政治過程への利益表出機能，政府への対抗・監視機能，アドボカシー機能を挙げることができる。これらのうち，それぞれの NPO は自らの活動と役割をどのようなものだと認識しているのだろうか。

　表3－1は，13項目について当該 NPO の目的として当てはまるかどうかを尋ねた質問の結果である（NPO 調査Q13，社会団体調査Q9；複数回答）。なお，同一の質問に対する回答結果について，社会団体のうちいくつかの団体分類（農林水産業団体，経済・業界団体，教育団体，福祉団体，市民団体）について示している。ここで，NPO の各活動分野におけるゴチック体は，その分野で上位3位以内の目的を示している。また，網掛け部分は各目的において最も高い割合の分野を示している。

　NPO についてみると，ほぼすべての分野で会員への情報提供が最も高い割合を示している。全体では57.7%であり，どの分野でも50%を超えている。続いて，会員に対する教育・訓練・研修の割合が高く，全体の43.4%の団体に該当する。これらから，公共的利益のために活動する NPO であっても，まずは会員に対してのサービスが基礎にあるということができる。

　これら2つの目的以外は，活動分野によって目的の相違がみられる。保健福祉系や教育文化系では一般に向けた有償でのサービス活動が高い割合を示しており，これらの団体では公共サービスの供給に力点を置くものが多いこ

表 3 - 1　活動目的　　　　　　　　　　　　　　　　　　　　（単位：%）

	会員への情報提供	会員の生活・権利の防衛	会員の教育・訓練・研修	会員への補助金の斡旋	会員への許認可・契約の便宜	行政への主張・要求	会員以外への情報提供
保健福祉系	55.3	28.6	40.5	3.8	3.1	22.4	28.1
教育文化系	56.6	7.6	55.7	3.5	1.4	15.5	33.5
地域づくり系	60.0	9.9	32.2	4.9	3.2	28.0	40.8
環境安全系	62.7	7.4	41.1	5.4	1.3	30.4	35.6
経済産業系	61.4	13.4	47.7	7.8	5.9	19.0	47.1
人権国際系	60.4	14.7	38.0	4.1	3.3	29.4	40.8
団体支援系	68.1	5.8	43.5	20.3	5.8	31.9	76.8
NPO全体	57.7	17.0	43.3	4.5	2.7	22.6	34.0
農林水産団体	66.5	34.2	36.9	33.4	18.4	34.4	12.6
経済業界団体	90.5	24.0	72.7	29.1	21.7	49.8	18.7
教育団体	69.1	14.7	75.3	6.7	1.4	26.0	23.2
福祉団体	63.7	35.2	40.9	9.0	2.5	28.9	23.1
市民団体	75.6	27.3	41.5	6.7	2.3	42.2	33.5
社会団体全体	73.7	28.9	53.0	17.2	11.9	36.7	18.5

	専門知識に基づく提言	啓蒙活動	他の団体や個人への資金助成	一般向けの有償サービス	一般向けの無償サービス	その他	N
保健福祉系	16.2	26.6	1.5	47.4	24.8	9.0	2,075
教育文化系	18.1	28.1	2.6	39.5	34.9	6.7	1,171
地域づくり系	26.4	44.0	1.3	29.4	31.9	7.0	618
環境安全系	31.0	52.1	2.2	21.9	29.2	9.9	593
経済産業系	32.4	25.5	0.7	40.5	32.7	8.5	306
人権国際系	26.1	33.5	6.9	15.9	30.6	13.5	245
団体支援系	40.6	55.1	13.0	31.9	42.0	2.9	69
NPO全体	21.4	32.6	2.2	38.0	29.4	8.4	5,127
農林水産団体	9.0	18.1	3.4	9.3	5.7	9.4	2,777
経済業界団体	14.8	26.4	2.8	10.4	11.9	3.2	4,000
教育団体	13.9	23.9	7.0	9.3	13.7	7.0	570
福祉団体	12.4	30.6	15.3	29.9	31.7	14.6	1,175
市民団体	20.0	45.7	4.7	16.1	32.0	10.2	704
社会団体全体	13.7	27.0	5.2	11.8	15.3	9.7	15,791

NPOの各分野におけるゴチック体はその分野で上位3位以内の目的。網掛け部分は各目的において最も割合の高い分野。

とがわかる。また，地域づくり系，経済産業系，人権国際系，団体支援系では会員以外への情報提供を目的としてあげる団体が多く，シンクタンク的な機能を果たしていることをうかがい知ることができる。団体支援系については，多くの項目で高い割合を示しており，多様な団体を仲介する上で多くの

機能を果たす必要があることがわかる。一方で，会員への補助金の斡旋や許認可・契約の便宜，他の団体や個人への資金助成といった個別の利益媒介的な活動は，一部を除きほとんど目的とされていない。

続いて社会団体と比較してみよう。会員への情報提供，教育・訓練・研修，生活・権利の防衛，行政への主張・要求などでは社会団体のほうが目的とする団体が多い。また，割合は高くないものの，補助金の斡旋や許認可・契約の便宜においても社会団体のほうが多い。とりわけ経済・業界団体でその傾向がみられる。これらのことから，社会団体において，会員の利益を政治に向けて表出するという利益団体としての性格がより強いということができる。

一方で，社会団体よりもNPOにおいて，より多くの団体が目的としているものは，会員以外への情報提供，一般への有償サービスと無償サービスである。活動分野によって異なるものの，情報提供とサービス供給がNPOに特徴的である。つまり，NPOは団体や会員の自己利益に関わるものばかりではないという点で，公共的利益の実現を志向していることがわかる。

2.2. NPOの関心政策領域

続いて，NPOがどのような政策に関心を示しているのかをみていこう。表3－2は活動分野別にNPOの関心政策領域を示している（NPO調査Q12）。関心政策は25項目にわたって複数回答形式で質問しているが，ここでは活動分野別に該当率が5位までのものを示している。また，表の右から2列目には関心政策を1つだけしか挙げていない割合を示している。最も右の列は関心政策数の平均値を示しているが，これは25項目における該当数である。

表3－2から，全体では厚生・福祉・医療政策に関心をもつNPOが51.0%と非常に多い。続いて，教育，環境，文教・学術・スポーツ政策の順に続いている。これは，NPOの活動分野として保健福祉，教育文化，環境が多いことを反映した結果である。

関心政策の数をみると，全体の45.4%が1つだけしか挙げていない。また，関心政策数の平均値も3.0である。詳細は割愛するが，社会団体について同様の質問をした結果では，関心政策が1つである団体は33.2%であり，関心政策数の平均値は4.1である。これと比べると，NPOは特定のイッシューに絞って活動するものが多いといえる。つまり，社会全体に対する幅広い関心というよりは，自らが取り組む課題に関係する狭い領域に関心を集中させて

表3-2 主な関心政策領域

	1	2	3	4
保健福祉系	厚生・福祉・医療 (92.0)	教育 (20.1)	地方行政 (17.5)	団体支援 (16.4)
教育文化系	教育 (57.3)	文教・学術・スポーツ (53.9)	厚生・福祉・医療 (29.6)	環境 (16.9)
地域づくり系	地域開発 (42.7)	環境 (37.7)	地方行政 (33.0)	教育 (25.4)
環境災害系	環境 (86.2)	農林水産業 (37.2)	地域開発 (27.8)	教育 (26.4)
経済産業系	通信・情報 (26.5)	教育 (26.1)	産業振興 (22.9)	労働 (22.2)
人権国際系	国際交流 (60.0)	教育 (33.1)	司法・人権 (27.3)	女性 (24.1)
団体支援系	団体支援 (78.3)	地方行政 (52.2)	教育 (43.5)	環境 (40.6)
NPO全体	厚生・福祉・医療 (51.0)	教育 (31.4)	環境 (24.7)	文教・学術・スポーツ (20.7)

表の右から2列目は関心政策領域を1つだけしか挙げていない割合である。最右列は関心政策領域数の平均値を示しているが，これは25項目における該当数である。

いる。

　活動分野別にみると，各分野と関連する政策領域を挙げるものが多い。とりわけ，保健福祉系では92.0%が厚生・福祉・医療政策，団体支援系では78.3%が団体支援政策を挙げており，分野のほとんどの団体に該当する。関心政策として挙げられた数の平均値は各分野で3つ程度であるが，団体支援系では5.4と多くみられる。団体支援系は様々な団体を仲介する役割を果たすために，多くの政策領域にかかわる必要があるからだろう。

2.3. NPOの政治・社会意識

　近年，経済的自由競争を積極的に評価し，政府の役割を必要最小限にとどめようとする新自由主義的な政治スタンスが各国の政策に影響をもたらしている (Harvey 2005＝2007)。政策の効率化や財政削減が行われ，それによって政府による公共サービスの供給が不足している。こうした不足を補完すべく，NPOを始めとする市民社会組織の活動が盛んになっているとみることができる[2]。もっとも，こうした動向は単に政府の役割の補完というだけでなく，

NPOによる公共サービス供給に伴う意思決定への関与の拡大とみることもできる。このように新自由主義をめぐる政治・社会情勢はNPOの存在と深く関わっていると考えられるが，NPO自身はどのように認識しているのだろうか。ここでは政府の役割，格差の是正，市民参加の拡大に焦点を合わせてみていこう[3]。

表3－3は，NPO全体，社会団体，社会団体の中の市民団体について，政治や社会に関する意見の分布を示したものである（NPO調査Q14）[4]。質問文では，「1. 反対」～「5. 賛成」の5段階で質問している。このうち，一部を除いて「賛成」と「やや賛成」という回答を合わせた割合を示している。なお，（逆転）と表記しているものは，「反対」と「やや反対」という回答を合わせた割合を示している。

（単位：％）

5	関心政策が1つの割合	関心政策数の平均値（25項目中）
司法・人権 (13.6)	51.5	2.6
団体支援 (16.5)	43.7	3.0
厚生・福祉・医療 (22.0)	40.0	3.5
公共事業 (20.3)	40.7	3.0
地域開発 (21.2)	37.6	3.3
平和・安全保障 (23.7)	40.0	3.4
厚生・福祉・医療 (36.2)	34.8	5.4
地域開発 (17.9)	45.4	3.0

国家（政府）の役割に関する賛成意見をみると，「国家の経済関与は少ないほうがよい」についてはNPO全体で25.8％，「行政は能率よりも調整」という意見については35.3％，「政府は経済の非効率的部分を保護している」は38.0％と，どれも一定程度みられるが，それほど明確な傾向を示していない。

（2） Weisbrod (1977) による政府の失敗の補完としてのNPOの機能も，現代的にはこうした観点から位置づけられるだろう。
（3） このほか，NPO調査ではNPOの保革自己認識（イデオロギー）についても質問している。おおまかな傾向として，NPOのイデオロギー分布は中立を頂点とする単峰型であるが，保守よりも革新が多い。ただし，社会団体における労働団体や市民団体と比べると革新の割合は少ない。NPOの位置づけも含め，社会団体のイデオロギーについては竹中 (2010) を参照されたい。
（4） 質問ではNPOの団体としての意識を尋ねている。つまり，団体の理念や活動に照らして，それぞれの質問項目に対する賛否を回答してもらっている。

表3－3　政治・社会意識　　　　　　　　　　　　　　　　　　　　　　　（単位：％）

	福祉系	教育系	地域系	環境系	経済系	国際系	支援系	NPO全体	社会団体	市民団体
国家の経済関与は少ないほうがよい	24.6	27.5	27.6	23.8	27.6	24.1	28.4	25.8	21.9	23.2
行政は能率よりも調整	39.2	30.2	34.6	33.1	30.6	39.1	30.9	35.3	32.8	33.5
政府は経済の非効率的部分を保護	36.9	38.8	38.9	36.6	44.7	37.6	32.4	38.0	30.0	30.9
政府を評価する基準は政策の効率性	49.6	45.4	53.6	57.5	56.1	53.7	46.3	50.6	53.2	44.0
政府の権限のうち可能なものは自治体へ	74.4	76.5	82.0	79.4	79.9	73.6	87.0	76.9	72.1	72.7
国や自治体に対する参加を増やした方がよい	87.0	81.8	84.6	86.2	84.2	85.8	92.8	85.3	75.5	85.4
国民の意見は国や自治体へ反映されている（逆転）	53.9	49.3	48.9	46.2	47.6	53.9	66.2	51.1	40.4	71.5
政府の主要課題は地域間格差是正	64.3	57.3	63.4	62.5	60.5	55.8	72.1	61.8	66.8	61.9
政府の主要課題は所得格差是正	61.8	51.5	48.7	52.5	53.9	57.6	67.6	56.1	61.2	61.9
経済成長よりも環境保護	55.0	55.0	51.4	78.6	42.6	60.1	58.0	56.9	44.0	63.5
企業は社会貢献を行うべき	93.1	91.3	92.2	93.5	91.8	96.2	97.1	92.7	88.2	92.1
安全のためには自由が犠牲になってもよい	33.6	38.0	43.7	50.7	48.1	35.2	31.9	38.8	45.2	35.4
N	1,908	1,076	584	547	285	231	67	4,698	14,198	645

Nは各項目で異なるが，ここでは「国家の経済関与は少ないほうがよい」について示している。

　しかしながら，「政府を評価する基準は政策の効率性」への賛成意見は50.6％とほぼ半数を占めており，効率的な政策の遂行を求めるNPOが一定程度みられる。また，「政府の権限のうち可能なものは自治体へ委譲したほうがよい」という意見に対しては76.9％と非常に多くのNPOが賛成している。これらのことから，NPOは，政府に対して，権限を地方に移譲するなどして効率的に政策を遂行できる体制をとることを求めている[5]。

　ところで新自由主義的な政策は格差の拡大につながるおそれがあるといわれる。これに対して，「政府の主要課題は地域間格差の是正」だという意見に賛成の割合は61.8％，同じく「所得格差の是正」の賛成は56.1％と6割前後を占めている。このように，政府に対しては格差の是正に取り組むことを求めるNPOが多い。

　市民参加に関する項目については，「国や自治体に対する参加を増やした方がよい」が全体の85.3％と非常に高い。先にみた自治体への権限移譲に対する高い賛成の割合を踏まえると，ローカル・ガバナンスの重要性を認識し

（5）　市区町村に対する調査においても同様の質問を行っているが，行政の評価基準としての効率性を重視する意見が56.8％，国の権限の自治体への移譲は58.2％であり，半数以上の地方自治体において地方分権による効率的な地域経営という意識をNPOと共有している。

ていることがわかる。一方で、「国民の意見は国や自治体に反映されている」に対する反対意見が51.1%であり、現状の市民参加が不十分だと認識しているようである[6]。

このほか、「企業は社会貢献を行うべき」という意見については92.7%のNPOが賛成している。政府が役割を縮小させる流れの中で、ほとんどのNPOが企業が社会に果たす役割の重要性を認識している。また、「経済成長よりも環境保護を重視した政策を行うべき」という脱物質主義的価値観を尋ねる質問については、56.9%が賛成している。最後に、「安全のためには自由が犠牲になってもよい」については38.8%が賛成している。

以上の結果をふまえると、NPOは政府に対して、効率的な政策や、地方分権、市民参加の拡大などによる権限の委譲を求めつつも、格差の是正において一定程度の調整を求めているといえる。

3. NPOのリソース

3.1. 財政規模

NPOが様々な活動を行ううえで最も重要なものの1つが財源である。NPOについては、俗に500万円と2,000万円が財政に関する区切りと言われている。すなわち、500万円以上の収入がある団体は有給スタッフを雇用することが可能であり、2,000万円以上の収入がある団体は財政的に自律して活発な活動が展開できる（田中 2006）。

図3－1は、NPO、社会団体全体といくつかの団体分類（経済・業界団体、福祉団体、市民団体）における収入総額の分布を示している（NPO調査Q45、社会団体調査Q41）[7]。NPOでは100万円未満が27.1%、100－500万円未満が27.3%であり、全体の半数が500万円未満の収入である。その一方で、もう1つの区切りである2,000万円以上については、19.3%と一定程度みられる。し

---

(6) 詳細は割愛するが、これらの項目については、一般の社会団体と比べてNPOは高い割合を示しているものの、社会団体の中の市民団体と比べると同程度である。これらのことから、NPOや市民団体の方が市民参加の拡大に対する意識が強いことがわかる。

(7) この質問には非回答が多い。NPO調査で28.5%、社会団体調査で41.1%（うち、市民団体で31.0%）である。

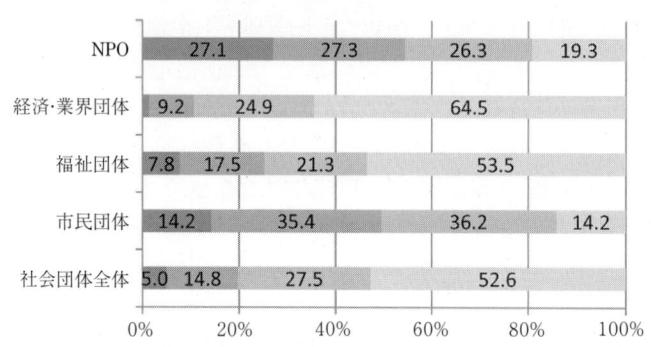

図3－1　NPO, 社会団体の収入総額

	100万円未満	100以上－500万円未満	500以上－2,000万円未満	2,000万円以上
NPO	27.1	27.3	26.3	19.3
経済・業界団体	9.2	24.9		64.5
福祉団体	7.8	17.5	21.3	53.5
市民団体	14.2	35.4	36.2	14.2
社会団体全体	5.0	14.8	27.5	52.6

かし，図をみてもわかるように，全体の分布は財政規模の小さい団体に偏っている。

これに対して，社会団体の分布は異なる形状を示している。100万円未満の団体は5.0％，100－500万円未満でも14.8％と財政規模の小さい団体は少ない。2,000万円以上の団体は52.6％であり，全体の半数以上を占めている。このように，社会団体はNPOと比べるとはるかに予算規模が大きい。

しかしながら，社会団体の中でも市民団体を取り出してみると，100万円未満が14.2％，100－500万円未満が35.4％と財政規模が小さいことがわかる。つまり，財団法人や社団法人，あるいは経済・業界団体や農林水産業団体なども含んだ非営利団体全体と比べると，NPOや一般市民からなる団体は財政基盤が脆弱であることが明確にみてとれる。

続いて，NPOの活動分野別に財政規模をみていこう。図3－2は，活動分野別に財政規模の四分位数を箱ひげ図で示したものである。中央値でみると，他団体が200～300万円であるのに対して，保健福祉系は809万円，団体支援系は470万円と財政規模が大きい。第3四分位（上位1/4，箱の上端）では，保健福祉系が2,355万円，団体支援系が1,800万円に対して，他の分野の団体は1,000万円前後である。こうした活動分野による財政規模の相違については，収入の内訳を確認した上で検討する。

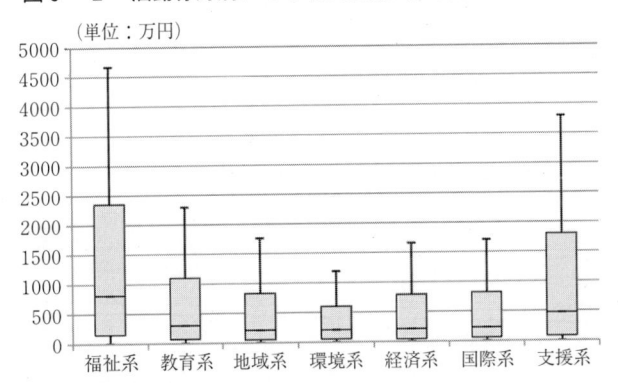

図3-2　活動分野別にみる収入総額（四分位数に基づく箱ひげ図）

(単位：万円)

3.2. 収入の内訳

　収入の内訳は，NPO がどのようにしてリソースを調達しているのかを知る手掛かりとなる。冒頭でも述べたように，非営利で公共的利益に基づくNPO は多様なリソース源を確保しなければならない。これにはまず，会員からの会費や入会金による収入が考えられる。また，何らかの事業を営み，そこから収入を得ることもある[8]。特に，近年，社会問題の解決を目的として収益事業に取り組む社会的企業が注目を集めているように（Dees eds. 2002; 馬頭・藤原編 2009; 原田・藤井・松井 2010），公益事業によって継続的に収入を得ることがNPO の1つの活動モデルといえるだろう。このほかに，行政からの業務受託による手数料や補助金，あるいは民間企業や財団からの補助金・助成金や寄付といった外部資金も考えられる。

　後（2009）はNPO 型ビジネスモデルとして，(1)寄付者やボランティアを持続的に引き付ける「寄付・ボランティア型」，(2)市場において十分な対価収入を得られるだけの事業を確立している「市場型」，(3)公的資金による事業において独自の価値を生み出す「公共サービス型」の3つを想定している。NPO の収入の内訳からはどのような特徴を見出すことができるだろうか。

　表3-4は収入の各項目の占める割合の平均値を，NPO の活動分野別と組

---

(8) 組織のミッションに適合的な事業もあれば，収入を得るために副業的に行う事業もあるが，NPO 調査では事業の内訳について質問していないので，ここでは深く立ち入らない。

表3-4 収入の内訳の平均値 (単位:万円)

		会費・入会金	事業収入	委託手数料	行政の補助金	募金・補助金	その他	N
活動分野	保健福祉系	16.1	50.2	8.1	11.9	6.7	6.9	1,345
	教育文化系	28.6	33.9	11.2	8.2	8.3	9.8	835
	地域づくり系	28.9	27.6	16.3	9.3	8.1	9.9	439
	環境災害系	28.7	24.6	15.7	9.0	10.3	11.7	416
	経済産業系	32.4	37.2	11.8	4.5	5.2	9.0	203
	人権国際系	31.1	24.0	9.4	5.4	17.4	12.8	172
	団体支援系	21.4	30.7	29.7	5.9	7.1	5.0	50
組織規模	20人未満	24.8	40.0	8.6	9.0	6.1	9.7	960
	20-49人	24.0	35.6	13.7	9.8	9.1	9.4	967
	50-99人	20.7	37.1	13.5	10.4	8.6	8.8	611
	100人以上	26.6	36.0	9.8	8.2	9.5	8.9	822
	NPO全体	24.3	37.4	11.2	9.3	8.1	9.1	3,579
社会団体	経済・業界団体	38.6	30.6	2.5	18.9	1.1	6.8	2,611
	福祉団体	27.2	28.7	10.7	16.8	6.8	11.8	732
	市民団体	41.8	21.8	8.5	9.6	9.1	9.3	480
	社会団体全体	39.3	29.3	4.5	11.7	3.1	10.1	9,182

Nは各項目で異なるが,ここでは会費・入会金について示している。

織規模別に示したものである[9]。あわせて,社会団体に含まれる経済・業界団体,福祉団体,市民団体における収入総額の分布を示している(NPO調査Q45,社会団体調査Q41)。

なお,項目ごとに平均値を算出しているので,合計が100%にならない。また,各項目とも分布が小さい値に偏っているので,平均値は実態よりも大きな値を示していることに注意が必要である。

NPO全体として,事業収入が37.4%と高い割合を示しており,次いで会費・入会金が24.3%である。ここからNPOは収入の大きな部分を自ら賄っていることがわかる[10]。もっとも,外部からの財源についても,行政からの委託

(9) この質問は,調査票においては非回答が非常に多く目立った。これは項目に該当するものがない場合,0と記入すべきところを空欄のままにしている回答者がいたためと考えられる。そこで,収入の内訳の合計金額と収入総額を比べて誤差が10%以内である場合,空欄に0を入れることとした。もちろん,このような場合でも回答拒否による空欄である可能性が残されることには留意しなければならない。

(10) ただし,田中(2006)が指摘するように,事業収入の中にも行政からの委託業務が含まれているため,財源が独立しているとは言えないかもしれな

業務手数料は11.2％，行政の補助金は9.3％と一定程度みられる。2章でみたように，設立時においても行政から支援を得たNPOが一定程度存在することを踏まえると，リソース調達という点で行政はNPOにとって重要な存在だといえる。

民間からの補助金や寄付金は8.1％である。NPOに対しては，民間からの自発的な寄付の重要性が指摘されるが，実際にはそれほど大きな割合ではない。ただし，こうした傾向はSalamonとAnheierらの調査結果において世界的に当てはまることが示されており（Salamon and Anheier 1994=1996），日本だけの特徴というわけではないようである。そもそも民間からの資金提供にはフリーライダー問題の可能性があるため，それだけで十分な量の資金を調達することは難しい（Salamon 1987）。

続いて活動分野別の特徴をみていこう。保健福祉系では，会費・入会金の割合が小さく，事業収入の割合が大きい。保健福祉系は介護サービスなどを有償で行うことにより収入を得て，公益事業としての団体活動を維持していると言える。先にみたように，保健福祉系の団体は他の団体よりも財政規模が大きいことが特徴的であったが，それは事業からあがる収益だと推察することができる。

このほか，委託手数料については団体支援系が多い。2章でみたように，これらの団体は行政からの勧めで設立した団体が多いこととも関連していると考えられる。また，6章で示されるように，団体支援系は他の団体類型と比べて，行政（自治体）との関わりが密接である。団体支援系で財政規模が大きいのは，地域のNPOをコーディネートするために行政から一定程度の支援を受けているからかもしれない。

民間からの補助金や寄付金については，人権国際系では17.4％と一定程度みられる。国際的な問題は，国内の事業で賄ったり，行政による公共サービスの補完という側面をもつわけではないので，賛同者の支援によって支えられる部分が大きいと言える。

組織規模別にみた場合はどうだろうか。同じく表3－4から内訳の平均値をみても，大きな違いがみられない。大規模組織は会員が多いため，さらに活動が多角化するとも考えられるが，収入の構造という観点からみると小規

い。

模組織とほとんど変わりがない。

　さらに，社会団体と比較してみよう。社会団体全体では会費・入会金が39.3％であり，これはNPOの24.3％よりも高い割合を占めている。団体分類別にみても同様の傾向である。項目別にみると，事業収入は社会団体全体で29.3％であり，37.4％のNPOよりも割合が低いが，保健福祉系NPOを除けばあまり割合に相違はみられない。委託手数料については社会団体の4.5％に対して，NPOは11.2％であり，NPOの方が行政からの委託に頼る部分が大きいといえる。同じ活動分野である福祉団体と保健福祉系NPOを比べると，保健福祉系NPOで事業収入が多いことが目立つ（詳細は7章を参照）。その代わり，福祉団体では会費・入会金や行政の補助金が多くみられる。ここから，福祉分野の中でもNPOは事業経営に特化していることがうかがえる。

　以上の結果をふまえて，後（2009）のNPO型ビジネスモデルに当てはめれば，日本のNPOは市場型または公共サービス型という側面が強いということができるだろう。活動分野別にみると，保健福祉系では事業収入の割合が高く市場型の性格が強く，団体支援系では公共サービス型という性格が強いことがうかがえる。ただし，市場競争による部分が大きいのか，行政と協働して公共サービスを担う部分が大きいのかは，収入の内訳だけからは判断できない。この点については，後続の章で行政との関係を分析する中で再度検討していく。

3.3. 組織の規模（会員数）

　財源とならんで重要である人的リソースについてみていこう。規模の大きな組織は多くのリソースを保有し，様々な活動を行うことができる。また，多くの会員に支えられていることから社会的な影響力も大きいと考えられる。そこで，NPOの組織規模（会員数）を確認しておこう。

　図3-3は，NPOの設立時と現在（調査時点の2007年）における個人会員数の分布を示したものである（NPO調査Q5）[11]。最も多いカテゴリが10-19

---

(11) 団体会員については，欠損回答が7割弱と非常に多い。これは回答に対する拒否のほかに，団体会員がいない法人の多くは回答欄を空白のままとばしたためと考えられる。そうだとして欠損回答を0とみなすと，団体会員がいない法人は設立時で83.4％，現在で79.8％と非常に多い。また，団体会員がいたとしても，1～9団体が非常に多い。ここから，NPOは個人単位で加

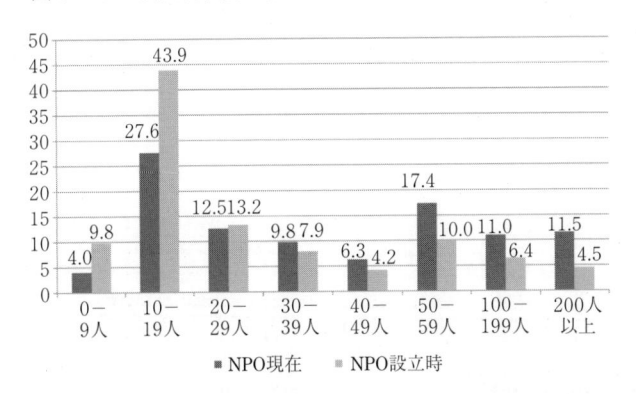

図3−3 個人会員数（現在と設立時）

人であり，全体の27.6％である[12]。50人以上の団体（「50−59人」＋「100−199人」＋「200人以上」）は全体の39.9％であり，200人以上の団体は11.5％にすぎない。詳細は割愛するが，社会団体調査によると，200人以上の団体が全体の50.0％，市民団体でも43.9％であり，NPOは全般に規模が小さいことがわかる。

もっとも，設立時と比べると，規模の大きいNPOが増えていることがわかる。10−19人のカテゴリは15ポイント程度割合が低下しており，50人以上のカテゴリでは現在の方が高い割合を示している。設立時に50人以上だったNPOは20.9％なのに対して，現在では39.9％と大きく増加している。

個々のNPOにおける設立時と現在の会員数の変化をみると，設立時と比べて会員数が増加した団体は全体の66.5％，減少した団体は全体の14.1％，変わらない団体は19.4％である。全体の7割近い団体が会員数を増加させている。さらに，会員数が2倍以上になったという団体は全体の34.0％である。ここから，NPOは規模は小さいものの拡大傾向を示しており，成長セクターであることをうかがい知ることができる[13]。

　　入するものであり，団体ごとに加入するケースは少ないと言える。団体会員についての詳細は，NPO調査の報告書である辻中・坂本・山本編（2010）を参照されたい。
（12）NPO法人は社員（正会員）10名以上が必要なので，会員数が本来10人未満の団体は存在しないはずである。しかし，ここでは調査の回答から得られた値をそのまま示している。

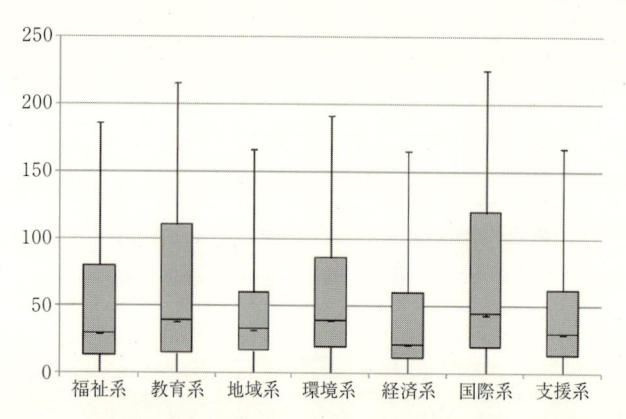

図 3 − 4 活動分野別にみる個人会員数（四分位数に基づく箱ひげ図）

続いて，活動分野の類型別に会員数をみていこう。図 3 − 4 に，NPO の活動分野別の四分位数を箱ひげ図で示している。中央値をみると，活動分野による相違はあまりみられず，30〜40人程度である。第 1 四分位（下位1/4，箱の下端）も15〜20人程度とあまり変わらない。第 3 四分位（上位1/4，箱の上端）も60〜80人程度であるが，教育文化系と人権国際系で100人以上と多い。四分位範囲（第 3 四分位−第 1 四分位，箱の長さ）でみても，教育文化系の95.0と人権国際系の100.0が目立って大きい。

3. 4. スタッフ数

多くの団体には，一般会員のほかに，団体の運営や活動を中心的に担うスタッフがいる場合が多い。特に常勤スタッフは団体活動に専従する人々であり，このような人々がいる団体ほど盛んに活動を展開することができる。

表 3 − 5 は，NPO の常勤，非常勤，ボランティア・スタッフ数それぞれの分布を示したものである（NPO 調査 Q 6 ）。なお，この項目については調査において欠損回答が多い。そこで，ここでは DK・NA（非回答・無回答）につ

---

(13) もっとも，設立してから一定期間，活動を継続することのできたNPOに対して調査を行っている点に留意しなければならない。つまり，設立したものの，組織を拡大できずに解散した団体もあるものと考えられるが，調査データには含まれない。

いてもあわせて結果に示す。なお、欠損の多い理由として、回答に対する拒否のほかに、スタッフがいない法人の多くは回答欄を空白のままとばしたためと考えられる。

表3－5　スタッフ数　　　　　　（単位：%）

	常勤スタッフ数	非常勤スタッフ数	ボランティアスタッフ数	総スタッフ数
0人	19.3	12.1	12.7	1.5
1人	18.6	12.8	6.4	2.0
2～4人	27.9	23.9	13.9	6.6
5～9人	11.6	14.9	11.5	11.6
10～19人	4.3	11.3	15.6	17.9
20人以上	1.4	6.5	13.9	19.6
DK・NA	16.9	18.5	25.8	40.8
N	5,127	5,127	5,127	5,127

常勤スタッフがいないという団体は19.3%（DK・NAを除くと23.2%。以後、カッコ内は同じ）と、一定程度の団体は専従者を置かずに活動している。仮にDK・NAがスタッフがいないことを意味するものと解釈すると36.2%にも上る。常勤スタッフがいる場合でも、1人である団体が18.6%（22.4%）、5人未満（1人＋2～4人）で46.5%（56.0%）と多くの団体が少数のスタッフで運営している。10人以上（10～19人＋20人以上）の団体は5.7%（6.9%）とほとんどみられない。ちなみに、詳細は割愛するが、同様の質問に対して、社会団体では10人以上が16.0%（17.8%）とスタッフ数が多い。

非常勤スタッフ数についても常勤スタッフ数と全体的な分布はあまり変わらない。0人が12.1%（14.8%）であり、DK・NAを加えると30.6%である。やはりスタッフを置かずに活動している団体がある程度は存在する。一方で、10人以上の団体が17.8%（21.8%）と一定程度みられる。社会団体については10人以上が11.7%（20.0%）であり、NPOと比べてやや少ない。

ボランティア・スタッフについては0人が12.7%であるが、DK・NAが25.8%であり、これを加えるとボランティア・スタッフがいない団体は38.5%である。その一方で、10人以上が29.5%（39.9%）、20人以上が13.9%（18.8%）と、常勤、非常勤スタッフと比べて多くみられる。社会団体については、DK・NAが75.6%と非常に高い。0人の10.6%とあわせると80%以上がボランティア・スタッフをもたないと解釈することもできる。

以上のことから、NPOは全般にスタッフ数が少なく、特に常勤スタッフが少ない。ただし、ボランティア・スタッフについては、一定程度の人数をもつ団体がみられる。これは一般の社会団体と異なり、ボランタリーな側面が強調されるNPOの特徴を表しているといえるだろう。なお、詳細は割愛するが、活動分野ごとにみても、それぞれのスタッフ数にはあまり差異がみら

れない。

3.5. 専門的知識

　NPOが活動を高度化，専門化させる上で，知識や技術をもった会員は重要な役割を果たすものと考えられる。NPOは専門的知識というリソースをどの程度保有しているのだろうか。表3－6に，活動分野別にみた専門職が存在する割合（団体に占める専門職の割合が0ではない割合）を示している（NPO調査Q43，社会団体調査Q40）。ただし，具体的にどのような専門であるのかはデータからはわからない。

　なお，メンバーの職業構成を尋ねた質問は全般に非回答（DK・NA）が多い。これは，その職業に当てはまらない場合に0と記入すべきところを，回答者がとばして空欄にしたまま回答したためだと考えられる。ここでは，各職業別割合についての合計が100％となるサンプルには空欄を0で埋める処理を行った。

　NPO全体では55.0％の団体に専門職のメンバーがいる。活動分野別にみると，団体支援系では69.2％と高い割合を示しているが，それ以外では50－60％で概ね同じような割合である[14]。分野を問わず，半数以上のNPOが専門職のメンバーがおり，高度で専門的な活動を行うことが可能となっている。

　社会団体と比較してみよう。農林水産業団体では8.2％，経済・業界団体では9.3％と極めて低い割合である。これに対して，教育団体（65.8％），福祉

表3－6　会員に専門職が存在する割合　　　　（単位：％）

NPO	割合(%)	N	社会団体	割合(%)	N
保健福祉系	56.8	1,636	農林水産業団体	8.2	2,264
教育文化系	54.9	944	経済・業界団体	9.3	3,536
地域づくり系	50.4	534	教育団体	65.8	392
環境災害系	52.9	480	福祉団体	41.6	395
経済産業系	53.0	264	専門家団体	69.6	716
国際人権系	57.5	186	市民団体	56.5	504
団体支援系	69.2	52			
NPO全体	55.0	4,096	社会団体全体	25.1	12,106

　（14）　団体に占める専門職の割合という観点でみても基本的な傾向は変わらない。

団体 (41.6%),専門家団体 (69.6%),市民団体 (56.5%) では NPO と同程度かそれ以上の割合を示している。経済的セクター団体を除けば,NPO も社会団体も50%前後の団体で専門職が参加していることがわかる。

4. NPOの構成員と組織構造

4.1. メンバーの多様性

NPOのメンバーにはどのような人々が多いのかをみていこう。NPOはミッションに賛同すれば,一般市民が自由に入退出可能な組織である。そのため,多種多様な人々がメンバーに含まれていると考えられる。また,新しい社会運動や市民活動などへの参加をめぐる個人の属性に関する研究からは,高学歴,高収入で職業威信の高い職業に就いている新中間層は政治的スキルも高く,参加が活発であることが示されている (Verba et al. 1995)。組織の側からみても,こうした参加者の特徴を確認できるだろうか。

表3-7はNPOのメンバーの職業構成および学歴(大卒者の占める割合)について,活動分野と組織規模別に示している(NPO 調査Q43, 44)。職業構成について前述の通り,各職業別割合についての合計が100%となるサンプルには空欄を0で埋める処理を行った。

全体として,調査で設定した職業カテゴリ間で割合があまり変わらず,多様な人々がNPOに参加していることがわかる。しかし,社会全体の職業分

表3-7 メンバーの職業構成（割合の平均値） (単位:%)

		農林漁業	経営者・自営業者	被雇用者	専門職	退職者	主婦	学生	その他	断片化指数	大卒	N
活動分野	保健福祉系	2.0	9.5	16.3	18.9	17.2	26.9	1.5	7.7	.457	36.0	1,635
	教育文化系	2.2	13.7	22.0	14.6	14.3	21.3	7.3	4.6	.481	55.5	942
	地域づくり系	6.7	26.0	17.6	12.9	17.1	13.1	1.6	5.0	.480	48.2	532
	環境災害系	6.4	18.3	18.5	11.6	28.2	11.6	2.1	3.3	.502	49.5	478
	経済産業系	3.7	27.8	17.8	19.4	15.1	9.5	2.6	4.2	.406	63.1	264
	国際人権系	3.0	16.9	18.6	16.4	14.4	19.0	4.5	7.1	.516	58.4	186
	団体支援系	2.4	21.8	15.5	16.1	20.4	12.6	1.6	9.7	.542	62.7	52
組織規模	20人未満	2.6	19.6	19.1	21.0	14.6	15.2	2.0	5.9	.442	50.1	1,263
	20-49人	4.3	15.1	18.3	15.0	19.0	20.5	2.3	5.4	.478	48.4	1,147
	50-99人	3.6	12.2	18.4	13.1	20.0	24.4	2.8	5.5	.499	43.2	672
	100人以上	3.4	10.0	16.6	12.1	20.4	25.0	6.3	6.3	.515	42.6	798
	全体	3.3	15.3	18.2	16.2	17.6	20.3	3.1	5.9	.471	46.7	4,142

Nは各項目で異なるが,ここでは農林漁業について示している。

布を勘案すれば，経営者・自営業や専門職の占める割合が高いといえるだろう。また，退職者や主婦といった非就労者の割合も高い。

活動分野別にみると，地域づくり系と経済産業系で経営者・自営業者が多い。また，環境災害系では退職者，保健福祉系では主婦が多いという特徴がみられる。組織規模別にみると，規模が大きくなるほど退職者や主婦が多くなる傾向がみられる。

メンバーの職業構成の多様性を表すために，断片化指数（fragmentation index）を算出しよう。断片化指数とは，あるメンバーがランダムに異なる職業カテゴリに属するメンバーと出合う確率を表す指数である（Taylor and Jodice 1983）。$f=1-\sum d_i^2$（d_i は各職業カテゴリの比率）で算出され，値が大きいほどメンバーの構成が多様である。NPO全体では0.471であり，活動分野別にみても概ね0.5前後の値であり，あまり相違はみられない。団体支援系が0.542とやや高い。組織規模別では，20人未満では0.442であるのに対して100人以上では0.515であり，規模が大きいほど多様性が増す傾向をみてとることができる。

ちなみに，社会団体における断片化指数をみると，農林水産業団体が0.187，経済業界団体が0.050と非常に低い。このほか，教育団体で0.251，福祉団体で0.379，市民団体で0.499である。市民団体を除くと他の社会団体はNPOよりも多様性が低いと言える。NPOを含め，一般市民が自由に入退出可能な市民団体はメンバーが多様であることがわかる。

メンバーに大卒が占める割合については，NPO全体の平均値が46.7％であり，NPOのメンバーには高学歴者が多いことがみてとれる。これは社会団体の39.9％と比べても高い割合である。専門職の割合の高さと併せて考えると，NPOの組織構成という点からみても，新しい社会運動や市民活動の担い手といわれる新中間層の参加が活発であることがみてとれる。なお，活動分野別では保健福祉系で大卒の割合が低い。組織規模別では，規模が大きくなるほど大卒者の割合が低くなる。

4.2. メンバーの活動参加

続いて，メンバーがどの程度活動に参加しているのかを確認しよう。人々がNPOに加入しているといっても，会費や寄付の支払いだけに留まるのか，それとも実際の活動に携わるのか，さらには組織の意思決定に関与するのか

という程度の相違が考えられる。多くの団体にとっては，なにより会員が積極的に活動に参加することが重要である。会員が活動にコミットすることは団体のミッションを達成するために欠かせないというばかりでなく，活動を通して会員同士の関係を密接にし，ソーシャル・キャピタルの醸成につながる。さらには，会員の政治や社会に対する関心を強める。このように政治的社会化された会員はさらに深く団体への活動にコミットしたり，他の団体の活動に参加することで団体間のネットワークを広げていくことができる。

ところで，アメリカにおいては，一般会員が会費・寄付の支払いだけを行い，実質的な参加を伴わない三次結社と呼ばれる団体の存在が指摘されている（Putnam 2000; 坂本 2010b）。このような団体は，上記の市民育成機能を果たすことができないと考えられるが，日本のNPOではどの程度みられるのだろうか。

表3－8には，一般会員の団体活動への参加頻度が「非常に頻繁」か「かなり頻繁」（5段階の尺度で4点以上）である団体の割合を示している（NPO調査Q39，社会団体調査Q36）[15]。NPOは概して一般会員の参加が活発であ

表3－8　メンバーの活動参加　　　　　　　　　　　　　（単位：％）

		団体の運営や意思決定	イベントなど実地活動	会費・寄付金の支払い	N
活動分野	保健福祉系	28.5	41.4	38.3	1,959
	教育文化系	32.3	55.1	48.5	1,103
	地域づくり系	28.7	53.6	44.7	599
	環境災害系	32.0	54.9	46.2	543
	経済産業系	31.0	42.8	39.9	294
	人権国際系	31.3	38.5	46.2	233
	団体支援系	36.8	45.6	60.3	68
組織規模	20人未満	29.5	37.4	28.4	1,417
	20－49人	34.9	51.4	44.5	1,300
	50－99人	27.4	53.3	48.9	796
	100人以上	27.3	54.1	60.7	1,015
	NPO全体	30.3	47.7	43.2	4,859
社会団体	経済・業界団体	28.1	30.0	43.7	3,777
	福祉団体	23.0	34.0	41.9	1,037
	市民団体	28.1	43.9	51.1	659
	社会団体全体	27.4	29.9	40.3	14,099

Nは各項目で異なるが，ここでは団体の運営や意思決定について示している。

(15)　「ある程度」までを含めると，どの項目でも7～8割が該当し，一般会

ることがわかる。会費・寄付金の支払いについては全体の43.2％であり，団体支援系では60.3％と高い割合を示している。組織規模が大きいほど割合が高い。イベントなどの実地活動についても，全体の47.7％であり，半数弱のNPOにおいて会員が「かなり頻繁」以上に活動を行っていることがわかる。教育文化系，地域づくり系，環境災害系で特に高い割合である。組織規模については，20人未満と小さいもので低いが，20人以上であれば50％を超えている。社会団体全体では29.9％であり，個々の団体分類と比較しても概ねNPOの方が参加が進んでいることがわかる。団体の運営や意思決定といった深いコミットメントについても，全体の30.3％と一定程度みられる。

以上のことから，日本のNPOでは一般会員の参加が盛んであるということができる。特に，イベントなどの実地活動への参加が多くみられるのが特徴的である。会費，寄付金の支払いだけにとどまるという団体の三次結社化という現象はここでは確認されなかった。

4．3．会員同士の関係

会員同士の相互関係についてみていこう。NPO活動を通してソーシャル・キャピタルを醸成する場合に，会員同士の対面的接触が重要であることが指摘されている（Putnam 2000; 坂本 2010b）。人々が直接顔を合わせることで，相互の連帯感や信頼感を強めることになり，市民性が育成されていくのである。

表3－9は活動分野，組織規模，断片化指数別に会員同士のつきあいの程度を示している（NPO調査Q41，社会団体調査Q37）。ここでも5段階の尺度のうち，「非常に頻繁」「かなり頻繁」「ある程度」の割合の合計を示している。会員同士の場合は全体の84.7％であり，役員と会員が顔を合わせることについては76.5％である。NPOにおける会員間のつきあいは盛んだということができるだろう。もっとも，社会団体の各団体分類でもNPOと同様に高い割合を示しており，多くの団体で会員間の対面的接触が行われていることがわかる。NPOに関しては，活動分野や組織規模によって会員相互関係にあまり違いはみられない。同じく，断片化指数による差もみられない。多様な人々が参加していても，組織内で十分な交流が行われているようである。

員の参加が活発であることがわかる。

表3-9　会員同士の関係　　　　　　　　　　　　　　　　（単位：%）

		会員同士	会員と役員	メーリングリスト	ウェブ上の掲示板	N
活動分野	保健福祉系	83.8	75.9	24.0	18.1	1,928
	教育文化系	84.4	78.9	41.4	34.6	1,077
	地域づくり系	85.9	77.8	38.1	28.7	590
	環境災害系	88.1	78.5	44.0	31.9	520
	経済産業系	83.3	71.0	52.2	36.5	290
	人権国際系	85.3	71.0	45.7	32.7	231
	団体支援系	71.6	62.7	55.4	40.0	68
組織規模	20人未満	83.6	72.8	34.0	21.7	1,435
	20-49人	87.0	78.4	36.0	25.1	1,323
	50-99人	87.0	79.4	36.9	28.7	801
	100人以上	82.8	77.6	37.3	36.2	1,030
断片化指数	0.25未満	86.7	80.5	36.5	23.8	709
	0.25-0.49	84.0	74.8	36.2	25.6	912
	0.50-0.74	85.3	76.4	35.6	27.7	1,540
	0.75-1.00	87.9	77.8	37.5	34.1	341
	NPO全体	84.7	76.5	35.6	27.1	4,895
社会団体	経済・業界団体	84.2	79.3	27.1	31.5	3,674
	福祉団体	70.1	71.3	22.3	26.6	997
	市民団体	87.2	79.7	34.5	31.1	673
	社会団体全体	81.4	77.3	26.3	28.6	14,449

Nは各項目で異なるが，ここでは会員同士について示している。

　情報化が進展した今日では，対面的交流に加えて，インターネットなどを通じたオンライン上の交流も盛んである。そこで，メーリングリストとホームページ掲示板の利用頻度をみると，それぞれ35.6％と27.1％であり，対面的接触と比べると低い割合である。これは社会団体でも同様の傾向である。近年の情報通信技術の発達はNPOセクターの急成長を支えたとされるが（山内2002），実際のNPOではITツールを用いた内部交流が行われることは予想以上に少ないといえる。このことは，主な会員間の情報伝達手段で電子メールを1位に挙げる団体が21.1％であり，電話の33.1％と比べて低いことにも現れている。

　活動分野別にみると，経済産業系と団体支援系ではメーリングリストを使用している団体が多く，保健福祉系ではメーリングリストと掲示板を用いている団体が少ない傾向にある。組織規模やメンバーの多様性による差はあまりみられない。

　ところで，ソーシャル・キャピタル研究では，団体内部のオンライン上の

交流が増加することによって、ソーシャル・キャピタル創出の源泉となる対面的交流は破壊されるのか、それともより強化されるのかが議論の焦点になっている (Putnam 2000)。詳細は割愛するが、NPO 調査から、NPO 内部の対面的交流とオンライン上の交流の関係をみると、メーリングリストによる交流が活発な NPO ほど、一般会員同士の対面的交流も盛んであることが示されている (坂本 2010c)。つまり、オンライン上の交流の存在が対面的交流をより強化する、ないしは対面的交流の存在がオンライン上の交流をより促進する、という好循環の関係がうかがえるのである。

4.4. 組織の内部構造

組織構造という場合、理事会（ボード）や経営管理者などの統治機関からなるフォーマルなノンプロフィット・ガバナンス機能を挙げることができる (Herman and Heimovics 1991=1998; 小島 1998; Brown and Iverson 2004)。しかし、ここでは調査における質問の制約があるため、インフォーマルな組織内部における運営のパターンについてみていきたい。先にみたように、組織基盤が十分に成熟していない現在の日本の NPO では、運用面において組織がどのように経営されているのだろうか。組織がその目的を達成するためには、リソースを獲得し、組織規模を大きくしたり、効率的で安定的に経営できるような構造にすることが求められる。そのためには、意思決定の集権化や組織構成の複雑化、あるいは公式化がなされる必要がある (Robbins 1990)。

一方で、先にも述べたように、NPO への参加はソーシャル・キャピタルを醸成する場であり、市民を育成し、政治的社会化を促す機能をもつと考えられる。そうであるならば、NPO の組織内部においても情報を共有し、水平的で民主的な意思決定が行われているはずである。また、NPO やボランティア組織についてはしばしばネットワーキングと呼ばれる組織の特徴が指摘されている。すなわち、こうした組織は、分権的、複眼的、多頭的であり、価値観によってゆるやかに結びついた関係からなっているのである (Lipnack and Stamps 1982; 金子 1992)。

組織としての NPO は、以上の相反する側面を両立させなければならない。これは田尾 (1999) がアソシエーションとビュロクラシーの相克と呼ぶものである。それでは、現状の NPO は、両者のバランスをどのようにとっているのだろうか。

NPO調査では組織の内部構造を捉えるために8つの質問項目を設けている。まず，団体が規定に基づいて運営されているかと，専門的知識・技能が必要かという点から団体のフォーマルさを捉える。また，団体の運営方針が創設者の理念と不可分か，とリーダーが率先して問題解決法を提示するかによってリーダーシップを捉える。さらに，団体の方針を全員で決めているか，意見対立がある場合に話し合いで解決するかによって運営への会員参加の程度を捉える[16]。最後に，団体の運営方針が会員に浸透しているか，団体についての情報が共有されているかによって透明性を捉える。これらの項目について5段階で質問したうち，「非常によくあてはまる」と「あてはまる」という回答の割合の和を団体分類ごとに示したのが表3−10である（NPO調査Q42，社会団体調査Q38）。なお，組織構造についてはNPOの組織規模や多様性による差があまりみられない一方で，社会団体との相違が比較的明瞭であるため，ここでは社会団体の主な団体分類（経済・業界団体，教育団体，福祉団体，市民団体）の結果もあわせて示す。

規定に基づいて活動するというNPOは全体の79.7%と高い割合を示して

表3−10　組織構造　　　　　　　　　　　　　　　　　　　　　　　　　　　　（単位：%）

		規定に基づく	専門的知識・技能が必要	創設者の理念	問題解決法を提示	会員全体で決める	話し合う	会員に浸透	情報は共有	N
NPO	保健福祉系	82.0	65.5	61.7	74.9	53.3	62.9	58.1	53.2	1,981
	教育文化系	78.3	63.4	56.7	73.7	47.3	60.5	56.2	55.5	1,109
	地域づくり系	73.8	54.9	48.8	69.3	52.5	56.3	50.2	50.8	596
	環境災害系	77.5	61.5	51.3	70.0	52.2	55.2	57.1	52.1	542
	経済産業系	80.3	70.4	58.9	76.4	53.3	58.0	59.8	56.1	300
	人権国際系	80.5	60.0	58.2	74.3	51.7	61.7	59.7	55.8	231
	団体支援系	88.1	64.7	45.6	61.8	50.0	58.2	54.4	62.7	67
	NPO全体	79.7	63.4	57.1	73.4	51.7	60.4	56.9	53.9	4,887
社会団体	経済・業界団体	90.6	45.8	25.3	56.2	62.2	44.7	49.8	48.8	3,844
	教育団体	91.2	46.9	52.7	68.0	53.4	51.3	58.4	58.6	524
	福祉団体	91.2	46.3	39.8	59.1	49.7	45.3	48.9	47.1	1,094
	市民団体	84.1	33.7	44.6	68.0	59.8	60.2	53.7	53.4	666
	社会団体全体	90.4	47.4	32.5	60.5	61.4	48.9	53.4	51.3	14,657

Nは各項目で異なるが，ここでは規定について示している。

---

(16) 会員の参加については，リーダーの選出方法などメンバーの意見を間接的に反映させる方法を調べることも考えられるが，NPO調査では質問されていない。

いる。法人格を有している団体を対象とした調査であるので，当然とも言える結果である。もっとも，社会団体と比べるとやや低い割合である。

続いて，専門的知識・技能については全体の63.4%である。社会団体の多くの活動分野で40%程度，市民団体で33.7%であるのに比べると高い割合である[17]。先の分析で示したように，NPOには専門職のメンバーが多いことからも，NPOは活動に高い専門性が求められていることがわかる。

リーダーシップについて，団体の運営方針が創設者の理念と不可分かどうかについてはNPO全体の57.1%である。問題解決法を率先して提示するかについてはNPO全体の73.4%である。いずれも半数を上回るNPOに該当しており，社会団体の団体分類と比べても概ね高い割合である。先にみたようにNPOは新しく設立されたものが多く，組織基盤も安定していないものが多い。その中で，ミッションに基づいて組織を運営していくには，強力なアントレプルナーシップ（起業家精神）が必要とされるのだろう（田尾1999；田尾・吉田2009）。なお，活動分野別にみると団体支援系で割合が低い傾向にある。これは，団体支援系自身が活動を推進するというよりは，様々な団体のコーディネートを行うという側面が強いからだと考えられる。

意思決定については，会員全体で決定するのは全体の51.7%である。これは，社会団体における経済・業界団体の62.2%や市民団体の59.8%と比べてやや低い割合である。話し合いにより問題を解決するかについては，全体の60.4%であり，これは経済・業界団体の44.7%よりも高く，市民団体の60.2%と同程度である。NPOでは，会員間の話し合いはよく行われているものの，決定に際してはリーダーシップが発揮されていると推測することができる。

最後に，運営方針の浸透と情報共有についてみていこう。これらについては，NPO全体でそれぞれ56.9%と53.9%であり，活動分野による差はあまりみられない。経済・業界団体ではそれぞれ49.8%と48.8%でありNPOよりやや低いが，他の団体分類と比較してもあまり差はみられない。半数以上の団体で会員に方針や情報が行き渡っているといえるが，NPOに特徴的なわけではないようである。

以上の結果から，NPOの組織構造は一般の社会団体と比べると，専門性が高く，リーダーシップに基づいている。意思決定の民主性という点では，話

---

(17) もっとも，社会団体でも専門家団体では73.0%と高い割合である。

し合いで問題解決を行っている団体が多い点が特徴的である。一方で，NPOにおける活動分野や組織規模による差はあまりみられない。NPOの経営戦略と組織構造の関連など（小島 1998；Brown and Iverson 2004），他の要因について検討することが今後の課題となる。

5. 本章のまとめ

　本章では，NPOの価値志向，リソース保有の現状とリソース調達，そして組織経営について概観してきた。主な知見は次のとおりである。
（1）会員に対するサービス活動を活動目的に挙げるNPOが多い。活動分野別では，保健福祉系や教育文化系では一般に向けた有償でのサービス活動が多い。一方，地域づくり系，経済産業系，人権国際系，団体支援系では会員以外への情報提供を目的として挙げる団体が多い。社会団体と比較してみると，NPOは会員以外への情報提供と一般へのサービス供給が特徴的である。
（2）NPOの政策関心は，活動分野と関連する単一あるいは少数の領域に絞られている。つまり，全般にシングルイッシューを追求する組織だといえる。
（3）NPOの政治や社会に対する認識をみると，国家には政策の効率性や格差の是正を求めるものの，意思決定に際しては市民の参加を求めるという姿を1つのモデルとみることができる。
（4）NPOの半数が年間収入500万円未満であり，社会団体全般と比べても財政規模の小さい団体が多い。内訳では，事業収入と会費・入会金収入が多く，保健福祉系ではとりわけ事業収入の割合が大きい。収入に占める行政からの支援（委託手数料，補助金）は一定程度を占めている。
（5）NPOの会員数は50人未満が全体の6割であり，社会団体全般と比べて小さい傾向にある。200人以上の団体は1割程度にすぎない。また，NPOは全般にスタッフが少なく，特に常勤スタッフが少ない。
（6）NPOの会員は特定の職業従事者が多いわけではなく，多様である。組織規模が大きいほどその傾向がみられる。社会団体と比べても会員の職業は多様である。
（7）NPOは一般会員のイベントなどへの参加が盛んである。また，会員同士あるいは役員と会員の対面的な接触が盛んである。対面的接触と比

べると，インターネットを介した接触は少ない。
（8）NPO は社会団体と比べると，専門性が高く，リーダーシップに基づいている傾向がある。意思決定の民主性という点では，話し合いで問題解決を行っている団体が多い点が特徴的である。

以上の諸点から，日本の NPO の概要を検討していこう。まず特定の問題に基づいて，サービスの供給と情報提供を主たる目的としているものが多い。また，従来から指摘されている人員，財政，スタッフといったリソースの少なさを今回も確認することができた。さらには，多様な属性をもつ一般会員の活動参加や会員間の交流も盛んである。Pekkanen (2006=2008) が日本の市民社会組織について指摘したように，小さいながらも充実したメンバーシップをもっていることが，ここからもわかる。

NPO のリソースの少なさについて，Pekkanen (2006=2008) は，日本の公益法人に関する法制度が市民社会組織を小規模のまま押しとどめ，アドボカシー活動を阻害していることを指摘している。すなわち，公益法人の認可には非常に厳しい制限があり，さらにその許認可は主務官庁の裁量に委ねられている。このような制度的制約により市民社会組織は大規模化できないのである。しかし，NPO 法人は従来の公益法人とは異なり，所轄庁（内閣府，都道府県）による認証によって取得が可能であるため，NPO セクターの成長を阻害する要因は取り除かれていると考えられる。それにも拘わらずリソースが少ないのはなぜだろうか。

この理由として以下の3点が考えられる。

第1に，NPO は1998年以降に設立した団体が多く，組織として未成熟だからである。もっとも，会員数についていえば設立時点から現時点までに増加している団体が多い。そのため，今後，NPO の中でもリソースが充実した団体が多く現れるかもしれない。

第2に，NPO 自身に規模を拡大させようという意向があまりないからだと考えられる。後 (2009) は，NPO リーダーの中に少なからず小規模団体であることに積極的意義を見出す人々がいることを指摘している。

第3に，政府の施策として NPO 法だけでは市民社会の活性化に不十分だからである。Kawato and Pekkanen (2008) は，NPO 法が市民社会の大きな変化につながらなかった理由として，政府は全国レベルで専門的なアドボカシ

ー活動を行う団体の育成を意図していないこと，NPO に対する財政支援が不十分であること，NPO 側が政府に管理されることを嫌っていることの3点を挙げている。

　総じて，本章の分析から得られた知見は従来から NPO の特徴として指摘されていたとおりの結果だと言える。そして，一連の結果は NPO の活動分野や組織規模別にみても大きな相違はなく当てはまることが確認された。このような特徴の共通性は，NPO の諸活動，とりわけ本書が注目する NPO と政治との関わりにも当てはまるのだろうか。次章以降で順次，検討していくこととする。

第4章　政治過程における NPO

坂本治也

　本章と5章では，政治過程内において行われる NPO の政治行動の実態とそのインパクトについて分析していく。本章ではまず，NPO の政治行動のパターンとその規定要因について検討する。具体的には，① NPO は政治過程の諸アクターとどのように接触し，どの程度の直接的な働きかけを行っているのか，② NPO の働きかけのパターンの特徴は何か，また，活動分野ごとにそれはどう異なるのか，③ NPO の政治行動を規定する要因とは何か，といった問いについて，実証的なデータに基づいた分析を行っていきたい。

1. 利益団体としての NPO

1.1. NPO の政治行動

　NPO は，独自のミッションに基づいて公共的なサービスを自主的に提供する存在である。また，ミッション達成に関連する事業を行政と協働で行うこともある。これらの取り組みが順調に進められているかぎり，NPO の活動領域は基本的には社会過程内にとどまる。つまり，NPO が政治過程や政策形成過程と能動的に関わる機会は，政策執行過程で行政との協働において関わることを除けば，日常的にはそれほど多くない。

　しかしながら，時と場合によって，NPO は政治システムへの入力を志向した一定の政治行動を起こすことがある。たとえば，1999年の動物管理法（正式名称「動物の保護及び管理に関する法律」）の改正過程では，動物虐待防止

を訴える多数のNPOが，国会議員や行政官庁への働きかけ，街頭でのキャンペーン・署名活動，マスメディアへの情報提供などの多様なロビイングを仕掛けた。NPOによるこれらの政治行動は一定の影響力をもち，最終的には動物虐待への罰則強化などを盛り込んだ法改正を実現させたといわれる（尾野 2002）。

同様のケースは，国政レベルではNPO法，自殺対策基本法，容器包装リサイクル法，環境保全活動・環境教育推進法，ローカル・レベルでは環境保護関連条例や都市計画審議会条例などの立法過程においても確認される。いずれの事例においても，NPOは独自の情報力とネットワークを活かしながら，個々の政治家，特定の議員連盟，自民党政調部会・税制調査会，中央省庁，審議会，自治体などに対して積極的な働きかけや政策提言を行い，同時に大衆集会，署名活動，マスメディアの利用などの手段を通じた世論喚起なども行うことによって，政策形成過程に一定の影響を与えたとされる（シーズ・市民活動を支える制度をつくる会 1996；市民立法機構編 2001；初谷 2001；小島 2003；藤村 2009；寄本 2009；清水 2010）。

以上の事例から確認されるように，NPOはミッション実現の過程で必要に応じて，法制度の制定・改廃あるいは予算の変更を求めて，一定の政治行動をとることがある。本章では，NPOの政治行動の中でも，とくに政党や行政機関に対する直接的働きかけ[1]の局面に焦点を当てて，そのパターンや規定要因について実証的な検討を行っていく。

1．2．利益団体研究とNPO
(1) NPOを利益団体として捉える

NPOの政治行動は，従来のNPO研究においてはもっぱら「アドボカシー (advocacy)」の観点から捉えられてきた (Jenkins 1987; Reid 1999; 柏木 2008；田中 2008)。アドボカシーは，広義には「ある集合的利害を代表して，制度的エリートの決定に影響を与えるために行われる何らかの試み」(Jenkins 1987: 297) と定義される。アドボカシーは，元々は女性，子供，患者，人種

---

(1) メディアを介して世論や政策ムードの形成を行うことによって，間接的に政党や行政機関に働きかける，いわゆるアウトサイド・ロビイングの実態については，次章の5章で扱う。

的・宗教的・文化的マイノリティなどの社会的弱者や少数派の意見を代弁したり，その権利を擁護したりするために，弁護士などによってボランタリーに始められた活動を指した。ゆえに，この語には「弱者の権利回復や権利保護を訴える」という含意が込められている（新川 2005a）。

　他方，政治学においては，弱者保護を目的とするか否かに関わらず，団体による政治過程への働きかけを広く「ロビイング」ないし「ロビー活動」と位置づけて，さまざまな団体のロビイングの実態を包括的に捉えてきた経緯がある。ゆえに，政治学の観点からみれば，NPO のアドボカシーも「利益団体によるロビイングの一種」として捉えた方が，むしろその意義が理解しやすい。つまり NPO も，経済・業界団体や労働団体などの典型的な利益団体と同様に，政治過程への働きかけを行うことによって，政治システムへの入力機能の一端を担っている。そして，入力の作用は代議制民主主義のダイナミズムを生み出す原動力，あるいは国家と社会を結びつける媒介項として重要な意味をもつ，と考えるのである。NPO には確かにそのような利益団体としての一面が存在する（新川 2005b）。

　もっとも利益団体といっても，NPO が政治過程において追求する利益は，特定の集団や個人のみを利する狭隘な私的利益ばかりではない。むしろ，NPO と無関係の人々を含めた，より広範囲の集団・個人の利害に影響を及ぼすような集合的利益ないし公共的利益の方であることが多い。その意味で，ジェフリー・ベリー（Jeffrey M. Berry）が「組織の構成員や活動家に選別的・物質的利益を与えない何らかの集合財の獲得を追求する団体」（Berry 1977: 7）と定義した公共利益団体（public interest group）として NPO を捉えるのが，より適切であろう。

(2) 現代日本の利益団体政治と NPO

　NPO の政治行動を利益団体活動の一種として捉えれば，NPO の存在を，現代日本の利益団体政治の中に位置づけることもできよう。ここで，日本の利益団体研究の流れについて，簡単に概観しておこう。

　日本の利益団体政治の実態については，政治学者らによる長年の研究によって，とくに国政レベルを中心にして一定の解明がなされてきた（石田 1961；田口 1969；大嶽 1979；村松 1981；村松・伊藤・辻中 1986；辻中 1988；村松 1998；村松・久米編 2006）。それらの研究で指摘された日本の利益団体政

治の特徴としては，①自民党と経済団体・専門家団体などのセクター団体によって構成される「政権党ネットワーク」，中央省庁と福祉団体・教育団体などの政策受益団体によって構成される「行政ネットワーク」，野党と労働団体・市民団体などの価値推進団体によって構成される「野党ネットワーク」，という3つの主要ネットワークの存在，②政策形成過程に深く入り込み利益配分に与る団体と，政策形成過程から排除されてイデオロギー次元の争いに特化する団体への二極化（村松岐夫の「政治過程の二環構造」モデル），③リソース面における営利（生産者）セクターの優位性，④有力なロビイング先としての行政官僚志向，⑤働きかける対象政党としての自民党一党優位，の5点が挙げられる。

(3) JIGS 研究の発見

我々JIGSチームでは，55年体制下の国政レベルの政治過程において確認されてきた日本の利益団体政治が，1993年以降の連立政権期への移行を受けてどのように変化したのか，またローカル・レベルではどのような様相を呈しているのかを探るべく，1997年のJIGS1調査，2006-2007年のJIGS2調査と二度にわたる大規模な社会団体サーベイを実施してきた。

2回の調査データの分析からはさまざまな知見が得られたが，詳細は既刊の辻中編（2002），辻中・森編（2010）を参照されたい。ここでは重要な知見として，つぎの3点を確認しておきたい。

第1に，「営利セクターの優位」「官僚主導」「自民党一党優位」といった日本の利益団体政治の「旧構造」は，1997年の時点，あるいは政権交代前夜の時期にあたる2006-2007年の時点でも，基本的には継続していることが確認された点である（＝旧構造の残存）。1990年代以降，日本ではさまざまな政治経済社会環境の変動が生じたが，歴史的に形成されてきた団体の政治行動のパターンは，にわかには変化しなかったのである。

第2に，他方で旧構造の変容をうかがわせるような，いくつかの新しい動きが一部には観察された点である（＝旧構造の部分的変容）。これは，たとえば時系列的にみた場合の自民党支持団体の弱化，自民・民主の両党に接触する団体の出現，福祉・政治・市民の各団体を中心とした新興団体の部分的噴出などの現象が該当する。

第3に，国政レベルに比べて，ローカル・レベルでは，団体-行政間の関

係がより広範・多様・活発に行われていることが明らかになった点である（＝ローカル・レベルの独自性）。国政レベルでは政策過程から排除されがちな団体も，ローカル・レベルでは積極的な関与がみられる。自治体においては，より多元的な団体政治が展開されているのである[2]。

　以上のような政治学における利益団体研究の中で，NPO の存在はどのように捉えられるのであろうか。残念なことに，既存の利益団体研究の中では，NPO の存在は基本的には等閑視されており，「利益団体」の一員として分析の俎上に載せられることはあまりなかったといってよい。これは，NPO が日本政治に登場してからまだ日が浅いこと，あるいは，概して組織的基盤が脆弱な NPO は，政治にさしたるインパクトを与えない団体だと想定されてきたことに由来するのであろう。

　しかしながら，NPO を取り巻く環境は，ここ数年で急速に変化・改善しつつある。NPO の組織的基盤は少しずつではあるが徐々に安定してきており，政党・議員や行政との心理的距離もかなり縮まっている。また，すでに確認したように，いくつかの立法過程において NPO が無視できない政治的影響力を行使した事例が存在することも知られている。それらを踏まえれば，「利益団体としての NPO」の姿を利益団体研究の枠組みの下で捉えていく作業は，むしろ今こそ求められるものであると言える。

　また，レイトカマーである NPO の政治行動を考えることは，新興かつ弱小の団体がいかにして利益団体政治に新規参入していくのかを検討するための格好の研究素材ともなる。旧構造が揺らぎつつも根強く残存している日本の利益団体政治の中で，新興・弱小団体はどのような戦略によって政治過程に参入し，自らの利害・要望を実現しようとしているのか。多様な団体を巻き込む傾向がある自治体レベルにおいては，政治過程へのアクセス回路が十分開かれているために，新興・弱小団体であっても比較的容易に政治過程へ参入できているのだろうか。NPO の政治行動を分析することは，これらの疑問に答えることにもつながり，それゆえに利益団体研究にとっても有意義な知見を提供することになろう。

（2）　これは，市区町村側の団体認識を調査分析した辻中・伊藤編（2010）においても，同様に見出すことのできた傾向である。

2. NPOの政治過程との接触面

　社会に存在する多種多様な団体は，自らが推進する利益や価値をより拡大・普及することを狙って，政治過程に一定の働きかけを行う。その際，働きかけの直接の対象となるのは，政策や予算の決定に強い権限・影響力を有する政治エリート集団である。

　現代日本政治において，働きかけの対象となる政治エリート集団は，いうまでもなく政党と行政機関である。政治学における利益団体研究はこれまでも，政党と行政機関に対する団体の働きかけの実態はどのようなものなのか，また働きかけによって団体はどの程度政策決定に影響を与えているのかについて，多様な角度からの分析を行ってきた（村松1981；村松・伊藤・辻中1986；辻中編2002；村松・久米編2006；辻中・森編2010）。

　では，新興のNPOは，どの程度政党や行政機関への働きかけを行っているのだろうか。本節では，政党や行政機関への直接的働きかけの実態を描写することで，NPOの政治過程との接触面を明らかにしていきたい。

2. 1. 政党への直接的働きかけ

(1) 政党への働きかけの現状

　NPOの政党に対する働きかけの現状からみていこう。我々の調査では，「あなたの団体が政党に働きかけをする場合，次にあげる政党とどのくらい接触しますか」という設問（NPO調査Q23, 社会団体調査Q20）で，自民党，民主党，共産党，社民党，公明党，地域政党という6つの対象に対する働きかけ頻度を5点尺度で尋ねている。この設問の結果を用いて，まずは政党への働きかけをまったく行っていない団体と，政党への働きかけのルートをある程度日常的に保有している団体が，それぞれどれぐらいの割合で存在しているのかを捉えてみよう。

　図4-1は，いずれの政党にもまったく働きかけを行っていない（5点尺度で1点）団体の割合と，いずれかの政党に「ある程度」以上（5点尺度で3点以上）の働きかけを行っている団体の割合を，社会団体とNPOそれぞれについて示したものである。

　これをみれば，NPOの政党に対する働きかけは，全体的に低調であることがわかる。66.4%のNPOは，いずれの政党にもまったく働きかけを行ってい

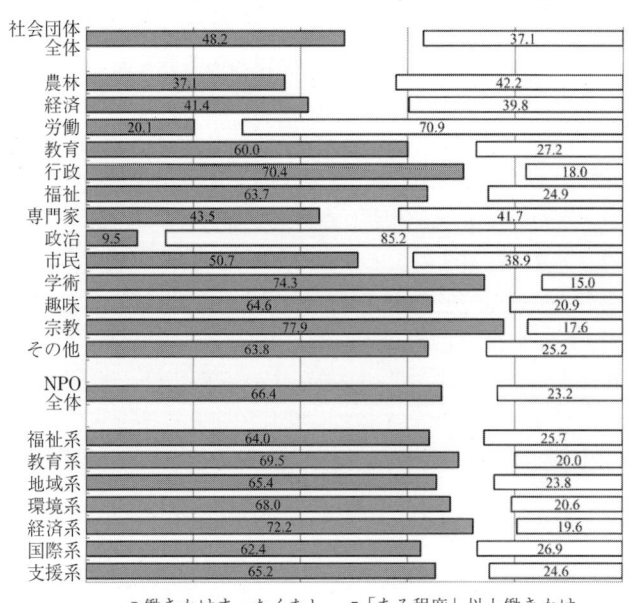

図4-1　政党に対する働きかけの現状（現在）　　（単位：％）

団体	働きかけまったくなし	「ある程度」以上働きかけ
社会団体全体	48.2	37.1
農林	37.1	42.2
経済	41.4	39.8
労働	20.1	70.9
教育	60.0	27.2
行政	70.4	18.0
福祉	63.7	24.9
専門家	43.5	41.7
政治	9.5	85.2
市民	50.7	38.9
学術	74.3	15.0
趣味	64.6	20.9
宗教	77.9	17.6
その他	63.8	25.2
NPO全体	66.4	23.2
福祉系	64.0	25.7
教育系	69.5	20.0
地域系	65.4	23.8
環境系	68.0	20.6
経済系	72.2	19.6
国際系	62.4	26.9
支援系	65.2	24.6

■働きかけまったくなし　□「ある程度」以上働きかけ

ない。また，いずれかの政党に「ある程度」以上の働きかけを行っている政治的な NPO は，全体の23.2％である。活動分野別にみた場合でも，保健福祉系・人権国際系・団体支援系の NPO で若干高い値を示すものの，全般的に活動分野間で顕著な違いは存在しないといってよい。

　NPO の政党に対する働きかけの少なさは，社会団体，とりわけ典型的な利益団体として知られる農林水産業団体，経済・業界団体，労働団体，専門家団体，政治団体などと比べた場合に，より際立ってくる。社会団体内の市民団体（＝大規模かつ制度化された市民団体）と比較してみても，NPO の働きかけは明らかに低調といえる。NPO の働きかけの少なさはむしろ，各政党とは距離を置こうとする教育団体，行政関係団体，福祉団体，趣味・スポーツ団体といった政策受益団体の動きと似ている。

　このように NPO 全体を見渡せば，既存の事例分析で指摘されてきたような政党への活発な働きかけは，まったく皆無というわけではないが，大半の NPO では行われておらず，あくまで部分的な動きにとどまっていることがわ

かる。この点は最初に確認しておきたい全体の傾向である。

では、2割強存在すると推定される、政党への働きかけのルートをある程度日常的に保有しているNPOは、いったいどの政党に対して働きかけを行っているのだろうか。一般に政党活動は中央と地方という地理的範囲を区別して行われている。ゆえに、ここでは調査サンプルのうちで、「日本全国レベル」を活動範囲とする団体のデータに着目することで国政レベルの政党への働きかけを、また「市町村レベル」ないし「都道府県レベル」を活動範囲とする団体のデータに着目することでローカル・レベルの政党への働きかけを、それぞれ別個に把握していこう。

まず、表4－1の国政レベルの結果についてみよう。データを読む際に注意しなければならないのは、我々の調査は2006年12月～2007年3月の時期に実施されたものであり、データは政権交代前夜といえる自公連立政権末期（安倍晋三内閣期）の政治状況を反映している点である[3]。それゆえ、NPO全

表4－1　働きかけ対象先の政党　　　　　　　　　　　　　　　　　　　　（単位：%）

	国政レベル（活動範囲が全国レベル）							ローカル・レベル（活動範囲が都道府県・市町村レベル）						
	自民党	民主党	共産党	社民党	公明党	地域政党	N	自民党	民主党	共産党	社民党	公明党	地域政党	N
社会団体全体	27.5	19.4	5.9	9.4	9.2	5.8	1,638	*34.2*	15.1	6.0	6.3	6.5	5.4	11,038
農林	**40.0**	14.4	3.2	5.1	5.2	5.1	190	*44.8*	10.5	1.8	1.4	3.5	5.0	2,248
経済	27.8	7.1	1.6	1.3	6.8	2.5	352	*43.4*	10.8	2.8	1.8	6.6	3.9	3,053
労働	19.7	**68.0**	**20.8**	**39.4**	9.2	**19.3**	152	15.8	*52.9*	*25.4*	*38.1*	7.0	*11.2*	689
教育	28.0	14.3	3.0	6.9	9.9	4.1	107	22.8	11.5	5.2	7.7	5.3	5.6	346
行政	22.8	5.4	0.0	0.0	5.6	2.9	79	17.6	5.6	1.8	2.3	2.7	3.3	631
福祉	**34.7**	16.5	7.2	8.5	**17.6**	6.1	95	19.8	13.5	7.6	5.8	7.6	6.1	885
専門家	29.6	13.8	2.2	2.2	6.6	2.2	98	*47.7*	17.8	3.2	2.8	8.4	6.0	614
政治	**59.4**	**65.5**	**25.0**	**21.4**	**30.8**	**28.0**	32	*55.6*	*39.4*	*17.6*	*28.7*	*22.1*	*17.4*	241
市民	**34.6**	**38.9**	**25.5**	**42.6**	**26.0**	**15.2**	52	24.8	19.8	*18.7*	10.9	11.4	8.6	484
NPO全体	20.9	13.4	2.4	3.7	7.3	4.1	488	16.9	13.1	6.8	4.2	6.5	9.2	3,051
福祉系	15.1	15.4	2.6	2.6	7.0	5.3	126	15.5	13.2	9.0	4.8	7.8	10.6	1,418
教育系	17.6	8.8	1.4	2.1	4.8	2.8	153	16.7	13.0	5.5	4.6	4.8	8.3	621
地域系	**29.6**	16.0	0.0	4.3	6.3	4.4	54	20.3	14.9	4.3	3.8	6.7	10.0	403
環境系	24.2	10.6	3.2	3.2	7.6	3.3	66	19.3	10.4	4.1	2.1	4.4	5.2	321
経済系	20.4	16.3	4.1	6.1	6.3	8.0	49	15.3	11.9	3.6	2.9	6.4	5.3	150
国際系	**30.8**	18.2	4.3	8.7	9.1	0.0	26	20.3	14.7	8.6	7.0	8.6	6.0	74
支援系	**50.0**	**37.5**	**12.5**	**25.0**	**33.3**	0.0	10	13.6	14.0	2.4	2.4	0.0	14.3	44

「ある程度」以上の働きかけを行っている団体の割合。Nは対象政党によって異なるが、ここでは自民党の場合を示している。
ゴチック・斜字体はNPO全体より10ポイント以上上回る場合。

(3) 2009年9月の政権交代後、NPOや社会団体の政党への働きかけのパター

体や社会団体全体の値でみた場合，当時政権与党であった自民党への働きかけの割合が最も多くみられ，それに続くのが現政権を担っている民主党，という形になっている。具体的には，NPO の20.9％が自民党に，13.4％が民主党に，それぞれ日常的な働きかけを行っているのである[4]。

社会団体の結果を団体分類別にみた場合，農林水産業団体，経済・業界団体，専門家団体などのセクター団体は当時の政権党である自民党と，他方，労働団体，市民団体，一部の政治団体といった価値推進団体は当時の主要野党である民主党・共産党・社民党と，それぞれ密接な関係を構築していることが読み取れる。これは，先行研究において「本系列－別系列」モデル（石田 1961）や「政治過程の二環構造」モデル（村松 1981）などの理念型によって捉えられてきた，55年体制下の典型的な団体－政党関係の構図の存在を示すものである。

しかし，NPO をその構図の中に位置づけることは，少なくとも2006－7年の時点では難しいように思われる。総体として捉えるならば，NPO は政権党ネットワークと野党ネットワークのいずれにも属しているわけではない。

政権党と野党のどちらに対しても，それほど活発な働きかけを行っていない NPO の結果は，社会団体内の市民団体の結果と比べると対照的である。NPO と市民団体は類似の団体として一括りに捉えられることも多いが，各政党に対する働きかけの実態は明確に異なっている。市民団体は，いずれの政党に対しても，NPO を上回る働きかけを行っている。とりわけ，市民団体では共産党，社民党，公明党などへの働きかけのルートが確立されているようにうかがえ，NPO ではそれがほとんどうかがえない事実は，特筆されるべきであろう。NPO の国政レベルの働きかけは，自民・民主の二大政党に集中し，他の政党に対してはごくわずかの割合でしか行われていないのである。

活動分野別に NPO の結果をみた場合，地域づくり系，人権国際系，団体

　　ンがどのように変化したのかを探求することは，きわめて重要な今後の研究
　　課題である。
（4）　森（2010b）がすでに指摘したように，一部の団体は自民・民主の双方に
　　同時に働きかけを行っている。NPO の場合でも，そのような「自民も民主
　　も」型の接触行動を行う団体が，全サンプル中の8.4％（全国レベルの活動範
　　囲をもつ団体中では9.5％）ほど存在している（結果は省略）。これは，二大
　　政党化が進む中，団体世界に普遍的にみられる動きといえる。

支援系でやや自民党への働きかけを行う割合が多い傾向がうかがえるが（ただし，Nがかなり少ないため断言はできない），全体としてそれほど大きな違いは確認されない。

つぎに，ローカル・レベルの結果についてみていこう。ローカル・レベルにおいても，政党への働きかけの構図はそれほど大きくは変わらない。つまり，①農林水産業団体，経済・業界団体，専門家団体と自民党，②労働団体，市民団体，政治団体と民主党・共産党・社民党，③そのいずれにも属さないNPO，という関係構図が概ね確認される[5]。

ただし，より注意深く表をみれば，いくつかの点で国政レベルとの違いも検出される。第1に，自民党への働きかけは，社会団体（とりわけ，経済・業界団体や専門家団体）においては，国政レベルよりもローカル・レベルでより多くの割合で行われているのに対し，NPOでは逆にローカル・レベルで全般的にやや少ない。他方，民主党への働きかけは，国政レベルとローカル・レベルでそれほど差はみられない。ここから，ローカル・レベルのNPOにとって，働きかけ先としての民主党の重要度は相対的に高い（＝自民・民主の差が小さい）ことがうかがえる。

第2に，ローカル・レベルでは，市民団体とNPOの働きかけ割合の差がより小さい。これは，市民団体がローカル・レベルにおいては，各政党に対してそれほど活発な働きかけを行っていない事実に由来する。

第3に，ローカル・レベルでは，地域政党に対して働きかけを行うNPOがやや多い。これは，とくに保健福祉系，教育文化系，地域づくり系，団体支援系で強くみられる傾向である。

以上のように，各政党への働きかけは，国政レベルとローカル・レベルでやや異なる側面がみられる点には留意しなければならない。

(2) 10年前との比較

NPOの政党に対する働きかけは，現状ではそれほど活発であるとはいえない。しかし，過去と比べれば，各政党に接近するNPOがそれなりに増えているのも事実である。その点を確かめるために，つぎに二大政党である自民党

（5） 詳細な結果は省略するが，活動範囲の限定をせずに全サンプルを用いて分析した場合でも，同様の構図がみられる。

と民主党への働きかけの頻度を現在と過去（10年前）とで比較してみよう。

社会団体調査やNPO調査では，上記でみた政党への直接的働きかけの設問で，現在についてだけではなく，10年前（1996－1997年）についても同様に尋ねている（詳しくは巻末の調査票参照）。10年前の回答は，回答者の記憶を頼りに答えてもらった結果であるため，本来それを額面どおりに受け取ることには，慎重にならなければならない[6]。また，NPOの場合は，大半が1998年以後に設立された団体であるため，10年前時点では存在していない団体が多く，そのため無回答による欠損値も多い。NPO調査では，約8割が欠損値である（社会団体調査は約3割が欠損値）。そのようなデータの信頼性の限界はあるものの，NPOの政治行動の過去を探る手段が他にほとんど存在しないことを考えれば，10年前の回答はひとつの有意義な参考データとなりうる。これを用いることで，我々はNPOの政治行動の時系列的変化を大まかに把握することができるのである[7]。

表4－2は，現在と10年前を比べた際の，自民党と民主党への働きかけの頻度の変化を示したものである。設問では同一団体に「現在」と「10年前」それぞれで5点尺度で働きかけ頻度を尋ねている。よって「現在－10年前」を計算し，正の値を示せば働きかけの頻度は「増加」，0の値を示せば「変化なし」，負の値を示せば「減少」，と解釈することができる。なお，10年前の回答を用いたことによりケース数がかなり限定されてしまうことから，ここでは国政・ローカルの区別をせずに，全サンプルを用いて分析を行っている。

表から，NPOの自民党や民主党への働きかけは活発化していることがわかる。働きかけ頻度が増加したNPOの割合は，自民党については16.2％，民主党については17.4％である[8]。この数値は，大半の社会団体の増加割合を上

---

(6) たとえば，実際には10年前に存在していない団体であっても，10年前の回答をしているケースが散見される。しかし，以下の分析では，そのような矛盾を抱えたケースも含めた上で計算を行っている。10年前の回答は，本質的に10年前の正確かつ客観的な事実を示すものではなく，あくまで回答者の中での漠然とした「過去」認識，あるいは現状と比べた場合の「過去」の相対的な評価づけを表わすものにすぎない，と考えられるからである。

(7) 10年前の回答の扱いに注意を要することは，後段で行われる行政への直接的働きかけの分析でも同様である。

(8) 活動範囲が全国レベルの団体，あるいは都道府県・市町村レベルの団体

表4-2 自民党・民主党への働きかけの時系列的変化(10年前との比較) (単位:%)

	自民党				民主党			
	減少	変化なし	増加	N	減少	変化なし	増加	N
社会団体全体	7.8	85.7	6.5	11,812	2.3	88.4	9.3	10,750
農林	12.4	82.8	4.8	2,125	3.3	89.5	7.2	1,776
経済	10.1	84.1	5.8	3,340	2.5	88.9	8.7	2,971
労働	3.8	88.1	8.1	850	2.7	73.8	23.5	874
教育	4.9	85.6	9.5	411	1.8	91.2	7.1	396
行政	5.5	90.9	3.6	674	1.2	94.2	4.5	643
福祉	5.4	87.3	7.3	765	2.4	90.6	7.1	720
専門家	6.8	81.9	11.3	664	2.3	84.2	13.4	603
政治	7.6	80.5	11.9	185	4.2	76.9	18.9	143
市民	4.7	84.4	10.9	385	1.9	84.9	13.2	364
NPO全体	4.0	79.9	16.2	934	2.7	80.0	17.4	899
福祉系	4.1	79.0	16.8	386	2.1	77.5	20.4	377
教育系	2.1	85.5	12.4	242	1.8	86.4	11.8	228
地域系	2.4	85.9	11.8	85	4.9	80.5	14.6	82
環境系	3.9	75.7	20.4	103	4.1	80.6	15.3	98
経済系	3.3	86.7	10.0	30	3.4	86.2	10.3	29
国際系	6.6	65.6	27.9	61	1.6	68.9	29.5	61
支援系	16.7	50.0	33.3	12	9.1	63.6	27.3	11

同一団体の「現在の働きかけ頻度」と「10年前の働きかけ頻度」の回答(それぞれ5点尺度)を比較し,「現在-10年前」が正の値であれば「増加」,0であれば「変化なし」,負の値であれば「減少」とみなす。
「現在」か「10年前」のいずれか,もしくは両方で無回答の場合は計算から除外している。

回っている。逆に,自民・民主両党への働きかけを減少させているNPOは,わずかな割合しか存在していない。活動分野別にみた場合,ケース数が少ないため注意が必要であるが,人権国際系と団体支援系の増加割合が他に比べるとやや多い傾向がみられる。それ以外は,どの分野でもほぼ同じような傾向が確認される。

自民党への働きかけは,農林水産業団体や経済・業界団体で一定の減少が観察され,まさしく政権交代前夜の「自民離れ」の状況を示している[9]。しかし,新興のNPOの場合は,むしろ働きかけ頻度を増やしている点が興味深

のみで分析した場合でも,ほぼ同様の結果となる。ここから,政党への働きかけの増加は,国政レベルでもローカル・レベルでも同じように起こっていることがわかる。

(9) 社会団体の政党への働きかけの現状と過去との比較について,より詳しい分析は森(2010b)を参照されたい。

いところである。

　他方，民主党への働きかけは，労働団体，専門家団体，政治団体，市民団体といった利益団体でも一定の増加を示しているが，NPOの場合でも確実に増加傾向にある。2009年の政権交代を経て，2012年の現民主党政権下では，ますますこの傾向に拍車がかかっていることが予想される。

　以上より，自民・民主の二大政党化が進む日本政治の現況の下で，NPOという新興団体も徐々に両党に接近しつつあることがデータから確認できたといえる。NPOと二大政党との距離は，時代とともに近づいているのである。

2. 2. 行政機関への直接的働きかけ

(1) 行政への働きかけの現状

　つぎに，行政機関への直接的働きかけの実態をみていこう。我々の調査では，「あなたの団体が行政に〈直接的〉に働きかけをする場合，次にあげる役職の方と，どのくらい面会や電話をしますか」という設問（NPO調査Q21，社会団体調査Q18）で，大臣など中央省庁の幹部，中央省庁の課長クラス，知事など都道府県の幹部，都道府県の課長クラス，市長など市町村の幹部，市町村の課長クラスという6つの対象への働きかけ頻度を，「現在」と「10年前」についてそれぞれ5点尺度で尋ねている。ただし，社会団体調査では，都道府県と市町村の区別がなされておらず，首長など自治体の幹部，自治体の課長クラス，という形で尋ねているため，働きかけ対象先は4つとなる。よって以下では，NPO調査の都道府県と市町村の結果を合わせたものを「自治体」とみなした上で，社会団体とNPOの結果を比較していく。

　政党での分析の場合と同様，まずは全サンプルを用いて，中央省庁と自治体のいずれに対してもまったく働きかけを行っていないNPOと，いずれかの行政機関への働きかけのルートを日常的に保有しているNPO（「ある程度」以上の働きかけを行っている団体）が，それぞれ全体として現在どれぐらいの割合で存在しているのかを把握してみよう。

　図4−2に示されるように，NPOの行政に対する働きかけは，政党に対する働きかけと比べれば，はるかに活発に行われていることがわかる。まったく働きかけを行っていないのは全体の25.6％，いずれかの行政機関に「ある程度」以上の働きかけを行っているのは60.5％であり，全体としてみれば，行政への働きかけのルートを日常的に保有している団体の方が多数派である。

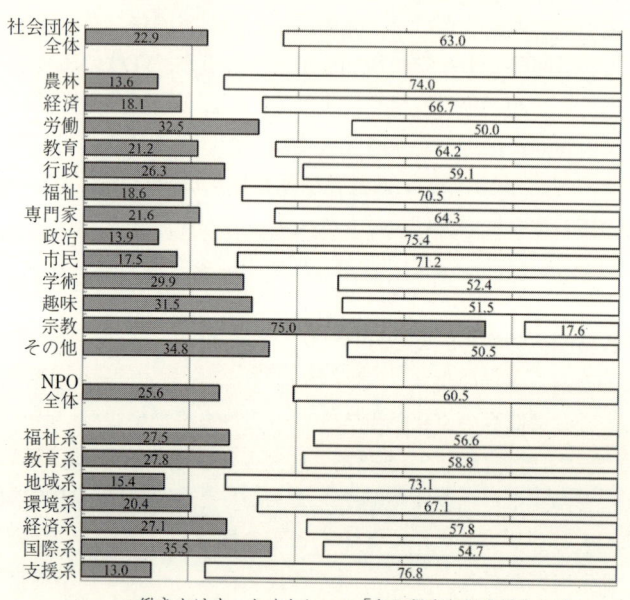

図4－2　行政機関に対する働きかけの現状（現在）（単位：%）

	働きかけまったくなし	「ある程度」以上働きかけ
社会団体全体	22.9	63.0
農林	13.6	74.0
経済	18.1	66.7
労働	32.5	50.0
教育	21.2	64.2
行政	26.3	59.1
福祉	18.6	70.5
専門家	21.6	64.3
政治	13.9	75.4
市民	17.5	71.2
学術	29.9	52.4
趣味	31.5	51.5
宗教	75.0	17.6
その他	34.8	50.5
NPO全体	25.6	60.5
福祉系	27.5	56.6
教育系	27.8	58.8
地域系	15.4	73.1
環境系	20.4	67.1
経済系	27.1	57.8
国際系	35.5	54.7
支援系	13.0	76.8

これは，社会団体全体と比較した場合でも遜色ない程度の多さといえる。

　他方，活動分野別にみた場合，分野によって働きかけの水準には一定の差異が存在することがわかる。保健福祉系，教育文化系，経済産業系，人権国際系のNPOは，行政への働きかけが相対的に少ない。逆に多くみられるのが，地域づくり系，環境災害系，団体支援系である。これらの分野のNPOは，社会団体の中でもとくに行政への働きかけが活発な団体分類である農林水産業団体，福祉団体，政治団体，市民団体と比べてもそれほど見劣りしない水準で，活発な働きかけを行っている。

　では，働きかける対象が中央省庁の場合と自治体の場合とでは，NPOの働きかける割合はどの程度異なるのであろうか。つぎに，この点について調べてみよう。政党での分析の場合と同様，ここでも国政レベル（団体の活動範囲が全国レベル）とローカル・レベル（団体の活動範囲が都道府県・市町村レベル）に分けて結果をみていきたい。表4－3は，各対象先について「ある程度」以上の働きかけを行っている団体の割合を示したものである。

表4－3 働きかけ対象先の行政機関　　　　　　　　　　　　　　　　　　（単位：％）

	国政レベル（活動範囲が全国レベル）					ローカル・レベル（活動範囲が都道府県・市町村レベル）				
	中央省庁幹部	中央省庁課長クラス	自治体幹部	自治体課長クラス	N	中央省庁幹部	中央省庁課長クラス	自治体幹部	自治体課長クラス	N
社会団体全体	17.0	*37.4*	25.9	36.8	1,582	5.3	7.6	*48.4*	68.9	11,324
農林	16.3	*34.9*	33.5	48.3	174	6.4	10.0	*55.3*	77.5	2,292
経済	14.2	*47.3*	16.1	29.8	329	5.7	8.1	*52.8*	70.4	3,091
労働	18.2	27.4	32.6	37.8	172	4.5	6.4	43.2	53.1	753
教育	24.0	39.8	22.3	32.1	109	5.3	5.6	40.9	*72.0*	361
行政	33.3	60.3	30.9	45.9	74	3.2	7.4	36.2	62.0	634
福祉	20.5	*37.2*	26.1	40.0	90	3.6	4.4	*49.5*	*77.5*	921
専門家	13.2	*38.7*	23.6	38.5	91	8.2	8.3	44.1	69.6	622
政治	27.3	*39.4*	60.6	60.6	33	*16.4*	*17.2*	*69.6*	75.7	263
市民	20.9	*35.6*	47.1	61.8	55	3.7	7.3	*53.8*	76.5	515
NPO全体	11.0	24.5	29.8	44.4	597	2.3	5.1	35.6	61.6	3,772
福祉系	11.1	22.1	23.0	39.1	161	1.3	3.0	28.2	57.1	1,759
教育系	6.0	18.5	27.7	43.6	188	2.6	3.1	36.1	61.0	767
地域系	14.0	*35.3*	*43.1*	*56.9*	58	3.9	8.8	*50.9*	*73.2*	493
環境系	8.3	30.8	34.2	46.8	79	3.4	12.3	45.0	66.7	402
経済系	17.6	31.4	30.6	35.5	62	1.5	9.9	34.1	57.5	179
国際系	19.0	22.7	31.0	51.7	29	4.3	4.2	44.1	67.7	93
支援系	18.2	30.0	*41.7*	*66.7*	12	4.3	2.2	45.3	*81.1*	53

「ある程度」以上の働きかけを行っている団体の割合。
NPOの「自治体」は都道府県と市町村の合計を用いている。
Nは対象先によって異なるが，ここでは自治体課長クラスの場合を示している。
ゴチック・斜体字はNPO全体より10ポイント以上上回る場合。

　表からまず確認できるのは，中央省庁よりも自治体に働きかけるNPOの割合が多いことである。これはローカル・レベルで活動する団体はもちろんのこと，国政レベルで活動する団体においても，同じようにみられる傾向である。また，働きかけの対象となる具体的なアクターの点でみれば，中央省庁と自治体いずれにおいても，幹部よりも課長クラスに対して働きかけるNPOの割合が多いこともわかる[10]。

　具体的な数値を追えば，ローカル・レベルで活動するNPOの場合，行政に日常的に働きかけを行っている団体の割合は，中央省庁幹部2.3％，中央省庁課長クラス5.1％，自治体幹部35.6％であるのに対し，自治体課長クラスに対する働きかけは61.6％であり，突出して高い[11]。

　（10）　表は省略するが，これらの傾向は全サンプルでみた場合でも同様にうかがえる。

以上の事実から，NPOの行政機関に対する働きかけは，自治体（より正確にいえば市町村）課長クラスを中心に行われていることが推察される。NPOが高い関心を寄せる福祉，教育，環境，地域づくりなどの政策は，基本的には自治体の所管課が中心となって管轄ないし執行している領域であることから考えても，これは当然の結果といえる。また，社会団体でも同様の傾向がみられることからうかがえるように[12]，自治体課長クラスはどのような種類の団体であってもアクセスしやすいアクターであり，自治体が多様な団体を包摂する際の「窓口」的存在であることの反映とも読める。

　他方，NPOの中央省庁に対する働きかけは，国政レベルで活動する団体に限定してみた場合でも，それほど多くない。国政レベルで活動するNPOのうち，中央省庁幹部に対して働きかけを行っているのは11.0％，中央省庁課長クラスに対しては24.5％であり，社会団体全体の値（幹部17.0％，課長クラス37.4％）と比べて，より少ないことがわかる。さらに，社会団体の中でもとくに中央省庁との関係が強くみられる教育団体，行政関係団体，政治団体などと比べれば，その差は歴然としている。加えて，数の上では大半を占めるローカル・レベルで活動するNPOでは，中央省庁に働きかける団体はほとんど存在していないこともわかる。これらの事実から，NPOの中央省庁に対する働きかけのルートは，現状では一部のNPOを除きそれほど確立していないことが推察される。

　つぎに，活動分野別にみた場合の違いを確認してみよう。中央省庁については，地域づくり系で課長クラスに対する働きかけが多くみられるが，それ以外では概ね同程度の働きかけが行われているようである。他方，自治体については，地域づくり系と団体支援系で働きかける団体がより多いことがわかる。2章，3章の分析でも示されたように，これらの活動分野のNPOは，行政から設立支援や資源提供を受けることが多い団体である。そのような関

---

(11) この自治体の結果をさらに都道府県と市町村に分けてみれば，都道府県幹部10.0％，都道府県課長クラス29.0％，市町村幹部41.1％，市町村課長クラス64.3％となる。ここから，NPOは自治体の中でもとくに市町村課長に対して働きかけを行っていることがわかる。市町村に対するNPOの働きかけの実態は，6章で詳しく取り上げているので，詳細はそちらを参照されたい。

(12) ローカル・レベルの社会団体と自治体の関係を詳細に分析したものとして，久保（2010b）を参照。

係を通じて構築された行政との接点が，働きかけのルートとしても機能しているのかもしれない。

(2) 10年前との比較

　政党への働きかけの場合と同様，行政への働きかけについても，過去との比較を行ってみよう。表4-4は中央省庁課長クラスと市町村課長クラス（社会団体は自治体課長クラス）の働きかけ頻度が「現在」と「10年前」でどのように変化したかを示したものである。なお，「増加」「変化なし」「減少」の計算方法は，表4-2と同様である。また，サンプル数の少なさの問題から，国政・ローカルの区別をせずに，全サンプルを用いて分析している。

　表より，全般的に行政への働きかけを以前よりも活発化させているNPOが多いことがわかる。とくに市町村課長クラスでは，全体の41.3％が働きかけ頻度を増やしている。これは，社会団体の同割合（11.3％）と比べると，明らかに多い。他方，中央省庁課長クラスでは，働きかけ頻度の増加がみられるNPOは全体の12.8％にとどまっているが，減少がみられるNPOは3.9％

表4-4　行政への働きかけの時系列的変化（10年前との比較）　　（単位：％）

	中央省庁課長クラス				市町村（社会団体は自治体）課長クラス			
	減少	変化なし	増加	N	減少	変化なし	増加	N
社会団体全体	6.5	88.5	5.0	10,706	9.4	79.3	11.3	11,893
農林	10.6	84.9	4.4	1,833	13.3	77.2	9.5	2,128
経済	7.1	87.5	5.3	3,043	10.8	78.0	11.2	3,334
労働	4.4	91.5	4.1	855	7.8	82.0	10.2	929
教育	5.7	88.3	6.0	368	4.7	86.6	8.7	424
行政	5.4	92.2	2.5	612	7.8	86.7	5.5	668
福祉	4.9	90.7	4.4	680	8.6	75.0	16.4	780
専門家	4.6	87.9	7.4	605	5.8	77.6	16.5	653
政治	9.3	77.9	12.8	172	10.1	73.9	16.1	199
市民	3.6	88.3	8.1	334	7.8	69.7	22.6	399
NPO全体	3.9	83.3	12.8	894	6.3	52.4	41.3	1,010
福祉系	3.3	88.0	8.7	368	5.9	48.7	45.4	423
教育系	3.3	88.2	8.5	246	4.5	59.4	36.1	266
地域系	3.7	82.7	13.6	81	6.3	60.4	33.3	96
環境系	7.4	67.4	25.3	95	12.4	41.9	45.7	105
経済系	0.0	72.4	27.6	29	3.2	61.3	35.5	31
国際系	7.4	70.4	22.2	54	9.7	50.0	40.3	62
支援系	6.7	53.3	40.0	15	0.0	40.0	60.0	15

同一団体の「現在の働きかけ頻度」と「10年前の働きかけ頻度」の回答（それぞれ5点尺度）を比較し，「現在－10年前」が正の値であれば「増加」，0であれば「変化なし」，負の値であれば「減少」とみなす。「現在」か「10年前」のいずれか，もしくは両方で無回答の場合は計算から除外している。

であることから考えても，徐々に働きかけが増加する傾向にあるのは確かであろう[13]。とりわけ，環境災害系，経済産業系，人権国際系，団体支援系ではその傾向は強くなっている。以上から考えると，NPO の行政に対する働きかけは，現状の水準で考えると確かに旧来の団体よりも少ないが，過去からの伸び率という点で考えれば，旧来の団体を上回っている，と判断することができる。

近年，日本の主要な利益団体は，徐々に行政との接触量を減らしつつあるとされる。これは，表4－4の農林水産業団体，経済・業界団体，政治団体の結果において，「減少」がやや多くなっていることからも一部うかがえる事実である。村松（2006：340）は，頂上団体を調査分析する中で，それらの団体行動の変容を「『利益集団の民主主義』が壊れた」という印象的なフレーズで表現している。

しかし，そのような旧来の利益団体の動きとは対照的に，NPO の行政接触は中央省庁に対しても，自治体に対しても，この10年間で着実に増加しているのである。それを踏まえれば，行政の団体接触は全般的に減少したのではなく，特定のタイプの団体のみに濃厚接触する形から，より多元的・中立的に接触する形に変化しつつある，と考えることができるのかもしれない。いずれにしても，NPO の政治過程との接触量は，政党の場合と同様，行政への働きかけという点においても，年々高まっているのである。

2．3．働きかけ先は政党か，行政か

以上みてきたように，政治過程への直接的な働きかけのルートは，政党を通じてのルートと行政を通じてのルートの二通りが存在している。2つのルートはそれぞれどのように活用されているのだろうか。論理的には，①どちらにも接触せず働きかけをしない，②政党だけに接触して働きかける，③行政だけに接触して働きかける，④政党と行政の両方に接触して働きかける，という4パターンが想定できる[14]。実際には，NPO ではどのパターンが多く

---

(13) なお，活動範囲が全国レベルの団体に限定して分析してみると，増加した団体の割合は29.6％（N＝125）にまで上昇する。国政レベルにおいても，NPO の行政に対する働きかけは増加傾向にあるとみてよいだろう。
(14) この視点からの社会団体の詳細な分析は，森（2010a）を参照。

みられるのであろうか。

この点を示したものが表4－5である。最初に操作化の手順を説明しておこう。まず，政党ルートは，いずれかの政党に「ある程度」以上の働きかけを行っている場合を「あり」とみなす。つぎに，行政ルートは，国政レベルでは中央省庁幹部ないし中央省庁課長クラスに「ある程度」以上の働きかけを行っている場合，ローカル・レベルでは自治体（都道府県・市町村）幹部ないし自治体課長クラスに「ある程度」以上の働きかけを行っている場合，それぞれ「あり」とみなす。そして，政党ルートと行政ルートの両方がある場合を「両方接触派」，行政ルートのみを「行政のみ接触派」，政党ルートのみを「政党のみ接触派」，いずれのルートもない場合を「非接触派」とする。

表からは，つぎのような事実を確認することができる。第1に，国政レベルのNPOでは，全般的に狭義の政治過程と接点をもっていない「非接触派」

表4－5　政党ルートか，行政ルートか　　　　　　　　　　　　　　　（単位：％）

	国政レベル（活動範囲が全国レベル）					ローカル・レベル（活動範囲が都道府県・市町村レベル）				
	行政＝中央省庁					行政＝自治体（都道府県・市町村）				
	両方接触	行政のみ	政党のみ	接触なし	N	両方接触	行政のみ	政党のみ	接触なし	N
社会団体全体	15.7	18.2	17.2	49.0	1,895	32.3	33.9	7.1	26.7	12,175
農林	13.7	17.1	*24.4*	44.9	205	**38.5**	36.1	4.2	21.2	2,431
経済	16.2	**28.2**	9.4	46.2	394	**37.1**	31.3	6.2	25.4	3,261
労働	*21.9*	2.5	**51.7**	23.9	201	**45.4**	8.1	**25.6**	20.8	823
教育	*19.8*	18.2	9.9	52.1	121	22.3	**45.3**	4.1	28.4	395
行政	17.0	**36.4**	3.4	43.2	88	13.3	**44.4**	5.2	**37.1**	693
福祉	*20.9*	14.5	12.7	51.8	110	20.9	**53.4**	4.1	21.6	976
専門家	15.2	21.0	13.3	50.5	105	**37.9**	29.0	8.4	24.7	663
政治	**38.5**	0.0	**46.2**	15.4	39	**69.1**	6.7	**16.7**	7.4	282
市民	19.4	7.5	**26.9**	46.3	67	32.7	42.2	7.0	18.2	545
NPO 全体	9.9	11.4	12.2	66.5	597	19.9	43.1	3.7	33.3	3,772
福祉系	10.6	6.8	10.6	72.0	161	21.0	37.1	5.0	36.9	1,759
教育系	6.9	10.1	9.6	73.4	188	18.6	44.1	2.2	35.1	767
地域系	12.1	19.0	17.2	51.7	58	21.1	*53.8*	2.8	22.3	493
環境系	10.1	16.5	15.2	58.2	79	17.7	50.5	2.7	29.1	402
経済系	11.3	17.7	9.7	61.3	62	17.3	43.0	1.7	38.0	179
国際系	13.8	3.4	20.7	62.1	29	22.6	47.3	4.3	25.8	93
支援系	8.3	16.7	**33.3**	41.7	12	18.9	*64.2*	1.9	15.1	53

政党ルートは，いずれかの政党に「ある程度」以上の働きかけを行っている場合に「あり」とみなす。
行政ルートは，国政レベルでは中央省庁幹部ないし課長クラスのいずれかに「ある程度」以上働きかけている場合，ローカル・レベルでは都道府県および市町村（社会団体は自治体）の幹部ないし課長クラスのいずれかに「ある程度」以上の働きかけを行っている場合に，それぞれ「あり」とみなす。
ゴチック・斜体字はNPO全体より10ポイント以上上回る場合，網掛け部分は10ポイント以上下回る場合。

が多数を占めている点である。「両方接触派」「行政のみ接触派」「政党のみ接触派」はそれぞれ1割程度しか存在していない。これは、「両方接触派」が多い政治団体や福祉団体、「行政のみ接触派」が多い行政関係団体や経済・業界団体、「政党のみ接触派」が多い労働団体や農林水産業団体などの結果と比べた場合に、対照的な結果といえる。

　第2に、ローカル・レベルのNPOでは、「非接触派」は全体の3分の1ほどであり、政治過程への接触が国政レベルに比べるとより活発に行われている点である。その傾向は、とりわけ地域づくり系や団体支援系のNPOで強くみられる。

　第3に、ローカル・レベルのNPOが政治過程への接触を試みる場合には、行政のみ接触というパターンが多用されている点である。具体的な数値を示せば、「両方接触派」19.9％、「政党のみ接触派」3.7％であるのに対し、「行政のみ接触派」は43.1％である。「政党のみ接触派」がきわめて少ない点が印象的である。活動分野別にみれば、地域づくり系や団体支援系のNPOでとくに「行政のみ接触派」が多いこともわかる。社会団体と比較した場合、NPOの「行政のみ接触派」の多さはより強調される。さらに団体分類別にみれば、教育団体、行政関係団体、福祉団体などの政策受益団体のパターンとの類似性が強くうかがわれる結果となっている。

　以上の事実から、NPOは、現時点では国政レベルの利益団体政治に十分参入できていないこと、ローカル・レベルでは行政ルートを中心に一定程度の参入を果たしていること、逆に政党ルートはまだ十分確立されていないこと、などの現況が推察される。

　ところで、一般的に利益団体は、自らの利害に関係した権力をもつアクター、およびアクセス可能性が高いアクター（外部に対して開放的なアクター）に対して、より積極的に働きかける傾向がある。

　それを踏まえれば、NPOの中でローカル・レベルの「行政のみ接触派」が多くみられるのは、それだけ自治体行政がNPO活動に関係する政策領域で強い影響力を保持しているからと解釈することもできるし、同時に、自治体行政がNPOを始めとするさまざまな団体に対して「開かれた」組織であるから、と解釈することもできよう。

　いずれの解釈にせよ、現状のNPO政治では、「自治体行政優位」の構図は揺るがないものと思われる。市民社会のレイトカマーであるNPOに見出さ

れるこの構図が，今後どのような変貌を遂げていくのか，あるいはどの程度他の新興団体にも波及していくのかについて，我々は注意深く観察を続けていく必要がある。

3. NPOの政治行動の規定要因

前節で確認したように，NPO の中には，政党や行政への働きかけを積極的に行い，政治過程に直接接触しようとする団体が一定数存在している。他方，ほとんど政治行動を起こさない NPO もある程度の割合で存在している。両者を分け隔てる要因は，一体何なのであろうか。

本節では，NPO の政治行動を規定する要因を探究していく。その際，とくに注目される要因として，①公共政策に対する不満，②行政への依存度合い，の2つに焦点を当て，分析を進めることにしたい。

3．1．公共政策に対する不満
(1) 政策に対する不満と政治行動の関係

NPO は自らが公共サービスの供給主体となって，さまざまな社会問題の解決に主体的に取り組む存在である。しかし，NPO 自身の取り組みによっては根本的な解決が難しく，さらに政府による現行の公共政策によっても十分解決されない問題が浮上してきた際には，公共政策の変更を求めて，より実効的な代替案を提示しつつ，政治・行政アクターに働きかけを行っていく（岡部 2000；柏木 2008；藤井 2010）。

NPO が政治行動（アドボカシー）を起こす際の背景要因として，先行研究では以上のような説明がなされることが多い。この説明図式にしたがえば，現行政策の不備とそれに対する NPO 側の不満が，政治過程との接触の「呼び水」になると考えることができる。このように公共政策に対する不満が NPO の政治行動の規定要因になるとする考え方を，以下では「政策不満」仮説と呼ぼう[15]。

---

(15) 「政策不満」仮説の考え方は，NPO の発生自体を説明するモデルにおいてもみられるものである。たとえば，「NPO は既存の政策体系では満たされないニーズに応えるために作られる」とする Weisbrod (1977) の有名な「政府の失敗」モデルはその典型例といえる。

「政策不満」仮説は，実際のデータ上はどの程度支持されるものなのであろうか。まずNPOは，現行の公共政策にどれぐらい不満をもっているのかを確認しておこう。我々の調査では，「あなたの団体は，国や自治体の政策に，どのくらい満足していますか。政治全般とあなたの団体の活動分野のそれぞれについてお答えください」という設問（NPO調査Q25，社会団体調査Q23）で，公共政策に対する満足度（政策不満度）を尋ねている。表4－6は，「非常に不満」ないし「不満」と回答した団体の割合を示したものである。

総じて，NPOの政策不満度は，国レベルでも自治体レベルでも比較的高いことがわかる。NPO全体の中で不満をもっている団体の割合は，政策全般について国64.7％，自治体55.4％，団体が関心のある政策について国67.0％，自治体57.6％である。社会団体全体の結果と比べると，10ポイント以上も不満度が高い[16]。活動分野別にみた場合，どの分野でも不満をもっているNPOがほぼ半数以上存在しており，政策不満度は全般的に高いことがうかがえるが，とくに保健福祉系や団体支援系のNPOで国の政策に不満をもつ団体が多いといえる。

公共政策に対する不満の現状を確かめた上で，つぎに政策不満度と政治行動の関係について調べてみよう。表4－7は，政党や行政に対する「ある程

表4－6　公共政策に対する不満度　　　　　　　　　　（単位：％）

	政策全般				団体が関心のある政策			
	国	N	自治体	N	国	N	自治体	N
社会団体全体	54.1	13,326	43.8	13,169	56.6	13,450	46.2	13,352
NPO全体	64.7	4,317	55.4	4,344	67.0	4,371	57.6	4,474
福祉系	73.9	1,794	61.0	1,800	76.3	1,812	62.8	1,846
教育系	58.9	957	53.1	965	64.1	962	56.4	990
地域系	52.8	521	46.3	531	54.7	530	47.5	547
環境系	60.3	484	52.1	489	59.1	496	52.6	508
経済系	55.5	245	51.8	245	56.0	250	53.9	258
国際系	61.9	218	53.0	217	63.5	222	57.6	224
支援系	70.3	64	51.6	64	68.8	64	62.1	66

各政策について「非常に不満」もしくは「不満」と回答した団体の割合。

(16) 結果は省略するが，社会団体内でも団体分類によって不満度にはばらつきがある。たとえば，労働団体や市民団体などでは，不満をもつ団体の割合がNPOと同等かそれ以上に多い。逆に，農林水産業団体や経済・業界団体などのセクター団体，および教育団体，行政関係団体，宗教団体，趣味・スポーツ団体などの政策受益団体では，不満をもつ団体の割合は少ない。

表4－7　政策不満度と政治行動の関係　　　　　　　　　　　　　　　　（単位：％）

	自民党	民主党	いずれかの政党(図4-1)	中央省庁幹部	中央省庁課長クラス	都道府県幹部	都道府県課長クラス	市町村幹部	市町村課長クラス	いずれかの行政機関(図4-2)
不満	16.0	14.0	25.1	3.3	8.6	10.1	28.1	36.3	58.6	61.5
満足	22.1	13.3	26.5	6.5	11.4	15.3	38.4	47.9	64.8	69.5
全体	17.8	13.8	25.5	4.2	9.3	11.6	31.1	39.6	60.4	63.7

各アクターに対する働きかけは，すべて現在で「ある程度」以上の働きかけを行っている場合。
政策不満足度は，「団体が関心のある政策」で国・自治体いずれかのレベルにおいて「非常に不満」ないし「不満」と回答した場合を「不満」，それ以外を「満足」と定義。

度」以上の働きかけ（現在）と政策不満度をクロス集計したものである。政策不満度は，表4－6でみた政策不満度のうち，「団体が関心のある政策」で国・自治体いずれかのレベルにおいて「非常に不満」ないし「不満」と回答した場合を「不満」，それ以外を「満足」，と定義したうえで把握している。

　表から，「政策不満」仮説は明らかに支持されないことがわかる。それどころか，逆に公共政策に満足しているNPOの方が，より活発に政治行動を起こす傾向があることが確認される。たとえば，公共政策に満足しているNPOの間では自民党へ「ある程度」以上の働きかけを行う団体は22.1％存在するのに対し，公共政策に不満をもったNPOの間では16.0％しか存在していない。同様の関係が，いずれかの政党に対する働きかけ，行政機関に対する働きかけ全般についてもうかがえる[17]。なお，民主党に対する働きかけは公共政策に不満をもったNPOの方が若干値が高くなっているが，これは統計的に有意な差ではない[18]。

　もちろん，以上の結果については，逆の因果関係を想定した解釈も可能である。つまり，「政治行動を起こしたNPOは，その結果として，現状の政策に満足している」という因果関係である。そして，本来は存在するはずである「不満→政治行動」という因果効果は，そのような逆の因果効果によって打ち消されてしまっているために，データ上は十分検出されないのかもしれ

(17) 団体が関心のある政策についての不満度ではなく，政策全般についての不満度を用いた場合でも，同様の結果が得られる。
(18) その他，表では省略しているが，共産党，公明党，地域政党に対する働きかけでも「不満－満足」間に有意な差はない。唯一，社民党に対する働きかけだけが，不満層4.8％，満足層3.0％で，不満の方が有意（5％水準）に高く，「政策不満」仮説を支持する結果がみられる。

ない。

　因果の方向性については，表4－7の結果だけからは判断しがたいが，いずれにしても「政策不満」仮説が想定するような「政策不満→政治行動」という単純な因果関係だけがNPOの政治行動を規定しているわけではないことは確かであろう。社会運動の発生が「強い不満の存在」のみによって十分説明されない（McCarthy and Zald 1977; 片桐 1995）のと同様に，NPOの政治行動も不満の観点のみからは十分説明されないのである。

(2)　政策エリートに対する信頼の影響

　なぜ現状の公共政策に対する不満は，政策を変えようとする積極的なアクションに直接つながっていかないのであろうか。この点を考える際に1つの手掛りとなるのは，政策エリートに対する不信感という要因の存在である。

　つまり，「現行の公共政策に不満を抱いていても，議員や行政官僚などの政策エリートは信頼できない。信頼できない政策エリートに，いくら熱心に政策変更の必要性を説いたとしても，それは徒労に終わるに違いない」という心理が，NPO関係者の間には存在するのではないだろうか。逆に言えば，政策エリートの応答性（responsibility）を信用しているNPOの場合には，何か政策に不満があれば，政策変更を求めて政策エリートに一定の働きかけを行っているのかもしれない[19]。

　この考え方は，人間の社会行動を「離脱（exit）」「発言（voice）」「忠誠（loyalty）」という3つの原理から説明した Hirschman (1970) のモデルにも通じるものがある。つまり，政策エリートの応答可能性次第で，NPOは「発言」を選択することもあれば，「離脱」（＝政治行動を起こさず，諦める）を選択することもあるのである。

　以上のように，NPOの公共政策に対する不満が政治行動に転化していくためには，政策エリートに対する信頼という別の要因の存在が必要になってくると考えられる。

---

　(19)　政治的信頼と個人の政治参加の関係については，これまでも多くの研究が蓄積されてきた。両者の間の因果関係を否定する研究も少なくないが，信頼が参加を促進する面を強調した研究として，山田（2002）や善教（2010）などを参照。

では，政策エリートに対する信頼がNPOの政治行動を促進するという考えは，どの程度データから支持されるであろうか。つぎにこの点を捉えてみよう。

表4－8は，NPOの政策エリートに対する信頼と政党や行政に対する働きかけをクロス集計したものである。政策エリートに対する信頼は，NPO調査Q24のさまざまなアクターに対する信頼感を尋ねた設問で，「国会議員・政党」「中央省庁」「地方議員・政党」「自治体の首長」「自治体」という5アクターについて，いずれかに対して「あまり信頼できない」ないし「まったく信頼できない」（5尺度で2点以下）と回答した場合を「不信」，それ以外を「信頼」，と定義した上で把握している[20]。

表4－8　政策エリートに対する信頼と政治行動の関係　　　　　　　　　(単位：%)

	自民党	民主党	いずれかの政党 (図4-1)	中央省庁幹部	中央省庁課長クラス	都道府県幹部	都道府県課長クラス	市町村幹部	市町村課長クラス	いずれかの行政機関 (図4-2)
不信	13.3	11.4	23.5	2.7	6.9	9.4	26.5	34.3	55.8	60.1
信頼	25.0	19.7	31.9	7.3	14.3	16.3	38.1	46.4	64.3	69.5
全体	16.8	13.9	26.0	4.0	9.1	11.5	30.0	37.9	58.3	62.9

各アクターに対する働きかけは，すべて現在で「ある程度」以上の働きかけを行っている場合。
政策エリートに対する信頼は，国会議員・政党，中央省庁，地方議員・政党，自治体の首長，自治体いずれかのアクターに対して，「あまり信頼できない」ないし「まったく信頼できない」と回答している場合を「不信」，それ以外を「信頼」と定義。

---

(20)　NPO調査Q24の政策エリートに対する信頼感（現在）を尋ねた設問の回答分布を例示すると，「国会議員・政党」に対しては，「まったく信頼できない」28.8％，「あまり信頼できない」28.7％，「ある程度」35.2％，「かなり信頼できる」5.8％，「非常に信頼できる」1.5％となる（N＝3533）。同様に「自治体」に対しては，「まったく信頼できない」13.3％，「あまり信頼できない」19.0％，「ある程度」48.9％，「かなり信頼できる」15.9％，「非常に信頼できる」2.9％となる（N＝3883）。その他，「中央省庁」は「国会議員・政党」と類似した分布となり，「地方議員・政党」や「自治体の首長」は「自治体」と類似した分布となる（より詳細な結果については，NPO調査コードブックである辻中編（2009a），NPO調査報告書所収の権・濱本（2010）を参照）。概してNPOには政策エリートへの不信感がみられるが，とくに中央レベルの政策エリートに対してその程度は顕著であることがうかがえる。ただし，5アクターへの信頼感の回答からクロンバックのα係数を求めると，$\alpha = .889$となり，その内的一貫性は高いと判断される。したがって，上記で示したよ

表からは，政策エリートを信頼している NPO の方が，政策エリートに不信を抱く NPO よりも，活発な政治行動を起こしている傾向が確認される。たとえば，不信層の NPO では，いずれかの行政機関に「ある程度」以上の働きかけを行う団体の割合は60.1%であるが，信頼層の NPO では69.5%である。同様の関係が，すべてのアクターに対する働きかけにおいて確認できる[21]。以上より，政策エリートに対する信頼は，NPO の政治行動の促進要因になりうることが示唆される[22]。

では，この政策エリートに対する信頼は，政策不満度とどのように相関しているのだろうか。この点を示したものが，図4－3である。図では，「満足

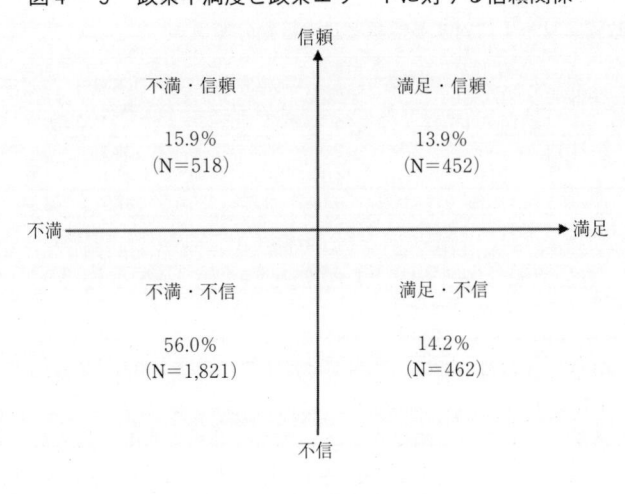

図4－3　政策不満度と政策エリートに対する信頼関係

	信頼	
不満・信頼		満足・信頼
15.9% (N=518)		13.9% (N=452)
不満 ———————————————— 満足
不満・不信		満足・不信
56.0% (N=1,821)		14.2% (N=462)
	不信	

うに5アクターいずれかに対して「あまり信頼できない」ないし「まったく信頼できない」（5尺度で2点以下）と回答した場合を政策エリートに対する一般的な「不信」，それ以外を「信頼」，と定義する処理を行っている。

(21) 表では省略しているが，社民党，公明党，地域政党でも同様の結果がみられる。なお，共産党に対する働きかけだけは，不信層と信頼層で有意な差がなく，唯一の例外となっている。

(22) ただし，「政治行動の結果として，政策エリートを信頼するようになる」という逆の因果の可能性が，ここでも否定できない点には注意しなければならない。

－不満」「信頼－不信」をそれぞれ表4－7，表4－8の場合と同様に定義したうえで，その2軸からNPO全体を4象限に分類している。

これをみれば，NPOの中で最も多い類型は，政策に何らかの不満をもち，かつ政策エリートに何らかの不信感を抱く「不満・不信」層（第3象限）であることがわかる。全体の56.0％がこれに該当する。そして，この真逆にあたる「満足・信頼」層（第1象限）に該当するNPOは，13.9％である。NPO全体の約7割が「不満・不信」か「満足・信頼」のいずれかに該当することから，政策不満度と政策エリートに対する信頼の間には一定の負の相関（政策満足度との関係で言えば，正の相関）が存在しているとみてよいだろう。

他方，政策に不満がありつつも，政策エリートを信頼する「不満・信頼」層（第2象限）に該当するNPOも，15.9％とそれなりの割合で存在していることも見逃すべきではないだろう。さらに，「満足・不信」層（第4象限）も，14.2％ほど存在している。これら約3割のアノマリーな類型に属するNPOに注目することで，信頼の有無が「政策不満→政治行動」という因果関係にどのような条件づけ効果を及ぼしているのかをうかがうことができる。

つぎに，この4類型の間で政治行動の頻度がどのように異なるのかを調べてみよう。表4－9をみれば，働きかける団体割合の大きな差は，「不満－満足」間にあるのではなく，「不信－信頼」の間にあることがわかる。ゆえに，NPOの政治行動を規定する要因としては，政策不満度よりも政策エリートに対する信頼の方がより重要であることが示唆される。

しかしながら他方で，政策不満度が政治行動の促進にまったく影響しないわけでもないことを確認することもできる。たとえば，民主党に対する働きかけの結果をみていくと，「満足－信頼」層は16.4％であるのに対し，「不満

表4－9　政策不満度・政治エリートに対する信頼と政治行動の関係　　　　　　（単位：％）

	自民党	民主党	共産党	社民党	いずれかの政党(図4-1)	中央省庁幹部	中央省庁課長クラス	都道府県幹部	都道府県課長クラス	市町村幹部	市町村課長クラス	いずれかの行政機関(図4-2)
不満・不信	12.9	11.9	6.9	4.3	23.8	2.3	6.8	8.9	25.0	33.3	55.7	59.5
満足・不信	15.5	10.4	4.2	2.4	24.0	4.1	7.6	12.4	33.6	39.4	57.7	64.5
不満・信頼	24.4	22.6	7.0	6.8	33.8	5.8	14.0	13.1	34.2	40.1	61.8	67.0
満足・信頼	25.8	16.4	5.4	4.5	29.9	8.5	14.1	19.8	42.8	53.8	67.8	72.8
全体	16.9	14.0	6.3	4.4	26.3	4.0	9.1	11.6	30.2	38.1	58.6	63.3

各アクターに対する働きかけは，すべて現在で「ある程度」以上の働きかけを行っている場合。
「満足－不満」「信頼－不信」の定義は，表4－7，表4－8と同様。

−信頼」層が22.6％と4つの類型の中で最も多くなっている。同じ傾向は，共産党や社民党などの結果においても確認することができる[23]。これらの事実から，政策エリートに対する信頼が存在する場合には，公共政策に対する不満が，野党に対する働きかけを中心とした政治行動の促進要因として機能しうることがうかがえる。つまり，政策エリートに対する信頼という条件づけ要因を考慮した場合には，「政策不満」仮説は部分的に支持されるのである。

以上の分析から，NPOの政治行動の規定要因としては，公共政策に対する不満はそれほど重要な要因ではなく，むしろ政策エリートに対する信頼の影響力の方が大きいことが判明した。また，公共政策に対する不満が政治行動の活発化につながっていくためには，政策エリートに対する信頼の存在が前提となることもわかった。

これらの知見を敷衍すれば，NPOの政治行動が全般的に低調であるのは，NPOが公共政策に不満をもっていないためではなく（むしろ現状では大きな不満がある），要望・陳情・抗議に対する政党や行政側の応答をNPO側があまり信用・期待していないから，と考えることができる。したがって，NPOの政治行動がより一層強化されるためには，多くのNPOが抱いている政治・行政に対する不信感の払拭が急務といえよう。

3.2. 行政への依存度合い

(1) 行政依存と政治行動の関係

NPOの政治行動を規定する要因として，他に重要なものと考えられるのが，行政への依存度である。2章，3章の議論でもすでにみたように，NPOは資源調達の面で行政に依存している部分が大きい。行政から設立時の支援，あるいは補助金・事業委託・情報提供などを受けている場合，そのような「アメ」をもらっているがゆえに，NPOは行政を中心とした政府のアクターに直言できなくなる恐れがある。つまり，行政への依存度の高さがNPOの政治行動の阻害要因になる可能性がある（Wolch 1990; Smith and Lipsky 1993; Alexander et al. 1999; Berry 2003）。以下では，このような考え方を「行政依存」仮説と呼ぼう。

---

(23) ただし，行政に対する働きかけでは一切確認されない。この点には注意を要する。

「行政依存」仮説の発想は，日本のNPO研究者の間でみられる「行政の下請け化」論の考え方と親和的である。田中弥生は，多くのNPOが行政依存を深めることによって，「行政補助団体」や「行政の安価な下請け先」のような状態に陥っている現状を批判している。田中によれば，行政からの事業委託は比較的まとまった資金を得やすいため，現在多くのNPOが積極的かつ継続的に受託するようになっているという。しかし，その状態を続けていけば，やがて活動の大半が委託業務の遂行だけのNPOになってしまい（＝「委託疲れ」），本来のミッションに基づいた自主事業が展開できなくなる恐れがある。実際，NPOの真骨頂ともいえる新しいニーズを発見する力や社会を変革する力が欠如し，独自の魅力を失ったNPOが急増している。したがって，NPOは今後，一般市民からの寄付・会費・ボランティアを中心にした自主的な資源調達方式に重点をシフトしていくことによって，行政依存の状態を脱却し，行政からの自立を目指すべきである。以上が，田中の主張である（田中2006）。田中と同様に，松下圭一も行政がNPOに対して各種の支援・補助を行うことによって，NPOは行政と馴れ合う「外郭組織」に転じてしまう危険性を指摘している（松下2005）。

これらの主張に基づいて考えれば，行政への依存度が高いNPOは，委託業務の遂行に特化したり，行政との馴れ合いの関係を築いたりすることで，独自のミッションに基づいたアドボカシーをあまり積極的に行わなくなるのかもしれない。したがって，行政への依存度の高さは，NPOの政治行動の阻害要因となることが予想されるのである。

(2) 別の説明の可能性

しかしながら，行政から設立時に支援を受けたり，補助金・事業委託・情報提供などをもらったりすることは，本当にNPOの政治行動を阻害するだけなのだろうか。米国のNPO研究において，まさに「政府の財政的支援はNPOの政治活動を抑制するのか "Does Government Funding Suppress Non-profits' Political Activity ?"」というタイトルの論文を著したチェイブスらの研究（Chaves et al. 2004）によれば，論理的には二通りの可能性が考えられるという。つまり，政府の財政的支援は，NPOの政治行動を阻害することもあれば，それを促進することもあるというのである。

チェイブスらの見解をより詳しく説明しよう。まず，「阻害」のメカニズム

について，チェイブスらは，①政府から財政的支援を受けているNPOは，政府が快く思わない政治行動を起こすことによって後に補助金削減などの「罰」を受けるかもしれないことを恐れ，政治行動に抑制的になる（彼らはこれを「恩を仇で返すな（don't-bite-the-hand-that-feeds-you）」メカニズムと呼んでいる），②政府から財政的支援を受けているNPOは，外向きの政治行動ではなく，内向きの組織維持・管理活動の方に関心・エネルギー・資源を集中させるようになる，という2つのロジックから説明している（Chaves et al. 2004: 295-296）。これは「行政依存」仮説の考え方とほぼ同様のロジックといえる[24]。

より注目すべきは，「促進」のメカニズムの方である。チェイブスらは，これについては二段構えの説明を行っている。

まず，NPO－政府間の相互依存的関係の指摘である。NPOが政府に依存するのと同程度に，政府の側も公共サービスの供給局面でNPOの力に大きく依存している。つまり，両者は相互に活動資源を依存し合っているのである。そのような現状の中では，政府もNPOの政治行動に寛容な態度をとらざるをえない。したがって，政府の財政的支援を受けているからといって，NPOが政治行動を過度に抑制する必要はないのである。

つぎに，政府から財政的支援を受けているNPOの特性についての指摘である。政府から財政的支援を受けているNPOほど，その支援を将来にわたって確保し，さらには支援を増大させていくために，政治過程に積極的に働きかけるインセンティブをもつ。なぜなら，NPOは，あらゆる利益団体がそ

---

(24) チェイブスらは「阻害」のメカニズムとして，実際には「法的規制の影響」という，もう1つ別の視点の説明も行っている。米国では内国歳入庁（IRS）が定める「公益慈善法人（501(c)(3)団体）」の法人格を取得したり，政府の財政的支援を受けたりした場合には，政治活動に一定の範囲内で法的規制がかけられる。しかも，この規制の仕組みはきわめて複雑であるため，NPO側は規制の範囲を正しく理解しておらず，違反を恐れて過度に政治活動を自主規制している面もあるという（Chaves et al. 2004: 296-298）。このメカニズムの説明はBerry（2003）でも詳しい検討が加えられている大変興味深いものであるが，米国固有の文脈において基本的には有効な議論であるため，本章では説明を省略することにした。ただし，山岡（2011）が指摘しているように，日本でもこの視点が適用できる部分があるとも考えられる。この点は今後の検討課題としたい。

うであるように，資源を与えてくれる環境に消極的に反応するというよりも，むしろそのような環境に積極的に働きかけ，それをコントロールしようとする「団体としての本能」を有しているからである（Chaves et al. 2004: 298-299）。

以上の二種類の因果メカニズムを説明した上で，チェイブスらは実証データからどちらの考え方がより妥当なものなのかを検証している。その結果，政府の財政的支援がNPOの政治行動を阻害するという理論はデータから支持されないことを明らかにしている。むしろ，政府の財政的支援がNPOの政治行動を促進していることを示唆する結果がうかがえるのだという（Chaves et al. 2004: 301-314)[25]。彼らの研究は，「行政依存」仮説の考え方を相対化する上で有意義なものといえる。

上記に関連して，「行政の下請け化」論を批判する後房雄の指摘もここで押えておこう。後は，NPOは「利益の非分配」を原則とした組織であるため，外部からの資源調達を本質的に避けられない存在であるとした上で，行政からの資源調達も戦略的に行えば，むしろ組織規模や専門性の拡大・成長につながる有益なものになる，と指摘している。また，独自に行ったNPO法人に対するアンケート調査（市民フォーラム21・NPOセンター2003）の結果から，行政からの事業委託を受けた経験のあるNPOは，「行政の下請け化」論が指摘するような「事業委託のデメリット」ばかりではなく，活動促進・財政拡大・組織専門化・社会的信用上昇などの「事業委託のメリット」をより多く指摘していることを明らかにしている。重要なのは，NPOは自立だけを最優先するのではなく，行政から資源調達を行いながらも，いかにして意思決定の自律性を確保するのかを考えていくことである，というのが後の主張である（後2009）。

後の研究も，「行政依存」仮説の発想とは逆に，行政からの資源調達がむしろNPO活動を全般的に盛んにする重要な契機となりうることを示唆している。それを踏まえれば，行政への依存度の高さが，必ずしもNPOの政治行動

---

(25) 同様の結果は，福祉などの対人サービスを行う非営利組織を対象に団体の制度化や政府の財政的支援とアドボカシーの関係を実証的に分析したMosley (2011) にもみられる。そこでもやはり，政府の財政的支援がNPOの政治行動の促進につながる傾向が確認されている。

を阻害するのではなく，むしろより活発な政治行動を誘発する可能性が考えられるのである。

(3) 調査データによる検証

以上みてきたように，理論上は，行政への依存度の高さがNPOの政治行動を阻害する可能性，促進する可能性，両者は無関係である可能性，という3つの可能性が考えられる。では，実際のデータに照らし合わせれば，どの考え方が最も支持されるのだろうか。

表4－10は，行政への依存度と政治行動の関係を分析したものである。用いた指標について説明しておこう。行政への依存度は，「行政（国・自治体）による設立支援の有無」（NPO調査Q15），「行政（国・都道府県・市町村）からの有償委託業務の有無」（Q18），「行政からの委託業務手数料（年間1円以上）の有無」（Q45），「行政からの補助金（年間1円以上）の有無」（Q45），という4項目から把握している。政治行動は，表4－8と同様に各政党と各行政機関に対する「ある程度」以上の働きかけで把握している。

表からは，「行政依存」仮説を支持するような結果は一切確認されないことがわかる。むしろ，行政への依存度が高いNPOほど活発な政治行動を起こしている様子がうかがえる。たとえば，都道府県や市町村の幹部や課長クラスに対して働きかける団体の割合は，行政から自立的なNPOよりも，行政への依存度が高いNPOの方が明らかに多い。これは，設立支援・事業委託・

表4－10 行政依存度と政治行動の関係

(単位：%)

		自民党	民主党	いずれかの政党(図4-1)	中央省庁幹部	中央省庁課長クラス	都道府県幹部	都道府県課長クラス	市町村幹部	市町村課長クラス	いずれかの行政機関(図4-2)
行政による設立支援	無し	16.7	13.5	22.4	4.2	9.1	9.5	26.3	33.5	53.8	54.2
	有り	19.5*	13.5	24.8	4.2	10.4	15.7***	39.3***	51.2***	71.6***	73.5***
行政からの有償委託業務	無し	17.8	12.1	22.4	4.2	8.5	9.9	24.7	32.9	49.9	51.0
	有り	17.2	15.6**	24.4	4.2	11.1**	14.0***	39.7***	49.6***	75.1***	76.3***
行政からの委託業務手数料収入	無し	18.2	15.4	26.7	4.6	9.1	9.3	24.3	36.0	54.5	57.2
	有り	17.7	16.1	26.5	4.7	10.9	15.9***	42.4***	52.6***	77.9***	79.6***
行政からの補助金収入	無し	17.3	17.0	27.4	4.7	9.5	9.7	25.9	35.6	55.1	57.8
	有り	19.0	14.5	25.5	4.0	8.1	13.6*	35.8***	49.5***	76.4***	78.2***

各アクターに対する働きかけは，すべて現在で「ある程度」以上の働きかけを行っている場合。
χ^2検定の結果は，***は0.1%水準，**は1%水準，*は5%水準で，統計的に有意。イェーツの補正済み。
「行政による設立支援」（Q15）は，国か自治体のいずれかによって支援を受けた場合。
「行政からの有償委託業務」（Q18）は，国・都道府県・市町村のいずれかのレベルで該当する場合。
「行政からの委託業務手数料」「行政からの補助金」（Q45）は，年間で1円以上の額がある場合。

補助金といった行政依存の形態を問わず，全般的に確認される傾向である。他方，各政党や中央省庁に対する働きかけでみた場合，行政への依存度が高いNPOの方が値が上回っているのは一部にすぎず，基本的には行政依存の有無は働きかけの程度に影響を及ぼしていないことがうかがえる。しかし，いずれにせよ「行政依存」仮説が想定するような，行政への依存度の高さが政治行動にマイナスの影響を及ぼすという因果関係の存在がデータから確認されないのは明らかである。

以上のように，米国のチェイブスらの研究と同様に，我々の調査結果からも「行政依存」仮説は支持されず，逆に行政への依存度の高さがNPOの政治行動をより促進する可能性があることが判明した。

この結果は，NPOが行政から自立すればするほど，NPOは狭義の政治過程と接点をもたなくなる，というディレンマの存在を含意している。逆に言えば，NPOが社会変革や政策変更を訴えるアドボカシー機能の担い手としての役割を十全に果たしていくためには，NPO－政府間の相互依存関係がある程度の水準で存在していることが前提となるのかもしれない[26]。

3.3. 包括モデルによる分析

以上では，NPOの政治行動を規定する要因として，公共政策に対する不満度，政策エリートに対する信頼，行政への依存度などに焦点を当てて分析を行ってきた。しかしながら，NPOの政治行動を規定する要因は，当然ながらその他にも多数存在している。

たとえば，団体規模や財政力が大きく，専門的なスタッフが多く，活動歴が長い団体ほど，政治行動をする際に求められる物的・人的資源，専門知識，経験などを豊富に持ち合わせているために，より活発な政治行動を行うことができると考えられる。また，本章2節で分析したように，地域づくり系・

---

(26) もっとも，我々がここで調査分析したのはNPOの政党や行政に対する働きかけの有無だけであって，その内容については詳しく調べていない（調査票にも働きかけ内容を問うものは含まれていない）。ゆえに，働きかけの中身まで詳細に分析すれば，ここでの結論とは異なる結論が導き出される可能性はある。たとえば，行政への依存度が高いNPOは，行政側が嫌がる内容の働きかけはあまり行っていないのかもしれない。この点を探究することは，今後の課題として残されている。

環境災害系・団体支援系などのNPOは，その他の活動分野のNPOに比べるとより活発な政治行動を行っている。ここから，活動分野の違いは政治行動に何らかの影響を及ぼすことが考えられる。同様に，国政レベルとローカル・レベルでは政治行動の水準やパターンに一定の差異があったことから，団体の活動範囲の違いによって，NPOの政治行動は異なっていることも予想される。さらには，団体が有する政治的選好が革新的であるほうが，より参加民主主義志向を有し，政治行動に積極的であることも考えられる[27]。

以上のような他変数の影響を考慮に入れたうえでもなお，公共政策に対する不満度，政策エリートに対する信頼，行政への依存度などが政治行動に及ぼす影響があるのかどうかを確かめる必要がある。

そこで以下では，NPOの政治行動を従属変数とする回帰分析を行いたい。分析に投入する従属変数と独立変数の操作化は，以下に示すとおりである。

【従属変数】
・「NPOの政治行動」＝（政党に対する働きかけ）自民党への「ある程度」以上の働きかけ，民主党への「ある程度」以上の働きかけ，6つの政党いずれかへの「ある程度」以上の働きかけの有無（図4-1），（行政機関に対する働きかけ）中央省庁課長クラスへの「ある程度」以上の働きかけ，市町村課長クラスへの「ある程度」以上の働きかけ，6つの行政機関いずれかへの「ある程度」以上の働きかけの有無（図4-2）。

【独立変数】
・「公共政策に対する不満度」＝政策に対する満足度を尋ねたNPO調査Q25（表4-6）の4つの設問に対する回答（5点尺度）の反転値を主成分分析にかけ，得られた第一主成分得点。
・「政策エリートに対する信頼度」＝さまざまなアクターに対する信頼を尋ねたNPO調査Q24で，「国会議員・政党」「中央省庁」「地方議員・政党」「自治体の首長」「自治体」という5アクターに対する回答（5点尺度）を主成分分析にかけ，得られた第一主成分得点。

---

(27) 以上の諸変数が団体の政治行動に及ぼす影響については，村松・伊藤・辻中（1986），石生（2002），Chaves et al. (2004), Child and Grønbjerg (2007), Mosley (2011) などの先行研究でも強調されている。

・「行政への依存度」＝国・自治体による設立支援の有無（Q15），行政からの委託業務手数料の有無（Q45），行政からの補助金の有無（Q45）の3変数。
・「団体規模」＝現在の個人会員数（Q5，対数変換）。
・「財政力」＝年間収入合計額（Q45，対数変換）。
・「組織の専門職化」＝常勤スタッフ数（Q6）。
・「団体活動歴の長さ」＝団体設立時からの経過年数（Q2）。
・「政治的選好」＝団体リーダーの保革イデオロギー（Q48）。7点尺度を量的変数とみなす。値が大きいほど保守的，小さいほど革新的。
・「活動範囲」＝団体が活動対象とする地理的範囲（Q9）で，都道府県レベル，広域圏レベル，日本全国レベル，世界レベルというカテゴリを用いる。基準カテゴリは，市町村レベル。
・「活動分野」＝教育文化系，地域づくり系，環境災害系，経済産業系，人権国際系，団体支援系というカテゴリを用いる。基準カテゴリは，保健福祉系。

　従属変数はいずれも二値変数であることから，ここでは二項ロジスティック回帰を行う。また，「公共政策に対する不満」と「政策エリートに対する信頼」の交互作用をみるために，両者の交差項も投入する。
　表4－11は，その分析結果を示したものである。まず，政策エリートに対する信頼度が，政党への働きかけと行政への働きかけのいずれにおいても，統計的に有意なプラスの影響力をもっていることがわかる。政策エリートに対する信頼が政治行動を促進する因果効果をもつことは，団体の基礎属性の影響を統制したうえでもなお強く支持されるのである。
　公共政策に対する不満度は，民主党への働きかけ，およびいずれかの政党への働きかけを従属変数とするモデルで10％水準で有意であるが，自民党や行政機関への働きかけを従属変数とするモデルでは有意ではない。ここから，公共政策に対する不満が活発な政治行動に直結する，という「政策不満」仮説が想定するような単純な因果関係は，強く支持されるものではないことがわかる。
　他方，不満と信頼の交差項の結果をみると，いずれかの行政機関への働きかけの場合にのみ10％水準で有意である。表4－9でみたような，信頼が存

表4-11 NPOの政治行動の規定要因（二項ロジスティック回帰）

	自民党への働きかけ	民主党への働きかけ	いずれかの政党への働きかけ	中央省庁課長クラスへの働きかけ	市町村課長クラスへの働きかけ	いずれかの行政機関への働きかけ
政策に対する不満	.098	.246†	.204†	−.087	.001	−.008
政策アクターに対する信頼	.914***	.863***	.819***	.584**	.453***	.546***
政策に対する不満×政策アクターに対する信頼	−.020	.097	.024	−.235	.138	.145†
国・自治体による設立時支援	.163	.145	.130	.100	.179	.334†
行政からの委託業務手数料	.002	.411	.218	−.115	.512*	.337
行政からの補助金	.215	−.417	−.040	−.358	.704***	.681**
現在の個人会員数（対数）	−.072	−.009	−.074	.020	.146*	.172*
年間収入合計額（対数）	−.158*	−.150*	−.139*	.221†	−.003	.025
常勤スタッフ数	.094***	.062*	.113***	−.022	.009	.003
団体存続年数	.017†	.024*	.020*	−.009	−.009	−.006
団体リーダーのイデオロギー	.046	−.291***	−.230***	−.154	−.017	−.050
活動範囲が都道府県レベル	.444†	.855***	.357†	1.801***	−.369†	−.007
活動範囲が広域圏レベル	−.207	.426	−.076	1.801**	−.838**	−.499†
活動範囲が全国レベル	.123	.290	−.071	2.846***	−1.350***	−.884**
活動範囲が世界レベル	.553	−.040	.091	2.584***	−1.429***	−1.141**
教育文化系	.024	−.273	−.386	−.053	.396†	.232
地域づくり系	.382	.286	−.122	1.295**	.489†	.645*
環境災害系	−.082	−.228	−.765*	1.270*	.399	.534†
経済産業系	.128	.004	−.149	.989	.041	.204
人権国際系	−.618	.181	−.530	1.031	−.068	.032
団体支援系	.611	.500	−.216	−18.599	−.094	.693
（定数）	−1.467**	−.664	.459	−5.575***	.013	−.097
N	743	743	777	711	762	777
−2対数尤度	621.869	580.989	835.251	303.630	848.771	821.808
NagelkerkeR²	.182	.190	.196	.299	.235	.235

非標準化係数の値。***は0.1％水準，**は1％水準，*は5％水準，†は10％水準で統計的に有意。

在する場合に不満が野党への働きかけを増大させるという関係は，回帰分析の結果から強くは確認されない。しかし，行政機関への働きかけについてみれば，信頼の条件付け効果を考慮した場合，不満が政治行動の促進に寄与する可能性があることもうかがえる。そのような可能性まで含めて考えれば，「公共政策に対する不満はNPOの政治行動と無関係である」とまでは言い切れないことも確かであろう。

つぎに，行政への依存度を示す3変数の結果をみていくと，市町村課長クラスへの働きかけを従属変数とするモデルで，行政からの委託業務手数料の有無と行政からの補助金の有無の2変数が，係数が正で有意である。また，いずれかの行政機関への働きかけを従属変数とするモデルでは，国・自治体

による設立支援の有無と行政からの補助金の有無の2変数が，係数が正で有意である。これらの結果は，行政に依存しているNPOほど，ローカル・レベルの行政に働きかける可能性が高い，という因果関係を示唆するものである。他方，政党や中央省庁に対する働きかけではそのような因果関係は見出されないものの，逆の因果関係，すなわち行政に依存しているNPOほど政治行動を行わない，という因果関係もうかがえない。ここから，さまざまな他の変数の影響を考慮に入れた上でも，やはり行政への依存がNPOの政治行動を阻害するわけではないことが確認されたといえる。

最後に，その他の諸変数の結果も簡単に押さえておこう。政党への働きかけを規定する変数として有意であったのは，「年間収入合計額」，「常勤スタッフ数」，「団体存続年数」，「団体リーダーのイデオロギー」，「環境災害系」などであった。同様に，行政機関への働きかけでは，「個人会員数」，「年間収入合計額」，「活動範囲の広さ」（中央省庁への働きかけでは正，市町村への働きかけでは負），「教育文化系」，「地域づくり系」，「環境災害系」などが有意であった。

総じて，政党への働きかけと行政機関への働きかけで，重要な規定要因が異なっている点が興味深い。たとえば，団体規模や財政力の大きさは，行政機関への働きかけでは重要な規定要因となるが，政党への働きかけでは必ずしも重要ではない。むしろ財政力に関しては，それが小さいほど政党への働きかけを行う可能性が高まる，という逆の因果関係の存在さえうかがえるのである。他方，政党への働きかけでは専門知識・能力，長期間の活動の中で得られたさまざまな経験，革新寄りのイデオロギーなどが重要な規定要因となるのに対し，行政機関への働きかけではそれらは重要ではない。逆に，行政機関への働きかけでは，活動範囲や活動分野が重要な規定要因となっている。しかし，それらは政党への働きかけではそれほど重要な要因とはなっていないのである。

以上より，本節で議論してきた諸論点は，さまざまな他変数を投入した回帰分析の結果からも概ね支持されたといえる。

4．本章のまとめ

本章では，NPOを利益団体の一種と捉え，その政治行動の実態を分析してきた。分析結果のうちで，とくに重要な点をまとめると，以下の6点となる。

（1）NPO の政党に対する直接的働きかけは，一般的な利益団体と比べると低調である。66.4％の NPO は，いずれの政党にもまったく働きかけを行っていない。全体としてみれば NPO は，調査当時の政権与党である自民党・公明党とも，野党である民主党・共産党・社民党とも，それほど密接な結びつきを構築しているわけではない。

（2）NPO の行政機関に対する直接的働きかけは，政党への働きかけに比べると，それなりに活発に行われている。約6割の NPO が，いずれかの行政機関に「ある程度」以上の働きかけを行っている。対象となる機関は，自治体課長クラスが中心であり，中央省庁への働きかけはそれほど行われていない。活動分野別にみれば，中央省庁については地域づくり系で，自治体については地域づくり系や団体支援系で，より活発な働きかけが行われている。

（3）10年前（1996－1997年）と比較した場合，NPO の自民・民主の二大政党への働きかけや，中央省庁や自治体への働きかけは増加傾向にある。これは，一般的な利益団体の傾向と比べると，より顕著である。

（4）NPO の働きかけは，主として自治体行政のみに接触する形で行われており，政党のみに接触するパターンや政党と行政の両方に接触するパターンはあまりみられない。NPO の接触パターンは，教育団体，行政関係団体，福祉団体などの政策受益団体のパターンと類似している。

（5）NPO の政治行動を規定する要因として，公共政策に対する不満は，それほど重要なものではない。むしろより重要なのは，政策エリートに対する信頼の存在である。その信頼が存在する場合には，公共政策に対する不満が政治行動の促進につながる可能性もある。

（6）行政に対する依存度は，NPO の政治行動の阻害要因にはならない。それどころかむしろ，促進要因にさえなっている可能性がうかがえる。

　従来の NPO 研究は，NPO を非政治的アクターとして捉える傾向が強かった。それゆえ，NPO の政治行動の現状とその規定要因を十分な形で分析してこなかった。そのような研究の経緯を考えると，本章で描き出された，NPO の政党や行政への働きかけのパターン，あるいは NPO の政治行動を規定する要因は，NPO と政治の関係や NPO のアドボカシー活動を考える上では，貴重な基礎情報となろう。

確かに現状では，NPO の政治行動は旧来の利益団体と比べるとそれほど活発とはいえない。しかし，過去と比べると徐々に活発になってきている。さらに，NPO に対して一定の親和的態度をみせる現在の民主党政権が今後も継続されるならば，NPO の政治行動はますます活発になっていくかもしれない。NPO の政治行動について，今後も注意深く観察を続けていく必要があろう。

　本章の分析を踏まえた上で，つぎに問われるべきは，NPO の政治行動がもたらす「帰結」についてであろう。すなわち，NPO の政党や行政への働きかけは，実際の政策にどのようなインパクトを与えているのであろうか。そして，仮に一定の無視できない影響を与えているのだとすれば，なぜ新興・弱小団体であるはずの NPO の働きかけが「成功」するのだろうか。次の 5 章では，これらの点についてみていくことにしよう。

第5章　NPOの政治的影響力とその源泉

坂本治也

　前章の分析で明らかになったように，NPOは政党や行政機関に一定の働きかけを行う存在である。では，NPOの政治過程との接触は，いかなる帰結をもたらしているのだろうか。NPOの利益団体的行動は，政策形成に有意なインパクトを与えているのだろうか。もし与えているのだとすれば，NPOの政治的影響力の源泉はどのような点に求められるのだろうか。

　本章ではこれらの疑問に答えるべく，まずNPOの政治的影響力の現状について検討を行い，その後，情報，ネットワーク，アウトサイド・ロビイングによる世論動員，という3つの観点から，NPOの政治的影響力の源泉を探究していきたい。

1. NPOの政治的影響力の現状

　NPOの政治過程への接触行動は，実際の政策形成にどれぐらいの影響を及ぼしているのだろうか。概して利益団体の政治的影響力行使の実態を把握するのは難しい作業だといえるが，我々の団体調査では，①団体自身が認識している活動分野・地域における自団体の主観的影響力（5点尺度，NPO調査Q10，社会団体調査Q12），②国や自治体における政策・方針の実施，あるいは修正・阻止の経験の有無（NPO調査Q34，社会団体調査Q35），という2つの指標を用いて，団体の政治的影響力行使の現状を把握している[1]。その

（1）　京（2009）が指摘しているように，団体の主観的認識に基づいて政治的

150

表5−1　政策への主観的影響力と影響力行使の成功経験　（単位：%）

	政策に対する主観的影響力	国の政策・方針の実施	国の政策・方針の修正・阻止	自治体の政策・方針の実施	自治体の政策・方針の修正・阻止	いずれかのレベルでの政策への影響力行使
社会団体全体	49.9	12.8	13.8	19.3	17.9	23.8
農林	*57.8*	11.1	9.3	18.4	15.0	20.6
経済	*53.3*	12.1	13.7	18.6	16.8	23.8
労働	*52.4*	*24.8*	*31.9*	*33.9*	*38.5*	*45.4*
教育	43.0	11.3	14.0	16.1	17.3	22.5
行政	45.3	7.2	8.3	8.8	6.7	12.4
福祉	*51.1*	11.8	12.5	18.0	17.2	21.1
専門家	49.2	14.9	15.2	19.3	16.6	26.3
政治	*72.6*	*34.8*	*32.4*	*54.6*	*50.6*	*57.6*
市民	*51.1*	15.7	16.1	30.1	*27.5*	*33.4*
NPO全体	40.0	8.2	7.3	22.0	16.4	22.7
福祉系	40.2	8.8	8.3	22.3	17.7	22.3
教育系	32.6	5.9	5.2	17.5	12.7	18.2
地域系	44.7	6.8	4.1	24.5	16.9	26.6
環境系	47.2	7.6	6.4	25.8	17.2	23.9
経済系	38.5	7.6	8.8	18.1	14.0	23.6
国際系	43.6	*19.6*	17.0	27.3	21.7	29.1
支援系	*53.0*	8.3	15.2	27.5	20.8	*35.6*

主観的影響力は「ある程度」（5点尺度で3点）以上の回答がある場合。影響力行使の成功経験は「経験あり」と回答した場合。「いずれかのレベルでの政策への影響力行使」は，国ないしは自治体の政策・方針で，実施か修正・阻止のいずれかの経験がある場合。
ゴチック・斜体字はNPO全体より10ポイント以上上回る場合，網掛け部分は10ポイント以上下回る場合。

結果をまとめたものが，表5−1である。

　主観的影響力の結果をみれば，NPO全体の40%は，自団体が活動する分野・地域で「ある程度」以上の影響力をもっている，と答えている。また，国や自治体における政策・方針の実施，あるいは修正・阻止の成功経験につい

　　　影響力行使を把握する方法は，実態を正しく反映していない恐れがある。なぜなら，公共政策の最終的な決定権限を持つ政治エリートの選好が考慮に入れられていないからである。政治エリートが望ましいと考える政策帰結は，団体の働きかけの有無に関わらず実現する。その場合，団体側の「我々の働きかけによって政策が実現・変更した」という認識が，単に誤認である可能性が生じる。以上のような方法論上の欠点を有するものの，他に団体の政治的影響力行使の実態を包括的に把握する方法が存在するわけでもないので，我々は団体の主観的認識に基づく把握方法を用いることにしている。

ては，約23％のNPOが自治体レベルを中心に「経験あり」と答えている。

　活動分野別にみれば，全体としてそれほど大きな差はないものの，人権国際系や団体支援系のNPOはその他の分野のNPOに比べると，影響力をもつ団体の割合がやや多いことがうかがえる。とくに人権国際系では，国レベルの政策にも影響を及ぼす団体が2割弱ほど存在している点が注目される。

　他方，社会団体の結果と比較した場合，NPOの政治的影響力は全般的に劣っていることが確認される。とりわけ労働団体，政治団体，市民団体などと比較した場合，その差は明らかである。市民社会のレイトカマーであるNPOは，少なくとも現時点では，日本の利益団体政治の中で大きな影響力を有する団体にはなっていない，と判断することができよう。

　以上のように，NPOは総体としてみれば，政策形成過程を大きく左右するような影響力を保持する「強い」利益団体であるとはいえない。しかしながら他方で，政策形成に有意な影響を及ぼすNPOが一定割合ながらも現に存在していることも確かである。数少ないながらも一部のNPOは，国レベルにおいても自治体レベルにおいても，政治過程へ積極的な働きかけを行うことによって，特定の政策を実施させたり，修正・阻止させたりしているのである。

　では，なぜ一部のNPOは政策形成に影響を与えることに成功しているのか。これは，NPO全般に当てはまる組織の新興性や脆弱性といった特質を踏まえて考えると，興味深い問いかけといえる。本書のこれまでの分析で明らかにしてきたように，NPOは旧来から存在する利益団体に比べれば，総じて人的・財的リソースが潤沢ではなく，政党や行政機関に対する直接的な働きかけを頻繁に行っているわけでもない。それゆえ，「票とカネ」を背景にした圧力行動，あるいは政治エリート集団との相互作用を通じて獲得される「団体の正統性（評判）」に基づいた影響力行使（村松・伊藤・辻中1986）などの利益団体政治の典型的パターンは，NPOの場合は容易には行いえない。NPOの公共政策に対する影響力行使は，それらとは別の要因によって支えられていることが想定される。

　では，「票とカネ」ないし「団体の正統性」以外で，NPOの政治的影響力の源泉として機能しているのは，一体どのような要因なのであろうか。本章では，NPOが保有する情報とネットワーク，およびアウトサイド・ロビイングによる世論動員といった観点から，NPO政治に特徴的な影響力の源泉を探

っていくことにしたい。

2. NPOの情報力

(1) 影響力資源としての情報

　政策形成過程の動態を体系的に論じたLindblom and Woodhouse (1993: 82-84) は，利益団体の影響力の源泉として，「票とカネ」は確かに重要ではあるものの，それらは通常考えられているほどのインパクトがあるわけではなく，利益団体の影響力の源泉を十分に説明するものでもないことを指摘している。そして，より重要な影響力の源泉として，政策についての有益な「情報（information）」とそれに基づいた「理性的説得（reasoned persuasion）」の存在を挙げている。

　一般的に議員や行政官僚は，政策についての調査・研究の機会や時間を必ずしも十分持ち合わせているわけではない。彼らは法案や争点の内容を的確に理解するための専門的知識やデータなどの政策情報をつねに必要としている。利益団体は，そのような情報を提供する有力な情報源の1つとなることによって，自らの主張や異議申立てを議員や行政官僚たちに聞き入れてもらうことができる。また，正確な情報を基礎にした利益団体の理性的な説得活動は，政策形成過程において，想像以上に強力な影響をもたらす。以上の論理から，リンドブロムらは情報と理性的説得を利益団体の影響力の主要な源泉とみなしている。

　リンドブロムらの見解は主として米国の政策形成過程の観察から導き出されたものであるが，この見解は現代日本の政策形成過程についてもかなりの程度妥当するものといえる。伝統的に日本では，行政機関，とりわけ中央省庁が政策についての情報を独占しているというイメージが強い。しかし，実際には行政機関といえども，政策情報を収集するにあたっては，民間企業や各種利益団体との間に築き上げた緊密な情報・意見交換のネットワークに大きく依存してきたのである（Okimoto 1989; 曽我 2005）。しかも，時代とともに進展する政策課題の複雑化・多様化，あるいは社会全体の不確実性の増大によって，情報の重要性は今日ますます顕著になってきており，政治エリート集団が外部に情報を求める必然性は次第に高まりつつある（河野 2009）。したがって，日本においても利益団体の保有する情報が有力な影響力資源と

して活用される可能性は高いと考えられる。

　以上の論理は，新興団体であるNPOの場合であっても，同様に当てはめることができる。4章（109-110頁）でも触れた動物管理法の改正過程の事例では，NPOは動物虐待の実態や基礎的なデータについて，議員や行政官僚よりも詳しい情報を持っていたとされる。そして，高い情報力を活かして効果的な説得活動を展開することで，NPO側が望む法改正を最終的には実現させたのである（尾野2002：151-153）。同様に，自殺対策の法制化過程においても，NPO法人自殺対策支援センターライフリンクが独自に収集した自殺実態に関するデータが，政府の積極的な対応を引き出したり，国会の法制化審議を進展させたりするための重大な契機となった，といわれている（清水2011）。

　これらの事例からうかがえるように，NPOが保有する情報が政策形成過程において一定の価値を持つことがあり，NPOはそのような情報を用いた説得活動を行うことによって，自らが望む公共政策の決定・変更を実現しているのである。このようにNPOの保有する情報は，影響力の源泉として機能しうると考えられる。

(2)　NPOが保有する情報は政治エリートからどの程度必要とされているのか

　では，NPOが保有する情報は，実際どの程度政治エリート集団から必要とされているのだろうか。必要とされる度合いが高ければ高いほど，NPOが保有する情報は有力な影響力資源として機能することが考えられる。我々の調査では，議員や行政機関からどの程度政策についての相談を受けるかを尋ねた設問がある（NPO調査Q20，社会団体調査Q21）。この政策相談頻度の回答結果から，NPOや社会団体が保有する情報を政治エリート集団はどの程度必要としているのかを推測することができる[2]。ここでは，この設問を用いてNPOの情報力の程度を確認してみよう。表5-2は，その結果を示したもの

　（2）　ただしこの設問の回答には，行政側が利害調整を行う過程で必要とする，団体の単なる意見・要望の聴取のケースも一定程度含まれていることが予想される（本NPO調査では相談の中身までは尋ねていないため，詳細は不明である）。その意味では，NPOの情報力を測る指標としてやや不適切な側面があることは否めない。しかし，他に適切な指標があるわけではないので，ここではこの設問からNPOの情報力を把握している。

表5－2　政策相談を受ける頻度 (単位：%)

	現在					10年前				
	国会議員	中央省庁	地方議員	自治体	N	国会議員	中央省庁	地方議員	自治体	N
社会団体全体	11.1	9.5	22.4	39.8	14,217	11.8	9.6	21.3	36.1	11,828
農林	11.3	11.4	23.7	50.7	2,541	14.5	12.9	24.2	*49.0*	2,094
経済	10.2	10.8	21.8	41.3	3,699	11.1	11.2	22.2	38.7	3,306
労働	*20.8*	6.8	*43.2*	28.7	1,069	*21.6*	6.6	*40.9*	26.8	929
教育	8.6	12.5	15.5	33.6	500	7.5	11.0	13.7	31.5	413
行政	5.5	9.3	10.3	35.2	755	5.5	9.3	10.8	30.7	665
福祉	8.3	6.4	20.4	46.8	1,076	8.9	5.8	16.2	39.5	777
専門家	13.0	11.1	18.2	41.3	778	12.2	9.2	15.8	35.5	645
政治	*52.5*	17.1	*72.7*	55.6	297	*49.0*	17.8	*72.1*	*52.5*	198
市民	11.6	8.8	31.7	48.2	637	13.0	6.0	27.8	35.9	393
NPO全体	7.2	10.8	27.5	50.7	4,542	7.6	7.0	20.4	36.0	1,018
福祉系	5.6	6.1	27.5	46.2	1,827	6.5	4.0	20.8	33.7	427
教育系	6.5	8.4	24.4	47.3	1,037	5.2	4.9	15.4	26.7	266
地域系	9.4	16.8	34.1	*65.3*	565	13.8	16.5	28.2	*54.2*	96
環境系	9.4	19.7	28.7	56.1	529	7.1	8.2	23.2	45.9	109
経済系	5.0	16.0	19.8	48.5	272	7.4	13.8	10.7	22.6	31
国際系	12.9	16.1	31.7	49.3	215	13.0	13.2	19.3	39.7	63
支援系	13.3	14.8	31.1	*73.4*	64	26.7	20.0	50.0	71.4	14

「ある程度」以上の回答率。Nは対象によって異なるが。ここでは自治体の値を示している。
ゴチック・斜体字はNPO全体より10ポイント以上上回る場合，網掛け部分は10ポイント以上下回る場合。

である。

　まず地方レベルの結果をみれば，約半数のNPOが自治体から「ある程度」（5点尺度で3点）以上の頻度で政策相談を受けていることがわかる。また，地方議員から同様の相談を受けているのは，NPO全体の27.5%である。これらの割合は，社会団体全体の値を上回っており，10年前と比べても増加傾向にある[3]。

　活動分野別にみれば，地域づくり系，環境災害系，団体支援系で，自治体や地方議員から政策相談を受けている割合がとくに多い。概して地方レベルにおいては，NPOが保有する情報は，一般的な利益団体が保有する情報と同程度かそれ以上の価値を持っているといえる。

　他方，中央レベルに目を転じれば，地方レベルほど頻繁に政治エリート集団から政策相談を受けていないことがわかる。ただし，これはNPOに限ら

（3）　ただし，10年前の回答は欠損値が多く，NPO全体でサンプル数が900～1,000程度しかない。ゆえに，数値の解釈には一定の注意が必要である。

ず，大半の社会団体の場合にも同様に当てはまる傾向である。NPOの場合でも，政治団体や労働団体を除いた社会団体の場合でも，国会議員や中央省庁から政策相談を受けている団体の割合は，概ね1割前後とかなり少数である。その意味では，一般的な利益団体と比べて，NPOの情報力が大きく見劣りするというわけではない。

総じてNPOが保有する情報は，地方レベルを中心に政治エリート集団から一定の評価を受けており，重要な政策情報源の1つとして必要なものと認識されている，と判断することができよう。旧来の利益団体と比べて，団体規模，財政力，団体の正統性などの点では劣っているNPOも，情報の面ではある程度対等に渡り合えるだけの実力を身に付けていることがうかがえる。

以上のように，レイトカマーであるNPOと旧来の利益団体との間で情報力の格差がそれほどみられないのは，情報公開制度やIT化の進展によって，以前に比べれば情報収集・分析にかかるコストが格段に低くなったことが影響していると考えられる。経済社会情勢に関する各種統計，世論調査データ，議会や審議会などの議事録，予算書・決算書，政策評価結果など，政策に関係するさまざまな情報は，今日インターネットを介して，誰であってもほとんどコストをかけずに取得することが可能となっている。このように，情報へのアクセス回路が団体間で次第に平等化ないし均等化しつつあることが，NPOにとって有利に働いているのかもしれない。

(3) NPOの情報にはどのような魅力があるのか

NPOが保有する情報は，議員や行政官僚からみれば，どのような魅力があるのだろうか。その情報にある種の価値が認められるからこそ，議員や行政官僚はNPOを貴重な情報源の1つとして重視すると考えられる。では，NPOの情報には，一体どのような固有の価値が存在するのだろうか。

環境政策を題材に市民立法の理想を論じた藤村（2009：35）は，NPOは専門的かつ実効的な政策情報を有していることを指摘している。議員や行政官僚と比べれば，NPOは「生活者」の目線で柔軟に物事を捉えることができ，現場の状況や問題の所在をより的確に把握することができる。そのような生活感覚と特定分野の専門知識が組み合わさることによって，NPOは独自の専門的かつ実効的な代替案（オルタナティブ）を提起することができるという。

同様に，弱者支援ネットワークの事例を分析した藤井（2004）は，NPO固

有の知のあり方を＜市民的専門性＞と呼んで評価している。これは，専門家（expert）によって独占される静態的な「専門知」とは異なり，生活の現場に関わる複数の活動主体間のネットワークから少しずつ構築されていく動態的な「現場知」のことを示すタームである。藤井はこの＜市民的専門性＞が，NPOの社会問題解決能力やアドボカシー機能を支える重要な基盤となることを指摘している。

以上の藤村や藤井の議論を踏まえると，NPOが保有する情報には，一定の専門性を兼ね備えつつもそれに過度にとらわれすぎない柔軟性や先駆性，社会問題や政策執行の現場により近い人々の多様な意見の摂取・反映，といった特徴があると考えられる。

では，以上のような特徴は，どの程度我々のデータから確認されるのであろうか。すでに3章で分析したように，NPOの会員には専門職従事者（表3－6，96頁）や高学歴者が多く（表3－7，97頁），またメンバーの多様性も比較的高いことが明らかとなっている。また後続の6章で検討するように，NPOが柔軟性や先駆性の点で優れていることは，市区町村職員やNPO自身の認識からうかがえる。以上を踏まえたうえで，本章では，NPOの多様な意見の摂取・反映の状況を示すデータとして，情報源を尋ねた設問（NPO調査Q16，社会団体調査Q15）の回答結果を確認しておこう[4]。

表5－3は，情報源1位の回答結果をまとめたものである。社会団体でもNPOでも主たる情報源として，中央省庁や自治体などの「行政」や自団体の会員や系列団体などの「自団体系列内部」を挙げる団体が多い。しかしながら，NPOにおいては「専門家・メディア」や「他の市民社会組織」を主たる情報源としている団体もそれなりに多いことがわかる。このような情報源の多様性は，農林水産業団体，経済・業界団体，労働団体，行政関係団体，福祉団体などの主要な利益団体にはみられない，NPO独自の傾向といえる[5]。

（4）　この設問は，団体が活動する上で必要な情報を得ている対象先を14の選択肢の中から，1～3位の順位をつけて3つ選び出す回答形式のものである。結果をわかり易く示すために，表5－3では14の選択肢を「行政」「政治」「専門家・メディア」「企業」「自団体系列内部」「他の市民社会組織」の6分類に集約している（集約方法は表5－3を参照）。

（5）　ただし社会団体の中でも，市民団体や学術・文化団体などの，NPOと親近性のある団体類型では，「専門家・メディア」や「他の市民社会組織」を

第5章 NPOの政治的影響力とその源泉　157

5-3　情報源1位の選択率
(単位：%)

	社会団体全体	農林	経済	労働	教育	行政	福祉	専門家	政治	市民	学術	趣味	宗教	その他
政	31.1	37.6	32.6	10.7	28.7	58.3	39.5	30.2	25.6	22.4	21.9	14.1	4.8	28.5
治	1.9	0.4	0.5	2.7	0.5	0.5	0.9	0.9	48.2	2.5	0.2	0.2	0.8	0.8
門家・メディア	8.9	4.9	7.9	5.5	13.4	4.9	6.7	12.6	9.0	16.2	30.6	12.3	12.7	8.9
業	2.9	1.5	5.2	4.9	2.0	1.7	1.1	2.5	0.6	1.0	1.7	0.7	0.8	3.3
団体系列内部	45.5	49.8	46.2	64.8	45.1	27.1	40.0	46.1	12.3	37.7	35.6	58.7	67.5	43.8
の市民社会組織	9.7	5.8	7.5	11.4	10.3	7.6	11.8	7.6	4.2	20.3	10.1	13.9	13.5	14.8
	15,381	2,716	3,954	1,160	554	817	1,153	843	332	693	576	446	126	1,904

	NPO全体	福祉系	教育系	地域系	環境系	経済系	国際系	支援系
政	33.6	39.0	24.9	37.9	33.9	31.0	21.4	30.9
治	0.8	0.7	0.6	1.2	1.0	1.0	0.9	1.5
門家・メディア	20.0	17.0	24.1	19.5	23.4	20.2	19.2	13.2
業	2.1	1.3	1.3	2.3	3.5	10.1	0.4	0.0
団体系列内部	24.4	21.4	31.0	22.3	22.2	22.9	32.1	26.5
の市民社会組織	19.0	20.6	18.1	16.9	16.0	14.8	26.1	27.9
	4,975	2,020	1,134	605	576	297	234	68

：＝中央省庁，自治体。
：＝政党，地方議員。
家・メディア＝学者・専門家，マスメディア関係者，専門紙・業界紙関係者。
：＝企業。
体系列内部＝系列団体，あなたの団体の会員。
市民社会組織＝協力団体，NPO，町内会・自治会，その他。

　このように NPO は，自団体の内部はもとより，行政機関，学者・専門家やメディア関係者，他の団体や自治会・町内会といった，多様な外部環境からバランスよく情報を取得している。そして，現場に即した情報や多様な意見を広く摂取・反映しているからこそ，NPO が保有する情報は，「オルタナティブな専門的情報」として一定の魅力があり，政治的影響力の源泉になりうるのである。

3. NPOのネットワーク力

(1) 資源調達とネットワークの関係

　3章でも議論したように，多くのNPOは強固な自前の資源調達基盤を持っていない。それゆえ，組織存続のためには，外部からの資源調達を恒常的に行う必要がある。その資源調達の過程において，NPOは不可避的に政府，

　主たる情報源とすることが多い。

営利企業，諸団体，一般市民などの多様な外部主体と接点をもつことになる。
　このように，NPOが資源を求めて外部主体と頻繁に接触している状況は，NPOの組織的脆弱性や外部依存体質の現れと解釈され，どちらかといえば否定的な評価が下されることが多い。しかしながら，他方でそれはNPO独自の「強み」としてポジティブに解釈することも可能である。なぜならNPOは，資源調達の過程で多様な外部主体と関わりをもつことによって，さまざまな主体との間にネットワークを構築する機会を豊富に得ているからである。結果としてNPOは，さまざまな主体間を結びつけるネットワークの結節点（node）となって，多様かつ動的な情報を取得・集積することもできるのである。
　金子（1992）はボランティアや情報通信の世界でしばしば見られる，「弱さ」が「強さ」に転化するという逆説的現象を「バルネラビリティ」という概念で説明しているが，この概念はまさにNPOの世界にもよく当てはまるものといえよう。NPOの資源調達面での「弱さ」は，NPOの高いネットワーク力という「強さ」に転化しうる可能性を秘めている。

(2)　NPOのネットワーク力の実態
　では，NPOは旧来の利益団体と比べて，実際に高いネットワーク力を持っているといえるのであろうか。ここでは，団体リーダーの交際ネットワーク（NPO調査Q47，社会団体調査Q43）を尋ねた設問の結果から，NPOのネットワーク力の現状を確認してみよう。
　表5－4をみれば，10の交際相手に対して，NPO全体で平均4.01の交際ネットワークを保有していることがわかる。この平均ネットワーク数は，地域づくり系4.94，環境災害系4.65，団体支援系4.87とより高い活動分野もあれば，保健福祉系3.54のように低い活動分野もあり，活動分野によって一定のばらつきがある。しかし総じて，政治団体と市民団体を除いた大半の社会団体よりも，NPOの平均ネットワーク数の方が上回っていることが確認できる。NPOは政治・行政・市民社会を横断する形でさまざまなアクターとのネットワークを発達させているのである。
　NPOリーダーとの関係がとくに強くみられる相手を順に示せば，NPOや市民活動団体の役員，町内会・自治会役員，学者・専門家，県・市町村の課長以上，地方議員，マスメディア関係者となる。このうち，NPOや市民活動

表5-4 団体リーダーの交際ネットワーク　　　　　　　　　　　　　　　　　　　　　　　　　　（単位：%）

	町内会・自治会役員	協同組合理事	同業者組合の役員	NPOや市民活動団体の役員	政治団体の役員	県・市町村の課長以上	国会議員	地方議員	マスメディア関係者	学者・専門家	ネットワーク数の平均値(0〜10)
社会団体全体	54.9	*42.6*	*45.5*	29.7	20.0	52.4	20.9	45.9	24.8	34.0	3.71
農林	61.6	*67.4*	*52.5*	17.0	15.1	*63.0*	16.9	46.8	13.8	21.7	3.76
経済	54.6	*56.9*	*57.6*	23.8	16.9	54.5	18.8	44.3	26.9	31.8	3.86
労働	44.8	24.4	*61.1*	33.0	*40.7*	34.8	28.4	*61.6*	19.5	27.0	3.75
教育	51.6	18.2	31.2	33.9	16.0	56.0	21.4	40.7	32.5	54.4	3.56
行政	*47.3*	30.8	*35.0*	19.4	9.7	53.1	11.7	32.0	15.3	25.9	2.80
福祉	60.9	20.9	26.7	47.5	18.8	54.6	19.5	43.4	25.0	32.7	3.50
専門家	44.8	*34.8*	*52.2*	26.5	19.4	48.3	22.6	42.0	21.7	48.9	3.61
政治	*78.3*	*52.5*	*42.4*	57.0	*81.6*	*68.5*	*73.9*	*87.8*	*54.3*	50.4	6.47
市民	*69.5*	31.4	24.7	71.3	*31.0*	58.2	27.6	*63.2*	42.6	53.8	4.73
NPO全体	57.7	22.1	22.6	70.5	17.5	52.4	20.0	47.5	36.6	54.5	4.01
福祉系	56.6	15.8	21.8	69.7	15.3	42.8	15.7	45.3	25.4	45.7	3.54
教育系	54.7	19.1	19.5	68.1	17.2	54.8	21.3	46.7	41.6	58.1	4.01
地域系	*72.3*	*34.0*	29.4	74.9	22.0	*69.3*	26.2	*58.9*	*49.0*	57.6	4.94
環境系	63.1	*33.6*	25.3	75.4	19.4	*63.7*	24.1	49.2	45.2	*65.9*	4.65
経済系	*45.4*	30.1	24.8	63.7	16.7	49.0	21.9	39.9	40.2	*65.4*	3.97
国際系	49.4	20.0	16.7	71.0	20.8	50.6	20.0	45.7	*49.4*	58.0	4.02
支援系	56.5	27.5	30.4	*89.9*	24.6	*68.1*	23.2	52.2	46.4	*68.1*	4.87

ゴチック・斜体字はNPO全体より10ポイント以上上回る場合，網掛け部分は10ポイント以上下回る場合。

団体の役員，学者・専門家，マスメディア関係者の三者については，NPOの「交際あり」と答えた割合が，社会団体での同割合を10ポイント以上も上回っている。ここからNPOは，とくに他のNPOや市民活動団体，学者・専門家，マスメディアなどとのネットワークをより発達させていることがうかがえる。他方，協同組合理事や同業者組合の役員とのネットワークは，社会団体ほどは発達していないようである。

(3) 影響力資源としてのネットワーク

　NPOが保有する豊かなネットワークは，影響力行使の際の有力なリソースの1つとして機能すると考えられる。NPOの政策形成過程への参加の意義を理論的に検討した浅野(2007)は，その点をBurt (1992)の「構造の穴(structural holes)」理論を援用しつつ説明している[6]。

（6）　浅野（2007）は政策形成過程におけるNPOの影響力の源泉として，ネ

浅野によれば，①行政や議会などの政策決定者のネットワーク，②地域社会・一般市民・NPOなどによって構成される市民セクターのネットワーク，③専門家集団のネットワーク，という3つのネットワーク間には直接的なリンクが存在せず，ネットワークが「断絶」しており，「構造の穴」が開いていることが多いという。そして，政治・行政・市民社会を横断する形で多様なアクターとのネットワークを持っているNPOは，この「構造の穴」を埋め，3つのネットワーク間を結びつける結節点となりうる貴重な存在なのである（図5-1）[7]。

行政や議会の側から見れば，NPOは市民セクターや専門家集団から効率的に政策情報を収集する際の有力な媒介として認識される。また，行政が市民セクターや専門家集団と協働を行っていく際には，NPOが重要な「パイプ役」としての役割を果たすことも期待されるのである[8]。

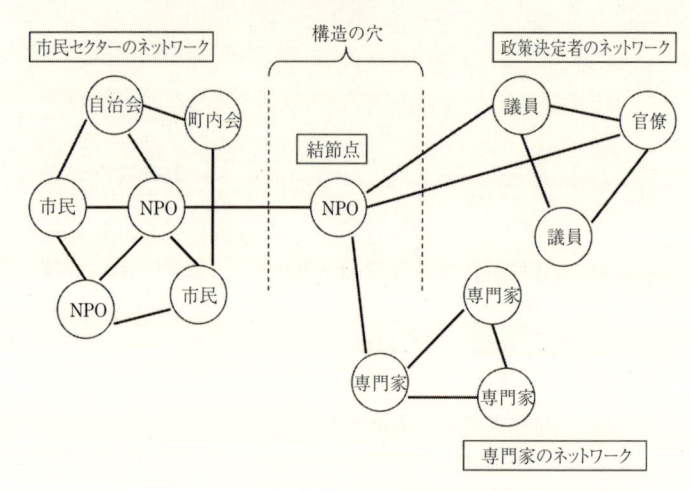

図5-1 構造の穴と結節点の重要性

（出所）浅野（2007：31-32, 図1, 2）を一部改編して，筆者作成。

ットワークの他にも，「専門知識」「代表性（市民の声）」「実行力」などを指摘している。
（7）浅野は指摘していないが，旧来の利益団体，とりわけ豊かなネットワークを保有する政治団体や市民団体なども，そのような結節点として機能する可能性が同じようにあるかもしれない。

そのような認識や期待の一端は，たとえば岩手県が策定している協働指針である「NPOとの協働に向けて～NPOとの協働を進めるためのガイドライン～」(2003年5月)[9]においてうかがうことができる。そこでは，NPOの特徴として，「地域に根ざした活動を行っている団体が多く，地域の実情に精通」していること，「広範な人的ネットワークを有していることから，そのネットワークを通じて多くの人々の参加を促すことが期待」できること，「高度な専門知識やノウハウ，専門分野に関する人的ネットワーク等を有している場合が多い」ことなどが指摘され，それゆえに「地域の実情にあわせることが必要な事業」，「多くの人々の参加が有効な事業」，「高い専門性が求められる事業」などでは，NPOとの協働を行っていくことが行政側にとって有益であることが説かれている。

以上のように，多様なアクターとのネットワークを保有するNPOは，行政や議会の側から見れば有益な存在として映るのであり，結果としてNPOの高いネットワーク力は，政治的影響力の源泉として機能すると考えられる。

4. アウトサイド・ロビイングによる世論動員

(1) 世論を味方につけることの重要性

利益団体政治の世界では，しばしば「下克上」のような逆転現象の事態が起こる。つまり，潤沢な資金と組織票を有し，議員や行政官僚との強いコネクションも持っている，一見すれば強大な団体の要望・主張が退けられて，動員できるリソースが乏しい弱小団体の要望・主張の方が通って，それが政策として実現することがある。なぜそのようなことが起きるのだろうか。

米国の環境保護をめぐる政治過程を分析した久保（1997）は，まさにそのような「下克上」の実例を捉え，その疑問に答える研究である。久保は，リソース面で優位な立場にある経済団体の強い意向に反して，リソースに乏し

---

(8) NPOがこのような役割を果たすことができるのは，一部のアクターとだけ緊密な関係を構築するのではなく，多様なアクターと緩やかに結びつく「弱い紐帯（weak ties）」（Granovetter 1973）の強みを活かしているからなのかもしれない。

(9) 岩手県ホームページ（http://www.pref.iwate.jp/index.rbz）より，2011年10月15日取得。

い環境保護運動の訴えが政策に反映されるのはなぜなのかを問い，その答えとして運動側が世論を味方につけた点を強調している。

運動側は，独自の専門能力に基づいた説得的な政策案を公表しつつ，一般市民に対して啓蒙・教育・宣伝活動を積極的に仕掛けていった。その結果，「環境の保護」という価値は，人々の間で共有される「大義」や「根本的真理」として広く承認されるようになり，環境保護運動の活動や主張が一定の民主的正統性を帯びることとなった。こうして政治的影響力を強めた環境保護運動の訴えが，最終的には政策に取り入れられるようになったのである。

久保が指摘した点は，環境保護政策に限らず，他の政策領域の利益団体政治を考察する際にも大いに参考となろう。なぜならば，民主主義の下で行われる政治的競争に参加するすべてのアクターにとって，世論の支持を得ることは，「最高の自己正当化根拠」（山川 1999：394）となるからである。たとえリソースに乏しいアクターであっても，自らの要望・主張に沿うような形で世論を喚起したり，誘導したりすることによって，望ましい政策的帰結を得ることができるのである。古くはシャットシュナイダーが指摘したように，一般市民の関心を呼び起こし，彼らを紛争の中に巻き込めるかどうか（＝「紛争の拡大」）は，政治的抗争の結果を決定的に左右する要因なのだといえよう（Schattschneider 1960）。

世論を味方につけることの重要性は，NPOの政治的影響力を考える際にも見逃すことのできないポイントとなる。概してリソースに乏しく，政治エリート集団との緊密な関係もそれほど構築できていない新興団体であるNPOの訴えが，時として無視できない影響力を持って，政策形成過程に一定のインパクトを与えうるのは，その訴えが世論の支持を得ているから，ないし「NPOは『市民の声』の代弁者」というイメージを流布することに成功したから，と考えることができよう。

NPO活動家たちも世論の重要性については，かなりの程度認識しているようである。たとえば，各地のNPO支援センターの現場責任者が議論・起案したうえで日本NPOセンターが取りまとめて公表している「信頼されるNPOの7つの条件」の1つには，「組織が市民に開かれており，その支持と参加を集めていること」が掲げられている。「市民の共感と支持を基盤とした組織づくり」は，NPOが目指すべき理念の1つになっているのである[10]。

同様に，NPO関係の有識者から成る「『エクセレントNPO』をめざそう市

民会議」が近年提唱している「エクセレントNPO」の3つの評価基準の中にも，「市民性」[11]が入っている（「エクセレントNPO」をめざそう市民会議編 2010）。ここにも，NPO関係者が世論を味方につけることを重視している姿勢がうかがえる。

(2) アウトサイド・ロビイングと世論動員

　利益団体は，自らの要望・主張に沿う形で世論を効果的に形成・動員するために，アウトサイド・ロビイング（outside lobbying）と呼ばれるアクションを起こす。アウトサイド・ロビイングとは，「利益団体のリーダーたちが，政策形成コミュニティの外側に位置する市民を動員して，政策形成コミュニティの内側に位置する公職者に接触させたり，圧力をかけさせたりしようとする試み」(Kollman 1998: 3) のことを指す。通常のロビイング（インサイド・ロビイング）が，議員や行政官僚に対する請願，陳情，申し入れといった要求活動のような，政策エリートに団体側が直接働きかける形態（4章の議論を参照）をとるのに対し，アウトサイド・ロビイングは政府外のアクター（団体会員や一般市民など）を介して，あくまで間接的に政策エリートに影響を及ぼそうとするものである。

　アウトサイド・ロビイングは，エリートレベルとマスレベルのそれぞれにおいて，異なる形で作用する。エリートレベルでは，政策決定者に一般の人々は何を支持・要求しているのかを知らしめ，政策決定者の判断や選択を改めさせる「シグナリング（signaling）」の役割を果たす。具体的には，署名活動の展開，大衆集会，デモ・ストライキの実施，自団体の会員や他の団体などに手紙や電話などで政策エリートに働きかけを行うよう要請する行為などが「シグナリング」に該当する。他方，マスレベルでは，政策争点に対する人々の認知や選好・態度を変えることによって世論に影響を及ぼす「紛争拡大（conflict expansion）」の役割を果たしている。こちらは具体的には，セミ

---

(10)　日本NPOセンターホームページ (http://www.npo-hiroba.or.jp/7requirement/index.html) 最終アクセス2012年1月16日。

(11)　ここでの「市民性」とは，「非営利組織の活動が広く市民に開かれ，参加の機会が提供されていること，さらに活動への参加により，市民一人一人が市民としての意識を高め，成長できる場が提供されること」を指す（「エクセレントNPO」をめざそう市民会議編 2010：12）。

ナー，シンポジウム，フォーラムなどの開催による啓発教育（public education)[12]，情報リーク，記者会見，広告掲載といったマスメディアに対するアピールなどを指す（Kollman 1998: 8）。以上を図式化すると，図5－2のようになる。

世の中に存在するさまざまな利益団体は，政策に影響を与えるために，インサイド・ロビイングとアウトサイド・ロビイングを時と場合に応じて使い分けているが，とくにアウトサイド・ロビイングはリソースに乏しい団体や政策エリートへの政治的機会構造（political opportunity structure）が閉ざされている団体で多用される傾向があることが先行研究で指摘されている（Schlozman and Tierney 1986; Walker 1991; Kollman 1998; Baumgartner et al. 2009）。そして日本では，とりわけ労働団体，政治団体，市民団体などでアウトサイド・ロビイングが主要戦術として採用される傾向にあることが知られている（石生 2002；山本 2010b）。

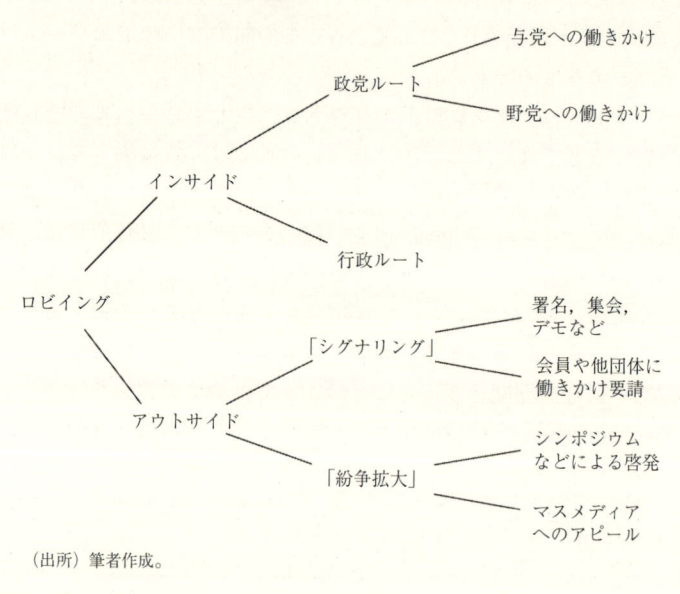

図5－2　ロビイングの種類

```
                        ┌─ 与党への働きかけ
              ┌─ 政党ルート ─┤
              │         └─ 野党への働きかけ
     ┌─ インサイド ─┤
     │         └─ 行政ルート
ロビイング ─┤
     │                     ┌─ 署名，集会，デモなど
     │         ┌─「シグナリング」─┤
     │         │            └─ 会員や他団体に働きかけ要請
     └─ アウトサイド ─┤
               │            ┌─ シンポジウムなどによる啓発
               └─「紛争拡大」─┤
                            └─ マスメディアへのアピール
```

（出所）筆者作成。

---

(12) これらの啓発教育の行為は，草の根アドボカシー（grassroots advocacy）と呼ばれることもある（Reid 1999: 298-299）。

このように，潤沢なリソースや政治エリート集団への有力なアクセスを持たない弱小の団体であっても，アウトサイド・ロビイングを通じて世論形成・動員を行うことにより，一定の政治的影響力を獲得・行使できることは，少数者支配とは異なる多元主義的な政治過程を確保する上できわめて重要なポイントと言える。

概して新興・弱小団体であることが多い NPO にとっても，アウトサイド・ロビイングは重要な戦術となる。NPO 法の立法過程で「政治を外から動かした」といわれる「シーズ・市民活動を支える制度をつくる会」のリーダー松原明氏は，以下のように述べて，アウトサイド・ロビイングの重要性を強調している。

> 「議員を巻き込むには，地元にメリットがあると感じさせることが大事。知り合いになったからといって話を聞いてくれるわけではない。基盤にキャンペーンがあってこその国会ロビーイング。どんなに国会をぐるぐる回ったからといって，地元のキャンペーンがなければ絵に描いた餅」（秋山 2011：55）。

NPO が自らが望ましいと考える法制度の制定や既存の不都合な法制度の改正を実現するためには，街頭キャンペーン，署名活動，シンポジウム，記者会見などのアウトサイド・ロビイングを行って，NPO の主張や提言の妥当性を政策エリートや一般市民に気づかせ，理解・納得させる必要があるといえる。実際，NPO が政策形成過程で影響力行使に成功した事例では，そのようなアウトサイド・ロビイングの営みがきわめて効果的であったことが知られている（シーズ・市民活動を支える制度をつくる会 1996；尾野 2002；小島 2003）。

(3) アウトサイド・ロビイングの実態

では，NPO は現状でどの程度のアウトサイド・ロビイングを行っているのであろうか。ここでは，さまざまなロビイング戦術の手段の利用頻度を尋ねた設問（NPO 調査 Q33，社会団体調査 Q34）と一般向けの諸活動の頻度（NPO 調査 Q32，社会団体調査 Q29）を尋ねた設問の回答から，アウトサイド・ロビイングの現状を探ってみよう。表5－5は，アウトサイド・ロビイングに

表5−5　アウトサイド・ロビイングの実態　　　　　　　　　　　　　　　　　　　　　（単位：

	Q33（社会団体はQ34）ロビイング戦術の手段「シグナリング」					Q32（社会団体はQ29）一般向けの諸活動「紛争拡大」					
	請願のための署名	集会への参加	直接的行動	手紙などで働きかけるよう会員に要請	他団体との連合の形成	マスメディアへの情報提供	記者会見による立場表明	意見広告の掲載	懇談会・勉強会・ミニフォーラム	シンポジウム・イベント	広報誌・ミニコミ誌の発行	HPなどインターネット使った情報発信
社会団体全体	28.8	29.4	8.3	15.1	26.1	20.4	6.9	8.5	44.0	49.1	43.2	52.0
農林	26.9	30.7	4.3	9.2	22.8	13.2	2.5	5.6	33.5	37.9	32.9	35.8
経済	26.6	25.1	2.7	12.1	24.6	19.6	5.1	6.6	36.2	44.9	33.9	56.9
労働	75.2	75.4	47.0	42.1	58.3	30.4	16.7	17.5	36.5	37.1	30.1	31.7
教育	21.1	19.0	6.1	13.6	23.4	20.8	7.1	8.8	51.3	50.2	52.1	60.2
行政	10.6	12.2	2.1	8.3	17.6	11.2	2.7	5.9	44.4	46.7	53.0	57.1
福祉	25.2	23.1	6.7	13.5	23.7	20.4	5.7	7.7	59.9	62.9	68.9	55.4
専門家	24.9	26.5	2.8	17.4	25.6	17.9	5.8	12.6	52.1	58.0	41.2	66.9
政治	62.5	77.3	31.8	53.4	44.2	48.1	39.7	26.3	73.0	60.0	69.4	53.3
市民	34.5	37.6	13.8	22.9	32.7	40.3	15.8	10.9	75.0	76.1	66.1	58.4
学術	13.5	13.0	1.1	7.8	22.1	25.9	7.7	8.1	61.3	74.6	61.1	79.0
趣味	11.9	8.0	0.8	6.9	9.3	22.3	4.3	5.0	44.9	59.9	50.2	67.5
宗教	14.0	7.9	0.0	4.4	7.0	7.1	2.6	5.3	52.8	45.5	49.2	39.8
その他	20.4	20.7	4.8	10.0	19.4	17.1	4.9	7.1	40.6	46.9	42.8	49.2
NPO全体	17.3	32.1	3.7	23.8	35.1	40.8	7.6	11.1	64.0	63.6	53.4	62.8
福祉系	24.5	36.8	6.0	21.0	38.0	31.8	5.5	10.3	59.1	53.6	53.5	50.9
教育系	12.3	23.1	1.5	23.2	29.5	42.6	7.6	11.7	64.3	71.6	56.6	72.0
地域系	11.5	32.9	1.8	25.8	32.0	*52.4*	8.9	13.6	70.6	*74.6*	51.8	66.0
環境系	11.7	32.4	2.1	26.5	38.0	47.9	10.2	11.0	69.5	72.1	54.3	67.0
経済系	9.2	28.8	1.6	27.1	29.8	43.1	7.6	10.0	62.3	54.9	34.9	73.0
国際系	17.6	36.1	6.5	32.7	37.6	*52.4*	14.9	11.9	72.8	68.0	57.8	74.0
支援系	21.1	36.2	0.0	33.3	*53.3*	*56.1*	12.3	5.3	*77.3*	*76.9*	*66.2*	*85.0*

「ある程度」以上の回答率。
ゴチック・斜体字はNPO全体より10ポイント以上上回る場合，網掛け部分は10ポイント以上下回る場合。

相当する行為を「ある程度」（5点尺度で3点）以上行っている団体の割合を，社会団体とNPOそれぞれについて示したものである。

表より，NPOのアウトサイド・ロビイングは，どちらかと言えば「シグナリング」戦術よりも「紛争拡大」戦術を重視して行われていることがうかがえる。たとえば，政治的要求を行う上で「手紙，電話，電子メールなどで働きかけるよう会員に要請」する戦術を積極的に用いているNPOは全体の23.8％，同じく「集会への参加」を用いているNPOは全体の32.1％であるのに対し，一般の人々向けに「シンポジウム・イベント」を積極的に行っているNPOは全体の63.6％，政治的要求を行う上で「マスメディアへの情報提供」

を積極的に用いているNPOは全体の40.8%である。アウトサイド・ロビイングの力点は，すでに存在している世論を顕在化させて政策決定者にぶつけ，彼らの判断や政策選択の変更を迫ることよりも，啓発教育やマスメディアへのアピールを通じて世論の変化を促すことの方に置かれているといえよう。

　活動分野別にみた場合，「シグナリング」戦術ではそれほど大きな差は存在しないが，「紛争拡大」戦術では一定の差異がみられる。地域づくり系，人権国際系，団体支援系では「紛争拡大」戦術をより活発に行う傾向があるのに対し，保健福祉系では逆に消極的な傾向がうかがえる。このような活動分野間の差異は，4章で確認したインサイド・ロビイングの場合と符合している。つまり，インサイドであれアウトサイドであれ，地域づくり系，人権国際系，団体支援系はロビイングに積極的にコミットし，逆に保健福祉系はロビイングにそれほど興味を示さない傾向がある。

　他方，社会団体では，先行研究が指摘してきたように労働団体，政治団体，市民団体などの価値推進団体で，アウトサイド・ロビイングがかなり活発に行われていることがわかる。これらの団体と比べれば，NPOのアウトサイド・ロビイングは概して低調である。しかしながら，価値推進団体以外の社会団体と比べれば，同等かそれ以上の水準でNPOはアウトサイド・ロビイングを行っているといえる。とりわけ，「マスメディアへの情報提供」，「懇談会・勉強会・ミニフォーラム」，「シンポジウム・イベント」などの「紛争拡大」戦術では，NPOの優位性が強くみられる。

　以上のように，NPOは世論の形成・動員を念頭に置いたアウトサイド・ロビイング，とりわけ「紛争拡大」戦術を積極的に活用する傾向がある。そして，そのようなアウトサイド・ロビイングを通じて世論を味方につけることに成功した場合は，新興・弱小団体であるNPOであっても，時に政策形成過程で大きな影響力を発揮することができるのである。

(4)　「触媒」としてのマスメディア

　ところでマスメディアは，上記のようなアウトサイド・ロビイングの過程において，重要な「触媒」の役割を果たしている。もちろん図5-2で示したように，情報リーク，記者会見，広告掲載などによるマスメディアへのアピール（＝団体によるマスメディアへの能動的な働きかけ)[13]は，それ自体がアウトサイド・ロビイングの一種である。ゆえに，マスメディアが団体のア

ウトサイド・ロビイングにとって重要な存在であることは論を俟たない。しかしながら，署名活動，大衆集会，デモ・ストライキ，セミナー，シンポジウム，フォーラムの開催といった他の形態のアウトサイド・ロビイングの場合であっても，それらがマスメディアの報道で取り上げられるか否かは，死活的な影響をもたらすといえる。

いうまでもなく，世の中には数え切れないほどの多数の社会問題が存在する。その中で，解決が必要な優先課題として社会的な注目を集めるためには，テレビや新聞などのマスメディアによって取り上げられることが最も重要となる。ある社会問題は，マスメディアで報じられることによって，初めて「公衆アジェンダ」として多くの人々に認知され関心が持たれるようになる。そして，政府内部のアクターによって政策的対応が真摯に検討される「政策アジェンダ」として認識される過程でも，マスメディアの報道が大きな影響を与えるのである（伊藤 2001；前田 2006）。

したがって，署名活動，デモ，シンポジウム開催といったアウトサイド・ロビイングを行ったとしても，マスメディアの報道で取り上げられることがなければ，その効果は半減されてしまう，といっても決して誇張ではない。自殺対策基本法の制定を目指して活発なロビイング活動を行ったNPO法人自殺対策支援センターライフリンク代表の清水康之は，以下のように述べてマスメディアの重要性を指摘している。

「自殺の問題も実は社会的には放置されていた。1998年から年間30,000人自殺で亡くなり続けています。…（中略）…これは個人の問題として捉えるには限界があります。1998年から社会の条件が変わったというように捉えるべき問題です。こうした実態を表面化させていったのはメディアです。メディアが，体験を語ってくれる遺児の子たちと協力，協働して，自殺の問題を可視化させた。そしてそれが法律をつくる大きな力になりました」（清水 2010：114）。

---

(13) 市民団体が新聞に働きかける際に新聞側の窓口となるのは，政治部ではなく，社会部（とくに社会部遊軍）であることが多いという（蒲島・竹下・芹川 2010：188）。

このように，アウトサイド・ロビイングが世論の形成・動員に結びつくほどの大きなインパクトを持つためには，マスメディアという「触媒」の存在が欠かせないのである。以上を踏まえれば，アウトサイド・ロビイングを行う団体にとって，マスメディアへのアクセス回路を確保して，マスメディアと友好関係を築いていくことは重要な意味をもつといえる。そこで以下では，NPOとマスメディアの関係の現状について検討することにしよう。

(5) NPOとマスメディアの関係

従来，日本政治の文脈においては，新聞・テレビなどのマスメディアは，労働組合，女性運動，市民運動などの公共利益を追求する新興・弱小団体と友好的関係を築きやすいことが指摘されてきた。マスメディアは，政権与党・中央省庁・財界などの支配的権力を監視・批判する「監視犬（watchdog）」としての役割を重視しており，それゆえに利益団体政治の中の「弱者」的団体には同情的となって，それらとの間に友好的関係を結びやすいのである。このような見解を代表するものが，蒲島郁夫の有名な「レファレント多元主義（referent pluralism）」モデルである（蒲島 1990；蒲島・竹下・芹川 2010）。

この伝統的な見解に沿って考えれば，公共利益を追求する新興・弱小団体の一種であるNPOは，総じてマスメディアとの関係が良好であることが予想される。では，実際のところ，NPOとマスメディアの関係はどのような状態にあるのだろうか。以下ではいくつかのデータに基づきながら，この点を確認してみよう。

図5-3は，朝日新聞の紙面上で「NPO」というキーワードが登場する記事の年間総件数の推移を示したものである。これをみれば，NPO法が制定された1998年を境に，NPO関連記事は爆発的に増加し，現在は年間1,400件前後（1日当たり平均約4件）の数となっている。この数値は，「労働組合」「経団連」「医師会」などのキーワードが登場する記事件数を大きく上回っており，首相に次いでメディア露出が多い閣僚の代表格である「官房長官」の関連記事件数をも凌駕するほどの多さである[14]。ここから報道量の観点でいえば，NPOはマスメディアから現状ではそれなりに好意的な扱いを受けている，と判断することができよう。

---

(14) 地域面を含めて分析すれば，これらの傾向はより明確となる。

図5－3　NPO関連記事件数の推移

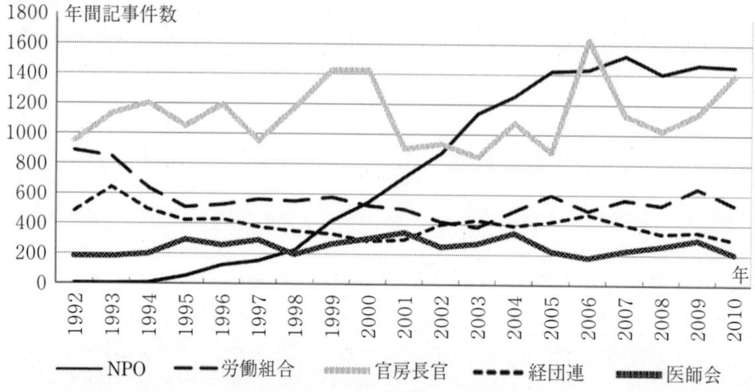
年間記事件数
1800
1600
1400
1200
1000
800
600
400
200
0
年
1992
1993
1994
1995
1996
1997
1998
1999
2000
2001
2002
2003
2004
2005
2006
2007
2008
2009
2010
NPO
労働組合
官房長官
経団連
医師会

＊朝日新聞データベース「聞蔵Ⅱビジュアル・フォーライブラリー」を用いて，各キーワードを入れヒットした記事件数（地域面を除いた本紙のみ）の年間総数。
（出所）筆者作成。

ただし，注意しなければならないのは，2005年以降，NPO関連記事件数はほぼ頭打ちとなって横ばいに推移している点である。これは，NPO活動が我々の日常に普及・定着していくにしたがって，NPOの報道素材としての新奇性や価値が次第に失われつつあることを反映しているのかもしれない。今後ますますNPO活動が日本社会に根づいていけば，マスメディアの関心がNPOから離れて，NPOに関連した報道が現在ほどは行われなくなる可能性も考えられる。この点は今後の継続的な観察によって確認される必要があろう。

つぎに表5－6より，団体が過去3年間にマスメディア（テレビ・新聞・雑誌）に取り上げられた回数（NPO調査Q31，社会団体調査Q28）のデータをみていこう。

取り上げられた回数の平均値をみれば，社会団体全体は8.77回，NPO全体は7.38回であり，NPOの方がやや少ない。ただし中央値でみれば，いずれも3回（年1回程度）で，同程度となる。活動分野別にみた場合，取り上げられた回数の平均値が多いのは，地域づくり系，環境災害系，団体支援系のNPOである。

他方，取り上げられた回数が1回以上ある団体の割合は，社会団体全体で63.9%，NPO全体で76.4%，また30回以上ある団体の割合は，社会団体全体で

表5−6 過去3年間にマスメディアに取り上げられた回数

	取り上げられた回数の平均値	取り上げられた回数の中央値	取り上げられた回数が1回以上ある団体割合(%)	取り上げられた回数が30回以上ある団体割合(%)	N
社会団体全体	8.77	3.0	63.9	5.6	13,305
農林	6.56	1.0	58.1	2.9	2,300
経済	8.59	3.0	64.1	6.1	3,428
労働	5.13	1.0	53.5	4.3	1,025
教育	8.39	3.0	71.4	5.0	496
行政	9.67	2.0	58.3	5.2	686
福祉	7.19	3.0	70.5	5.1	1,031
専門家	7.73	3.0	67.0	3.9	724
政治	12.25	2.0	58.4	5.0	262
市民	12.86	6.0	83.2	13.3	637
学術	11.88	4.0	76.4	9.6	499
趣味	17.13	5.0	80.6	12.9	396
宗教	4.26	0.0	31.6	2.6	114
その他	11.08	2.0	60.9	4.9	1,611
NPO全体	7.38	3.0	76.4	5.0	4,809
福祉系	4.15	2.0	68.2	2.2	1,940
教育系	8.89	4.0	80.8	5.4	1,094
地域系	11.09	5.0	87.2	9.1	594
環境系	10.14	5.0	85.4	8.0	563
経済系	6.73	3.0	73.0	5.5	289
国際系	8.72	4.0	74.1	6.6	228
支援系	18.29	5.0	90.5	7.9	63

5.6%，NPO全体で5.0%である。NPOの大半はマスメディアに一度は取り上げられた経験を有しているが，その後も継続的に報道で取り上げられるようなメディア露出の高いNPOはほとんど存在していないようである。表5−6のデータをみる限りでは，NPOが他の利益団体に比べて，マスメディアの報道で好意的扱いを受けている様子はうかがえない。

最後に表5−7より，団体の諸アクターへの接触可能性（NPO調査Q17，社会団体調査Q16）のデータを用いて，団体のマスメディア関係者へのアクセス状況をみよう。

表より，NPOは社会団体に比べて，議員や行政官僚などの政治エリート集団への接触可能性では全般的に劣っているものの，マスメディア関係者への接触可能性では逆に優位に立っていることがわかる。新聞記者に接触できるNPOは全体の51.7%，テレビ放送記者に接触できるNPOは全体の26.5%であ

表5－7　諸アクターとの接触可能性 (単位：%)

	国会議員	中央省庁課長以上	地方議員	自治体幹部	自治体課長以上	新聞記者	テレビ放送記者
社会団体全体	45.0	19.3	62.4	51.0	66.5	41.0	20.2
農林	47.5	19.6	68.1	60.9	77.2	27.6	13.1
経済	50.5	22.0	66.4	54.4	70.9	45.9	17.9
労働	63.9	13.2	81.1	46.5	50.8	38.6	18.9
教育	38.1	21.6	53.7	50.0	67.9	42.5	24.0
行政	25.2	22.2	38.2	43.1	64.9	28.2	13.3
福祉	32.8	13.3	60.5	50.7	72.3	42.9	20.9
専門家	50.8	21.4	59.7	46.4	68.5	37.8	18.0
政治	88.4	28.5	92.6	76.0	68.5	68.8	43.3
市民	48.6	18.8	75.3	57.4	74.7	63.6	39.8
学術	29.4	32.1	37.5	35.1	49.3	55.6	28.2
趣味	37.6	12.2	54.1	42.2	59.1	60.0	41.1
宗教	26.5	5.1	40.4	22.1	19.9	15.4	11.0
その他	35.2	16.4	54.1	43.5	57.3	38.8	20.8
NPO全体	26.7	14.6	56.1	38.0	63.1	51.7	26.5
福祉系	21.5	7.4	56.7	28.9	57.6	40.6	16.7
教育系	26.6	12.7	53.5	38.6	62.0	58.0	33.0
地域系	36.1	21.7	64.7	56.5	77.0	65.5	36.2
環境系	29.8	26.1	55.8	47.4	73.0	60.5	33.7
経済系	27.5	25.5	45.4	35.3	59.2	49.7	26.1
国際系	38.0	22.0	53.5	40.0	56.3	60.0	33.1
支援系	34.8	18.8	65.2	53.6	81.2	59.4	40.6

ゴチック・斜体字はNPO全体より10ポイント以上上回る場合，網掛け部分は10ポイント以上下回る場合．

る。社会団体では同割合が新聞記者41.0%，テレビ放送記者20.2%であり，NPOの方がマスメディア関係者へアクセスできる団体の割合が多い。以上は，表5－4でみた団体リーダーのマスメディア関係者との交際ネットワークの状況とも符合する結果である。これらのデータをみる限りでは，NPOは社会団体に比べると，マスメディアとの関係がより友好的なのだといえる。活動分野別にみれば，とくに地域づくり系，環境災害系，人権国際系，団体支援系でマスメディア関係者にアクセスできる団体が多く，逆に保健福祉系では少ないこともうかがえる。

以上，3つのデータよりNPOとマスメディアの関係の現状をみてきたが，そこから推察された事柄を簡潔にまとめると以下のようになろう。

第1に，多くの社会団体と比べれば，NPOはマスメディアとの間に比較的友好的な関係を構築していることがうかがえる点である。「マスメディアは概して公共利益を追求する新興・弱小団体に好意的である」というレファレ

ント多元主義モデルに代表される伝統的な見解は，NPOの世界にもある程度適用することができそうである。

　第2に，しかしながら，マスメディアの報道で頻繁に取り上げられるようなNPOは，現状ではほとんど存在していないという点である。NPOにとってマスメディアは比較的アクセスしやすいアクターであり，マスメディアの報道で取り上げてもらうことも一度きりならば，それほど困難なことではない。しかし，継続的かつ頻繁に報道で取り上げてもらうのは，多くのNPOにとって必ずしも容易ではないのである。

　第3に，NPOに関連した報道はここ数年ある種の「飽和」状態を迎えつつあるかもしれない点である。それゆえ，NPOがマスメディアの報道において好意的な扱いを受ける傾向は，今後弱まっていく可能性も考えられる。

　以上のように，ここで扱ったデータから推論する限りでは，NPOとマスメディアの関係は基本的には友好的であるといえるが，必ずしもそうとは言い切れない両義的な部分も残されているといえる。少なくともマスメディアは，NPOを全面的にバックアップしてくれる「同盟者」のような存在などではないことは確かであろう。

　この点は，マスメディアの政治的スタンスの多面性や可変性を考えれば，ある意味で当然といえるかもしれない。マスメディアは一面では確かに「監視犬」として新興・弱小団体に肩入れすることもあるが，他面では「傍観者（spectator）」として客観・中立報道に徹することも，あるいは「召使（servant）」として支配者の手助けをすることも同じようにあるのである[15]。Pharr (1996)が指摘するように，どれか1つの政治的スタンスに固定されずに，場面場面である種気まぐれにスタンスを変える「トリックスター（trickster）」こそがマスメディアの本質なのかもしれない。それを踏まえれば，NPOとマスメディアの間の友好的関係は自然と今後も維持されていくものではないといえる。マスメディアの興味関心を引くようなアピールを継続的に行うなどの関係維持のための努力を払うことが，NPO側には求められているのかもしれない。

---

　(15)　たとえば，小泉政権時のいわゆる「劇場型政治」は，マスメディアが「監視犬」ではなく「召使」として機能した格好の例であろう（石田 2005）。

5. 政治的影響力の規定要因

　NPOは旧来の利益団体に比べれば，概して人的・財的リソースの面で脆弱であり，政党や行政機関への働きかけの面もそれほど活発に行っているわけではない。にもかかわらず，一部のNPOは公共政策に対して一定の影響力を行使している。そのようなNPOの政治的影響力の源泉は，一体どのような点に求められるのであろうか。

　本章1節で提起したこの問いかけに対して，我々は情報とネットワークという影響力資源，およびアウトサイド・ロビイングを通じた世論動員という3つの観点から答えてきた。本章の最後に残された分析課題は，情報，ネットワーク，アウトサイド・ロビイングを通じた世論動員が，それぞれ本当に政策への影響力行使にプラスの影響を与えているかどうかを検証することである。そこで以下では，団体の基礎属性などの統制変数を考慮に入れた回帰分析による包括的な分析を行っていきたい。

　分析モデルには以下の変数を取り上げた。それぞれの変数について調査データから適切な指標を選び出し操作化を行った。

【従属変数】
1. 主観的影響力：団体自身が認識している活動分野・地域における自団体の主観的影響力（5点尺度，NPO調査Q10，社会団体調査Q12）。
2. 影響力行使の成功経験：国政と自治体それぞれのレベルにおいて，政策・方針を実施・修正・阻止させることに成功した経験の有無（2値変数，NPO調査Q34，社会団体調査Q35）。

【独立変数】
主たる独立変数
・情報＝政治や行政に要求・主張する際に「技術的，専門的情報や知識の提供」という手段を用いる頻度（NPO調査Q33，社会団体調査Q34）。5点尺度を量的変数とみなす。
・ネットワーク＝団体リーダーの交際ネットワーク数（0～10点，表5-4，NPO調査Q47，社会団体調査Q43）。
・アウトサイド・ロビイング

①署名・集会参加・デモ＝政治や行政に要求・主張する際に「請願のための署名」「集会への参加」「直接的行動（デモ，ストライキなど）」という手段を用いる頻度（NPO調査Q33，社会団体調査Q34）の回答を主成分分析にかけ，得られた第一主成分得点。

②会員を通じた政治エリートへの働きかけ：政治や行政に要求・主張する際に「手紙，電話，電子メールなどで働きかけるよう会員に要請」という手段を用いる頻度（NPO調査Q33，社会団体調査Q34）。5点尺度を量的変数とみなす。

③啓発教育：懇談会・勉強会・ミニフォーラム，シンポジウム・イベント，広報誌・ミニコミ誌の発行，ホームページなどインターネットを使った情報発信などの一般の人向けの諸活動を行う頻度（NPO調査Q32，社会団体調査Q29）の回答を主成分分析にかけ，得られた第一主成分得点。

④メディアへのアピール：政治や行政に要求・主張する際に「マスメディアへの情報提供」「記者会見による立場表明」「意見広告の掲載（テレビ，新聞，雑誌）」という手段を用いる頻度（NPO調査Q33，社会団体調査Q34）の回答を主成分分析にかけ，得られた第一主成分得点。

統制変数
- 与党への働きかけ＝自民党への働きかけ（現在の値，NPO調査Q23，社会団体調査Q20）。5点尺度を量的変数とみなす。
- 野党への働きかけ＝民主党への働きかけ（現在の値，NPO調査Q23，社会団体調査Q20）。5点尺度を量的変数とみなす。
- 中央省庁への働きかけ＝中央省庁課長クラスへの働きかけ（現在の値，NPO調査Q21，社会団体調査Q18）。5点尺度を量的変数とみなす。
- 自治体への働きかけ＝市町村課長（社会団体は自治体課長）クラスへの働きかけ（現在の値，NPO調査Q21，社会団体調査Q18）。5点尺度を量的変数とみなす。
- 団体規模＝現在の個人会員数（NPO調査Q5，社会団体調査Q4，対数変換）。
- 財政力＝年間収入合計額（NPO調査Q45，社会団体調査Q41，対数変換）。
- 組織の専門職化＝常勤スタッフ数（NPO調査Q6，社会団体調査Q5）。

表5−8 主観的影響力の規定要因（順序ロジット分析）

	NPO	社会団体
専門的情報・知識の提供	.113*	.193***
団体リーダーの交際ネットワーク数	.063***	.022†
署名，集会参加，デモなどによるアピール	.077	.135**
会員への働きかけの要請	.018	−.070
一般向けの諸活動	.081	.185***
マスメディアへのアピール	.133*	.116**
自民党への働きかけ	.042	.189***
民主党への働きかけ	−.056	.002
中央省庁課長クラスへの働きかけ	.299***	.193***
市町村（自治体）課長クラスへの働きかけ	.349***	.383***
現在の個人会員数（対数）	.041	.043*
年間収入合計額（対数）	.095***	.102***
常勤スタッフ数	−.008	−.001
団体存続年数	.008†	.000
団体リーダーのイデオロギー	−.039	.008
活動範囲が都道府県レベル	−.202†	−.177*
活動範囲が広域圏レベル	−.299†	−.305*
活動範囲が全国レベル	−.469**	−.288*
活動範囲が世界レベル	−.104	−.447**
教育文化系	−.495***	
地域づくり系	−.077	
環境災害系	−.136	
経済産業系	−.160	
人権国際系	−.054	
団体支援系	.010	
農林水産業団体		.542***
経済業界団体		.404***
労働団体		.304†
教育団体		.432*
行政関係団体		−.023
福祉団体		.329*
専門家団体		.144
政治団体		.378
市民団体		.102
学術・文化団体		−.121
趣味・スポーツ団体		.196
宗教団体		−.786*
カットポイント1	.509†	.724**
カットポイント2	2.657***	3.244***
カットポイント3	4.584***	5.415***
カットポイント4	5.862***	7.095***
N	1,777	3,904
−2対数尤度	4444.047	9374.450
NagelkerkeR^2	.193	.258
McFaddenR^2	.073	.103

*** は0.1％水準，** は1％水準，* は5％水準，† は10％水準で統計的に有意。
活動範囲の基準カテゴリは，NPO・社会団体ともに，市町村レベル。
活動分野の基準カテゴリは，NPOの場合は保健福祉系，社会団体の場合は「その他」団体。

・団体活動歴の長さ＝団体設立時からの経過年数（NPO調査Q2，社会団体調査Q2）。

・政治的選好＝団体リーダーの保革イデオロギー（NPO調査Q48，社会団体調査Q44）。7点尺度を量的変数とみなす。値が大きいほど保守的，小さいほど革新的。

・活動範囲＝団体が活動対象とする地理的範囲（NPO調査Q9，社会団体調査Q11）で，都道府県レベル，広域圏レベル，日本全国レベル，世界レベルというカテゴリを用いる。基準カテゴリは，市町村レベル。

・活動分野＝NPOは教育文化系，地域づくり系，環境災害系，経済産業系，人権国際系，団体支援系という

カテゴリを用いる。基準カテゴリは，保健福祉系。社会団体は13種類の団体分類（社会団体調査Q7）をカテゴリとして用いる。基準カテゴリは，「その他」の団体。

従属変数の主観的影響力は5点尺度であるため，順序ロジット分析を行う。分析結果は，表5－8である。また，もう一方の従属変数である影響力行使の成功経験は2値変数であるため，二項ロジスティック回帰を行う。分析結果は表5－9である。

まず，表5－8の分析結果からみていこう。従属変数の主観的影響力に対して有意であったのは，NPOの場合，「専門的情報・知識の提供」「団体リーダーの交際ネットワーク数」「マスメディアへのアピール」「中央省庁課長クラスへの働きかけ」「市町村課長クラスへの働きかけ」「年間収入合計額」「団体存続年数」「活動範囲が都道府県・広域圏・全国レベル（係数符号はマイナス）」「活動分野が教育文化系（係数符号はマイナス）」といった変数である。

この結果は，政党や行政への働きかけおよび基礎的な属性の影響を統制したうえでもなお，情報，ネットワーク，マスメディアを通じたアウトサイド・ロビイングが，主観的影響力にプラスの影響を与えることを示している。これは，本章が想定する「情報やネットワークという資源を有し，アウトサイド・ロビイングを仕掛けるNPOほど，より大きな政治的影響力を発揮する」という因果関係の存在を支持するものである。

他方，社会団体のデータを用いて同じ分析を行った場合でも，情報，ネットワーク，アウトサイド・ロビイングの各変数は，基本的には係数が正で有意であることがわかる[16]。これらの変数は，NPOの世界に限らず，団体政治一般で影響力を高める手段として重要であるといえる。

また，NPOの場合では有意でなかった「自民党への働きかけ」「現在の個人会員数」が社会団体の場合では，有意な変数となっている。旧来型の利益団体の世界では，やはり政権与党への接近度合いや組織票を背景にした圧力

---

(16) 唯一「会員への働きかけの要請」だけが，係数が負で，かつ有意ではない変数である。同変数はNPOの場合でも有意ではない。それゆえ，団体会員による政治エリートへの「シグナリング」は，それほど団体の影響力を高めるうえでは重要でないのかもしれない。

表5−9　影響力行使の成功経験の規定要因（二項ロジスティック回帰）

	国政への影響力行使（実施・修正・阻止）の成功		自治体への影響力行使（実施・修正・阻止）の成功	
	NPO	社会団体	NPO	社会団体
専門的情報・知識の提供	.059	.049	.269***	.308***
団体リーダーの交際ネットワーク数	.160***	.022	.143***	.123***
請願署名，集会参加，デモなどによるアピール	.520***	.510***	.404***	.491***
会員への働きかけの要請	.070	.188*	−.009	.266***
一般向けの諸活動	−.171	−.045	.077	−.065
マスメディアへのアピール	−.048	.140*	.189*	.127*
自民党への働きかけ	.026	.334**	.116	.220**
民主党への働きかけ	.326*	.126†	.158	−.011
中央省庁課長クラスへの働きかけ	.589***	.420**	.072	−.014
市町村（自治体）課長クラスへの働きかけ	−.094	−.064	.401***	.403***
現在の個人会員数（対数）	.206*	.160***	.242***	.044
年間収入合計額（対数）	.123	.086*	.045	.096*
常勤スタッフ数	−.030	.000	−.031†	.001
団体存続年数	.009	.001	.012	.000
団体リーダーのイデオロギー	−.140	−.133**	−.321***	−.160***
活動範囲が都道府県レベル	−.127	.574***	−.133	.047
活動範囲が広域圏レベル	−.190	.739**	−.134	.217
活動範囲が全国レベル	.579	.662**	−1.012**	−.675**
活動範囲が世界レベル	−.056	.878***	−.613	−.715*
教育文化系	−.076		−.434*	
地域づくり系	−.079		.036	
環境災害系	−.180		−.658*	
経済産業系	.241		−.035	
人権国際系	1.343**		−.275	
団体支援系	1.125†		.090	
農林水産業団体		−.117		−.384†
経済業界団体		.563*		−.031
労働団体		.359		.398
教育団体		.240		.408
行政関係団体		−.128		−.334
福祉団体		.243		−.294
専門家団体		.504†		−.136
政治団体		.352		.548
市民団体		.141		.596*
学術・文化団体		.329		.334
趣味・スポーツ団体		−1.488*		−1.172*
宗教団体		.205		−.182
（定数）	−6.010***	−5.616***	−4.011***	−4.874***
N	1,326	3,424	1,331	3,431
−2対数尤度	595.254	2100.364	1093.715	2706.810
NagelkerkeR^2	.295	.330	.355	.380

*** は0.1％水準，** は1％水準，* は5％水準，† は10％水準で統計的に有意。
活動範囲の基準カテゴリは，NPO・社会団体ともに，市町村レベル。
活動分野の基準カテゴリは，NPO の場合は保健福祉系，社会団体の場合は「その他」団体。

行動が，政治的影響力を高める手段として，今なお大きな意味を持っていることがうかがえる。

　つぎに，表5-9の結果をみよう。「自治体への影響力行使の成功」を規定する要因としては，主観的影響力の分析結果（表5-8）の場合と同様，「専門的情報・知識の提供」「団体リーダーの交際ネットワーク数」「マスメディアへのアピール」といった変数が，係数が正で有意である。同時に，「請願署名，集会参加，デモなどによるアピール」も（加えて，社会団体の場合では，「会員への働きかけの要請」も）係数が正で有意である。ここから，自治体レベルにおいては，情報，ネットワーク，「シグナリング」と「紛争拡大」の機能を持つアウトサイド・ロビイング全般が，いずれもNPOや一般的な利益団体の政治的影響力を高める有力な手段となっていることがわかる。他方，「国政への影響力行使の成功」の分析結果をみれば，NPOの場合，「専門的情報・知識の提供」と「マスメディアへのアピール」が有意ではなくなる[17]。ここから国政レベルにおいては，団体の保有する情報や「紛争拡大」を狙ったアウトサイド・ロビイングが，NPOの政治的影響力を高める有効な手段とはなっていないことがうかがえる。

　統制変数として投入した変数の結果についても，NPOの結果に限定して，簡単に確認しておこう。「国政への影響力行使の成功」では，「民主党への働きかけ」「中央省庁課長クラスへの働きかけ」「現在の個人会員数」「活動分野が人権国際系」「活動分野が団体支援系」が有意な変数であった。「自治体への影響力行使の成功」では，「市町村課長クラスへの働きかけ」「現在の個人会員数」「常勤スタッフ数（係数符号はマイナス）」「団体リーダーのイデオロギー（係数符号はマイナス）」「活動範囲が全国レベル（係数符号はマイナス）」「活動分野が教育文化系（係数符号はマイナス）」「活動分野が環境災害系（係数符号はマイナス）」が有意な変数であった。先にみた表5-8の結果と併せて考えると，概して行政への働きかけ量の多さ，あるいは団体規模や財政力の大きさは，NPOの政治的影響力を高める効果をもっていることが推察される。行政への接近度合いや「票とカネ」を背景にした圧力行動という，古いパターンの利益団体政治は，ある程度NPOの世界でも成立しているとみることができよう。

---

　(17)　「専門的情報・知識の提供」については，社会団体でも有意でなくなる。

総じて、以上の回帰分析の結果は本章の主張を支持するものであった。つまり、人的・財的リソースが脆弱で、政党や行政機関への働きかけもそれほど活発に行っていない団体であったとしても、情報、ネットワークを豊富に有して、アウトサイド・ロビイングを活発に行うことによって、一定の政治的影響力を獲得し、それによって政策形成に一定の影響を及ぼすことができるのである。市民社会のレイトカマーであるNPOや、一見すれば政策過程から排除されているようにみえる一部の「弱小」利益団体が、時に予想外の政治的影響力を発揮することがあるのは、情報、ネットワーク、アウトサイド・ロビイングの力によるところが大きいといえよう。

6. 本章のまとめ

本章では、NPOの政治過程との接触はいかなる政策的帰結をもたらしているのかを考えるために、NPOの政治的影響力の現状とその源泉となる要因について検討してきた。分析結果から明らかとなった重要なポイントとしては、以下の6点が挙げられる。

(1) 自団体の活動分野や活動地域において、政策に対して「ある程度」以上の影響力(主観的影響力)をもっていると認識するNPOは全体の約40%、国や自治体における政策・方針の実施・修正・阻止などの経験があるNPOは全体の約23%ほど、それぞれ存在している。概して、NPOの保有する政治的影響力は、労働団体、政治団体、市民団体などの利益団体に比べれば、それほど大きなものではないが、一部のNPOは政策形成に有意な影響を与えている。

(2) NPOは、多様な外部環境からバランスよく情報を取得することで「オルタナティブな専門的情報」を有しており、政治エリートの側もNPOを有力な政策情報源の1つとして認識している。それゆえに、NPOの情報力は有効な影響力資源として機能している。

(3) NPOのネットワーク力は概して高い。それを活かして、NPOは多様なネットワーク間を結びつける結節点としての役割を果たしている。政治エリートの側もNPOを重要な「パイプ役」として認識しているため、NPOのネットワーク力は影響力資源として機能している。

(4) 潤沢なリソースや政治エリート集団への有力なアクセスを持たない弱小団体は、アウトサイド・ロビイングを通じて世論形成・動員を行うこ

とによって，一定の政治的影響力を獲得・行使する。新興・弱小団体であることが多いNPOも，アウトサイド・ロビイング，とりわけ啓発教育やマスメディアへのアピールによって世論形成を目指す「紛争拡大」戦術を活発に行っている。
（5）アウトサイド・ロビイングを効果的に行っていく上で，マスメディアは重要な「触媒」の役割を果たす。現状では，NPOとマスメディアの関係は基本的には友好的であるが，他団体と比較して，必ずしもNPOが優先的かつ好意的に扱われているわけではない。少なくともマスメディアを，つねにNPOを全面的にバックアップしてくれる「同盟者」のような存在として捉えるのは誤りである。
（6）NPOの世界であれ，旧来型の利益団体の世界であれ，情報やネットワークといった影響力資源の活用，およびアウトサイド・ロビイングを通じた世論動員は，団体の政治的影響力を高めるための有力な手段となっている。

　本章の分析で明らかになったように，NPOという新しいアクターは，日本の政治過程において徐々に台頭しつつあり，実際に中央レベルでも地方レベルでも政策形成に一定の影響を与えるようになってきている。そして，新興・弱小団体であることが多いNPOが一定の政治的影響力を発揮できているのは，情報，ネットワーク，アウトサイド・ロビイングを通じた世論動員という3つの要素に拠るところが大きいと考えられる。
　日本の利益団体政治の中で，相対的に「弱者」といえるNPOが政治過程に新規参入し，政策形成に対して一定の影響力行使に成功している事実は，単に参加アクターの顔ぶれと影響力構造の変化という表層的な変化以上の意味合いを有している。一部の利益団体に独占されがちな「票とカネ」あるいは政治エリート集団との相互作用に由来する「団体の正統性」といった影響力資源を豊富に有さない団体であったとしても，政策形成への影響力行使は可能なのである。NPOに代表される新興・弱小団体は，より平等・均等に分配されがちな情報やネットワークという別種の資源，あるいはアウトサイド・ロビイングを通じた世論動員といった別種のロビイング戦術を主たる「武器」として用いることで，時として政策をめぐる争いで勝利を挙げることができるのである。以上から考えれば，現在の日本の利益団体政治に生じてい

るのは，担い手の多元化という変化はもちろん，影響力行使パターンの多元化という変化なのかもしれない。

　NPO の利益団体的行動を分析する中で観察された上記のような新しい動向が，今後どの程度の拡がりをみせるのか，そして最終的には日本の利益団体政治の旧構造を突き崩すものとなるのかについて，今後も継続的な観察を続けていく必要があるだろう。

第6章　ローカル・ガバナンスの中のNPO

山本英弘

1. 地域社会におけるNPO

　NPO は幅広い範囲にわたり，多様なイッシューに取り組んでいるものの，日本のNPO の主たる活動空間は地域社会だといえる。2章でも確認したように，今回のNPO 調査からも49.6%が市町村レベル，24.2%が都道府県レベルで活動している（表2 − 7）。つまり，全体の4 分の3 がローカル・レベルで活動する団体なのである。また，活動の対象となる人々の範囲についても79.3%のNPO が地域住民を挙げている（図表は割愛）[1]。そのため，NPO の実態を捉えるためには，前章までの全体的な分析に加えて，ローカル・レベルにおける活動の詳細な分析が必要である。

　ローカル・レベルでの市民社会組織の活動を検討する上で，欠かせないのがローカル・ガバナンスという視点である（山本啓編 2008；坂本 2009；山本隆 2010；辻中・伊藤編 2010）。福祉国家が行き詰まり，政府（行政）が公共サービスを独占的に供給することは財政面で困難である。また，公共サービスに対するニーズが多様化している今日においては，政府が一律に供給するのでは十分な対応がなされない。このように政府の役割に限界が見られる現在（Pierre 2000），市民社会組織や民間企業など多様な主体がステイクホルダーとして加わり，政府と相互に関わり合いながら公共的な意思決定とサー

（1）　次に多く該当するのがNPO メンバーの29.2%，顧客・受益者の28.2%であることから，地域住民が突出して高いことがわかる。

ビス供給を行うことが求められている[2]。そして，このように多様な主体による統治の形式がガバナンスと呼ばれている[3]。

ガバナンスという概念を用いることによって，多様な主体間のネットワークが重視されている（Rhodes 1997; Kooiman 2000）。Rhodes (1997) は，ガバナンスにおけるネットワークについて，(1)国家以外のアクターも含み，組織間の相互依存によって特徴づけられること，(2)ネットワークの構成員間で継続的な相互作用が行われ，共有された目的の下に交渉が行われること，(3)これらの相互作用はネットワークの構成員の合意に基づいたルールによって規制されること，(4)ネットワークは国家から自律的であり，自己組織的であることを特徴として挙げている。このように，国家（政府）を含めた様々な主体間の水平的な相互作用関係が求められているのである。

こうした背景とも関連して，NPO は様々な主体と関わり合いながら活動している（Galaskiewicz and Bielefeld 1998; Guo and Acar 2005; Smith and Grønbjerg 2006; Gazley and Brudney 2007; 小島・平本編 2011 など）。組織基盤の脆弱な NPO は，他の NPO や市民団体と相互連携することによって不足している資源を補う必要がある。しかし，このことは単に NPO の組織基盤が脆弱であることを意味するのではなく，むしろ NPO の強みにもなりうる（金子 1992；田尾・吉田 2009）。すなわち，NPO は外部主体とのネットワークを模索する中で，自己の長所を認識し，他者との相互依存が可能になるようにそれを高めようとする。また，多くの主体と接触し，多様な情報や価値観に触れることで，先駆的な問題意識や新たな価値観が創出される。さらに，外部に対してオープンであることで，組織に対するチェック機能が働くことにもなる。このように，個々の NPO は弱い存在であっても，相互に協調することで活動を大きく展開できる可能性がある。

様々な主体の中でも，政府（自治体）との関係はとりわけ重要である。2

（2） このような趨勢は，市民社会組織が公共的意思決定に関与できる機会が増大したとみることができる一方で，政策の効率化や財政削減によって不足した公共サービスを市民社会組織が穴埋めしているという見方もできる（Harvey 2005＝2007）。

（3） 協働，コプロダクション（荒木 1990），コラボレーションといった，政府（自治体）と市民との対等な相互協力を表わす概念（坂井 2005）もここでの議論の文脈では同義と考えてよい。

章,3章でもみたように,設立や活動に際してNPOは自治体から少なからぬ支援を受けている(表2-9)。また,日本の地域政治においては政策過程の中心には自治体があるため[4],他の主体は自治体による政策形成過程にどれだけ参入し,政策形成や公共サービスの供給を行うことができるのかがガバナンスの程度を捉える焦点となる。

公共サービスの供給において,NPOと行政は相互の役割分担を明確にしつつ,協調していくことが求められている(山岡2000)[5]。NPOの存在理由として政府の失敗に対する補完が指摘されるように(Douglas 1987; Weisbrod 1977; Young 2006),行政のサービスは公平でありながらも画一的であり,さらに平均的な市民の選好水準しか充足できない。これに対して,NPOは個別的な市民のニーズにも柔軟に対応できるというメリットをもつ。また,NPOが単に公共サービス供給の補完や代替にとどまらず,自律的に活動し,社会変革を行うためには,これまで十分に汲み取られてこなかった新しい価値を政策過程に反映させる必要がある。そのためには,自らの主張や要求を働きかけるアドボカシー活動が重要となる。さらに,NPOや市民には政策がしっかりと遂行され,成果を挙げているのかを注視し,評価する役割も期待される。このように,政策過程のすべての側面にNPOや市民団体が関与する余地がある[6]。

以上のように,ローカル・ガバナンスにおけるNPOの役割についての期待は高まっているものの,NPOは実際にどの程度,他のアクターと協調し,さらに政策過程に参入しているのだろうか。ローカル・レベルでは,経済・

---

(4) ガバナンスをめぐる議論においては,政府をネットワークの中心に位置づけるか,それとも,1つのアクターとみなすかによって立場が分かれている(Rhodes 2000)。

(5) ただし,NPOと政府との関係が協調的であるとは限らない。Najam (2000)は,政策過程をめぐるNPOと政府との関係を,協働,補完,懐柔,対立に類型している。また,Young (2006)は,相補,補完,敵対という3つの関係に類型している。

(6) もっとも,NPOにとって政策過程に関わることがメリットばかりであるわけではない。NPOの本来のミッションがぶれてしまったり,組織の自律性を失ったりするという問題点も指摘されている(Saidel 1991; Gazley and Brudney 2007 など)。

業界団体や農業団体といった影響力をもつセクター団体, あるいは地域住民の代表である自治会といった既存の様々な団体が活動しているが, 新興のNPOはこれらの団体とどのような関係にあるのだろうか。また, これらの団体と比べて, NPOの政策過程への参加の程度はどの程度なのだろうか。さらに, 政策過程を形成, 執行, 評価と分けると, NPOはどの段階での参加が多いのだろうか。本章では, 上記の課題を検討していくこととする。

なお, 本節ではローカル・レベルにおけるNPOの活動を詳細に把握するという目的から, 市町村レベルで活動するNPOに限定して分析を行う。使用するサンプル数は2,535である。また, ローカル・ガバナンスにおけるNPOの位置づけを多角的に捉えるために, JIGSプロジェクトで同時期に実施した社会団体調査および市区町村調査の結果も合わせて用いる (調査の詳細については1章 (34-36頁) を参照)[7]。

2. NPOと様々なアクターとの関係

先にも述べたように, NPOは公共サービス供給の担い手として, 他の団体と協調あるいは競合しながら活動している。NPO以外にも公益活動に従事するために法人格を取得している様々な団体がある。また, 介護サービスのように民間企業によって供給されるものもある。サービスの供給ばかりでなく, NPOは会員や支持者・支援者の獲得においても他の団体と競合することが考えられる。NPOはこうした他の競合する外部のアクターとどのような関係にあるのだろうか。競争相手とみなして, 自らのサービスの魅力を高め, 比較優位を築こうとしているのだろうか。それとも, 他のアクターと協調的な関係を形成し, 不足している資源や情報を相互に補完しあっているのだろうか。市町村レベルで活動するNPOについて, 様々なアクターとの関係をみていこう。

表6-1では, NPOにおける他のアクターとの協調-対立関係を1～7点 (1=対立的, 4=中立的, 7=協調的) で表したものの平均点上位10アクターを活動分野ごとに示している (NPO調査Q28)。また, 26アクターのうち協調的な関係 (5点以上) にあるアクター数の平均値を示している。

---

(7) 辻中ほか (2007) では, 同じデータに基づき, 市町村レベルで活動する市民社会組織について, 社会団体, 自治会, NPOの比較分析を行っている。

表の最右列に示したNPO全体の値をみると，福祉団体（5.13）と市町村（5.12）で協調的な傾向がある。このほか，自治会（4.85），市民団体（4.69），行政関係団体（4.59），都道府県（4.55）などとも協調的である。活動分野別にみても，市町村はどの分野でも上位2位以内であり，平均点も5点を超えている。分野を問わず，どのNPOも市町村と協調的な関係にある。これまでにも市町村からの支援や協働に関する志向性について確認してきたとおり，NPOは自治体と密接に関わり合いながら活動しているといえる。こうした協調関係が政策過程への参加にどのように現れているのかは次節で検討する。

このほか，各活動分野で共通して高いのが自治会，市民団体，行政関係団体，福祉団体である。NPOは，行政や地域住民を主体とする団体との協調的な関係を築いていることがわかる。市民団体や福祉団体とは類似したイッシューに取り組むNPOが多いため，相互に協調して活動しているものと考えられる[8]。このことは，保健福祉系で福祉団体，教育文化系で趣味・スポーツ団体や教育団体と協調しているNPOが多いことからもわかる。協調の内実まで捉えることはできないが，相互の情報交換や不足資源の融通などがなされていると推察される。

また，自治会との協調の程度が市民団体に匹敵している。市町村レベルで活動するNPOにとって，多くの住民が加入し，地域社会の様々な問題に携わっている自治会との協調が重要であることがわかる。NPO調査では自治会との連携を志向するかを尋ねているが（NPO調査Q29），91.5％が肯定的であった[9]。連携を志向する理由（NPO調査Q30）は，活動に際して協力が得られることが46.1％，地域の情報が得られることが31.4％，住民との親睦を図れることが21.5％である。自治会のもつ地域における資源や地域の情報網を

---

(8) 類似したイッシューに取り組む場合，互いに競合関係にあるとも考えられる。しかし，NPOと社会福祉法人との協調関係や競合関係を尋ねたところ，協調関係にあるという回答の割合が高い。保健福祉系のNPOについては，競合関係が18.0％，協調関係が59.3％，競合しないが22.7％である。

(9) 一方，自治会に対して，NPOとの連携を志向するか尋ねたところ，44.9％が肯定的であった（辻中・ペッカネン・山本 2009）。NPOの方が自治会との連携を求めていると言える。なお，自治会に対して，NPOと連携する上での問題点を尋ねたところ，住民の理解不足が最も多い（辻中・ペッカネン・山本 2009）。

表6－1　各アクターとの協調－対立関係（7点評価の平均値，上位10アクター）

	保健福祉系		教育文化系		地域づくり系		環境災害系	
1位	福祉	5.52	市町村	5.10	市町村	5.25	市町村	5.26
2位	市町村	5.06	趣味スポーツ	4.89	自治会	5.12	自治会	4.90
3位	自治会	4.86	教育	4.85	市民	4.79	市民	4.87
4位	市民	4.64	自治会	4.73	行政関係	4.69	都道府県	4.65
5位	行政関係	4.53	福祉	4.69	都道府県	4.68	マスメディア	4.62
6位	都道府県	4.52	市民	4.62	福祉	4.63	農林水産業	4.59
7位	専門家	4.48	行政関係	4.61	マスメディア	4.56	教育	4.59
8位	教育	4.27	学術文化	4.59	教育	4.47	行政関係	4.58
9位	マスメディア	4.24	マスメディア	4.46	専門家	4.35	専門家	4.45
10位	趣味スポーツ	4.12	都道府県	4.44	学術文化	4.35	学術文化	4.41
協調的な主体の平均数		4.11		4.55		4.75		4.56
N		954		329		275		171

Nは各項目で異なるが，ここでは市町村のものを示している。

利用できることが，必ずしも地域を基盤とするわけではないNPOにとっては重要であると言える。

以上にみた他のアクターとの協調－対立関係のうち，各NPOは協調関係にあるアクターがどれくらいいるのだろうか。すなわち，NPOのネットワークはどの程度の多様性をもつのだろうか。協調的な関係（5点以上）にあるアクターの数は，NPO全体で4.38である。団体支援系が8.00，人権国際系が5.32と多いものの，それ以外の分野では概ね全体平均と変わらない。サンプル数が少ないことに留保しなければならないが，様々な団体を仲介し，支援する団体支援系はやはりネットワークが多様に広がっていることがわかる。

3．NPOと自治体・議員との関係

3.1．市町村との接触

先にみたように，市町村はNPOと特に協調関係の程度が高いアクターである。また，これまでの分析からも，設立支援や財政支援，情報提供など行政からはさまざまな資源が提供されている。

政策過程は一般に形成（plan），執行（do），評価（see）の3段階に分類される（佐藤 2005）。そして，このすべての側面にNPOや市民団体が関与する余地がある。前述のように，このいずれの過程においてもNPOはそのメリットを活かすことができる。すなわち，公共サービスの供給という政策執行

経済産業系		人権国際系		団体支援系		全体	
市町村	5.03	市町村	5.32	市民	6.08	福祉	5.13
行政関係	4.73	福祉	5.03	市町村	5.60	市町村	5.12
福祉	4.55	行政関係	4.76	福祉	5.43	自治会	4.85
都道府県	4.49	市民	4.67	学術文化	5.04	市民	4.69
自治会	4.35	専門家	4.66	都道府県	5.00	行政関係	4.59
市民	4.28	都道府県	4.55	行政関係	4.96	都道府県	4.55
マスメディア	4.26	農林水産業	4.44	自治会	4.96	教育	4.44
趣味スポーツ	4.20	教育	4.43	趣味スポーツ	4.91	専門家	4.43
専門家	4.18	自治会	4.34	専門家	4.83	マスメディア	4.37
経済	4.17	マスメディア	4.29	マスメディア	4.83	趣味スポーツ	4.33
	3.72		5.32		8.00		4.38
	62		31		25		1,857

において市民のニーズに柔軟に対応することができる。また，政策形成においては，これまで十分に汲み取られてこなかった新しい価値を政策過程に反映させる役割を担う。さらに，NPOや市民には政策がしっかりと遂行され，成果を挙げているのかを注視し，評価する役割も期待される。それでは，NPOは実際，政策過程のどのような側面に関与しているのだろうか。

まずは市町村との接触の程度をみていこう。表6-2は，市町村の幹部職員と課長クラスのそれぞれとの接触の程度を活動分野と所在地の都市規模ごとに示している。質問では，「まったくない」〜「非常に頻繁」の5点尺度で質問しているが，そのうち「ある程度以上」の割合を示している（NPO調査Q21）。

NPO全体では40.9％が市町村の幹部と，66.2％が市町村の課長クラスと，ある程度以上の接触している。NPOの多くが市町村に接触するルートをもって

表6-2 市町村との接触　　（単位：％）

		市町村の幹部	市町村の課長クラス	N
活動分野	保健福祉系	32.3	60.6	1,111
	教育文化系	44.3	71.3	384
	地域づくり系	60.2	79.3	304
	環境災害系	49.7	66.3	187
	経済産業系	34.7	62.7	72
	人権国際系	55.3	71.1	38
	団体支援系	42.3	85.2	26
所在地	13大都市	29.2	53.5	379
	県庁所在地	38.3	55.9	175
	20万人以上	36.3	62.6	323
	20万人未満	47.5	70.0	929
	町村	53.0	73.1	247
	NPO全体	40.9	66.2	2,134
	社会団体全体	54.4	72.4	6,541
	自治会・町内会	46.5	84.4	15,973

Nは各項目で異なるが，ここでは幹部との接触について示している。

いることがわかる。活動分野では，地域づくり系で60.2％，人権国際系で55.3％と，市町村幹部と接触できるNPOが多い。課長クラスについては，どの分野でも6割以上であるが，地域づくり系では79.3％，団体支援系で85.2％と，多くみられる。地域づくり系は幹部，課長クラスともに接触が盛んである。

NPOの所在地ごとにみると，規模の小さい都市ほど接触するNPOが多い。13大都市では幹部との接触が29.2％，課長以上が53.5％にすぎないのに対して，町村部では幹部が53.0％，課長以上が73.1％と高い割合を示している。小規模都市の方が競合する既存団体やNPOも少なく，また，自治体との認知的距離（初村 2006）も近いために接触しやすいのであろう。

それでは，社会団体や自治会と比べるとNPOの参加の程度はどうであろうか。社会団体全体と自治会[10]は，それぞれ幹部との接触が54.4％と46.5％であり，課長クラスとの接触はそれぞれ全体で72.4％と84.4％である。いずれもNPOよりも市町村との接触が多い。新興のNPOは一定程度，市町村と接触しているものの，既存の団体と比べると接触している団体は少ない。

4章でも示したように，接触の頻度については10年前についても質問している（表4－4）。結果の詳細な表記は割愛するが，市町村レベルで活動するNPOでは，幹部において30％程度，課長クラスにおいては40％程度の団体が接触を増している。これに対して，どちらにおいても接触を減らしているのは10％未満である。活動分野による差はあまりみられず，全般にNPOの市町村との接触が増加している。これに対して，社会団体では10年前と比べて接触が増加している団体は10％程度しかみられない。接触自体は相対的に少ないものの，NPOと市町村との関係が密接になっている様子をうかがうことができる[11]。

3．2．政策過程への参加の状況

表6－3は，NPOによる市町村の政策過程の各段階への参加の程度を示し

---

(10) 自治会調査では，課長クラスではなく，市町村の担当課という質問の仕方をしている。

(11) 同様の結果は市町村に対する信頼についてもみられる。10年前と比較すると，市町村に対する信頼を増しているNPOが多い。

表6－3　政策過程への参加の割合　　　　　　　　　　　　　　　　(単位：%)

		政策提言	委託業務	フォーラム・イベント	政策決定の支援	政策執行の協力	無償の行政支援	審議会等への委員派遣	モニタリング	N
活動分野	保健福祉系	25.4	37.9	17.1	8.9	13.5	15.9	19.2	6.2	1,336
	教育文化系	27.9	42.1	32.5	9.9	18.9	28.7	21.7	5.9	456
	地域づくり系	46.6	39.7	40.2	21.3	25.9	42.2	28.7	7.5	348
	環境災害系	39.0	30.0	40.4	14.3	23.8	43.0	25.6	9.9	223
	経済産業系	23.8	41.7	25.0	8.3	20.2	23.8	10.7	10.7	84
	人権国際系	40.5	40.5	52.4	28.6	28.6	42.9	28.6	19.0	42
	団体支援系	39.3	71.4	60.7	28.6	28.6	46.4	53.6	21.4	28
所在地	13大都市	25.7	34.9	23.7	8.8	15.8	26.4	14.3	8.8	117
	県庁所在地	26.2	29.0	18.1	8.6	12.9	20.0	12.9	5.2	55
	20万人以上	33.5	37.3	27.1	13.0	18.4	24.8	23.5	7.2	131
	20万人未満	31.6	41.0	28.8	12.2	18.8	25.4	25.2	7.5	346
	町村	33.3	44.0	28.9	15.8	19.6	26.8	26.8	5.8	97
	NPO全体	30.3	38.7	26.6	11.8	17.8	25.2	21.8	7.2	2,535
	社会団体全体				30.1	32.6		27.9	9.6	7,335

社会団体の表に空欄があるのは該当する質問項目がないためである。

たものである(NPO調査Q18)。社会団体調査においても，一部の項目について同一の質問をしているので，その結果も合わせて示す。

　まず政策形成への参加として，政策提言が全体の30.3％，審議会等への委員派遣が21.8％，政策決定の支援が11.8％のNPOで行われている。活動分野別では，団体支援系が非常に高い割合を示している。様々な団体をコーディネートする立場にあるため，NPOセクターを代表してアドボカシー活動を行うことが多いと考えられる。もっとも，サンプル数が非常に少ないため，結果の解釈には慎重でなければならない。そのほかでは，地域づくり系で高い割合を示している。

　政策執行では，委託業務の実施が38.7％，無償の行政支援が25.2％，政策執行への協力が17.8％である[12]。また，NPOと行政の共催によるフォーラム・イベントは26.6％である。委託業務の実施は全項目の中で最も高い。委託業務は政策執行における協働であるとともに，NPOにとっての収入源となっている（3章表3－4参照）。活動分野別にみると，どれも団体支援系で高い割合

---

(12)　政策執行におけるNPOと市町村との関係をめぐる論点として，契約に基づく委託業務であるか否かを挙げることができるが，NPO調査では契約関係についての質問がないため分析を断念せざるを得ない。

を示している。このほかでは，無償の行政支援とフォーラム・イベントで，地域づくり系，環境災害系，人権国際系の割合が高い。

最後に政策評価に関する項目として，モニタリング（政策の注視，監視）の実施をみると，全体の7.2%とあまり行っているNPOは多くはない。

NPOの所在地別にみると，それほど大きな差ではないが，どの項目においても13大都市や県庁所在地では割合が低い。これは市町村との接触と同様である。NPOの数自体は都市部に多いものの，NPOが政策過程に参入できるのは規模の小さい自治体においてである。

社会団体調査と比較しよう[13]。政策決定の支持，審議会等への委員派遣，政策執行への協力については社会団体全体の方がNPO全体よりも割合が高い。モニタリングでは差は見られないものの，政策形成および執行において社会団体の方でより多く行われている。

以上のことから，一定程度のNPOは政策の立案および執行過程への参加を果たしているものの，社会団体と比べると，参加している団体は少ないといえる。市町村との接触においては，社会団体と同程度であった地域づくり系NPOなども具体的な政策過程では十分に参入回路が開けていないようである。

3.3. 政策過程への参加と影響力

市町村の政策過程に参加しているほど，NPOは影響力を行使できる場面が多いと考えられる。そこで，図6－1に，市町村との関係についての各項目と地方議員への政策提言の有無ごとに，NPOの主観的影響力認知が「非常に強い」「強い」「ある程度」の割合の和を示している（5段階尺度）。

どの項目でも政策過程に参加しているほど影響力が強いことがみてとれる。参加していると60%程度がある程度以上の影響力を認知しているのに対して，参加していないと40%未満である。各項目の参加の有無についてオッズ比[14]

---

(13) ローカル・レベルにおける社会団体の政策過程への参加についての分析結果の詳細は久保（2010b）を参照されたい。

(14) オッズ比とは，あるカテゴリと別のカテゴリとでの事象の起こりやすさの比である。例えば，政策提言の有無のオッズ比が3.1であるということは，政策提言を行っているNPOの方が，行っていないNPOよりも，影響力をある程度以上と認知している確率が3.1倍だといえる。

図6－1　政策過程への参加とNPOの主観的影響力認知

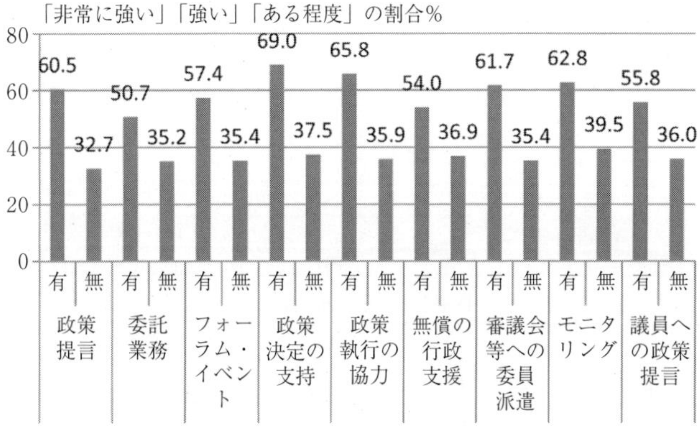

「非常に強い」「強い」「ある程度」の割合％

区分	有	無
政策提言	60.5	32.7
委託業務	50.7	35.2
フォーラム・イベント	57.4	35.4
政策決定の支持	69.0	37.5
政策執行の協力	65.8	35.9
無償の行政支援	54.0	36.9
審議会等への委員派遣	61.7	35.4
モニタリング	62.8	39.5
議員への政策提言	55.8	36.0

を算出すると，政策提言が3.1，政策決定の支持が3.7，政策執行の協力が3.4と高い値を示している。政策の諸側面に関与することで影響力を強く認知していることがわかる。

3．4．政策過程への参加と行政からの支援

　行政からの財政的支援は，NPO研究の1つの焦点ともいえる。田中(2006)は，NPOが補助金ばかりでなく業務委託も多く引き受けているため，財政的な依存度が高く，NPOが言わば行政の下請け組織と化していると指摘する。これに対して，後(2009)は，NPOはボランティアと民間寄付に依拠すべきという「ボランティアの神話」にとらわれていると批判している[15]。そして，NPOにとっての自立とは，資源を外部に依存しながら組織としての意思決定の自律性を堅持することだと主張する。こうした議論の背景にあるのがSalamon(1987, 1995＝2007)による第三者政府である。すなわち，政府が資金調達を行い，一定の方向付けを行うものの，実際のサービスはNPOが一定の裁量をもって行うという政府－NPO関係である。

　それでは，政策過程への参加は，行政からの支援とどのように関連してい

---

(15)　もっとも，NPOの収入の多様性を確保すべきであり，寄付やボランティアに依存すべきとは主張していないとの反論がなされている（田中2011a：125）。

図6－2　政策過程への参加と行政からの補助が収入に占める割合の平均値

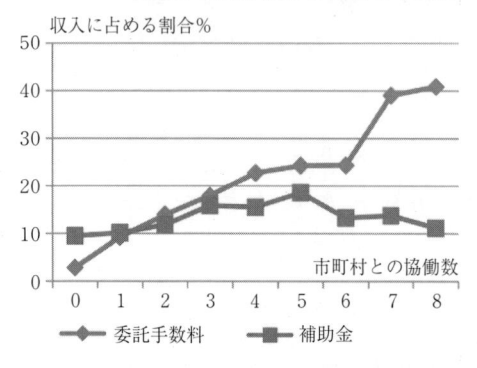

るのだろうか。図6－2に、上記で検討した行政との関係の数ごとに、行政からの委託手数料および補助金収入の占める割合の平均を示した[16]。

図から、市町村との関係に該当する数と委託手数料が占める割合については線形の関係が認められる。行政との関係がまったくない場合の委託手数料の内訳の平均値は2.8%であるのに対して、関係の数が増えると高くなり、4つ以上で2割を超え、8つでは4割にものぼる。

これに対して、補助金の占める割合についてはあまり変わらない。ここから、行政との関係が増すほど、委託業務の対価としての手数料への依存度が高まるといえる。この結果だけから、どの程度自律性が損なわれているのか定かではないものの、注意深く観察する必要があるだろう。

3.5. 市区町村からみた NPO の政策過程への参加

ところで、NPO の政策過程について、NPO の側ばかりでなく、政策過程の中核を担う市町村の側からも検討することで、その実態をより詳細に捉えられるだろう。そこで、市区町村に対して行った調査（市区町村調査）結果をもとに、NPO の政策過程への参加の程度を、自治会や各種の社会団体との比較からみていこう（詳細は、山本（2010c）を参照）。市区町村調査の方法についての概要は1章（36頁）を、分析を含めた詳細については辻中・伊藤

---

(16) 3章注（9）でも述べたように、収入の内訳についての質問は、調査票においては非回答が非常に多く目立った。これは項目に該当するものがない場合、0と記入すべきところを空欄のままにしている回答者がいたためと考えられる。そこで、収入の内訳の合計金額と収入総額を比べて誤差が10%以内である場合、空欄に0を入れることとした。もちろん、このような場合でも回答拒否による空欄である可能性が残されることには留意しなければならない。

編（2010）を参照されたい。

表6－4は，市区町村調査で尋ねた4つの部署（市民活動，環境，福祉，産業振興）におけるNPO・市民団体，自治会，当該の部署の政策と関連のある団体のそれぞれについて参加の程度を示している。関連団体は，環境部署では環境団体，福祉部署は福祉団体[17]，産業振興部署では農林水産業団体と商工団体を指している。なお，市民活動部署は関連団体に該当するものがないため空欄としている。

政策過程の各段階への参加状況をみると，NPO・市民団体は，市民活動，環境，福祉の各部署（産業振興を除く部署）で一定程度の参加がみられる。審

表6－4　市区町村からみた各団体の政策過程への参加状況

(単位：%)

		市民活動	環境	福祉	産業振興
審議会・懇談会	自治会	74.1	57.9	49.0	35.0
	NPO・市民団体	45.1	40.0	39.1	26.5
	関連団体		36.8	72.3	72.7
計画策定	自治会	51.1	34.1	52.3	25.9
	NPO・市民団体	33.5	28.4	47.6	21.7
	関連団体		28.6	86.7	62.1
業務委託	自治会	34.3	10.8	10.8	13.4
	NPO・市民団体	29.6	16.7	32.1	19.7
	関連団体		9.2	87.7	42.6
行政の支援	自治会	82.0	74.9	49.5	40.2
	NPO・市民団体	53.6	50.2	46.4	36.9
	関連団体		46.0	89.1	85.4
政策執行	自治会	18.9	32.9	18.3	16.3
	NPO・市民団体	12.5	21.8	17.9	16.5
	関連団体		19.7	42.7	44.1
モニタリング	自治会	2.6	6.7	4.9	4.8
	NPO・市民団体	2.0	5.0	4.7	2.9
	関連団体		5.9	14.1	9.5
行政評価	自治会	6.1	8.0	11.2	4.1
	NPO・市民団体	4.6	6.4	9.6	3.3
	関連団体		5.3	16.2	
N		1,083	1,071	1,092	1,098

Nの値は各項目で異なるが，ここでは審議会・懇談会のものを示している。

---

(17) 福祉部署の調査票では，社会福祉法人，福祉当事者団体，福祉ボランティア団体に分けて質問しているが，ここではこれらを統合し，どれか1つでも参加していれば福祉団体の参加とみなしている。

議会・懇談会では40％程度，計画策定では30～50％，業務委託では30％程度（環境部署は低い），行政支援は50％程度，政策執行では20％程度である。モニタリングと行政評価は10％未満と割合が低い。しかし，各部署ともNPO・市民団体よりも既存の団体のほうがより多く参加している。すなわち，市民活動部署や環境部署であれば自治会，福祉部署では関連団体（社会福祉法人，福祉ボランティア，当事者団体）のほうが多くの参加がみられる。

このような結果はNPOや社会団体に対する調査結果と同様であり，NPOは一定程度政策過程に参入しているものの，既存の団体に比べると参加が少ない。もっとも，これは既存の団体が多く参加していることにより，NPOの参加が阻害されているわけではない。山本（2010c）の分析では，NPOの参加と自治会または関連団体の参加との間には正の相関がみられており，既存の団体が参加している市区町村ではNPO・市民団体も参加している。つまり，各団体の参加には相乗的な効果があると考えられる。前節におけるNPOと他団体との関係についての結果と同じく，ここでも新興のNPOと既存の団体が協調的であり，それにより市民社会が活性化する様子をみてとることができる。

ちなみに，市区町村調査では，20アクターの政策過程における影響力を質問している（山本 2010c；久保 2010a）。影響力の平均点（7点満点）を部署ごとにみると[18]，NPO・市民団体は，20アクター中，市民活動部署では8位（平均点3.40），環境部署では10位（平均点3.28），福祉部署では11位（平均点3.34），産業振興部署では10位（平均点3.28）である。平均点は4点に満たず，それほど影響力のあるアクターと認知されているわけではない。また，市民活動部署では自治会の平均値が4.18，福祉部署では福祉団体の平均値が4.20など，自治会や各部署の関連団体の方がNPOよりも影響力が大きい。以上の結果から，市区町村の評価では，NPOの影響力は一定程度みられるものの，それほど大きいとは認知されていない。

3.6. NPOと地方議員との関係

---

(18) 市区町村調査では，政策形成過程のうち立案，決定，執行のそれぞれにおける影響力を質問しているが，基本的な傾向に大きな違いはない（久保 2010a）。

地方議会はローカル・ガバナンスにおけるアクターとして重要性が指摘されているものの（江藤 2004），十分な検討はなされてこなかった。先にNPOと各アクターとの協調関係を検討した際にも，政党（与党，野党）との顕著な関係はみてとれない[19]。NPOは選挙活動や政治活動を主目的とすることが認められないため（柏木 2008），議員との接触があまり行われていないからかもしれない。

しかし，NPOが政策過程に関与する上では議員という立法に携わるアクターとの関係も重要となるだろう。そこで，表6－5に地方議員（市区町村議会議員）との関係に該当するものを尋ねた結果を示す（NPO調査Q22）。

地方議員に対して政策提言をするNPOは全体の26.1％と一定程度みてとることができる。このように，行政ばかりでなく，議員を通したアドボカシー活動も行われていることがわかる。ちなみに，地方議員と市町村の両方に政策提言するNPOは全体の14.0％，地方議員のみでは12.1％，市町村のみでは16.3％である。NPOは行政ばかりでなく，議員にも政策提言を行っていることがわかる。活動分野別では，環境災害系や経済産業系でやや少ないもの

表6－5　NPOと議員との関係　　　　　　　　　　　　　　　　　　　　（単位：％）

		議員輩出	活動支援	政策提言	情報提供	定期活動報告	勉強会・懇談会	その他	N
活動分野	保健福祉系	8.2	14.5	26.0	14.7	11.6	2.9	2.5	1,336
	教育文化系	6.4	12.1	26.8	10.5	11.6	2.9	2.6	456
	地域づくり系	11.8	23.3	30.2	15.5	21.6	4.0	4.0	348
	環境災害系	5.8	14.3	20.6	8.1	9.0	4.0	3.6	223
	経済産業系	7.1	10.7	16.7	9.5	14.3	1.2	1.2	84
	人権国際系	7.1	21.4	28.6	11.9	7.1	4.8	4.8	42
	団体支援系	3.6	7.1	35.7	10.7	10.7	7.1	7.1	28
所在地	13大都市	7.5	11.6	21.1	10.5	10.1	2.9	2.4	455
	県庁所在地	7.6	14.8	20.0	9.5	11.9	1.4	2.4	210
	20万人以上	11.0	17.9	27.6	18.7	14.8	2.6	2.6	391
	20万人未満	8.1	16.0	27.8	13.7	14.4	3.3	2.8	1,094
	町村	6.2	14.8	29.9	11.3	11.0	4.5	3.8	291
	全体	8.1	15.1	26.1	13.3	12.8	3.2	2.8	2,535

Nは各項目で異なるが，ここでは議員輩出について示している。

---

(19) 協調－対立関係については，与党，野党という項目で質問しており，地方議員について尋ねる形式にしなかったため，協調の程度がうまく捉えられなかったかもしれない。

の，大きな相違はみられない。所在地別では，13大都市や県庁所在地で割合が低く，市町村との接触や政策過程への参加と同じく，規模の小さい都市で議員へのアクセスが可能であるものが多い。

このほか，活動支援，情報提供，定期活動報告については，10%強のNPOで行われている。あまり大きな割合ではないが，議員を支援しているNPOもみてとることができる。これらの項目については，地域づくり系で相対的に高い割合を示している。先にみたように，地域づくり系は市町村との協働関係も活発であったが，議員への主張や要求についても他の分野よりも多く行う傾向にある。地域経営に関わる問題に取り組むうえで，議員を通して立法過程に影響力を及ぼすことが重要だといえる。所在地別にみてもあまり差はみられないが，20万人以上の都市でやや割合が高い。

3.7. NPOの政策過程への参加の規定因

以上までに，NPOの政策過程への参加の程度と地方議員との関係についてみてきた。ところで，NPOの諸属性やネットワーク，行政からの支援や行政に対する評価などは参加の程度とどのように関連しているのだろうか。こうした多様な要因を考慮に入れつつ，NPOの参加を規定する要因について検討していこう。

これまでみてきた活動分野では，地域づくり系で相対的に多くのNPOが市町村や議員との関係をもっていることが示されている。このほかにも，組織規模や財政規模が大きいNPOほど様々な段階に関与することができるだろう。また，組織としての活動歴が長いほど社会問題を認識し，行政と接触する経験も多いと考えられる。組織の政治的選好（イデオロギー）について，革新的であるほうが参加志向的であり，実際の参加も多いと思われる。

NPOを取り巻く政治環境も重要である。政策に不満をもつ状況であれば，政策提言を行って訴えかけることも多いだろう[20]。一方で，政策執行の段階であれば，満足度が高いほど協力的になると考えられる。また，市町村や議員への信頼が高ければ，NPOは主張を聞き入れてもらえると期待して政策提

---

(20) もっとも，実際に政策過程に参加しているために，政策への満足，および市町村や議員に対する信頼が高まるという逆の因果関係も想定できることに留意が必要である。

言を行うであろう。政策執行における協調についても相互の信頼関係が形成されていることで，円滑に行うことができる。

このほか，市町村から NPO への支援（設立時，委託手数料，補助金）も政策過程への参加に影響を及ぼすと考えられる。政策執行については，支援を受けているほど行われていると予想できる。政策提言については，行政の支援が NPO の政策過程への参加を阻害するかどうかは，4章でも検討した論点である（138-139頁）。阻害する理由としては，NPO が行政の意向に左右されることや，組織維持のために内向的になることが挙げられる。一方で，促進する理由としては，NPO と行政が相互に資源依存関係にあることや，さらなる支援を求めて活発化する可能性が指摘されている（Chaves et al. 2004）。

NPO がもつネットワークも重要な要因である。本章でも検討したように，NPO が外部の様々なアクターと協調関係にあることは，ローカル・ガバナンスのステイクホルダーとして存在感を示すことにつながるものである。このような NPO ほど政策過程にも参入していけるだろう。

最後に，NPO の所在地である。市町村の都市規模によっては他の様々な団体の活動状況も異なり，NPO の政策過程への参加の余地にも違いがあると考えられる。先の結果でも示されているように，都市規模の大きな自治体では競合する団体が多いなどの理由で，NPO が十分に参加できていない。

以上の諸変数を独立変数とし，NPO の市町村および地方議員との関係を従属変数とした分析を行う。従属変数は，比較的多くの NPO で行われている市町村への政策提言，業務委託，フォーラム・イベント，無償の行政支援，地方議員への政策提言を取り上げる。これらにより，政策の形成過程と執行過程のそれぞれについて規定因を検討することができる。また，これらは実施の有無についての2値変数であるため，ロジスティック回帰分析を用いる。

変数の操作化について以下にまとめておこう。

【従属変数】
・「政策過程への参加」＝①町村への政策提言の有無，②有償業務委託の有無，③無償の行政支援の有無，④イベント・フォーラムの共催の有無，⑤地方議員への政策提言の有無。それぞれ有＝1，無＝0としている。

【独立変数】
・「活動分野」＝活動分野が地域づくり系を1，それ以外を0とするダミー変

数。
- 「会員数」＝現在の個人会員数（Q5，対数変換）。
- 「財政規模」＝年間収入合計額（Q45，対数変換）。
- 「活動歴」＝団体設立時からの経過年数（Q2）。
- 「政治的選好」＝団体リーダーの保革イデオロギー（Q48）。7点尺度を量的変数とみなす。値が大きいほど保守的。
- 「政策に対する不満」＝政策に対する満足度を尋ねた質問（NPO調査Q25）のうち，自治体に対する政策に関する2つの設問に対する回答（5点尺度）の反転値の和を求め，「政策不満度」（2～10点）とする。
- 「政治エリートに対する信頼」＝さまざまなアクターに対する信頼を尋ねたQ24で，①「地方議員・政党」と②「自治体」対する回答（5点尺度）をそれぞれ量的変数として用いる。
- 「行政への依存」＝①自治体による設立支援の有無（Q15），②行政からの委託業務手数料の有無（Q45），③行政からの補助金額の有無（Q45）の3変数。なお，有償業務委託を行っていれば委託業務手数料があるのは当然であり，同義反復的である。そのため，業務委託の分析においては手数料を分析から除外する。
- 「他団体との協調関係」＝協調度（Q26）が5点以上である他の主体の数。対数変換。
- 「所在地」＝13大都市，県庁所在地，20万人以上の都市，20万人未満の市部，町村部というカテゴリを用いる。基準カテゴリは町村である。

表6－6はロジスティック回帰分析の結果を示している[21]。地域づくり系で活発であることは先に確認した通りである。会員が多い方が市町村への政策提言やフォーラム・イベントを共催している。しかし，やや意外なのは財政規模の小さいNPOほど行政支援やフォーラム・イベントの共催を行う傾向にあることである。有償業務委託については財政規模が大きいほど行われていることを考え併せると，ある程度の財政規模のNPOでなければ委託業務

---

(21) NPO調査はNPO法人全数に対して行った調査であり，サンプリング調査ではないため，本来であれば統計的検定は意味をなさない。しかし，ここではサンプリング調査だと考えた場合の目安として統計的検定結果を示す。

表 6-6 行政・議員との関係と NPO の諸属性（ロジステック回帰分析）

	市町村への政策提言	業務委託	行政支援	フォーラム・イベント	地方議員への政策提言
活動分野：地域づくり系	1.085**	.267	.678**	.641**	.092
会員数（対数）	.120*	−.057	.087	.228**	−.025
財政規模（対数）	−.074	.329**	−.290**	−.120*	.043
活動歴	.012	.016	.012	.006	.021*
イデオロギー（保守の程度）	−.121*	−.122*	.044	−.052	−.139*
政策への不満	.018	−.152**	.025	−.020	.044
地方議員への信頼	.158	−.178**	−.133	−.003	.646**
自治体への信頼	.226*	.178	.285*	.390**	−.110
自治体からの設立支援	.012	.308	−.018	.069	−.138
委託手数料あり	.564**		.879**	.850**	.493**
補助金あり	.295	−.146	.291	.413*	.130
他団体との協調関係（対数）	.334**	−.074	.522**	.349**	.373**
所在地：13大都市	−.326	−.616*	.083	−.155	−.624*
所在地：県庁所在地	.023	−.320	−.025	−1.106*	−.477
所在地：20万人以上	.060	−.561	−.116	−.110	−.337
所在地：20万人未満	−.204	−.151	−.122	.012	−.068
定数	−2.118*	−.364	−1.504	−2.771**	−2.615**
対数尤度	1021.2	1042.0	939.9	929.3	986.0
Cox-SnellR^2	.105	.111	.117	.126	.121
NagelkerkeR^2	.142	.149	.163	.177	.165
N	828	828	828	828	828

＊：p<.05　＊＊：p<.01
所在地は「町村」を基準カテゴリにしている。

を行うことができず，小さな NPO は無償の行政支援やイベントなどを通して実績を積み重ねているのかもしれない。

　イデオロギーについては係数がマイナスであることから，革新的であることが市町村と地方議員それぞれへの政策提言を促進する。革新的であるほど参加志向が強いためだと考えられる。もっとも，業務委託についても革新的であるほど行われている。

　政策への不満についてはあまり影響がみられない。業務委託については係数がマイナス，すなわち政策に満足しているほど行われている。市町村への信頼は，政策提言，行政支援，フォーラム・イベントの共催への参加を促進する。また，地方議員への信頼は，地方議員への政策提言を促進する。信頼については，実際の政策過程への参加により信頼が高まるという逆の因果も考えられるが，いずれにせよ政治・行政との連携の基礎に信頼関係があるといえる。

市町村からの支援については，設立支援の影響はみられない。補助金もフォーラム・イベントの共催のみで有意である。委託手数料については，すべてに対して有意である。ここから，行政からの支援により参加が阻害されるわけではなく，業務委託を受けるくらいに自治体との関係が強いNPOほど政策過程へも参入していけるということがうかがえる。言い換えれば，NPOは行政と協調して公共サービスの供給を担い，その過程で必要な政策提言などを行っていると推察することができる。

他の主体との協調関係については，概ね有意な効果がみられる。様々な主体とのネットワークがあることで，NPOは政策過程への参加が促進されている。最後に，所在地については，大規模都市の方が町村部よりも参加が不活発な傾向はみてとれるが，あまり明確ではない。

以上の結果から，有償業務委託はやや傾向が異なるものの，市町村や地方議員に対して信頼があり，委託業務を行うほどの密接な関係があり，他の主体と幅広いネットワークを構築しているほど政策過程に参加しているといえる。

4. NPOの行政との関係についての認識

これまでNPOと市町村との関係を中心に，ローカル・ガバナンスへの参加を検討してきた。NPOは市町村の政策過程に一定程度参入しているものの，既存の団体ほどではない。それでは，NPO自身は行政との関係について現状をどのように認識し，さらに，どのような関係を理想としているのだろうか。

まずは現状についての認識からみていこう。表6－7はNPOと行政との関係が対等であるかどうかを訊ねた質問の結果である（NPO調査Q36）。

表6－7　NPOと行政との関係の認識　　（単位：%）

		概ね対等	NPOが行政を支援	行政がNPOを支援	関わりない	N
活動分野	保健福祉系	17.0	19.4	26.7	36.9	1,244
	教育文化系	14.6	22.7	27.2	35.6	419
	地域づくり系	15.4	25.7	32.0	26.9	331
	環境災害系	22.4	26.8	27.8	22.9	205
	経済産業系	18.8	18.8	38.8	23.8	80
	人権国際系	15.0	10.0	50.0	25.0	40
	団体支援系	14.3	17.9	57.1	10.7	28
所在地	13大都市	13.3	21.4	25.6	39.8	430
	県庁所在地	16.4	13.2	30.7	39.7	189
	20万人以上	15.9	22.4	26.4	35.3	371
	20万人未満	18.6	22.3	29.0	30.1	1,015
	町村	19.1	22.1	31.8	27.0	267
	全体	16.9	21.3	28.8	33.0	2,351

NPO 全体では「関わりない」が33.0％と最も多い。しかし言い換えるならば，行政と関わりがあると認識している NPO が全体の67.0％と多くを占めている。関係の性質については，行政が NPO を支援する関係にあるという回答が全体の28.8％であり，概ね対等（16.9％）や NPO が行政を支援（21.3％）よりも多い。とはいえ，大きな差がみられるわけではなく，NPO によって行政との関係についての認識は異なるといえる。

活動分野別にみると，人権国際系と団体支援系で，行政が NPO を支援しているという割合が大きい。しかし，これらはサンプル数が少ないので結果には留保が必要である。保健福祉系や教育文化系で関わりがないという割合が大きい。

所在地別にみてもそれほど大きな差はみられない。しかし，13大都市や県庁所在地など都市規模が大きいほど関わりがないという NPO が多い。これらの結果は先に見た政策への関与等についての結果と同様である。

NPO が市民参加として政策過程に関わる機会が増えているものの，政策過程はいくつかの段階に分けられる。計画立案，決定，執行，評価という各段階のうち，NPO や市民団体はどこで関わるのが望ましいと考えているのだろうか。

表6－8は，政策のそれぞれの段階に NPO が関わるべきかを複数回答で

表6－8　NPO は政策のどの段階で関わるべきか（複数回答）　　　　　　　　　　　　（単位：％）

	計画立案	決定	執行	評価	関わらないほうがよい	N
保健福祉系	61.2	15.2	27.7	45.7	13.2	1,336
教育文化系	61.4	14.0	31.1	38.8	17.1	456
地域づくり系	66.1	15.8	35.3	43.4	14.1	348
環境災害系	65.0	15.2	32.7	36.3	16.1	223
経済産業系	60.7	11.9	34.5	39.3	17.9	84
人権国際系	61.9	19.0	26.2	50.0	14.3	42
団体支援系	78.6	17.9	46.4	46.4	10.7	28
13大都市	66.8	15.6	33.8	46.2	13.6	455
県庁所在地	51.9	11.0	26.7	36.2	18.6	210
20万人以上	66.8	17.9	31.2	45.3	15.1	391
20万人未満	60.8	14.8	29.8	42.8	13.7	1,094
町村	62.5	15.1	28.9	41.6	15.1	291
全体	62.2	15.0	30.2	43.1	14.5	2,535

尋ねた結果である(NPO調査Q37)。全体で最も多いのが計画立案で62.2%と，多くのNPOが政策形成過程に関わり，意思を反映させたいと考えている。しかし，決定段階については15.0%と低い割合である。決定はあくまで議会や首長の役割であり，NPOの役割だと認識されていないようである。政策の執行段階については30.2%，評価段階は43.1%と一定程度のNPOが関わるべきだと考えている。なお，政策のすべての段階に関わるべきではないというNPOは全体の14.5%とあまり多くはない。活動分野別では，団体支援系で高い割合を示している項目があるが，これらはサンプル数が少ないので結果には留保が必要である。所在地では，県庁所在地に存在するNPOで全般に関わるのがよいという割合が低い。

ところで，NPOと行政との協働が注目されているものの，公共サービスを供給したり，市民の声を反映させる上でNPOにはどのようなメリットがあるのだろうか。NPOのメリットについては，これまで政府の失敗を補完するものとして論じられてきた(Douglas 1987; Weisbrod 1977; Young 2006)。すなわち，政府が供給するサービスは画一的になりがちであるのに対して，NPOは様々なニーズに柔軟かつ迅速に対応できる。加えて，政府とは異なる価値や新しい価値をすくい取り，それを反映させることができる (Jenkins 1987)。このようにNPOのメリットとして指摘される点について，NPO自身はどのように認識しているのだろうか。

表6-9は，行政と比べたNPOの優位点について3位まで尋ねた質問の結果である（NPO調査Q35）。1位を30点，2位を20点，3位を10点とした得点の平均値を示している。最も得点が高いのがニーズに柔軟に対応できること（16.6点）であり，続いて先駆的な活動を行うことができること（13.5点）が続いている。この2つの平均点が他を引き離しており，NPOの特徴を表していると言える。いずれも，政府の失敗を補完するものとして指摘されてきたものである。

なお，同様の回答は市区町村に対する調査からも得られている（山本2010d）。先駆的な活動ができることや受益者のニーズに柔軟に対応できることについては，全体の60%程度の市区町村職員が肯定的である。このほか，効率的なサービス提供や多元的な価値観の表現については40%程度，腐敗や汚職の危険が少ないことについては10%前後となっている。つまり，NPOと行政の双方ともNPOの果たす役割についての認識を共有しているといえる。

表6-9　NPOの優位点（30点満点）　　　　　　　　　　　　　（単位：％）

		先駆的な活動	効率的なサービス	ニーズに柔軟に対応	ニーズに迅速に対応	公平なサービス	多元的な価値観	腐敗や汚職の危険が少ない	N
活動分野	保健福祉系	11.7	4.8	18.3	10.4	5.4	3.1	2.2	1,318
	教育文化系	14.7	6.4	16.5	7.4	3.8	4.9	1.9	438
	地域づくり系	16.4	6.8	13.2	6.4	4.5	6.5	2.1	330
	環境災害系	16.3	6.6	12.1	5.6	4.6	6.5	2.7	205
	経済産業系	11.6	8.7	16.5	8.0	6.0	2.6	1.1	66
	人権国際系	12.4	6.4	18.6	8.6	4.5	4.0	1.9	24
	団体支援系	20.0	3.6	18.2	6.4	2.1	8.9	0.7	10
所在地	13大都市	12.6	5.9	17.2	9.3	4.7	4.8	2.7	361
	県庁所在地	13.1	5.7	14.2	7.5	6.0	4.8	2.1	116
	20万人以上	14.1	5.2	18.2	8.1	4.3	4.9	1.9	297
	20万人未満	13.9	5.6	16.5	8.6	5.1	4.0	1.8	1,000
	町村	13.1	6.4	16.0	9.5	4.4	3.1	2.0	197
	全体	13.5	5.7	16.6	8.7	4.9	4.3	2.1	2,499

最後に，NPOに関する今後の展望についての意見をみていこう。NPO自身は今後，行政との関係についてどのような認識をもっているのだろうか[22]。より連携や協働を密にしていくことを望んでいるのだろうか。それとも，NPOとして独自の道を歩むことを望んでいるのだろうか。表6-10は，6項目の意見について5段階で賛否を尋ねたうち，肯定的な意見（「そう思う」「ややそう思う」の割合の和）についてNPO全体の割合を示している（NPO調査Q38）。

行政との関係については，対等な協働が76.2％，行政によるNPO支援が83.1％と高い割合を示している。また，NPOの活動領域が拡大したほうがよいという意見も78.3％であり，全体として行政の支援などを受けつつNPOがさら

表6-10　NPOに関する意見　（単位：％）

NPOと行政は対等に協働したほうがよい	76.2
NPOは政策執行に協力したほうがよい	48.0
行政はNPO活動を支援したほうがよい	83.1
行政はNPOを規制したほうがよい	64.4
企業はNPOを支援したほうがよい	83.6
NPOの活動領域は拡大したほうがよい	78.3
N	2,329

Nの値は各項目で異なるが，ここでは対等な協働のものを示している。

---

(22) Gazley (2010) は，アメリカジョージア州の非営利組織を対象に，政府とのコラボレーションを志向しない理由を分析している。ただ，マネージャーの個人属性，組織属性，コミュニティの特性について，一貫した結果はみられない。

に成長し、行政と対等なパートナーシップを形成することを志向しているといえる。

これらの項目と比べると割合は低下するものの、行政によるNPOの規制については64.4%と一定以上の肯定的回答が得られている。NPOによる政策執行への協力については48.0%であり、半数近くが政策への協力に肯定的である。まったくの自由な活動というよりは、行政による支援や規制・監督を受け、政策を支援することを望むNPOが多いことがわかる。なお、詳細な結果は割愛するが、活動分野や所在地による意見の相違はあまりみられない。

5. 本章のまとめ

本章では、市町村レベルで活動するNPOに対象を限定し、ローカル・ガバナンスにおけるNPOの位置づけを検討してきた。以下に本章の分析から得られた考察をまとめておこう。

（1）NPOは外部のアクターと協調的か中立的な関係にあるものが多い。協調的な関係にあるアクターとして市町村、自治会、市民団体、行政関係団体、福祉団体といった行政および地域住民を主体とする団体が挙げられる。

（2）市町村の幹部と約40%、課長クラスと約60%と、一定程度のNPOが市町村との接触している。10年前と比べて接触を増しているものが多く、NPOと市町村との関係が密接化しているといえる。政策過程の各段階への参加については、政策形成、政策執行で20〜30%のNPOが行っている。政策評価はあまり行われていない。

（3）NPOの活動分野別にみると、地域づくり系で市町村への接触や政治過程への参加が多い。また、所在地別にみると、規模の小さい都市において参加が多い。

（4）社会団体や自治会といった既存の団体と比べると、NPOと市町村との接触および政策過程への参加は全般に少ない。

（5）地方議員との関係では、政策提言をするNPOが市町村と同程度みられる。行政ばかりでなく、議員を通したアドボカシー活動も行われていることがわかる。

（6）政策過程への参加については、市町村や地方議員に対して信頼があり、委託業務を行うくらいの密接な関係があり、他の主体と幅広いネット

ワークを構築しているほど政策過程に参加している。
（7）行政と比べたうえでのNPOの優位点については，ニーズに柔軟に対応できることと，先駆的な活動ができることが挙げられている。これはNPO側と市区町村側で共通した認識である。
（8）行政との関係についての今後の展望については，行政の支援などを受けつつNPOがさらに成長し，行政と対等なパートナーシップを形成することを志向している。政策過程への関与についても肯定的である。

　以上の結果から，ローカル・ガバナンスにおいてNPOは外部の主体と協調しつつ政策過程に参加し，一定のプレゼンスを示すことができていると考えられる。しかし，市町村との接触，政策過程への参加において社会団体や自治会と比べて少ない。つまり，NPOは既存の団体と比べると十分に政策過程に参入できていないのである。
　これについて，NPOが政策過程に参入するには一定程度の限界があるのだろうか。それとも，NPOが未成熟であるために参加が少ないのだろうか。データからは，10年前と比べると市町村との接触が増しているNPOは多く，政治過程への関与を志向するものも多い。こうした動向に鑑みると，今後NPOセクターがさらに拡大していくのかもしれない。しかし，3章でも述べたように（106頁），NPOがアドボカシー活動を進展させるには制度的な整備が不十分な側面もみられ（Kawato and Pekkanen 2008），ただちに参加が進むわけではないのかもしれない。NPOの政治過程への参入については，制度面での変化も考慮しつつ，今後の推移を見守る必要があるだろう。

第7章　NPOによる市民社会の補完と開拓
―福祉，教育，地域づくり分野の分析―

久保慶明・山本英弘

1. NPOは社会に何をもたらすのか

　1990年代以降，様々な改革を経験してきた日本において，非営利組織は市民社会の新興勢力（レイトカマー，新規参入者）として注目を浴びてきた。本書では特に，特定非営利活動法人格を持つ団体を一括りにして「NPO」と呼んでいる。ただ，NPO法第2条が17の活動分野を列挙しているように，NPOの活動分野は福祉，教育，環境，まちづくりなど多岐にわたっている。その結果，NPO法人が省庁別に監督され，NPO全体が課題を共有して連携することがほとんどないという指摘もある（後 2009：90）。

　もっとも，活動分野の多様性はNPOに限った特徴ではない。公益法人を例にとると，学術，保健・医療，地域振興・まちづくり，産業振興，学校教育，福祉，団体への支援・助成等を目的とした団体が多い[1]。地域で活動する団体を考えても，商工会，JA（農協）などの生産者団体，社会福祉協議会

（1）　行政改革推進本部事務局「公益法人の実態把握に係るアンケート調査結果」（2005年）のQ2では，設立目的及び主な事業分野について，あてはまる項目を3つまで選んでもらっている。本文では，10％以上の団体が選択した以下の項目を簡略化して列挙した。学術・研究・学会15.7％，保健・衛生・医療・栄養13.9％，地域振興・まちづくり・生活環境等12.6％，特定の産業の発展・育成・振興12.6％，学校教育・育英・奨学12.1％，福祉・援護11.2％，団体への支援・助成等10.3％。http://www.gyoukaku.go.jp/siryou/koueki/pdf/0609_jitai_anq.pdf（最終アクセス2012年1月16日）。

などの福祉団体，地域住民が組織する自治会や町内会など多様である。市民社会そのものが多様な分野で活動する団体を包摂しているのである。

このような市民社会の多様性は，NPOが新たに参入する分野に，必ずと言ってよいほど従来から活動してきた団体が存在することを意味する。新興勢力たるNPOは，それら既存の団体と協調しながら——時には競合しながら——活動していかなければならない。実際，行政や自治会など地域の多様な主体との連携を進めるべきか，あるいは，会員を主体とした自立的な活動を重視すべきか，というディレンマに直面する環境NPOの姿も報告されている（霜浦ほか2002；霜浦ほか2009）。

NPOに限らず新たな主体の参入があると，既存の団体はその主体との間にどのような関係を築くのか考えなければならない。これは市民社会組織だけでなく，行政や企業にも共通して存在する問題である。そのため，新たな主体の参入は，当該分野における主体間関係そのものを再編し，分野全体の動向に影響を与えていく可能性がある。

では，日本の市民社会に新たに登場したNPOは，個別の分野にどのような影響をもたらしたのだろうか。単に，活動主体が増えたに過ぎないのだろうか。それとも，各分野の動向そのものに何らかの影響を与えてきたのだろうか。本章では，NPOの登場が各分野に与えた影響を考察するため，これまでに活動してきた他の市民社会組織と比較してNPOがどのような特徴を持つのか，分野別に検討していく。

2. NPO，社会団体，市民団体を比較する

分析に入る前に，本章で扱うデータを紹介しておこう。表7－1に示したように，本章では福祉，教育，地域づくりという3分野を対象とする。NPO調査への回答団体において，主たる活動分野が「保険，医療又は福祉の増進を図る活動」のNPOが40.5％，「社会教育の推進を図る活動」「学術，文化，芸術又はスポーツの振興を図る活動」「子どもの健全育成を図る活動」のいずれかであるNPOが22.8％を占める。1章では，それぞれ「保健福祉系」と「教育文化系」に分類したが，本章では「福祉NPO」「教育NPO」と略記する。

また，主たる活動分野が「まちづくりの推進を図る活動」「地域安全活動」であるNPOを，1章では「地域づくり系」に分類した。本章ではこれに，

表7－1 分析サンプル数

	福祉分野呼称	N	教育分野呼称	N	地域づくり分野呼称	N
NPO*1	福祉NPO	2,075	教育NPO	1,171	地域NPO	1,259
社会団体*2	福祉団体	1,175	教育団体	570	地域産業団体*3	3,469
市民団体*4	福祉系市民団体	273	教育系市民団体	326	地域系市民団体	444

*1 本書1章、表1－3での分類に基づく。ただし「地域づくり系」には、「環境の保全を図る活動」および「前各号に掲げる活動を行う団体の運営または活動に関する連絡、助言又は援助の活動」を行うNPOも含める。
*2 本書1章、表1－2での分類に基づく。
*3 「農林水産業団体」「経済・業界団体」のうち、「地域開発政策」「地方行政政策」「環境政策」に関心があると回答した団体。
*4 本書1章、表1－2で「市民団体」に分類された団体。そのうち、以下の政策領域に関心を持つ団体を選定。
　「厚生・医療・福祉政策」→福祉系市民団体
　「教育政策」「文教・学術・スポーツ政策」→教育系市民団体
　「地域開発政策」「地域行政政策」「環境政策」→地域系市民団体

　主たる分野が「環境の保全を図る活動」「前各号に掲げる活動を行う団体の運営又は活動に関する連絡、助言又は援助の活動」であるNPOを加えて「地域NPO」と総称する。その理由は、自然や景観といった環境の保全や、個別分野で活動する他のNPOに対する支援活動は、「まちづくりの推進を図る活動」や「地域安全活動」を推進し、広義の地域づくり分野に含むことができると判断したことによる。調査サンプルに占める「地域NPO」の割合は24.6％である。

　これら3分野のNPOの比較対象は、NPO調査と同時期に実施した社会団体調査[2]の中から選定する。社会団体調査では、Q7において回答団体自身に該当する団体分類を選んでもらった。この団体分類を、NPOの「主たる活動分野」に相当するものと位置づける。

　社会団体調査Q7では「福祉団体」と「教育団体」という選択肢を設けた。これらを選択した団体を、それぞれ福祉、教育分野で活動する社会団体とする。地域づくり分野で活動していることを直接に示す選択肢は設けなかった。ただ、地域づくりの主要な課題の1つは地域産業の活性化である。1990年代半ば、全国の地域リーダー向けに書かれたテキストにおいても、地域産業の振興は1つのモデルとされていた（森1996：8）。社会団体調査Q7の選択肢には、産業関連団体として「農林水産業団体」と「経済・業界団体」を設

（2）電話帳記載団体を母集団とした悉皆調査による。詳しくは本書1章を参照。

けた。さらに，社会団体調査Q8では「団体が関心のある政策や活動分野」を25の選択肢の中から選んでもらった。本章ではQ7で「農林水産業団体」か「経済・業界団体」のいずれかを選択した団体のうち，「地域開発政策」「地方行政政策」「環境政策」を選択した団体を，地域づくり分野で活動する社会団体として「地域産業団体」と呼ぶ[3]。

また，社会団体調査Q7には「市民団体」という選択肢も設けた。本書でも既に指摘してきたように，市民団体とNPOは必ずしも一致するわけではない。自らを市民団体に分類した社会団体の中でも，NPOは一部に限られている。そこで，Q7で市民団体を選択した団体を政策関心に基づいてさらに分類し，NPOの比較対象とする。具体的には，団体の政策関心を質問した社会団体調査Q8において，「厚生・医療・福祉政策」を選んだ市民団体を「福祉系市民団体」，「教育政策」「文教・学術・スポーツ政策」のいずれかを選んだ市民団体を「教育系市民団体」，「地域開発政策」「地域行政政策」「環境政策」のいずれかを選んだ市民団体を「地域系市民団体」と呼ぶ。

なお，ここでの市民団体の分類は社会団体調査Q8への複数回答の結果に基づいているため，3つの市民団体間で重複がある。質問文では「最も重要な」政策や活動分野1つも答えてもらったが[4]，本章では社会団体調査Q7において「市民団体」と回答した団体を細分化していることに鑑み，複数回答の結果を用いることにした。3つの市民団体を直接比較するわけではないので，大きな問題にはならないと判断した。

3. 福祉分野

福祉分野では，従来，社会福祉協議会に代表される社会福祉法人が福祉サービスを提供してきた。さらに，当事者団体やボランティア活動を主とする市民団体は，福祉サービスの拡大，提供を目指して自立的な活動を展開して

---

(3) Walker (1983) は，会員の資格要件，団体の営利性という2つの観点から，①営利セクター，②非営利セクター，③市民セクター，④混合セクター（およびその他）という4つに類型化している。本章における「地域産業団体」は，営利セクターのうち，労働セクターを除いた生産者関連団体であり，かつ，地域関連政策に関心を持つ団体と整理できる。

(4) ちなみに，各政策に最も関心があると回答した団体の数は，福祉94，教育75，地域づくり100である。

きた。1990年代以降は，介護保険制度の導入など制度改変が進み，企業など新たなサービス提供主体も参入した。「福祉NPO」もその一つだった（渋川 2001；宮垣 2003；安立 2008）。その結果，現在では，官民を問わず多様な主体が活動する分野となっている。

超高齢化社会における社会福祉のあり方をめぐっては，現在も議論が続いている。市民社会組織の中には，サービスの提供主体として活動するだけでなく，アドボカシー活動を行う団体もある。また，社会福祉はもともと個人の尊厳の保持を旨とする（社会福祉法第3条）ため，当事者の権利を擁護する活動を展開する団体も少なくない。

市民社会全体でみると，社会福祉法人などの福祉団体は，農林水産業団体，経済・業界団体，労働団体など生産者団体に次いで多い（辻中・森編 2010：25）。NPO調査への回答団体をみても，全体の4割が福祉NPOである。ただ，福祉分野で活動する他の主体に比べると，NPOの数が際立って増加しているわけではなく，活動の実態も十分に明らかになっているとは言い難い（須田 2011：93-4）。福祉団体や福祉系市民団体（以下，本節では市民団体と略記）と比較して，福祉NPOはどんな特徴を持つのだろうか。福祉NPOが固有に担っている役割は何なのだろうか。

3.1. 事業化への志向性

表7-2に示した活動範囲の分布をみると，全体としてあまり大きな相違はみられない。ただ，NPOでは市町村レベルで活動する団体が若干多くなっている。福祉団体や市民団体よりも，限定した狭い地域で活動する団体がやや多いものと推測される。

ただ，活動範囲が狭いことは，団体自身の意向に反して活動リソースが不足する結果であることも考えられる。表7-3に示したように，個人会員数の中央値（表では50％分位と表記）は，福祉団体300.0人，市民団体163.5人に対して，福祉NPOは30.0人である。75％分位を比べても福祉NPOは最も小さい。福祉NPOが，限定された範囲で，少ない会員を抱えながら活動して

表7-2 団体の活動範囲
（福祉分野間比較）（単位：％）

	福祉団体	福祉系市民団体	福祉系NPO
市町村	54.9	55.3	64.4
都道府県	28.3	26.7	20.4
広域圏	2.6	4.0	5.3
全国	9.4	9.2	7.8
世界	4.8	4.8	2.1
N	1,173	273	2,073

ゴチック体は横方向に比較して最も大きな値を示す。本章における他の表も同様。

表7－3　団体の個人会員数，収入総額（福祉分野間比較）

会員数（人）	福祉団体	福祉系市民団体	福祉NPO	収入総額（万円）	福祉団体	福祉系市民団体	福祉NPO
25%分位	45.8	53.8	14.0	25%分位	484.5	213.5	150.0
50%分位（中央値）	300.0	163.5	30.0	50%分位（中央値）	2,536.0	537.0	808.5
75%分位	3,462.0	600.0	80.0	75%分位	11,106.0	1,298.5	2,355.3
平均値	7,236.8	3,034.5	140.4	平均値	22,180.7	21,402.5	2,123.1
標準偏差	30,424.9	19,495.8	817.8	標準偏差	109,313.0	268,227.9	4,101.8

表7－4　団体の活動目的（福祉分野間比較）
（単位：%）

	福祉団体	福祉系市民団体	福祉NPO
会員への情報提供	63.7	82.1	55.3
会員の生活・権利の防衛	35.2	44.0	28.6
会員の教育・訓練・研修	40.9	47.6	40.5
会員への補助金の斡旋	9.0	9.5	3.8
会員への許認可・契約の便宜	2.5	1.8	3.1
行政への主張・要求	28.9	53.5	22.4
会員以外への情報提供	23.1	35.2	28.1
専門知識に基づく提言	12.4	26.0	16.2
啓蒙活動	30.6	50.9	26.6
他団体や個人への資金助成	15.3	4.8	1.5
一般向けの有償サービス	29.9	22.0	47.4
一般向けの無償サービス	31.7	36.3	24.8
その他	14.6	6.6	9.0
N	1,175	273	2,075

いることがうかがえる。

ただし収入総額をみると，その規模は必ずしも小さいわけではない。福祉NPOの中央値は福祉団体よりも少ない一方，市民団体よりも多い。75%分位の値は市民団体の約2倍となっている。会員数が少ないにもかかわらず，福祉NPOは一定の財政規模を持っているのである。なぜだろうか。

その理由の1つとして，福祉NPOは市民団体に比べて，活動の事業化を志向していることが指摘できよう。表7－4に示したのは団体の活動目的である。福祉NPOの中で最も多いのは，一般向けの有償サービス47.4%である。これは福祉団体の29.9%や市民団体の22.0%の約2倍となっている。その一方，会員の生活・権利の防衛，行政への主張・要求，啓蒙活動などアドボカシー活動を目的とする団体は市民団体の約半分程度で，福祉団体と同程度である。市民団体ではアドボカシー活動を目的とする団体が多く，福祉NPOと対照的である。

3.2. 地方自治体との協調

既存の福祉団体は，地方自治体（特に市区町村）と協調しながら活動を展開している（久保 2010b：259）。福祉NPOではどうだろうか。情報源と，政策過程への関与という2つの側面からみていきたい。

表7－5には，活動上の情報源として重要なアクターを示している。質問では重要な順に3位まで挙げてもらったが，ここで示しているのは1位に選択した団体の割合である。福祉NPOで情報源第1位の選択率が最も高いのは自治体31.8％である。福祉団体で自治体を選択した団体も3割近い。その一方で，福祉団体では系列団体の32.4％が最多となっている。福祉NPOで系列団体を1位に挙げた団体は12.6％しかない。福祉団体が他団体と系列化した存在であることを示す一方，福祉NPOは他団体との組織的なつながりが弱いことを示している。

表7－5　団体の情報源（福祉分野間比較）　　　　（単位：％）

	福祉団体	福祉系市民団体	福祉NPO
中央省庁	10.7	2.2	7.1
政党	0.4	1.1	0.0
自治体	28.9	17.7	31.8
地方議員	0.4	2.6	0.7
学者・専門家	2.4	8.5	6.5
企業	1.1	0.7	1.3
マスメディア関係者	1.9	3.7	3.9
専門・業界誌関係者	2.3	4.1	6.6
系列団体	32.4	19.6	12.6
協力団体	6.2	9.2	9.1
自団体の役員	7.6	17.0	8.8
NPO	1.5	4.1	7.6
町内会・自治会	1.3	4.8	0.9
その他	2.9	4.8	3.1
N	1,153	271	2,020

質問では3位まで選んでもらったがここでは1位の選択率を示している。

では，福祉NPOは，最も重要な情報源とした自治体とどのような関係にあるのだろうか。JIGS2調査では，前出のNPO調査，社会団体調査のほか，市区町村職員に対するサーベイ調査も行った（辻中・伊藤編 2010；調査概要については本書1章表1－1を参照）。そこで，NPOと自治体それぞれの側から，政策過程における両者の関係を検討していこう。

まず，NPOなど団体側の回答をまとめたのが表7－6である。政策過程に関与する福祉NPOの割合は，福祉団体や市民団体に比べて少ない。福祉NPOで最も多いのは審議会等への委員派遣19.4％だが，福祉団体，市民団体とは約15ポイントの開きがある。次に，市区町村職員の回答結果をまとめ

表7－6　団体の自治体政策過程への関与（福祉分野間比較）　　　（単位：％）

	福祉団体	福祉系市民団体	福祉NPO
政策決定や予算活動への支持・協力	34.0	25.3	10.0
政策執行への援助・協力	35.0	33.3	15.2
審議会等への委員派遣	35.7	33.3	19.4
モニタリング	11.4	13.2	7.3
N	1,175	273	2,075

福祉団体と福祉系市民団体は「自治体」と関わりを持つと回答した団体の％。
福祉NPOは「市町村」「都道府県」のいずれかとの関わりを持つと回答した団体の合計％。

表7-7 団体の自治体政策過程への関与
（市区町村調査，福祉関連団体） (単位:%)

	社会福祉法人	福祉当事者団体	福祉ボランティア団体	NPO・市民団体
許認可・行政指導	29.3	9.9	4.9	8.2
モニタリング	10.8	8.1	5.9	4.7
職員派遣	35.9	2.3	1.6	1.6
業務委託	87.1	20.3	9.8	32.1
行政支援	67.7	78.1	67.9	46.4
審議会・懇談会	70.0	59.2	45.1	39.1
計画策定	84.5	74.8	54.3	47.6
政策執行	41.7	22.9	21.6	17.9
行政評価	15.2	13.0	9.9	9.6

たのが表7-7である。基本的には表7-6と同様の傾向を示している。自治体の政策過程に関わっているNPO・市民団体は，社会福祉法人，当事者団体，ボランティア団体に比べて少ない[5]。

ただし，その中で業務委託を受けている団体は，社会福祉法人に次いで約3割となっている。福祉NPOはステイクホルダーとして政策決定に関与するよりも，業務主体として福祉サービスの提供に専従する傾向にあると言える。

こうした傾向は，JIGS2市区町村調査において，自治体職員によるNPO・市民団体の影響力評価が，福祉団体よりも低かったことからもうかがえる（久保2010a)[6]。福祉NPOは，福祉サービスの提供に際して地方自治体と一定の関係を築きながら，福祉団体のように政策過程で影響力を発揮する存在とはなっていない。しかし，新興団体であるNPOは，こうした既存の福祉団体と共に活動を進めていかなければならない。では，政策過程で影響力を持つ福祉団体の存在は，福祉NPOの進出を阻んでいるのだろうか。あるいは，福祉団体はNPOと協調関係を築き，NPOの参入を促進しているのだろうか。

紙幅の関係で表は割愛するが，他のアクターとの協調－対立関係（1：対立的，4：中立，7：協調的の7点尺度）をみると，福祉NPOが協調的（5点以上）と回答した割合が最も高いのは福祉団体である。2000年の社会福祉法改正により，社会福祉協議会は「地域福祉の推進を図ることを目的とする団体」（109条）に位置づけられた。新たに参入した福祉NPOも，地域の社会福祉協議会と協調しながら活動しているものと考えられる。

---

(5) その他，詳細な結果については山本（2010c）を参照されたい。
(6) 市区町村の福祉担当部署職員の4割が，各種福祉団体が影響力を持つと回答したのに対して，NPO・市民団体が影響力を持つとした回答は2割にとどまった。

次いで高い協調関係を築いているのが市町村である。自治体から業務を受託し，有償の福祉サービス提供活動を展開する際に，委託主体である市町村と連携関係を築いていることを示しているのであろう。このほか，町内会・自治会や市民団体とも一定の協調関係がみられる。こうした主体は，福祉団体や福祉系市民団体での協調度も高い。

以上をまとめれば，新興団体として登場した福祉NPOは，これまで活動してきた各種の福祉団体や，福祉団体と緊密に連携してきた地方自治体と協調的な関係を築き，相互に連携しながら事業を展開していると言えよう。

3．3．専門知識を活かしたアドボカシー活動

ここまで示してきたように，福祉NPOには，自治体業務の受託を含めてサービス提供を目的とする団体が多い。その一方で，アドボカシー活動を目的とした団体は少なく，政策過程にもあまり関与していない。

表7－8に示したのは，ロビイングの様々な手段を実施する団体の割合である。福祉NPOでは，自治体への働きかけを57.8％の団体が実施しており，福祉団体の51.8％を上回っている。ただ，市民団体と比べると，自治体への働きかけのほか，パブリックコメント，会員の動員，署名，集会，マスメディアへの情報提供などの項目で，比率が低い。活動目的の分析からも明らかになったように，福祉NPOでは市民団体に比べてアドボカシー活動を行う団体が少ない。

ただ，その中で「専門知識」の提供だけは，市民団体をやや上回っている。藤井敦史は，NPOの持つ専門知識を＜市民的専門性＞という概念で表している。これは「ボランティアによる現場での組織学習を基盤とするNPO固有の問題解決能力」であり，人々の生活やコミュニティの問題を軸に社会的連帯を生み出しな

表7－8　団体のロビイング
（福祉分野間比較）　　（単位：％）

	福祉団体	福祉系市民団体	福祉NPO
与党	12.4	19.7	9.6
野党	10.1	24.9	9.9
中央省庁	9.8	14.2	8.6
自治体	51.8	64.2	57.8
有力者	16.4	32.3	23.0
法案作成	7.2	11.6	7.9
専門知識	25.5	31.3	33.8
パブリックコメント	16.1	29.3	19.9
会員動員	13.5	29.9	21.0
署名	25.2	44.2	24.5
集会	23.1	46.7	36.8
直接行動	6.7	19.1	6.0
マスメディア	20.4	44.1	31.8
記者会見	5.7	17.6	5.5
意見広告	7.7	11.5	10.3
他団体との連合	23.7	40.9	38.0

非常に頻繁＋かなり頻繁＋ある程度　の合計。

表7-9　団体の一般向け活動
　　　　（福祉分野間比較）　　（単位：%）

	福祉団体	福祉系市民団体	福祉NPO
懇談会・勉強会など	59.9	78.3	59.1
シンポジウム・イベント	62.9	76.9	53.6
広報誌・ミニコミ誌	68.9	66.7	53.5
HPなどによる情報発信	55.4	51.8	50.9

非常に頻繁＋かなり頻繁＋ある程度　の合計。

がら，それによって支えられるNPO固有の専門性であるという（藤井2004）。本書の4章や5章で論じたように，このような専門知識を活かして，福祉NPOはロビイング活動を展開しているものと推察される。

　もっとも，福祉NPOと社会との関わりが，福祉団体や市民団体に比べて特に頻繁なわけではない。表7-9には，一般の人々に対して各種の活動を行う（5点尺度で3点以上）と回答した団体の割合を示している。活動が盛んなのは市民団体であり，福祉NPOの活動は福祉団体と同程度である。これは，＜市民的専門性＞とも呼ばれる福祉NPOの専門知識や情報が，社会と関わる頻度に応じて蓄積されるものではなく，NPOによる日常的な活動の中で質的に蓄積されていくことを示しているのではなかろうか。

　ところで，政策を立案して実施する政治や行政は，NPOの持つ専門知識をどの程度必要としているのだろうか。政治や行政との接触の有無をまとめた表7-10をみながら考えてみたい。ここでは，国会議員と中央省庁は活動範囲が「全国」「世界」レベルの団体について，地方議員と自治体は活動範囲が「市町村」「都道府県」「広域圏」の団体について，「ある程度」（5点尺度で3点）以上と回答した団体の割合を集計している「団体への接触」は各アクターから団体への接触，「団体からの働きかけ」は団体から各アクターへの接触を示している。

　「団体への接触」をみると，福祉NPOでは自治体からの接触を受ける団体が最も多い。これは，福祉団体，市民団体と同様である。注目されるのは，

表7-10　団体の政治・行政との接触（福祉分野間比較）　（単位：%）

団体への接触	福祉団体	福祉系市民団体	福祉NPO	団体からの働きかけ	福祉団体	福祉系市民団体	福祉NPO
国会議員	19.0	38.2	14.4	中央省庁幹部	15.4	14.3	9.7
中央省庁	23.1	27.3	20.5	中央省庁課長クラス	27.7	24.1	22.6
地方議員	20.5	39.2	28.5	自治体幹部	48.8	55.7	33.3
自治体	50.2	50.9	47.3	自治体課長クラス	76.4	77.2	61.2

非常に頻繁＋かなり頻繁＋ある程度　の合計。

議員（国会，地方）からの接触では市民団体が最多となっているのに対して，行政（中央省庁，自治体）からの接触では，福祉NPOも同程度の接触を受けていることである。特に自治体からの接触は，市民団体の50.9％，福祉団体の50.2％が受けているのに対して，福祉NPOでも47.3％が受けている。他方，NPO側からの働きかけは必ずしも活発でない。自治体課長クラスへの働きかけ61.2％が最も多いが，福祉団体や市民団体よりも約15ポイント少ない。この傾向は，ロビイング全般が活発でないことと整合的である。

このように，福祉NPOが自ら行政に働きかけることは少なく，逆に，行政職員からの接触は福祉団体，市民団体と同程度に受けている。これは，福祉NPOの持つ専門知識が，福祉団体や市民団体と同程度に行政から必要とされていることを示しているように思われる。ロビイング全般が活発でない中，専門知識の提供によって自らの意向を主張する福祉NPOが多い背景には，行政がNPOの持つ情報を必要としていることが影響していると推測できる。

最後に，以上のような福祉NPOの活動が，どの程度の影響力に結実しているのか確認しよう。表7－11では，政策に対する主観的影響力が「ある程度」以上（5点尺度で3点以上）あると回答した団体の割合，および，国や自治体の政策・方針を実施，修正・阻止させた経験のある団体の割合を示している。主観的影響力があると回答した団体の割合は，福祉団体と市民団体ではそれぞれ約5割であるのに対して，福祉NPOでは約4割となっている。政策実施や修正・阻止経験がある団体の比率をみると，国と自治体いずれにおいても市民団体での割合が最も高い。福祉NPOは市民団体の約半分程度であり，福祉団体と同程度である。総じて，福祉NPOは主観的影響力においても実際の経験においても，福祉団体や市民団体に比べて政治的影響力を持つ団体が少ないと言えよう[7]。

本節での分析をまとめよう。福祉団体は，行政からの情報提供を受け，政策過程においても行政

表7－11　団体の政治的影響力（福祉分野間比較）

(単位：％)

	福祉団体	福祉系市民団体	福祉NPO
政策に対する主観的影響力	51.1	53.7	40.2
国の政策・方針の実施	11.8	23.7	8.8
国の政策・方針の修正・阻止	12.5	22.0	8.3
自治体の政策・方針の実施	18.0	41.8	22.3
自治体の政策・方針の修正・阻止	17.2	38.3	17.7

主観的影響力は「ある程度」（5点尺度で3点）以上と回答した％。
国や自治体の政策方針の実施／修正・阻止は「経験あり」と回答した％。

と深く関わりあっている。福祉NPOに比べれば有償サービスの提供も少ない。対照的に市民団体は，行政への働きかけが活発であるものの，設立支援や情報提供は相対的にあまり受けておらず，アドボカシー機能がより強いということができる。

それに対して福祉NPOは，福祉団体に比べて小規模でありながらも，有償サービスの提供を目的として事業化している。福祉団体と同様，自治体から活動時の情報提供を受けている。政策過程への関与は少ないものの，情報や専門知識の提供を通して政治家や行政職員と接触していると考えられる。総じて，福祉NPOは，福祉団体とも市民団体とも異なる特徴を有しているとまとめることができよう。

4. 教育分野

第二次世界大戦後の教育改革を経て，日本の教育政策は，保革イデオロギー対立という観点から理解されるようになった(徳久2008)。近年では，1990年代後半に地方分権改革の対象の一つとなり，また，2006年には教育基本法が改正されるなど，制度の改変が進められてきた。時代ごとに，教職員組合など各種団体が運動を展開してきた結果，教育分野は市民社会によるアドボカシー活動が盛んな分野の1つとなってきた。

教育分野は，主に児童生徒の教育を担う学校教育と，地域の文化振興まで担う社会教育（あるいは生涯学習）に大別できる。たとえば社会教育分野では，1990年代後半から事業費が減少する一方，公民館などの運営において指定管理者制度の導入が進んできた[8]。社会教育基本法の改正（2008年）による学校教育との連携強化，各自治体におけるコミュニティ施策の影響を受け

---

(7) 福祉団体では，政策実施や阻止の経験を伴わずに主観的影響力があると認識している団体が多い。この傾向は，本章5節の表7－28で示す地域産業団体においても観察できる。政策決定への直接的な影響力行使を伴わない，何らかの構造的な要因があるものと推察される。本章の主題からは逸れるため詳論することはできないが，興味深い分析課題である。

(8) 2010年度時点において指定管理者制度を導入している「公立文化施設」は49.5％となっている。全国公立文化施設協会「平成22年度公立文化施設における指定管理者制度導入状況に関する調査報告書」。http://www.zenkoubun.jp/siteikanri/h22_shiteikanri.pdf（最終アクセス2012年1月16日）。

た社会教育施設や職員の再編も進んでいる（石井山 2009：46-51）。

NPO の中でみると，教育分野で活動する団体は福祉分野に次いで多い。教育分野ではこれまで，小中学校の PTA や，社会教育法第10条に規定された「社会教育関係団体」等が活動してきた。社会教育関係団体の中には，市民のイニシアティブによって設立された市民団体も多く含まれる[9]。さらに，個別の教育分野ごとに「教育協会」という名称を持つ様々な法人も存在している。そのような中に登場した教育 NPO は，これまで活動してきた教育団体や教育系市民団体（以下，本節では市民団体と略記）に比べてどのような特徴を持っているのだろうか。そして，教育分野においていかなる役割を担っているのだろうか。

4．1．教育サービスの提供

活動範囲を示した表7-12をみると，教育 NPO では市町村39.1％，都道府県26.7％，全国16.1％となっている。教育団体では都道府県レベルが多く，全国レベルで活動する団体も多い。その一方，市民団体では市町村レベルで活動する団体が半数以上を占める。教育 NPO は教育団体よりも狭い範囲で，市民団体よりは広い範囲で活動していることがわかる。

広域的な活動を展開する中で，団体の組織規模も拡大するものと考えられる。表7-13に示した個人会員数の中央値をみると，

表7-12　団体の活動範囲
（教育分野間比較）（単位：％）

	教育団体	教育系市民団体	教育系NPO
市町村	25.0	56.5	39.1
都道府県	44.5	21.3	26.7
広域圏	3.2	4.6	10.9
全国	21.3	10.2	16.1
世界	6.2	7.4	7.1
N	569	324	1,165

表7-13　団体の個人会員数，収入総額（教育分野間比較）

会員数（人）	教育団体	教育系市民団体	教育NPO	収入総額（万円）	教育団体	教育系市民団体	教育NPO
25％分位	59.0	52.0	15.0	25％分位	450.5	230.0	70.0
50％分位（中央値）	250.0	147.0	39.5	50％分位（中央値）	1,255.0	600.0	300.0
75％分位	2,000.0	600.0	110.0	75％分位	3,865.0	1,330.0	1,098.8
平均値	15,734.9	1,837.0	345.8	平均値	10,087.2	1,418.4	1,569.0
標準偏差	108,652.9	12,595.0	5,146.6	標準偏差	36,139.3	3,405.4	11,105.1

---

(9) こうした団体は，NPO法や中間法人法の制定によって法人格の取得が可能となった。このような現象を大島英樹は「アソシエーションの析出」と呼んでいる（大島 2002）。

教育団体250.0人，市民団体147.0人と，都道府県レベルで活動する比率の高い教育団体の方が多くなっている。しかし，教育NPOをみると39.5人と極めて少ない。財政規模をみても，市民団体に比べて規模の小さな団体が多いことがわかる。一部の団体を除いて，教育NPOでは小規模の団体が多いのである。

このように教育NPOは，市民団体よりも小規模でありながら広域的に活動している。では，どのような活動を展開しているのだろうか。

表7－14に示した活動目的をみると，教育団体では「会員の教育・訓練・研修」を目的とする団体が7割を超える。これは他の2分類でも高い比率を示している。市民団体では啓蒙活動，行政への主張・要求もそれぞれ4割を超え，活発なアドボカシー活動を展開していることがわかる。それに対して教育NPOでは，「一般向けの有償サービス」を目的とする団体が多く約4割を占める。無償サービスの提供を目的とする団体も，市民団体同様に約35％となっている。会員向けの活動を重視する教育団体，アドボカシー活動に特徴のある市民団体に対して，教育NPOの特徴は一般向けのサービス提供活動にあると言える。

ただ，表7－13で確認したように教育NPOの財政規模は必ずしも大きくない。運営にあたっては，組織リソースの不足を補う必要があるものと考えられる。ここでは，活動上の情報源の回答状況をもとに考えてみよう。

表7－15に示したのは，各アクターが情報源として最も重要であると回答した団体の割合である。教育NPOに特徴的なのは，自治体の役員，自治体，学者・専門家，マスメディア関係者，専門・業界誌関係者などを情報源とする団体が混在していることである。特に，学者・専門家，マスメディア関係者，専門・業

表7－14　団体の活動目的（教育分野間比較）

(単位：%)

	教育団体	教育系市民団体	教育NPO
会員への情報提供	69.1	77.6	56.6
会員の生活・権利の防衛	14.7	26.4	7.6
会員の教育・訓練・研修	75.3	52.1	55.7
会員への補助金の斡旋	6.7	7.4	3.5
会員への許認可・契約の便宜	1.4	2.1	1.4
行政への主張・要求	26.0	42.9	15.5
会員以外への情報提供	23.2	36.5	33.5
専門知識に基づく提言	13.9	22.4	18.1
啓蒙活動	23.9	53.4	28.1
他団体や個人への資金助成	7.0	5.2	2.6
一般向けの有償サービス	9.3	20.2	39.5
一般向けの無償サービス	13.7	36.8	34.9
その他	7.0	9.5	6.7
N	570	326	1,171

界誌関係者を情報源とする団体は，教育団体や市民団体に比べてわずかながらも多くなっている。その一方，教育団体や市民団体にみられるような系列団体を情報源とする団体は少ない。

情報源の分析からうかがえるのは，教育団体や市民団体に比べて組織リソースに欠ける教育NPOが，それを他の主体から補って活動を展開している姿である。これはそもそも，教育NPOを設立する主体が様々な分野，業界にわたっているためであろう。今後，人員や財源など他のリソースの観点からも，分析を進める必要がある。

表7-15 団体の情報源
（教育分野間比較） （単位：%）

	教育団体	教育系市民団体	教育NPO
中央省庁	10.8	1.9	4.1
政党	0.4	0.6	0.0
自治体	17.9	17.7	20.7
地方議員	0.2	2.2	0.6
学者・専門家	8.7	5.3	11.0
企業	2.0	1.2	1.3
マスメディア関係者	2.3	3.7	6.6
専門・業界誌関係者	2.3	2.5	6.4
系列団体	25.5	24.5	9.7
協力団体	6.5	6.5	5.8
自団体の役員	19.7	20.2	21.3
NPO	0.0	5.0	6.3
町内会・自治会	0.0	3.4	1.1
その他	3.8	5.3	4.8
N	554	322	1,134

質問では3位まで選んでもらったが，ここでは1位の選択率を示している。

4.2. 行政との協調

ところで，表7-15に示した情報源の分布をみると，行政（中央省庁，自治体）は，程度の差こそあるものの，教育団体，市民団体，教育NPOのいずれにとっても重要な存在となっている。紙幅の関係で図表は割愛するが，市町村と協調的な関係にある（1：対立的，4：中立，7：協調的の7点尺度で5点以上）と回答した団体の割合は，市民団体で最も高く，教育団体や教育NPOもほぼ同程度である。都道府県と協調的であると回答した団体も，教育団体でやや多かったものの，教育NPOと市民団体は同程度である。総じて教育NPOは，教育団体や市民団体と同様，自治体と協調的な関係を築いていると言える。

そこで次に，教育NPOと自治体との関係を詳しく検討していこう。表7-16に示したのは，自治体の政策過程に関わっていると回答した団体の割合である。全般に，教育NPOでは教育団体や市民団体に比べて政策過程に関与する団体が少ない。政策執行への協力，審議会等に委員を派遣している団体が約2割あるものの，教育団体，市民団体の割合に比べると低い。特に市

表7-16 団体の自治体政策過程への関与
（教育分野間比較） （単位：％）

	教育団体	教育系市民団体	教育NPO
政策決定や予算活動への支持・協力	21.1	24.5	9.1
政策執行への援助・協力	26.0	31.6	17.7
審議会等への委員派遣	23.5	34.0	18.8
モニタリング	7.0	12.9	6.6
N	570	326	1,171

教育団体と教育系市民団体は「自治体」と関わりを持つと回答した団体の％。
教育NPOは「市町村」「都道府県」のいずれかとの関わりを持つと回答した団体の合計％。

民団体では，政策執行への援助・協力，審議会等への委員派遣で3割を超え，教育団体よりも高い比率を示している。教育団体では，政策決定や予算活動に協力する団体の比率が2割を超えている。

ただ，教育NPOの行政接触そのものが少ないわけではない。表7-17には，政治や行政との接触の有無を示している。国会議員と中央省庁では活動範囲が「全国」「世界」レベルの団体について，地方議員と地方自治体では活動範囲が「市町村」「都道府県」「広域圏」の団体について，頻度が「ある程度」（5点尺度で3点）以上と答えた団体の割合を集計している。まず，団体からの働きかけをみると，中央省庁に対しては教育団体が最も盛んに働きかけており，教育NPOの働きかけが活発であるとは言えない。しかし自治体に対しては，市民団体ほどではないものの，教育団体と同程度の割合が，教育NPOの中でも働きかけている。また，団体への接触をみると，教育団体では中央省庁からの接触，市民団体では自治体や国会議員，地方議員からの接触が活発である。これらに対して教育NPOでは，自治体からの接触が市民団体と同程度に多い（51.9％）。地方議員からの接触も多い。

このように，教育NPOは地方において，政策過程そのものには関与していないものの，自治体（特に行政職員）と頻繁に接触している。特に，自治体側から教育NPOへの接触は，教育団体より多く市民団体と同程度となって

表7-17 団体の政治・行政との接触（教育分野間比較） （単位：％）

団体への接触	教育団体	教育系市民団体	教育NPO	団体からの働きかけ	教育団体	教育系市民団体	教育NPO
国会議員	14.7	27.5	8.8	中央省庁幹部	20.9	15.9	6.5
中央省庁	29.7	20.0	14.2	中央省庁課長クラス	33.3	22.7	17.4
地方議員	17.9	34.2	27.0	自治体幹部	40.5	56.9	42.9
自治体	38.9	54.2	51.9	自治体課長クラス	71.1	77.1	66.7

非常に頻繁＋かなり頻繁＋ある程度　の合計。

いることから，福祉NPOと同様，教育NPOの持つ専門知識や情報の必要性が高まっているものと推察される。

では，こうした活動は政治的な影響力につながっているのだろうか。表7－18では，政策に対する主観的影響力が「ある程度」（5点尺度で3点）以上あると回答した団体の割合，および，国や自治体の政策・方針を実施，修正・阻止させた経験のある団体の割合を示している。主観的影響力をみると，市民団体の51.9％，教育団体の43.0％が影響力ありとしているのに対して，教育NPOでは32.6％と少ない。実際の経験をみても，市民団体，教育団体の順に該当率が高く，教育NPOでは少ない（自治体の政策・方針の実施は除く）。総じて，教育NPOの政治的な影響力は，市民団体や教育団体に比べて小さいと言えよう。

表7－18 団体の政治的影響力（教育分野間比較）
(単位：％)

	教育団体	教育系市民団体	教育NPO
政策に対する主観的影響力	43.0	51.9	32.6
国の政策・方針の実施	11.3	19.8	5.9
国の政策・方針の修正・阻止	14.0	18.6	5.2
自治体の政策・方針の実施	16.1	34.6	17.5
自治体の政策・方針の修正・阻止	17.3	31.0	12.7

主観的影響力は「ある程度」（5点尺度で3点）以上と回答した％。
国や自治体の政策方針の実施／修正・阻止は「経験あり」と回答した％。

4.3. 社会に向けた情報発信

つぎに，教育NPOによるロビイングの行使状況をみていこう。政策過程への関与が限定的となっている状況で，教育NPOはどのような手段を駆使して政治や行政に働きかけているのだろうか。

各手段の行使状況をまとめた表7－19をみると，自治体への働きかけが56.1％，マスメディアへの働きかけが42.6％と，いずれも市民団体と同程度となっている。その一方，専門知識に基づく提言がやや多く，逆に，署名，集会，野党への働きかけについては，市民団体よりも低い比

表7－19 団体のロビイング（教育分野間比較）
(単位：％)

	教育団体	教育系市民団体	教育NPO
与党	17.0	15.2	11.3
野党	7.7	20.4	7.7
中央省庁	15.4	13.1	11.5
自治体	42.9	59.8	56.1
有力者	17.6	28.3	21.6
法案作成	7.0	9.7	6.2
専門知識	20.6	27.6	35.6
パブリックコメント	14.1	26.6	21.4
会員動員	13.6	27.1	23.2
署名	21.1	36.3	12.3
集会	19.0	38.8	23.1
直接行動	6.1	15.6	1.5
マスメディア	20.8	42.0	42.6
記者会見	7.1	17.1	7.6
意見広告	8.8	13.0	11.7
他団体との連合	23.4	35.6	29.5

非常に頻繁＋かなり頻繁＋ある程度　の合計。

表7−20 団体の一般向け活動
（教育分野間比較） （単位：％）

	教育団体	教育系市民団体	教育NPO
懇談会・勉強会など	51.3	76.8	64.3
シンポジウム・イベント	50.2	78.9	71.6
広報誌・ミニコミ誌	52.1	66.6	56.6
HPなどによる情報発信	60.2	56.6	72.7

率を示している[10]。これらのデータが示しているのは，教育NPOが，既存の教育団体や市民団体とは異なる手段を駆使して，政治や行政に働きかけようとする姿であろう。

この点は，一般の人々に向けた活動の実施状況からも確認できる。表7−20では，各項目を「ある程度」（5点尺度で3点）以上の頻度で実施する団体の割合を示している。懇談会・勉強会などの開催，シンポジウム・イベントの開催，広報誌・ミニコミ誌の発行は，教育NPOも活発に行っているが，最も盛んなのは市民団体である。しかし，HPなどによる情報発信だけは，教育NPOが市民団体や教育団体よりも活発に行っているのが特徴的である。

表7−20に示した活動への一般市民のアクセス可能性を考えると，勉強会や懇談会はその場に身を置かない限り参加できず，広報誌やミニコミ誌も手に取らない限り情報に触れることができない。それに対してHPなどインターネットを通じて発信した情報には，インターネットに接続しさえすれば誰でもアクセスできる[11]。表7−14で示したように一般向けサービスの提供を特徴とする教育NPOが，インターネットを積極的に活用していることは，顧客の開拓などを目的として，社会に広く情報を発信していこうとする姿勢の現れなのではないだろうか。

本節での分析をまとめよう。教育NPOでは，一部，規模の大きな団体が存在しているものの，会員，財政とも小規模の団体が多い。サービスの提供を目的としたNPOが多く，多様な主体を情報源とする団体が混在している。

---

(10) このうち，野党への働きかけが少ないという点は，野党への影響力評価にも現れている。表は割愛するが，平均点は教育団体3.2，市民団体3.7に対して，教育NPOでは2.8である（7点満点，団体が関心のある政策について）。
(11) もちろん，ウェブサイトを会員に限定して公開することによって，アクセスを制限することも考えられる。ただ，表7−13で示したように，教育NPOは教育団体や市民団体に比べて会員数が少ない。ウェブサイトを開設するために一定のコストがかかることを考えれば，会員限定で公開している可能性は低いものと推察できる。

自治体への働きかけは市民団体に比べると低調で教育団体と同程度である。ただ，教育団体は政策決定や政策執行にある程度関わっているのに対して，NPOにはそうした関わりも少ない。自団体が持つ影響力も小さいと認識している。

その一方，自治体や地方議員からの接触は，教育団体や市民団体と同程度にある。教育団体に比べると社会に向けた活動が活発である。社会に向けた活動が盛んな市民団体に比べると，インターネットを活用する団体が多いことに特徴がある。総じて教育NPOは，これまで活動してきた教育団体や市民団体に比べて，より社会に開かれた活動を志向していると言えよう。

5. 地域づくり分野

本章において「地域づくり」分野とは，NPO法第2条に挙げられた，まちづくり，環境保全，団体支援という3分野の総称である（表7-1参照）。日本は，1990年代末から地方分権を進めてきた。機関委任事務の廃止が象徴するように，国と自治体の関係は法律上対等のものとなった。市町村合併も進んだ。2006年の地方自治法改正では，「自治体（都市）内分権」を進めるために，地域協議会や地域自治区が新たな制度として導入された。これらの制度下では，様々な団体の参加が求められ，地域の実情に即したまちづくりが求められる[12]。

地域づくり分野で活動してきた市民社会組織としては，まず，自治会や町内会など地域住民組織が挙げられる。また，商工会に代表される商工団体，農協や漁協といった農林水産業団体など，産業別に結成された団体も活動してきた。市民団体の中にも，地域づくりに関心を持つ団体は少なくなかった。そして，1990年代後半になると地域づくりに関心を持つNPOが登場した。たとえば，岐阜県恵那郡山岡町（現，恵那市山岡町）では，市町村合併を契機として全戸加入組織としてNPO法人を立ち上げた。合併後，地域協議会と協働しながら地域づくりを進めている（市原 2007；2008）[13]。

---

(12) これは，「ローカル・ガバナンス」の研究が活性化したことと軌を一にしている（羽貝編 2007；山本編 2008；辻中・伊藤編 2010）。

(13) 全戸加入によるNPOは稀であるが，同様の目的で設立されたNPOは全国各地に多数あるものと考えられる。

このように，地域づくりは様々な団体が関心を寄せる分野である。ただ，地域住民組織が住民の意向を代表するのに対して，商工団体や農林水産業団体はそれぞれの産業の意向を代表する。その結果，地域づくりをめぐって複数の団体間で利害が一致しないことも少なくない。異なる地域に住む住民間で対立が生じることもあろう。その中で，地域NPOは活動を進めなければならない。地域づくり分野において，NPOはどのような役割を担っているのだろうか。本節では，地域産業団体（経済・業界団体のうち地域関連政策に関心を持つ団体。以下，本節では産業団体と略記），地域系市民団体（以下，本節では市民団体と略記）との比較に焦点を当てて分析していく[14]。

5.1. 一般的な価値の追求

まず，活動範囲の分布をみると，地域NPOでは広域的な活動を展開する団体がやや多い。表7-21に示したように，産業団体，市民団体では約6割が市町村レベルで活動しているのに対して，地域NPOでは47.6％にとどまり，都道府県よりも広い範囲で活動する団体が多い。

広域的な活動を展開するためには，より多くのリソースが必要になると考えられる。しかし，組織規模の分布を示した表7-22をみると，地域NPOは産業団体や市民団体に比べて個人会員数，収入総額ともに小さい。たとえば個人会員数の中央値をみる

表7-21　団体の活動範囲
（地域づくり分野間比較）

（単位：％）

	地域産業団体	地域系市民団体	地域NPO
市町村	57.5	59.4	47.6
都道府県	28.3	22.1	26.9
広域圏	4.8	5.9	9.5
全国	8.0	7.0	11.5
世界	1.4	5.6	4.4
N	3,466	443	1,259

表7-22　団体の個人会員数，収入総額（地域づくり分野間比較）

会員数（人）	地域産業団体	地域系市民団体	地域NPO	収入総額（万円）	地域産業団体	地域系市民団体	地域NPO
25％分位	48.3	45.0	17.0	25％分位	1,424.5	200.0	50.0
50％分位（中央値）	204.0	140.0	35.0	50％分位（中央値）	3,742.0	510.0	220.0
75％分位	662.3	500.0	74.5	75％分位	9,567.8	1,115.0	762.5
平均値	1,177.0	2,949.2	178.9	平均値	17,221.3	13,284.3	812.8
標準偏差	4,905.5	18,430.3	1,919.9	標準偏差	80,485.6	213,378.9	1,849.6

---

(14)　地域住民組織との比較については，JIGS2全国自治会・町内会調査を分析した辻中・ペッカネン・山本（2009）を参照されたい。

と，産業団体204.0人，市民団体140.0人に対して，地域NPOは35.0人である。収入総額も同様の傾向にある。

では，組織リソースが限定された中で，地域NPOはどのような活動を展開しているのだろうか。表7-23をみると，産業団体，市民団体，地域NPOいずれにおいても，会員への情報提供を目的とする団体が最も多い。その他の項目をみていくと，産業団体では会員の

表7-23 団体の活動目的
（地域づくり分野間比較） （単位：%）

	地域産業団体	地域系市民団体	地域NPO
会員への情報提供	86.2	75.2	61.6
会員の生活・権利の防衛	33.3	29.3	8.5
会員の教育・訓練・研修	65.4	42.3	36.4
会員への補助金の斡旋	38.8	8.3	6.0
会員への許認可・契約の便宜	24.9	3.2	2.5
行政への主張・要求	54.9	48.0	29.3
会員以外への情報提供	19.3	34.2	40.2
専門知識に基づく提言	17.3	23.4	29.2
啓蒙活動	29.3	51.8	48.7
他団体や個人への資金助成	3.7	5.2	2.4
一般向けの有償サービス	11.6	18.2	26.2
一般向けの無償サービス	12.1	34.5	30.9
その他	4.8	7.7	8.1
N	3,469	444	1,259

教育・訓練・研修や補助金の斡旋など会員利益の追求を目的とした団体，市民団体では行政への主張・要求や啓蒙活動など，アドボカシー活動を目的とした団体が多い。

それに対して地域NPOでは，一般向け有償サービスの提供，専門知識に基づく政策提言を目的とする団体が相対的に多い。啓蒙活動，会員以外への情報提供を目的とする団体も，市民団体と同程度に多い。その一方で，会員の生活・権利の防衛，行政への主張・要求など，会員利益を追求するNPOは少ない。専門知識を外部に向かって発信しながら，会員利益にとどまらない価値を追求するためにアドボカシー活動を展開する団体が多いと推察できる。

5.2. 地域NPOの多様性，行政との関わり

前述した山岡町の全戸加入NPOの例にみられるように，地域NPOでは設立時から自治体など行政組織と関わりを持つ団体がある。組織リソースが少ない団体であっても，他のアクターからの支援を受けることで，活動を展開しやすくなるものと考えられる。ここでは，NPO調査と社会団体調査で共通の質問を設けた，団体の情報源についてみていこう。

表7-24に示したのは，活動上の情報源として各アクターを1位に挙げた団体の割合である。産業団体では4割が系列団体を主たる情報源としている

表7−24 団体の情報源
（地域づくり分野間比較）（単位：％）

	地域産業団体	地域系市民団体	地域NPO
中央省庁	13.3	2.3	6.6
政党	0.2	0.9	0.5
自治体	21.9	23.1	29.5
地方議員	0.3	2.1	0.7
学者・専門家	1.0	5.9	9.9
企業	3.0	1.4	2.8
マスメディア関係者	1.4	4.6	5.5
専門・業界誌関係者	4.1	4.6	5.5
系列団体	39.7	18.5	3.2
協力団体	4.5	6.4	5.8
自団体の役員	9.4	17.4	19.2
NPO	0.0	4.6	5.5
町内会・自治会	0.3	4.1	2.0
その他	0.9	4.3	3.7
N	3,434	438	1,228

質問では3位まで選んでもらったが，ここでは1位の選択率を示している。

ほか，自治体を情報源とする団体も20％を超えている。市民団体では自治体，系列団体，自団体の役員を情報源とする団体が多い。これらに対して地域NPOでは，系列団体は3.2％と少なく，自治体が約3割，自団体の役員が2割近くを占めている。各NPOの役員は，多様な職業的，地域的背景を持つものと推察される。比率は低いものの，学者・専門家を情報源とする団体も多い。マスメディア関係者を挙げた団体も5％程度ある。産業団体や市民団体に比べると，地域NPOは団体ごとに多様なアクターから支援を受ける傾向にある。

ただ，その中で自治体を情報源とする団体は3割を占めている。これは，地域NPOが行政と協働して，地域づくりに取り組んでいることに関係すると考えられる。表7−25には，議員や行政職員からの接触の有無を示している。国会議員と中央省庁からの接触は活動範囲が「全国」「世界」の団体について，地方議員と自治体からの接触は活動範囲が「市町村」「都道府県」「広域圏」の団体について，5点尺度で3点（ある程度）以上と回答した団体の割合を集計した。産業団体，市民団体，地域NPOを比べると，産業団体では中央省庁，市民団体では国会議員や地方議員からの接触が多いという特徴がみられる。ただ，いずれにも共通するのは，自治体からの接触を受ける団体が5割を超えていることである。特に地域NPOでは，産業団体と市民団体よりも10ポイントほど多い63.3％の団体が自治体からの接触を受けている。NPOの3割が主

表7−25 政治行政から団体への接触（地域づくり分野間比較）
（単位：％）

団体への接触	地域産業団体	地域系市民団体	地域NPO
国会議員	12.5	31.3	17.7
中央省庁	41.2	27.7	34.7
地方議員	28.3	34.8	31.9
自治体	54.5	54.0	63.3

非常に頻繁＋かなり頻繁＋ある程度 の合計。

要な情報源として自治体を挙げたことと併せ考えると，地域NPOと地方行政の間には，密接な情報のやりとりがあるものと推察される。

5.3. 自治体や社会への働きかけ

具体的な自治体との関わりを検討していこう。表7-26には自治体の政策過程への関与の有無を示している。産業団体ではモニタリングを除く3項目で3割を超えている。市民団体においても，政策決定への協力はやや少ないものの，概ね同様の傾向にある。地域NPOにおいては，審議会等への委員派遣で3割を超えている。政策執行への援助も3割に近い。その一方で，政策決定への協力は2割にとどまっている。NPOが政策執行に関与しながら審議会等の合意形成過程に参与する姿がうかがえる。これは，福祉分野や教育分野ではみられなかった特徴である。

政治行政アクターに対する接触においても，NPOの活動は盛んである。表7-27では，中央省庁への働きかけでは活動範囲が「全国」「世界」の団体について，自治体への働きかけでは活動範囲が「市町村」「都道府県」「広域圏」の団体について，5点尺度で3点（ある程度）以上の割合を示している。地域NPOによる自治体への働きかけは，幹部クラス，課長クラスのいずれに対しても，産業団体や市民団体と同様に活発である。中央レベルで産業団体による省庁への接触が活発であるのに比べると，地域NPOによる自治体への働きかけの活発さがいっそう際立つ。

では，このように自治体の合意

表7-26 団体の自治体政策過程への関与
（地域づくり分野間比較） （単位:％）

	地域産業団体	地域系市民団体	地域NPO
政策決定や予算活動への支持・協力	34.7	24.8	19.1
政策執行への援助・協力	38.2	34.5	26.6
審議会等への委員派遣	32.8	35.8	31.3
モニタリング	10.5	15.5	11.2
N	3,469	444	1,259

地域産業団体と地域系市民団体は「自治体」と関わりを持つと回答した団体の％。
地域NPOは「市町村」「都道府県」のいずれかとの関わりを持つと回答した団体の合計％。

表7-27 団体の政治行政への働きかけ
（地域づくり分野間比較） （単位:％）

団体への接触	地域産業団体	地域系市民団体	地域NPO
中央省庁幹部クラス	17.3	16.3	12.2
中央省庁課長クラス	51.0	32.6	31.8
自治体幹部クラス	59.9	57.8	54.4
自治体課長クラス	79.4	78.3	75.0

非常に頻繁＋かなり頻繁＋ある程度　の合計。

表7−28　団体の政治的影響力
　　　　（地域づくり分野間比較）　　（単位：％）

	地域産業団体	地域系市民団体	地域NPO
政策に対する主観的影響力	61.5	54.1	46.2
国の政策・方針の実施	13.2	17.9	6.9
国の政策・方針の修正・阻止	13.8	16.4	5.8
自治体の政策・方針の実施	22.8	34.9	25.2
自治体の政策・方針の修正・阻止	20.2	30.8	17.4

主観的影響力は「ある程度」（5点尺度で3点）以上と回答した％。
国や自治体の政策方針の実施／修正・阻止は「経験あり」と回答した％。

形成プロセスに参与し，政治行政アクターと接触していることは，地域NPOにとって政治的な影響力につながっているのだろうか。表7−28では，政策に対する主観的影響力が「ある程度」（5点尺度で3点）以上あると回答した団体の割合，および，国や自治体の政策・方針を実施，修正・阻止させた経験のある団体の割合を示している。主観的影響力を持つと回答した団体が最も多いのは産業団体である。これに市民団体が続き，地域NPOでも約半数（46.2％）が影響力を持つと認識している。ただ，実際の経験をみると，いずれの項目でも市民団体が最多となっており，地域NPOは産業団体よりも少ないか（国の場合），同程度（自治体の場合）となっている。総じて，地域NPOは産業団体や市民団体ほどではないものの，政策の実施や阻止を伴わずに一定の影響力を持っていると言えよう。

ただ，そもそもNPOは市民団体と同様，自治会や町内会のように地域利益を代表する団体でもなければ，商工団体や農林水産業団体のように生産者の利益を代表する団体でもない。本来的にNPOは，特定の利益を代表する存在とはなりにくいため，利益の表出によって影響力を発揮することはできない。では地域NPOは，どのような活動を通して影響力を持ちうるのだろうか。

ロビイングの行使状況をまとめた表7−29をみると，地域NPOの

表7−29　団体のロビイング
　　　　（地域づくり分野間比較）（単位：％）

	地域産業団体	地域系市民団体	地域NPO
与党	21.5	13.4	12.5
野党	5.7	16.7	9.8
中央省庁	16.6	13.1	19.4
自治体	58.7	60.2	70.7
有力者	24.7	28.6	26.5
法案作成	6.7	8.8	10.2
専門知識	28.6	30.6	46.5
パブリックコメント	16.5	29.3	28.1
会員動員	12.4	23.9	26.6
署名	30.4	35.9	11.8
集会	31.1	40.4	32.7
直接行動	3.9	14.0	1.9
マスメディア	20.9	43.6	50.5
記者会見	4.6	16.2	9.3
意見広告	6.2	11.3	11.7
他団体との連合	27.7	35.9	36.0

非常に頻繁＋かなり頻繁＋ある程度　の合計。

70.7%が自治体に働きかけている。これは産業団体や市民団体よりも多い。さらに地域NPOに特徴的なのは，マスメディアへの情報提供や専門知識による提言である。特に専門知識による提言を行うNPOの割合は，産業団体や市民団体に比べて15

表7－30　団体の一般向け活動
　　　　（地域づくり分野間比較）　（単位：%）

	地域産業団体	地域系市民団体	地域NPO
懇談会・勉強会など	37.9	74.9	70.4
シンポジウム・イベント	47.6	75.2	73.6
広報誌・ミニコミ誌	35.4	65.0	53.8
HPなどによる情報発信	52.4	57.4	67.8

非常に頻繁＋かなり頻繁＋ある程度　の合計。

ポイント程度多い。その一方，市民団体で高い比率を示す署名や集会といった手段を活用するNPOは多くない。地域NPOは会員を動員する手法よりも，専門知識を活用した手法に積極的であると言える。

　産業団体や市民団体とは異なる手段を用いるNPOの姿は，一般に向けた人々への活動内容にも表れている。表7－30に示したのは，団体が一般の人々に向けた活動を行っているかどうかである（5点尺度で3「ある程度」以上の割合）。産業団体に比べると，地域NPOは市民団体と共に，懇談会・勉強会の開催やシンポジウム・イベントの開催に積極的である。ただ，市民団体が広報誌・ミニコミ誌を活用するのに対して，地域NPOではHPなどによる情報発信を行う団体が多く，インターネットの利用が進んでいることがうかがえる。活動範囲が市民団体に比べて拡がっている（表7－21）こととも関連して，NPOは新たな顧客を開拓しようとしているのではなかろうか。これは教育分野とも共通する特徴である。

　本節での分析をまとめると，地域NPOでは自治体を情報源とする団体が，産業団体，市民団体よりもやや多い。自治体職員や幹部との接触は，産業団体や市民団体と同様に活発である。その一方，政策決定や政策執行に関与する地域NPOは少ない。自己影響力の評価も高いとは言えない。地域NPOは，自治体と密接に連携しながら，政策が決まり実施される前の段階で何らかの役割を担っているものと推察される。

　産業団体が補助金の斡旋や契約の便宜など，利益団体としての側面が強いのに対して，地域NPOは有償・無償のサービス提供を行う団体が多い。その一方，啓蒙活動や会員外への情報提供など，専門知識を通じた社会への働きかけを目的とする団体が多い。総じて，地域NPOは産業団体のように特定の利益を代表する行動ではなく，より広い「公共の利益」とも言える価値

を追求すべく，情報や専門知識を活かした行動をとっているように思われる。

6. NPOの新しさとは

本章では，NPOの登場が社会に与えた影響を考察するため，福祉，教育，地域づくりという3つの分野を対象として，新興勢力としてのNPOが既存の市民社会組織と比較してどのような特徴を持つのか検討してきた。得られた知見は次の通りである。

（1）福祉NPOは，行政から支援を受けながら，福祉サービスを提供している。行政からの接触は受けているが，政策決定に対してNPOの側から働きかけることは少ない。福祉団体に比べると行政との関わりが少なく，福祉系市民団体に比べると有償サービスを提供する団体が多い。

（2）教育NPOは，教育団体のように会員を対象とした活動ではなく，一般の人々を対象として，社会に開かれた活動を志向している。また，行政との関わりも教育団体に比べて少ない。教育系市民団体よりも広域的に，インターネットを活用しながら事業を展開し，サービスを提供している団体が多い。

（3）地域NPOは，インターネットによる情報発信に積極的であるなど，社会に開かれた活動を展開している。自治体との関わりも持つ。ただ，地域産業団体や地域系市民団体のように，政策決定そのものには関与していない。

では，各分野の動向に照らして，NPOは社会に何をもたらしてきたと考えられるのか。具体的に検討しておきたい。

まず，福祉NPOにおいて有償サービスの提供団体が多いことは，組織の事業化を示しているものと考えられる。同じく事業化した提供主体としては企業がある。社会福祉法人でも，介護保険制度の導入を機に「企業化」が進み，営利主義的社会福祉法人と非営利社会福祉法人に二極化しているという（永和2008）。福祉NPOの事業化も，こうした福祉分野全体の動向を反映したものと推察される。ただ，福祉NPOの活動は，営利性に還元されない社会的連帯に根差していると言われる（藤井2004）。福祉NPOは，事業基盤をどのように強化するのかという問題に直面するだろう。行政からの様々な支援が，福祉NPOを支えているのが実態であるように思われる。総じて，福祉分野

に新たに参入したNPOは増大する福祉需要を充足するために活動し，行政がそれを支援するという構図が成立しているものと考えられる。

つぎに教育分野では，従来，行政が中心となってサービスを提供してきた。学校教育では小中学校，社会教育では公民館などの社会教育施設がその舞台となってきた。教育団体や市民団体が主たる担い手となってきたとは言い難い。そのような状況に対して教育NPOの中には，独自のサービス提供活動を展開している団体が少なからずある。しかも，複数の自治体にまたがる広域的な活動を志向し，インターネットなどを通じて幅広い顧客を獲得しようとしているように思われる。NPOは新たな情報発信手段を駆使し，教育分野における市民社会の新たな活動空間を開拓していると言えるのではないだろうか。

最後に，地域づくり分野においては，団体間の利害が対立しやすい。商工団体や農林水産業団体は生産者の利益を代表する。本章では取り上げなかったが，自治会や町内会などは地域住民の意向を代表する。これまで，団体間の利害を調整する役割を担ってきたのは行政だった。しかし，政府財政の悪化や市町村合併の進展を背景として，新たな調整役が必要とされていた。そこに登場したのがNPOであった。京都府城陽市における環境基本条例と環境基本計画の策定過程では，コーディネーターとして関与したNPO法人「気候ネットワーク」が，主体間の「橋渡し」と「支援者」としての役割を果たしたという（平岡2007)[15]。地域NPOの中には，このようにコーディネーターの役割を担う団体が多いものと推察される。

もっとも，NPOがコーディネーターとしての役割を担うことができるのは地域づくり分野に限らない。たとえば滋賀県では，2000年に発足したNPO法人「子どもの美術教育をサポートする会」が，学校，美術館，芸術家の橋渡し役となり，連携授業の実施に貢献しているという（津屋2009)[16]。しかし，教育分野全般をみると，教育委員会がその中心的な主体であり続けている自治体が少なくない。福祉分野でも，各自治体の社会福祉協議会がその中心に

---

(15) また，農地の耕作放棄が問題となっていた愛知県犬山市では，その解決にあたって，NPO法人「犬山里山研究所」が農家と非農家を仲介する地域コーディネーターの役割を果たしたという（松岡2010）。

(16) なお，地域社会における「協働コーディネーター」の理論的意義と実践をまとめたものとして世古（2007）参照。

なることが法律に定められている（社会福祉法第109条）。それに比べて地域づくり分野では，NPOがコーディネーターとしての役割を果たすことへの潜在的な需要が高かったものと推察される。

このように，3分野で活動するNPOの特徴は多様である。しかし，既存の主体では十分に担うことのできなくなった——あるいは新たに必要となった——役割を担っているという点では共通する。総じてみると，各分野の動向に応じて既存の市民社会組織が担っていない空間を補完し，新たな活動を開拓するNPOの姿を，本章の分析は捉えたと言えよう。

もっとも，本書2章で検討したように，NPOの中には従来から活動していた団体が法人格を取得したケースも少なからず含まれている。また，行政職員が役員を務めるNPOも少なくない。そうした団体では，組織が変わっただけで，担い手となる人材は変わっていないのかもしれない。これらのNPOが，他のNPOと比べて異なる特徴を持つのかどうかは，今後分析を進めるべき実証的な課題である[17]。

---

(17) なお，本章の分析はセクター全体を単位としている。このほかに，組織を単位とした比較も可能である。本書の他章で行っている多変量解析はこのような観点に立っている。また，非営利組織と営利組織のパフォーマンスの相違なども論点である。さしあたり Chinnock & Salamon (2002)，雨森 (2007: 125-8) の整理などを参照されたい。

第8章　NPO法人格の積極的利用者？
―世界志向NPOの活動・存立様式―

足立研幾

1. 国際NGO，世界志向団体，世界志向NPO

　いわゆるNPO法は，1995年の阪神・淡路大震災における被災者支援ボランティア活動が世間の注目を集めたことが契機となって制定された。そのせいか，NPOという用語はどちらかというとローカル・レベルで活動する「非営利」「非政府」「自発的」な団体というイメージが強い。NPOをめぐる議論は盛んに行われているが，その多くは，ローカル・レベルの福祉・環境・教育・まちづくりといった政策領域を中心に，NPOが新たな公共サービスの担い手となることを期待するものである。一方，国際的な活動を行う「非営利」「非政府」団体は，NPOという呼称よりも，NGOという呼称を好む傾向があるという（辻中・坂本・山本 2010：8）。

　しかし，特定非営利活動法人（以下，NPO法人）には，国際的な活動を行うものも少なくない。内閣府及び各都道府県ホームページによると，NPO法人のうち10.8％が国際協力活動を行っている[1]。国際協力を行う自称NGOの中にも，NPO法人となっているものが少なからず存在する。実際，国際協力NGOダイレクトリー[2]に掲載されている国際協力NGOの8割以上はNPO法

（1）　NPO調査は，2006年1～5月に内閣府及び都道府県ホームページに掲載されていたすべてのNPOを対象としている。これらのホームページのデータによれば，掲載されているNPOのうち10.8％が活動分野として国際協力活動をあげている（辻中編 2009a：3－6）。

（2）　NGOダイレクトリーとは，国際協力NGOセンターによって1998年以来

人である。本書ではこれまでローカルや国内に焦点を合わせた分析を行ってきたが，上記のような文脈を踏まえ，本章では国際的な活動を行うNPO法人を取り上げる。国内を活動範囲とするNPO法人と，国際的な活動を行うNPO法人には何らかの相違が見られるのであろうか。また，国際的に活動する団体のうち，NPO法人格を取得する団体には，他の国際的に活動する団体とは異なる何らかの特徴があるのであろうか。本章ではこうした点を明らかにすべく，NPO調査の結果を分析する。その際，国際的に活動する団体全般と国際的に活動するNPO法人の差異を探るため，NPO調査の結果とJIGS社会団体調査の結果の比較分析も行う。本章では，NPOのイメージからはやや外れる，国際的な活動を行うNPO法人の特徴を探り，NPO法人のイメージと実態のズレを埋める作業を行いたい。

なお，NPO調査と社会団体調査の比較分析に入る前に，ここで国際的な活動を行う団体全般の特徴について，JIGS社会団体調査の知見を簡単にまとめておこう（足立2002；足立2010）。グローバル化が進展し，国家を単位としては十分に対応することが困難なグローバル・イッシューが頻発する中で，国家という枠組みにとらわれず活動するNGOに対する期待が高まっている（Ramphal and Carlsson 1995）。そうした中，世界的に国際NGOの増加傾向が確認されている。JIGS社会団体調査の結果でも，世界を活動範囲とする団体（世界志向団体）の設立数が増加しつつあることが確認された。しかし，経済不況の影響か，日本においては1990年代後半に入り世界志向団体の増加率が大幅に鈍化していた。一方，地方に本拠地を置く世界志向団体や，組織基盤の小さい世界志向団体が増加する傾向が，JIGS1調査，JIGS2調査，いずれにおいても確認されている。

また，JIGS2調査では，世界志向団体の補助金への依存度は増している状況が確認された。JIGS1調査時には国内を活動範囲とする団体（国内志向団体）と比べて政府から距離を置いて活動していた世界志向団体が，JIGS2調査時には国内志向団体以上に政府と密接な関係を有するようになっていた。世

隔年で発行されてきた国際協力に携わる日本の市民組織要覧のことである。このNGOダイレクトリーは2004年版を最後に書籍版の出版を取りやめ，国際協力NGOセンターのホームページ上で最新のデータを公開するようになっている。本章では2011年9月時点の国際協力NGOセンターの正会員98団体を分析対象とした。

表8−1 国際NGO，世界志向団体，世界志向NPO

国際NGO	国際的な活動を行う「非営利」「非政府」団体の一般的呼称
世界志向団体	JIGS社会団体調査（JIGS1：1997年，JIGS2：2006年）において，団体の地理的活動範囲を聞いた質問に「世界レベル」と回答した団体
世界志向NPO	NPO調査（2006年実施）において，地理的活動範囲を聞いた質問に「世界レベル」と回答したNPO法人

界志向団体のロビイング手段にも変化がみられた。JIGS1調査では，政策過程に入り込めない世界志向団体にとって，マスメディアが有力なロビイング手段となっていることを指摘した。しかし，JIGS2調査の結果からは，世界志向団体の政策過程への定着を受けて，世界志向団体にとって，マスメディアへの情報提供というロビイング手段の相対的重要性が低下したことが読みとれた。そして，世界志向団体が，以前にもまして外国の団体や国際機関と積極的に協力関係を構築するようになっている様子が浮かび上がった。世界志向団体で確認された以上のような団体の特徴は，世界志向NPOにも共有されているのであろうか。あるいは，世界志向団体の中でも，特にNPO法人となっている世界志向NPOには，それ特有の特徴がみられるのであろうか。次節以降で見ていくこととしよう。

2．世界志向NPO法人の活動分野・活動地域

先述のとおり，NPO法人のうち，国際協力活動を行っている団体は，10.8％に上る。しかしながら，NPO調査では，自らの団体の活動分野として国際協力をあげたものは4.8％にとどまっている。活動分野については，母集団である全NPO法人とNPO調査の結果に，全体的には大きな相違は見られない。にもかかわらず，国際協力をあげる団体がNPO調査では少なくなってしまった理由は，おそらくNPO調査の質問票に求められると思われる。母集団では，団体が活動分野をいくつでもあげられるのに対して，NPO調査では，主たる活動分野，従たる活動分野を聞いている。そのため，各NPOが最大でも2つまでしか活動分野を選択できない形となっている。つまり母集団とNPO調査の結果の相違は，国際協力活動を第一，第二の活動分野とするNPO法人が少ないことを反映している可能性が高い。NPO調査において，主たる活動分野に国際協力をあげているNPO法人は2.5％のみにとどまっている。グローバル化の進展に伴い，様々な問題が国境を越えるようになりつ

表8－2　活動分野（主たる活動分野）

(単位：%)

	国内NPO	世界NPO
保健・医療・福祉	42.8	13.7
社会教育	3.9	4.6
まちづくり	11.5	4.0
学術・文化・芸術・スポーツ	9.5	17.3
環境保全	11.1	14.3
災害救援	0.4	1.2
地域安全	1.3	0.0
人権擁護・平和推進	1.2	4.3
国際協力	0.9	27.1
男女共同参画	0.8	0.6
子供の健全育成	9.2	6.4
情報化社会の発展	1.9	0.9
科学技術の振興	0.5	3.3
経済活動の活性化	1.4	1.2
職業能力の開発・雇用機会	1.4	0.3
消費者保護	0.8	0.6
団体運営に関する連絡・助言・援助	1.4	0.3
N	4,739	329

つある今日，国際協力を主たる活動目的としていなくとも，結果的に国際協力活動に携わるようになることは少なくない。

団体の地理的活動範囲を聞いた質問（Q9）において，世界レベルと回答した団体，すなわち世界志向NPOの主たる活動分野を見ていこう（表8－2）。世界志向NPOのうち，主たる活動分野として国際協力をあげた団体は27.1％にとどまっている。このことは，世界志向NPOは必ずしも国際協力を主たる活動としているわけではないことを示している。

世界志向NPOの大多数は，国際協力以外の活動を行いつつ，世界レベルで活動をしている。ありとあらゆる分野が国際問題化する現状を反映してか，ほぼすべて活動分野について，それを主たる活動分野とする世界志向NPOが存在している[3]。

比較的多いのは，学術・文化・芸術・スポーツ，環境保全分野である。これらは，母集団においてはそれほど割合の多くない活動分野である。こうした分野で活動するものが多いことが世界志向NPOの特徴の一つといえるかもしれない。学術・文化・芸術・スポーツは，比較的国際協力と結び付きやすい分野であるといえる。環境保全はそれこそ一国内だけでできるものではないので，国際的な環境保全活動へとつながりやすいのであろう。次いで保健・医療・福祉となっているが，こちらは国内を活動範囲とするNPO（国内

---

(3) 表8－2にある通り，「地域の安全活動」を主たる活動分野とする世界志向NPOは，NPO調査では存在しなかった。しかし，「地域の安全活動」を従たる活動分野にあげる世界志向NPOは，本調査でもわずかとはいえ存在した（0.7％）。

志向NPO）では42.8％と最も多くなっているのと比べるときわめて少ない。国内志向NPOと比べて，世界志向NPOに多くみられる主たる活動分野としては，他に人権擁護・平和推進や科学技術の振興，災害救援などがある。人権擁護・平和推進は他国との関係が大いにかかわってくる問題であるし，科学技術の振興や災害救援などは，日本の経験から他国を支援できる活動分野であることも関係していると思われる。

　国際協力を主たる活動範囲としているNPO法人の地理的活動範囲を見ていくと，68.5％は世界レベルで活動していると回答している。逆にいえば，国際協力活動を主たる活動としているNPO法人であっても，実に31.5％もの団体が国内レベルで活動をしている。必ずしも世界レベルを活動範囲としていなくても，国際協力活動を主たる活動分野とすることは可能なのである。既に指摘した通り，JIGS社会団体調査では，地方に拠点を置く団体でも世界レベルで活動する団体が増加傾向にあることが確認された。世界志向NPOについても地方を拠点とするものが少なくない。NPO調査の結果では，13大都市（東京23区を含む）や県庁所在地以外に拠点を置く世界志向NPOも全体の3分の1以上（34.9％）を占めている（本書2章表2－8）。通信技術などの進展に伴って，地方に拠点を置くNPOでも，世界レベルで活動を行うことは，それほど困難ではなくなったのかもしれない。

3. 世界志向NPOの組織基盤

　世界志向NPOの組織基盤にはいかなる特徴があるのであろうか。世界志向NPOの設立年の平均は1997.5となっている。同時期に行われたJIGS2調査における世界志向団体の平均設立年が1971.3であることを考えると，世界志向NPOには，世界レベルで活動する団体の中でも特に設立後年数を経ていない団体が多いことが分かる。ただし，国内志向NPOの平均設立年1998.6年と比較すると，世界志向NPOの平均設立年はやや古い。NPO法の施行後に設立されたNPOの割合を見ても（表8－3），国内志向NPOの73.4％に対して，世界志向NPOは約10ポイント少ない64.1％となっている。また，NPO法施行時に設立後20年以上経過していた団体，10年以上経過していた団

表8－3　設立年　　　　　　　　（単位：％）

	～1978	1979～1988	1989～1998	1999～
国内NPO	4.6	5.2	16.8	73.4
世界NPO	5.8	6.7	23.4	64.1

国内NPO：N＝4,735，世界NPO：N＝329

体，いずれの割合を見ても，世界志向NPOの方が国内志向NPOよりも多くなっている。JIGS2では国内志向団体の方が世界志向団体の設立年よりも古い傾向がみられたことを考えると（平均設立年1969.6），これは興味深い結果である。

なぜ，世界志向NPOは，国内志向NPOに比べやや設立年が古いものが多いのであろうか。JIGS1調査の際は，国内志向団体に比べると世界志向団体の法人格取得率は低かった。世界志向団体には，法人格を取得することにあまり積極的でない団体も少なくなかったのかもしれない。しかし，JIGS2調査においては世界志向団体の法人格取得率は72.9%へと大幅に上昇した（表8－4）[4]。これは，国内志向団体の法人格取得率が微増にとどまったのとは明瞭な対照をなしている。むろん，その増加分すべてがNPO法人となったわけではない。しかし，既述のとおり，国際協力NGOダイレクトリーに掲載されている国際協力に携わるNGOの実に80.6%がNPO法人となっている。また，国際協力NGOダイレクトリーに掲載されているNPO法人の34.2%は，NPO法制定時点で既に設立後10年以上経過した団体であった。こうしたことから，NPO法が制定され，主務官庁などの介入が行われにくい認証方式を採用するNPO法人ができると，従来あえて法人格を取得しようとしてこなかった世界志向団体が，少なからずNPO法人となったと想像される。JIGS2社会団体調査のデータでは，世界志向団体は全団体の4.7%を占めるのに対して，NPO調査では世界を活動範囲とするNPO法人は全体の6.5%となっている。NPO法やNPOの議論は，しばしばローカルな活動を行う団体を念頭になされることが多い[5]。しかし，NPO法人の中にあっては，世界を活動範

表8－4　法人格取得率　　　　　　　　　　　（単位：％）

JIGS1（社会団体）		JIGS2（社会団体）	
国内志向団体（N＝1,182）	62.3	国内志向団体（N＝1,547）	65.5
世界志向団体（N＝190）	58.4	世界志向団体（N＝229）	72.9

（4）　JIGS1データとJIGS2データの比較を行う際には，JIGS1データの性格上，JIGS2データについても東京所在の団体に絞って分析を行った。

（5）　もちろん，世界を活動範囲として国際協力などの活動を行う「NPO」について論じるものが皆無なわけではない。たとえば，『NPO/NGOと国際協力』は，国際的に活動するNPOについて論じていることをタイトルで明記する数少ない本のひとつである（西川・佐藤編 2002）。しかし，本書は，NPO

囲とする団体の存在感が，全団体におけるそれよりも大きいのである。この点は，改めて留意する必要があろう。

　NPO法人の常勤スタッフ数（図8－1），予算規模（図8－2）について見ていこう。世界志向団体のうち，常勤スタッフがいない団体は7.5%であるのに対して，世界志向NPOでは24.8%にも上る。逆に100人以上の常勤スタッフを有する団体は，世界志向団体の2.8%に対して，世界志向NPOでは皆無となっている。予算規模についても同様である。世界志向団体では，年間予算が100万円未満の団体は4.9%にとどまるのに対して，世界志向NPOでは4分の1以上（25.5%）の団体の年間予算が100万円未満となっている。1億円以上の予算規模の団体も，世界志向団体では20%弱存在するが，世界志向NPOでは4.0%にとどまっている。常勤スタッフ数，予算規模などで見る限り，世界志向NPOの組織基盤は，世界志向団体と比べてもさらに脆弱であることが分かる。JIGS2社会団体調査では，世界志向団体の方が国内志向団体よりも組織基盤が弱い傾向が確認されたが，NPO法人についてはそのような傾向は確認できない。常勤スタッフ数，予算規模などの組織基盤が脆弱なものが多いのは，世界志向，国内志向を問わず，NPO法人に共通する傾向といえる。

　世界志向NPOは，補助金を受給している団体が極めて少ない（図8－3）。JIGS2社会団体調査では，国内志向団体と比べると世界志向団体の方が，補助金を受けるものが多かった。それに対して，世界志向NPOは，世界志向団体はもちろん，国内志向NPOと比較しても，補助金を受給している団体が大

シリーズの一冊として出版されているためNPOという語をタイトルに用いているが，本文中では一貫してNGOという語を使用している。類書も同様の傾向のものが多い。国際協力に携わるNGOを主として取り上げる『NGO・NPOの地理学』は，第5章でNPO法人について扱っている（埴淵 2011）。しかし，他の章では基本的に国際協力NGOについて扱っているのに対して，第5章では国際協力活動に携わるNPO法人に議論を限らず，すべてのNPO法人を対象として議論を行っている。世界を活動範囲とする非営利，非政府の団体は，自称のみならず，他称としてもNGOという語を用いることが一般的である。NPO法人の10%以上を占めているにもかかわらず，国際的な活動を行うNPO法人に焦点を当てて議論をするものはほとんどない。NPO法人，あるいはNPOという語を用いる際，国際的な活動を行う団体をイメージすることはあまり多くないと思われる。

図 8－1　常勤スタッフ数

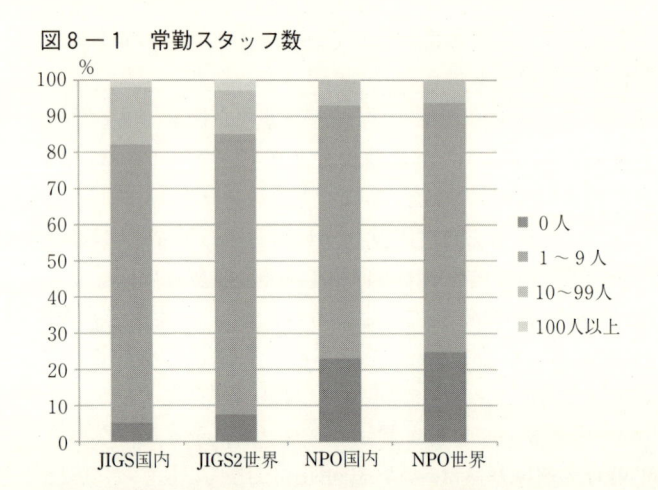

- 0人
- 1～9人
- 10～99人
- 100人以上

図 8－2　予算規模

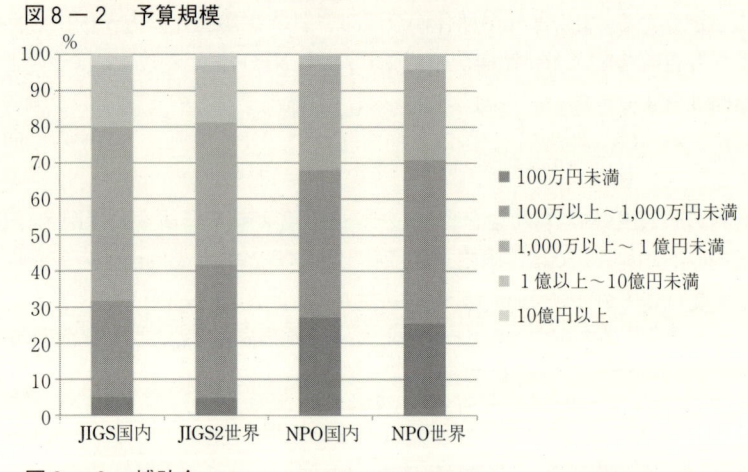

- 100万円未満
- 100万以上～1,000万円未満
- 1,000万以上～1億円未満
- 1億以上～10億円未満
- 10億円以上

図 8－3　補助金

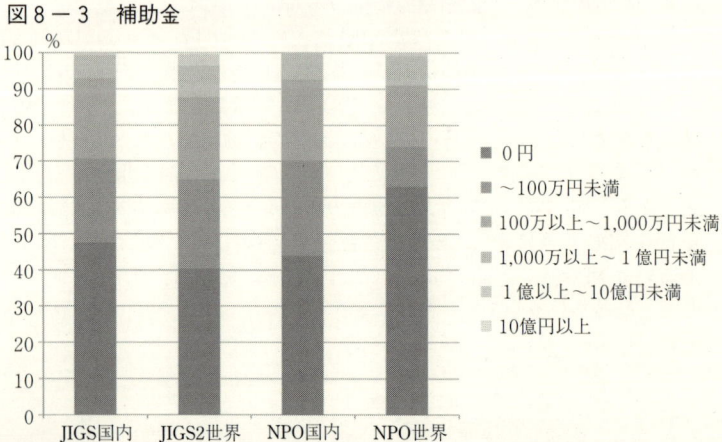

- 0円
- ～100万円未満
- 100万以上～1,000万円未満
- 1,000万以上～1億円未満
- 1億以上～10億円未満
- 10億円以上

幅に少ない。補助金を全く受給していない世界志向NPOも63.0％にのぼる。筆者は，経済状況悪化に伴い寄付が減少したのを受けて，補助金に頼る世界志向団体が増加する傾向がみられることを指摘したが（足立2010），世界志向NPOにはそうした傾向は見られない。NPOが，行政の「下請け化」していると指摘するものもあり（田中2006:77），実際，国際NGOについても国際機関や各国政府のプロジェクトの「下請け化」しているものも少なからず存在する（コーテン1995:128-139）。しかし，日本の世界志向NPOについては，そうした傾向は強くないようである。

　世界を活動範囲とする団体の中でも，特に政府との距離をとり，自律的な行動をしようとするものが，NPO法人となる傾向があるのかもしれない。

　では，補助金への依存が少ない世界志向NPOは，いかにして活動資金を得ているのであろうか。NPO調査の結果からのみでは確定的なことはいえない。しかし，たとえば，NPOの活動目的について聴いたQ13の結果は示唆的である（表8-5）。「会員以外への情報提供」を主たる活動目的とする団体は，世界志向団体の26.6％に対して，世界志向NPOは40.1％に上る。また，「一般向け有償サービス」を行っている世界志向NPOの割合は，世界志向団体のそれのほぼ倍となっている。一方，「一般向け無償サービス」を行っているものは，世界志向NPOの方が世界志向団体よりも少なくなっている。世界志向NPOは，補助金などに頼らない分，その保有する専門知識などを活かした有償の情報提供を行うことで活動資金を得ようとしているのかもしれない。ただし，行政との距離をとることを重視しているためか，行政と有償で委託業務を行う関係にある世界志向NPOは，国内志向NPOのおよそ半分にとどまる[6]。この点

表8-5　活動目的　　　　　　　（単位:％）

	世界志向団体	世界志向NPO
会員への情報提供	60.5	60.5
会員の生活・権利の防衛	9.9	6.0
会員の教育・訓練・研修	44.3	43.4
会員への補助金の斡旋	5.8	3.3
会員への許認可・契約の便宜	4.3	2.7
行政への主張・要求	20.3	20.7
会員以外への情報提供	26.6	40.1
専門知識に基づく提言	16.3	25.7
啓蒙活動	33.3	34.7
他の団体や個人への資金助成	17.4	6.9
一般向けの有償サービス	9.6	18.0
一般向けの無償サービス	26.7	21.9
N	729	334

　（6）　NPO調査のQ18-Bでは，国，都道府県，市町村と「有償で委託業務をしている」か否かを聴いている。国，都道府県，市町村のいずれかと有償で

でも，世界志向 NPO については，国内志向 NPO 以上に「下請け化」する傾向が弱いといえそうである。

4. 専門知識を背景とした行政からの自律性追求？

　世界志向 NPO は，実際のところ行政といかなる関係を有しているのであろうか。JIGS2 社会団体調査と NPO 調査では，この点については質問が若干異なる。ただし，社会団体調査の Q17 と NPO 調査の Q18 はほぼ同様の質問をしており，国や自治体との関係のうち，「政策決定や予算活動に対する支持協力」「政策執行に対して援助や協力」「審議会等への委員派遣」「モニタリング」の有無については，双方とも訊ねている。これらの項目について比較した表8－6を見よう。「政策執行に対して援助や協力」「審議会等への委員派遣」を国と行っていると回答する世界志向 NPO は，世界志向団体のほぼ半分の割合にとどまっている。「政策決定や予算活動に対する支持協力」を行っていると回答する世界志向 NPO に至っては，世界志向団体の3分の1以下の割合である。一方，「モニタリング」を行う関係にあると回答するものは，世界志向団体の4.6％に対して，世界志向 NPO では5.1％とやや多い。同様の傾向は，自治体との関係でも確認できる[7]。このような結果は，世界志向 NPO が，世界志向団体以上に行政との距離をとろうとしていることの現れなのかもしれない。

　活動を行う際の必要情報源をどこから得るのかという点は，団体活動の性格を考える上で重要である（表8－7）。

表8－6　国との関係　　　　　　　（単位：％）

	世界志向団体	世界志向 NPO	国内志向 NPO
政策提言	—	14.7	5.4
政策決定への支持・協力	11.2	3.6	1.4
政策執行への協力	12.8	7.2	2.0
委員派遣	11.4	6.3	2.1
モニタリング	4.6	5.1	1.3
N	729	334	4,777

　　　業務委託を行う関係にあると回答した団体は，国内志向 NPO では39.0％であったのに対して，世界志向 NPO ではその半分の18.6％であった。
（7）　NPO 調査では都道府県と市町村に分けられているが，JIGS2 社会団体調査では単に自治体との関係を聴いている。そのため，自治体との関係は表にはしていないものの，JIGS2 の自治体との関係を訊ねた結果を，NPO 調査の都道府県との関係，市町村との関係，いずれと比較しても，同様の傾向が確認できる。

必要情報源一位に中央省庁をあげる世界志向NPOの割合（7.1%）は，世界志向団体の13.0%に比べるとほぼ半分にとどまっている。最も多くの世界志向NPOが必要情報源一位に挙げるのは自団体の役員であり，次いで学者・専門家となっている。学者・専門家を必要情報源一位としてあげる割合は，世界志向団体の倍以上である。上記の政府との関係と併せてみると，中央政府の情報に頼るのではなく，自団体の役員や学者・専門家などの専門知識を背景に，政府とは異なる立場から活動をしようとする世界志向NPOの姿が浮かび上がってくる。

表8−7　必要情報源第一位

(単位：%)

	世界志向団体	世界志向NPO
中央省庁	13.0	7.1
政党	0.9	0.3
自治体	4.0	8.0
地方議員	0.1	0.0
学者・専門家	9.4	20.0
企業	3.0	3.1
マスメディア	4.0	4.6
専門・業界紙関係者	3.9	4.6
系列団体	28.7	5.0
協力団体	6.0	11.8
自団体の役員	20.7	22.0
NPO	0.6	4.0
町内会・自治会	0.1	0.3
その他	5.7	8.7
N	701	323

ところで，世界志向団体が最も多く（28.7%）必要情報源一位としてあげたのは系列団体であった。しかし，世界志向NPOのうち，必要情報源一位として系列団体をあげたのはわずか5.0%にとどまる。世界志向NPOは，系列団体を持たない，あるいは系列団体との関係が密でないものが多いのかもしれない。その一方で，協力団体をあげるものは，世界志向団体のほぼ倍，NPOをあげるものも大幅に多い。世界志向NPOは，世界志向団体全体に比べると，どちらかというとより緩やかなNPO間関係に情報源を依存しているのかもしれない。

5. 国際的ネットワーキングとマスメディア利用

前節では，世界志向NPOが，自団体の役員や学者・専門家などの専門知識を背景に，政府とは一定の距離をとって活動をしようとしているのではないかと指摘した。実際，世界を活動範囲とする団体の中には，高い専門性を背景に，各国政府とは異なる立場をとりつつも，各国政策過程や国際交渉過程に働きかけを行うものが少なくないことが指摘されている。ピーター・ハース（Peter M. Haas）の知識共同体論（epistemic community）はそうした代表的なものである(Haas 1989; Haas 1992)。知識共同体とは，特定領域の知識に対して権威を有する専門家の脱国境的ネットワークのことである。彼らは，

表8-8　各組織と協調的な団体の割合　（単位：％）

	世界志向団体	世界志向NPO
農林漁業団体	12.7	12.3
経済・業界団体	29.6	18.2
労働団体	15.7	11.8
教育団体	33.9	30.2
行政関係団体	33.0	30.1
福祉団体	32.9	29.0
専門家団体	29.2	34.8
政治団体	10.2	6.0
市民団体	24.0	33.3
学術・文化団体	38.6	39.6
趣味・スポーツ団体	24.4	27.3
宗教団体	6.6	8.5
町内会・自治体	19.7	37.1
首相官邸	9.6	6.9
与党	18.2	14.5
野党	12.3	12.0
都道府県	28.3	37.7
市町村	35.7	36.3
裁判所	5.3	6.1
警察	17.5	10.7
大企業	20.0	23.5
マスメディア	33.7	49.0
暴力団	0.4	0.4
外国政府	19.6	42.1
国際機関	34.9	50.2
外国の団体	33.5	53.1

しばしばアドボカシー活動に従事し，そして，各国政策過程や国際交渉に時として大きな影響を与える（Haas 1992: 3）[8]。日本における世界志向NPOは，脱国境的ネットワークを形成したり，アドボカシー活動に従事したりしているのであろうか。

他の組織との協調対立関係を聴いているQ28の結果をみよう（表8-8）[9]。世界志向団体と世界志向NPOの間で全体的には数値に大きな相違はない。しかし，外国の団体と協調的と回答している世界志向NPOの割合は53.1％となっており，世界志向団体の33.5％に比べて20％ポイントも高い。国際機関との関係についても，世界志向NPOの50.2％が協調的と回答しているのに対して，世界志向団体では34.9％となっている。また，外国政府についても世界志向NPOの42.1％が協調的と回答している一方，世界志向団体ではその半分以下の19.6％が協調的と回答

（8）ハースによれば，政策決定者は，政策決定に際して不確実性低減のため，専門知識を有する知識共同体に助言をしばしば求める。知識共同体は，そうした助言を通して，各国の政策や国際交渉に影響を与える。一方，不確実性低減のための専門知識提供を行わなくとも，国際NGOが政策決定や国際交渉に多大な影響を与えることも少なくない。世論の支持などを背景として，新たな規範の受容を政策決定者に迫る規範起業家はこうした例である（Nadelmann 1990）。規範起業家として，国際NGOネットワークが国際交渉に大きな影響を与えた事例としては，対人地雷禁止条約の形成過程が有名である（足立 2004）。

（9）質問票は7点尺度（1：非常に対立的，4：中立，7：非常に協調的）で訊ねているが，ここでは5から7点をつけた団体を，当該組織と協調的な団体と扱った。

するにとどまっている。世界志向NPOは、世界志向団体と比べても、これらの国際的な組織と協調関係にある団体が多いといえる。また、紙幅の関係で図表は省略するが、世界志向NPOが対立的と回答した割合が最も高かったのは、首相官邸（11.2%）であった[10]。こうした結果は、専門知識を背景にし、政府とは距離を保って活動しようとしているという前節の分析と整合的な結果である。

　世界志向NPOは、マスメディアとの協調度も高い。マスメディアと協調的な関係にあると回答している団体の割合は、世界志向団体の33.7%に対して世界志向NPOは49.0%となっている。こうしたマスメディアとの協調度の高さは、世界志向NPOが政治や行政に働きかける際の行動にも反映されている。世界志向NPOにとって、最も頻繁に用いられる政治・行政への働きかけ方法は、「マスメディアへの情報提供」となっている[11]。世界志向団体でも、政治・行政への働きかけ手段として「マスメディアへの情報提供」をあげるものは二番目に多い。しかし、世界志向団体ではそれを行うとするものが28.0%であるのに対して、世界志向NPOではほぼ半数の49.8%が政治や行政への働きかけ手段として「マスメディアへの情報提供」を行うと回答している。世界志向NPOの方が、世界志向団体よりも「マスメディアへの情報提供」を通した政治・行政への働きかけを積極的に行っているといえる。

　興味深いことに、世界志向NPOが積極的に用いている政治・行政への働きかけ手段は、マスメディアのみではない。むしろ、ほぼすべての手段を、世界志向団体以上に活用している。世界志向団体の方が多いのは、「直接的行動（デモ、ストライキなど）」や「請願のための署名」などにとどまる。これらの働きかけ手段は、多くの会員を有するような団体が得意とする戦術なのかもしれない。そのせいか、「直接的行動」や「請願のための署名」などを

---

(10) ここでは、7点尺度（1：非常に対立的、4：中立、7：非常に協調的）で、1から3点をつけた団体を、当該組織と対立的な団体と扱った。ちなみに、世界志向団体においても、首相官邸と対立的と回答するものは、宗教団体に次いで多かった。世界を活動範囲とするものの中には、首相官邸と対立的な団体の割合もやや多い傾向があるようである。

(11) 質問は5点尺度（5：非常に頻繁、4：かなり頻繁、3：ある程度、2：あまりない、1：まったくない）で訊ねている。ここでは5, 4, 3のいずれかと回答した団体を、当該働きかけ手段を行う団体として扱った。

行うNPOは，国内志向，世界志向を問わず少ないようである(5章表5－5)。JIGS1調査時に筆者は，政策過程に入り込めない新興の世界志向団体にとってマスメディアが有力なロビイング手段となっていることを指摘した。そして，JIGS2調査の結果からは，JIGS1に比べて世界志向団体が政策過程に入り込めるようになり，マスメディアとの協調関係をテコとして政策過程に働きかける必要性が少なくなった可能性が示された。

世界志向NPOにおいても，政策過程がアクセシブルになり[12]，与党や野党，中央省庁に盛んに直接的に働きかけていることが確認できる。実際，世界志向NPOは，「与党との接触」「野党との接触」「中央省庁との接触」いずれにおいても，世界志向団体はもちろん，国内志向団体や国内志向NPOのうちでも，最も盛んに行っている。世界志向NPOのマスメディア活用は，政策過程に入りこめないからマスメディアを活用するといった消去法的なものではない。むしろ，世界志向NPOは可能なありとあらゆる手段を用いて政治・行政に働きかけているようである。

Q34では，特定の政策や方針を，実施，または修正・阻止させることに成功したことがあるか否かを聴いている（表8－9）。NPOは，一般的に「政治とは無縁な組織」というイメージが強く，NPOに関わっている人の間でも政治と距離を取ろうとする人が少なくない（辻中・坂本・山本2010：15）。確かに，国内志向NPOの中で政策実施，政策修正・阻止に成功した経験のあると回答するものは少ない。しかし，世界志向NPOについては，政策実施，阻止・修正経験があると回答する団体の割合が高くなっている。世界志向NPOは，国内志向団体や国内志向NPOと比べても，政策実施，政策阻止・修正経験がある団体の割合が最も高い。世界を活動範囲とするNPOには，一般的なNPOのイメージと異なり，可能な手段を全て駆

表8－9　政策実施，修正・阻止経験　(単位：%)

	世界志向団体	国内志向団体	世界志向NPO	国内志向NPO
国の政策実施	14.6	12.8	17.0	7.6
国の政策修正・阻止	12.6	13.9	14.2	6.9

---

(12) たとえば，接触できる人の有無について訊ねたQ17（N=334）の結果によると，国会議員に接触可能と回答した世界志向NPOは43.4%，中央省庁に接触可能と回答した世界志向NPOは35.3%であった。また，新聞記者は62.6%，テレビ42.2%であった。

使して積極的に政治・行政への働きかけを行い，実際に政策実施，阻止・修正に成功するものも多いようである。

また，世界志向 NPO は，「懇談会・勉強会・ミニフォーラム」「シンポジウム・イベント」「広報誌・ミニコミ誌発行」「ホームページなどを使った情報発信」等のいずれにおいても，国内志向 NPO よりも頻繁に行っているものが多い（表 8 − 10）[13]。同様の傾向は世界志向団体でも確認できるが，世界志向 NPO の方がこうした活動を頻繁に行うものが多い。特に，「ホームページなどを使った情報発信」については，国内志向 NPO よりも約20％ポイント，世界志向団体よりも約10％ポイント高い50.2％が頻繁に行っていると回答している。世界志向 NPO には，専門知識を背景に，政治や行政のみならず，一般に対しても盛んに働きかけている。

ただし，こうした働きかけは，自らの団体利益を行政に対して要求するといったものよりは，専門知識に基づく政策提言・アドボカシーという性格が強いのかもしれない。「専門知識に基づく政策案を提言する」ことが，団体の主たる目的・活動であるとする割合は，世界志向 NPO の方が国内志向 NPO，あるいは世界志向団体と比べてもかなり高い（表 8 − 5）[14]。また，行政との

表 8 − 10　一般向け働きかけ　　　　　　　　（単位：％）

	世界志向団体	国内志向団体	世界志向 NPO	国内志向 NPO
懇談会・勉強会・ミニフォーラム	17.0	11.9	26.0	20.8
シンポジウム・イベント	21.6	12.0	26.5	20.5
広報誌・ミニコミ誌発行	23.6	14.2	24.7	20.0
HP などを使った情報発信	41.1	19.6	50.2	31.0

(13) JIGS 社会団体調査，NPO 調査では，これらの活動について，どの程度の頻度で行っているのか5点尺度（5：非常に頻繁，4：かなり頻繁，3：ある程度，2：あまりない，1：まったくない）で訊ねている。ここでは，5点，または4点をつけた団体を，こうした活動を頻繁に行っている団体とした。項目ごとに回答数が異なったため，母数は若干異なるが，世界志向 NPO は308〜317，国内志向 NPO は4,356〜4,427，世界志向団体は654〜674，国内志向団体は13,428〜13,559であった。
(14) 表 8 − 5 では国内志向団体，国内志向 NPO の数値は掲載していないが，「専門知識に基づく政策案を提言する」と回答した国内志向団体は13.7％，国際志向 NPO は21.1％であり，世界志向 NPO の25.7％と比べると低い。

関係を訊ねたQ18の結果を見ても（表8-6），国に「政策提言をしている」と回答している世界志向NPOは14.7％となっており，これは国内志向NPOの3倍近い[15]。世界志向団体の中でも，特に情報・活動資源の面で政府とは距離をとり，自らの専門知識を土台として積極的に政策提言をはじめとする働きかけを行おうとする団体が，法人格を取得することにメリットを見出し，NPO法人となっているのかもしれない。もちろん，世界志向NPOすべてがそうした傾向を有するわけではないが[16]，政府と距離をとりつつ政策提言を行おうとする世界志向NPOの割合が，世界志向団体や国内志向NPOと比べると高くなっている。

6. 自律的なアドボカシーを追求する世界志向NPO

日本においては，NPOの存在感が日々増している。NPOへの期待も大きく，NPOの位置づけや役割に関する議論が盛んに行われている。そうした議論は，しばしばローカルな活動を行う団体を念頭になされることが多い。しかし，NPO法人の中にあっては，世界志向NPOの存在感は実は高い。その背景には，従来あえて法人格を取得しようとしてこなかった世界志向団体が，NPO法制定を契機として少なからずNPO法人となったことがあると思われ

---

(15) 都道府県に対して政策提言をしているものは，世界志向NPOの16.5％に対し，国内志向NPOは12.9％，市町村に政策提言しているものは，世界志向団体の15.3％に対して，国内志向NPOは27.5％となっている。国，都道府県，市町村，いずれのレベルにおいても，15％前後の世界志向NPOが，行政に対して政策提言をしているのである。

(16) 実際，国際NGOについては，自律的なアドボカシー活動を積極的に行っているのは一握りの団体だとの指摘がしばしばなされている。多くのNGOは，専門知識や活動資源が不足している。そのため，自らアドボカシー活動に従事するのではなく，当該分野の中心的NGO，いわゆるゲートキーパー（gatekeeper）のアドボカシーに共鳴し，フォロワー（follower）として政治・行政への働きかけに参加するのである（Bob 2005: 18-20）。ちなみに，本書5章では，主観的影響力や影響力行使の成功経験の決定要因を探る回帰分析が行われている。その結果によると，「活動範囲が世界」（すなわち世界志向NPO）変数は有意ではなく，符号もマイナスとなっている（表5-8，表5-9）。フォロワーとして活動する多くの世界志向NPOは，自らの主観的影響力や，影響力行使の成功を感じにくいのかもしれない。

る。世界志向NPOの活動分野は，国際協力にとどまらない。ありとあらゆる問題が国境を越えるグローバル化が進む現在，その活動分野は多岐にわたっている。

世界志向NPOは，政府とは一定の距離を保って活動しようとしている。政策決定や政策執行などに協力することが少ないだけでなく，補助金を受けるものも少ない。活動上必要な情報についても政府ではなく，学者や専門家に頼る傾向が強い。世界志向NPOには，学者・専門家や海外の諸組織との協調関係を活かし，専門知識を背景に政府とは異なる立場から行動をしようとする傾向がある。国際NGOの「下請け化」がしばしば指摘されるが，世界志向NPOにはそのような傾向はあまり見られない。むしろ，「下請け化」を嫌う世界志向団体が積極的にNPO法人となっているのかもしれない。実際，世界志向NPOにはモニタリング活動を行うものが国内志向NPOよりも多い。マスメディアとの協調度の高さは，中央政府からの自律性を保ちつつ，時として政府を批判したり，モニタリングをしたりする上で役立っていると思われる。世界志向NPOは，可能な手段を駆使して積極的に政治・行政への働きかけを行っている。その結果，実際に政策実施，阻止・修正に成功するものの割合が，国内志向NPOや，世界志向団体，国内志向団体と比べて高くなっている。また，政治・行政に働きかけるだけではなく，一般向けにフォーラムやシンポジウムを開催したり，ホームページなどで情報発信を行ったりしている。世界志向NPOについては，政府と距離をとりつつも，積極的に政策的起業・アドボカシーに従事するものが少なくないようである。

NPO法人は，最狭義のNPOとされることが多い。しかし，その法人格の特徴，歴史的経緯ゆえ，NPO法人には，いわゆるNPOのイメージとは異なる団体が少なからず含まれている[17]。本章で見てきた世界志向NPOもそうした

---

(17) NPO法では，設立要件の判断において所轄庁の裁量の余地は極めて限定されており，設立要件に適合すると認めるときには，認証しなければならないという。その結果，NPO法人として認証されるものの中には，いわゆるNPOのイメージと大きく異なるものも含まれうる。こうした活動が懸念されるNPO法人への監視の一環として，内閣府では「市民への説明要請」を実施している。この点については，内閣府NPOホームページを参照した（https://www.npo-homepage.go.jp/about/npo.html，最終アクセス2012年1月16日）。

ものの一つであろう。むろん，NPO法制定時から，特定非営利活動の一つとして「国際協力活動」が挙げられており，NPO法自体，こうした団体を射程に入れてはいた。しかし，NPOの議論をする際には，ローカル・レベルの活動を行うNPOに焦点が当たることが多く，世界志向NPOの活動についての議論が抜け落ちるきらいがある。本章で見てきたとおり，「国際NGO」は，NPO法人格を積極的に取得している。また，こうした自称「国際NGO」のNPO法人は，NPO法人の中では意外に存在感が大きいだけでなく，いわゆるNPOのイメージとは相当異なる活動様式をとっている。また，世界志向団体の中でも，NPO法人となるものには，一定のそれ特有の特徴がみられた。NPO，NPO法人，国際NGOなどについて論じる際には，こうしたイメージと実態のずれにも十分留意する必要があると思われる。

終章　結論

辻中豊・山本英弘・坂本治也

1. 本書の課題

　まずは本書の冒頭（まえがき，9頁）に掲げた日本社会をめぐる「謎解き」とNPO政治が注目される背景について振り返ってみたい。日本政治の比較政治的文脈での「謎」のなかに，①なぜ自民党政権が長期にわたり続いたか，②なぜ日本の革新政党が政権交代可能な政党に成長できなかったか，そして③なぜ政権交代後もなお民主党が弱体か，という問題がある。そして，それは日本の市民社会（組織）の，4つのS（Small, 小ささ）「少ない会員数，少ない専門職員数，少ない予算額，狭い地域における活動」という謎におそらくは関係している。

　他方で，この4つの小ささを持つかもしれない市民社会組織が，同時に，絆，繋がり，ネットワークの強さ，いわばソーシャル・キャピタルを持つこと，ただし「メンバーはいるがアドボカシー（主張）はしない」という問題も存在した（Pekkanen 2006=2008）。

　さらに大きくは，日本は，先進国最小の政府公共部門を持ちながら，他方で世界最大の累積赤字に悩むといった謎が存在している。この「小さな政府，大きな財政赤字」の問題と市民社会組織，特に既存の数多くの社会団体や近隣自治団体（自治会など）が関係すると我々は考えている（辻中・ペッカネン・山本 2009；辻中・森編 2010；辻中・伊藤編 2010）が，果たして新興のNPOはどのように関係するのだろうか。

　このような日本の政治・社会と市民社会との関係についてのパズルを本書

が綺麗に解いてきたわけではない。本書でなしえたのは，そのための実証的な材料を，NPOという市民社会の最も新しい成長点の周りを中心に集め，いくつかの方面から既存の社会団体と比較・検討してきたにすぎない。

また，NPO政治をめぐる本書は，広い国際比較的なJIGS調査の成果の一環である。JIGS調査は，政策決定過程・政治過程・社会過程という円錐型権力過程における団体（市民社会組織）の位置づけを明らかにすること，特に利益団体としての側面に着目しながら，政治過程と社会過程の接触面を明らかにすることを狙いとしていた（辻中編 2002；辻中・森編 2010）。

1997年と2006-07年に実施した社会団体調査では，いずれも政権交代以前からの旧構造が残存していることが明らかとなった。つまり，官僚主導，自民党一党優位，セクター団体中心といった基本的な構造は二時点にわたって確認された。ただし，近年は徐々に溶解の傾向をみせていることも事実であった。例えば，政治アクターとの接触活動では，生産に関係するセクター団体（経済，農業，労働）の低下と，市民団体や一部の政策受益団体の上昇傾向が観察された。団体世界が徐々に平準化していることは明らかであり，当時の野党＝民主党への緩やかな傾きも見出すことができた。

NPO調査の趣旨は，JIGS社会団体調査や自治会調査では十分に捕捉できない市民社会組織に焦点を合わせることで，近年の市民社会ブームの中心的担い手であるNPOの政治過程や社会過程における位置づけと，アドボカシーとしての政治過程への参加の程度を捉えることにあった。

検討の枠組みとして，「社会過程と政治過程」「活動空間による相違」「活動分野による相違」，そして，できるだけ（電話帳を母集団とする）社会団体との相違を明らかにしようとした。

2. 主な知見の整理

以上の分析枠組みの下で明らかになった主な知見は，以下のように整理できる。

2.1. 社会過程におけるNPO
(1) 形成局面（2章・坂本）

NPOの形成は，1998年のNPO法制定後に噴出している。NPOそのものの形成時期は2000年代前半に大きなピークを迎えているが，その他の市民社会

組織では同時期に設立数の増加が起こった形跡はみられない。NPOを除けば，日本の市民社会組織の中心は，現在も基本的に終戦直後から高度成長期にかけて設立された古い団体が占めている。NPOの設立が，事業所統計でいう団体設立や電話帳で把握できる社会団体の設立に影響したようには見えない。したがって，サラモンがいう「アソシエーション革命」は，日本ではNPOに限定して観察される事象に留まっている。

ただし，人権国際系や教育文化系などには1998年のNPO法制定以前に形成されたものがやや多く，分野により形成時期に差がみられる。

最近になって設立された団体は会員数や収入規模が小さく，収入面では委託業務手数料などの割合が高いため行政依存的だといえる。NPOの3分の1が行政からの設立支援を受けているが，団体の草の根的な活動基盤や，政府に対する批判的姿勢・行動などを喪失しているわけではない。行政の言いなりではなく，ある程度の自律性を維持しているようである。

(2) 地理的分布（2章・坂本）

NPOはやや都市部に偏重して存在している。これはNPOに限ったことではなく，近隣自治団体（自治会など）を除いて，日本の社会団体全般で確認できる傾向である。むしろ比較的新しく設立されたNPOは非都市部に広がっている傾向がみられる。全国・世界レベルを活動領域とする団体は，東京に多いとはいえ，人口20万人未満の市町村にも2～3割は存在する。NPO自体は東京に多く3万人未満の市町村に少ないが，それ以外は全国的にほぼ人口割合に応じて存在している。

(3) 価値志向（3章・山本）

NPOの政策関心は，社会団体と比べれば広くはなく，ほぼ特定の活動分野への単一争点的な関心をもっている。NPOの活動分野は保健福祉系が最も多く全体の4割を占め，次いで教育や地域づくりといった分野が多い。基本的な傾向は既存のNPO調査の結果と同じである。こうした活動分野の分布自体は世界的にみると特異なものではない。ただ日本の社会団体では営利生産系（経済，農業，労働）の占める割合が高かったことから，結果として補完的になっている。

社会団体と同じく会員に対するサービス提供を目的に挙げるNPOが多い。

NPOに特徴的なのは有償サービス（福祉，教育）と情報提供を挙げる団体の多さである。

政治・社会意識をみると，NPOは政府に対して，効率的な政策や，地方分権，市民参加の拡大などによる権限の委譲を求めつつも，格差の是正において一定程度の調整を求めているといえる。

(4) リソース（3章・山本）

NPOの半数が年間収入500万円未満であり，財政規模が小さい。事業収入と会費収入の占める割合が多い（特に福祉での事業収入）。行政からの支援（補助金，委託手数料）も一定程度あり，その割合では他の社会団体を上回っている。NPOの6割が会員数50人未満の小規模組織であり，財政規模に応じてスタッフも少ない。常勤スタッフのいないNPOが約2割存在する。

(5) 会員との関係・内部構造（3章・山本）

NPOの内部では，会員のイベントへの参加が盛んである。会員同士あるいは役員と会員の「対面接触」が多い。IT利用は社会団体よりやや高いが，それにより対面接触が減じているわけではない。組織構造は，専門性が高く半分以上のNPOに専門職の会員が存在する。多様な層が会員を構成していること，創設者の理念が重視されリーダーシップに基づいていることが特徴である。小さいながらも会員間関係が充実している。

(6) 団体間関係（5章・坂本／6章・山本）

ローカル・レベルにおいて，市町村，福祉団体，自治会，市民団体等との協調関係がみられる。全国レベルや世界レベルにおいては，マスメディアと協調的であることが特徴である。NPOリーダーの交際範囲は多岐にわたっており，多様なネットワークを結び付ける結節点の役割を果たしている。社会団体と比べて，マスメディア，NPO，学者・専門家，自治会，地方議員との交際ネットワークの比率はやや高く，市町村課長以上，国会議員ともほぼ同じである。

(7) 分野別のNPOと社会団体，市民団体（社会団体内）との比較（7章・久保・山本）

福祉NPOは，福祉団体に比べて小規模である。また，有償サービスの提供を目的として事業化している。福祉団体と同様，自治体から活動時の情報提供を受けている。

教育NPOでは，サービスの提供を目的としたものが多く，多様な主体を情報源とする団体が混在している。教育団体に比べると社会に向けた活動が盛んである。特に，インターネットを活用する団体が多いことに特徴がある。

地域NPOは有償・無償のサービス提供を行う団体が多い。また，啓蒙活動や会員外への情報提供など，専門知識を通じた社会への働きかけを目的とする団体が多い。地域NPOは産業関連団体のように特定の利益を代表する行動ではなく，より広い「公共の利益」ともいえる価値を追求すべく，情報や専門知識を活かした行動をとっているように思われる。

2.2. 政治過程におけるNPO

(1) 行政機関との関係（4章・坂本）

行政と接触するNPOが約6割，しないNPOは3割弱である（行政と「関わりない」が26％）。これは社会団体の割合とほぼ同じである。全国レベルのNPOでは2〜3割が中央省庁の課長クラスに働きかけている。社会団体（37％）より少ないものの，一定程度の割合である。また全国レベルのNPOであっても自治体と接触する団体が多く，その割合は社会団体より多い。

ローカル・レベルで活動するNPOは，中央・自治体との接触がともに社会団体よりやや少ないが，自治体課長レベルとの接触は6割に上る。10年前より接触は増加傾向にある。NPOの行政ロビイングは社会団体一般とほぼ同じ程度に活発といえるだろう。

(2) 政党との関係（4章・坂本）

政党に接触するのは2割強で，社会団体（4割弱）より少なく，福祉や趣味・スポーツ分野の社会団体並みの割合である。6割以上が政党と接触していない。全国レベルで活動するNPOでは自民党接触が20％，民主党接触が13％である（地方レベルNPOでは自民接触がやや少なく17％，民主は13％）。どの活動分野でも自民党（当時の政権党）接触の方が少し多い傾向にある。自民党，民主党とも10年前と比べた接触は増している。

(3) 行政接触・政党接触（4章・坂本）

　全国レベルで行政・政党の両方に接触しないNPOの割合は7割弱と多くみられる。政党接触，行政接触，両方接触のそれぞれの割合はどれも10%程度で目立った特徴がない。NPOは全国レベルの政治過程には十分に参入できていないことがわかる。他方で地方レベルでは，両方接触が2割，行政だけ接触が4割強であり，両方共に接触できないNPOは3割強にとどまる。

　政策エリートへの信頼および行政に対する依存度は政治・行政接触を促進する（もしくは，これら3つ，エリート信頼，行政依存度，政治・行政接触は相互に関連する）。行政依存は政治行動への妨げになっていない。

(4) メディアとの関係（5章・坂本）

　NPOは社会団体と同じくらいメディアに取り上げられている。メディア関係者へのアクセス可能性も高い。マスメディアとの関係はほぼ社会団体並（値は少し低い）であるが，メディアに取り上げられたNPOの割合は社会団体よりやや多い。

(5) 情報源と情報提供（5章・坂本）

　行政，系列団体，専門家・メディア，他の市民社会組織と外部環境からバランスよく情報を取得している。これは社会団体が自団体系列内部と行政に偏るのと対照的である。

　自治体（5割）や地方議員（3割弱）から政策の相談を受ける頻度は社会団体より高く，中央省庁や国会議員からも同程度の1割前後が政策相談を受けると回答している。

(6) ロビイング（5章・坂本）

　労働，政治，市民団体を除く社会団体と同等かそれ以上に，対メディア・対市民など政策過程の外に働きかけるアウトサイド・ロビイングを行っている。特に，メディアを使った「紛争拡大」戦略を取っていることは重要である。

(7) 影響力（5章・坂本）

　主観的影響力は4割が「ある程度」以上の影響力を感じている。政策の実

施・阻止も国と地方のいずれかで経験のあるNPOが2割強である。これは社会団体と比べても,国レベルでやや少ないが,全体としてはそう遜色ないものであり,NPOが一定の影響力を感じていることがわかる。

2.3. NPOの多様性
(1) 自治体との関係(6章・山本)

　4～6割と一定程度のNPOが市町村と接触している。10年前と比べて増えている。政策形成,執行段階に参加しているNPOは2～3割程度みられる。地域づくり系で多い。ただし,社会団体や自治会と比べると少ない。市町村や議員に対する信頼,業務の受託,幅広いネットワークが政策過程への参加を促している。

　行政と比べたNPOの優位点は,柔軟性と先駆性だとNPOは認識している。行政とは支援を受けつつ,対等なパートナーシップ関係を築きたいと考えている。

(2) 地方議員との関係(6章・山本)

　地方議員に政策提言するNPOは,市町村に提言するものと同程度の割合でみられる。自治体も地方議員もというスタンスである。

　すでに触れたように地方レベルでの政治アクターへの接触は盛んである。

(3) 分野別のNPOと社会団体,市民団体(社会団体内)との比較(7章・久保・山本)

　福祉NPOは,政策過程への関与は少ない。ただ,情報や専門知識の提供を通して政治家や行政職員と接触している。

　教育NPOは,市民団体に比べると自治体への働きかけは低調である。教育団体に比べると,政策決定や政策執行における関与も少ない。ただ,自治体や地方議員からの接触は,教育団体や市民団体と同程度にある。

　地域NPOでは自治体を情報源とする団体が,産業関連団体,市民団体よりもやや多い。自治体職員や幹部との接触は,地域レベルの産業関連団体や市民団体と同様に活発である。特にメディアとの接触は最も盛んである。その一方,政策決定や政策執行に関与する地域NPOは相対的に少ない。

(4) 国際（8章・足立）

世界志向 NPO は政府と一定の距離をとりつつも，モニタリングを行い，様々な手段を駆使して政党・行政に働きかけている。

3. 知見の含意

以上にみた本書の知見から，市民社会組織としての NPO の特徴は，①事業（起業）化，②情報・専門知識，③メディアを含めた新しい幅広いネットワーク関係様式，といえるだろう。NPO は実に多様であり，起源の新しい市民社会組織である。全般に小さく，軽量の組織であり，シングル・イッシュー的である。多様な人々が参加し，専門的であり，個人のリーダーシップが重要である。行政と協調的だが従属的ではなく，国家・政治に一定の関与を求めつつも，市民参加を求める新しい関係パターンを形成している。組織が小さいことに積極的意義を見出す場合もあるが，新興性，行財政的な援助枠組みの少なさも影響している。

事業化した NPO の典型は福祉 NPO である。介護保険制度の導入など，分野が市場化した影響を受け，NPO も設立され活動している。このような分野では，営利企業や既存の市民社会組織（福祉団体など）との競合が生じやすい。ただ，その競合の状況など，事業体としての NPO 研究は本研究の射程を超える。

情報や専門知識の保有は NPO 全般にみられる特徴である。NPO は，問題を顕在化（利益表出）させ，価値を普及させるべくアドボカシー活動を展開している。特に，マスメディアや団体間ネットワークを活用しながらの行動に特徴がある。

社会過程における含意は，次のようなものである。NPO の多くの組織基盤は脆弱（他の市民社会組織と比較しても）である。先に触れた情報や専門知識の保有がリソースの不足を補っているわけではない。おそらく，脆弱な NPO がたくさん生まれているというのが現状であろう。

こうした現状に対して2つの方策が提示されている。1つは，「エクセレント NPO」という概念を提唱することで，組織基盤の強化を訴えるものである（田中 2011a）。もう1つは，行政のリソースを活用することで NPO の脆弱性を脱しようとするものである（後 2009）。

政治過程における含意は，次のようなものである。政治過程での NPO 分

析を踏まえると，日本の社会団体でみられるような国政レベルにおける行政接触偏重という傾向は観察できない。国政レベルで政治行政に関与しているNPOは少数である。大部分のNPOはローカルなレベルで活動し，そこでは特に行政（自治体）と接触している。この意味において，日本の市民社会（あるいは利益団体世界）全体に残存してきた日本政治の旧構造を突き崩すほどのインパクトを，調査時点（2006－07年）でのNPO政治は与えていないようである。

　他方で，ローカルな政治過程では，業務を受託するNPOでも，行政への信頼も一定程度存在する。縮小する自治体による最大動員システム（村松1994）への組み込み，行政の下請け化，新自由主義のからめとりなどといった評価もできるだろうが，地方行政の中でNPOが一定の存在感を発揮していることは事実である。特にまちづくりNPOがそうである。NPOの参入による旧構造の突き崩しがあるとすれば，1つの方向としては，地方における秩序再編がありうる。地方分権，地方首長の独自化，地方行政機構改革など地方政治が国政にもインパクトを与えるベクトルのなかで，ローカルな政治過程とNPOは重要な焦点である。

　以上が結論としての含意である。

　以上の含意をもとに更なる政治学・社会科学的な検討を行うための1つの見通し，いわば仮説は次のものである。

　選挙に与えるNPOの影響の含意を考えてみたい。それはローカルな政治過程においてNPOが重要だとすれば，ローカルな政治を通じて国政にインパクトを与える1つのメカニズムが選挙であるからである。ただNPO自体は，選挙に関する活動には制限があるので，直接，選挙過程に介在することはない。また我々は調査においても選挙そのものを調査票で尋ねてはいない。そのため，あくまで仮説的な議論である。

　NPO出身の候補者が，直接，選挙に進出するとすれば，地方自治体の議員選挙があり，大選挙区制度をとっている地方議会にNPO出身者が進出している事例はかなり存在すると思われる。

　国政レベルでは，21世紀以降の日本の選挙は，その度ごとにかなりの勢力の振幅をもたらし，結果として2009年の政権交代を導いた。そうした原因の1つが選挙制度である。1994年以降，衆議院選挙制度が変更され，全国300の

小選挙区制度(および大ブロックの比例代表制)が導入された。仮に小選挙区で約3分の1が,ほぼ5％ポイント内の変化で,順位が変動し当落を左右するとすれば,こうしたNPOセクターの,社会団体と比べればやや控えめな影響力も,その存在自体が成長していることを踏まえると無視することのできない要因となる。

それは,「まえがき」で触れたように,1990年代末以降,急速に進んだ既成社会団体の活動量の低下のなかで,社会団体における旧構造自体が残存しているとしても,実際のアクター(団体)の力量は減退しているからである。また,その組織政治の衰退を突いて,メディア選挙(マスメディアやニューメディア)の比重が大きくなっている。

仮にこうした観察が一定の妥当性をもつとすれば,衰えた組織政治の状況の下で,候補者のリクルートや政策の提案,多様な政治ネットワークなどにおいて,組織自体は軽いが新しい質をもつNPOが直接間接に,国政を含め政治的インパクトを与える(与えた)可能性が広がっていると推論することができる。

このように全体としてみると,NPO政治は,国政よりもローカルな政治に,政治過程ではなく社会過程を介したアドボカシー活動に特徴がみられるが,NPO政治のもつ政治的な機会,回路は,今後も広がっていく可能性がある。

4. エピローグ:民主党政権下でのNPOに関する政策,新しい動向

最後に,われわれの調査以後の重要な動きを簡単に跡づけておきたい。というのは,われわれの調査は2006-07年(安倍晋三首班,自民党・公明党連立政権)に行われたが,その後,福田,麻生政権を経て,2009年夏には,戦後初めてといってよい,選挙による多数派の交代,民主党中心の連立政権への移行が生じた。政策体系全体の相違に加えて,NPOに対する態度も,自民党と民主党では相当な開きがあり,そのことがNPO政治に大きな影響を与える可能性があるからである。他方,その民主党政権が不安定なまま推移し,加えて東日本大震災が生じたこともNPO政治に影響を与えていると考えられる。

ただ,こうした点は,本研究書の課題を超えているので,ここでは事実を把握するにとどめたい[1]。まず,民主党の政権交代前後のNPO政策を中心とした動向を振り返っておこう。

2009年8月30日の選挙直前から，2010年2月までの主たる動向は以下の通りである。2009年7月14日に民主党本部で「市民パワーと民主党の懇談会」が開催され，300人以上のNPO関係者が参加した。直嶋正行政策調査会長（当時）が「新しい公共の担い手として，NPOと連携してしっかり（政策）を実現していきたい」と説明（朝日新聞，2009年7月17日4頁）した。同年7月27日に発表された民主党政策集INDEX2009では，3箇所においてNPOに関連する政策マニフェストが述べられた。その一部を下記に抜粋する。

①「内閣」の項目（1頁）：NPO活動の促進・支援税制
　特定非営利活動法人をはじめとする非営利セクター（NPOセクター）の育成は緊急かつ重要な課題であり，公益法人制度の見直しとあわせて，これらの活動が社会にしっかりと根付くための努力を続けます。現行の特定非営利活動法人に対する支援税制については，認定要件が厳しいために，これを利用することができる「認定特定非営利活動法人」は特定非営利活動法人全体（約3.8万法人）の中でわずか95法人にすぎません（2009年7月1日現在）。認定NPO法人制度を見直し，寄附税制を拡充するとともに，認定手続きの簡素化，審査期間の短縮などを行います。
　国際NGOについても，その活動を積極的にサポートする努力を続けます。
②「財務・金融」の項目（18頁）：NPOバンク，小規模な共済の負担軽減
　市民から資金を集め，福祉や環境などの地域活動に融資するNPOバンクのような小規模・非営利法人について，貸金業法の資産要件の適用除外とします。
　営利を目的とせず，保険会社が扱いにくい特定リスクに対応した保険や低廉なリスク移転手段などを提供し，一定の社会的意義を有する小規模・短期の「自主共済」については，規制の厳しい保険業法上の「保険業」とは区別します。

（1）　以下の事実経過は，基本的に新聞切り抜きに基づき書かれた報告書に基づく（辻中・坂本・山本編 2010：11章）。また坪郷（2011），および同氏からの聞き取りによる部分も存在する。

③「税制」の項目（21頁）：特定非営利活動法人支援税制等の拡充

　官に過度に依存することなく，国民それぞれが公益実現に直接貢献する社会を創造するために，税制で大胆な支援を行います。

　認定特定非営利活動法人制度については，要件緩和，認定手続等の簡素化，みなし寄附の損金算入限度額引き上げ，寄附の税額控除制度創設など，支援税制を拡充します。

　所得税の寄附優遇税制については，税額控除制度を創設し，現在の所得控除制度との選択制とします。

　このようなマニフェストを掲げた民主党は，2009年8月30日の衆議院総選挙において絶対多数（308議席）を確保し，同年9月16日，国会は鳩山由紀夫を首班に指名し，民主党，社会民主党，国民新党の連立による鳩山内閣が発足した。10月26日の所信表明演説は「新しい公共」について言及し，12月12日の平成22年度税制改正大綱はNPOへの寄付税制拡充に言及した。翌2010年1月27日には，第1回「新しい公共」円卓会議開催（構成員は19名）が開かれ，党本部ではNPO関係者の予算要求ヒアリングが行われた。1月29日の施政方針演説では，以下の通り，再び「新しい公共」への言及があった。

　「新しい公共」によって支えられる日本

　　人の幸福や地域の豊かさは，企業による社会的な貢献や政治の力だけで実現できるものではありません。

　　今，市民やNPOが，教育や子育て，街づくり，介護や福祉など身近な課題を解決するために活躍しています。昨年の所信表明演説でご紹介したチョーク工場の事例が多くの方々の共感を呼んだように，人を支えること，人の役に立つことは，それ自体がよろこびとなり，生きがいともなります。こうした人々の力を，私たちは「新しい公共」と呼び，この力を支援することによって，自立と共生を基本とする人間らしい社会を築き，地域のきずなを再生するとともに，肥大化した「官」をスリムにすることにつなげていきたいと考えます。

　　一昨日，「新しい公共」円卓会議の初会合を開催しました。この会合を通じて，「新しい公共」の考え方をより多くの方と共有するための対話を深めます。こうした活動を担う組織のあり方や活動を支援するための寄

付税制の拡充を含め、これまで「官」が独占してきた領域を「公（おおやけ）」に開き、「新しい公共」の担い手を拡大する社会制度のあり方について、5月を目途に具体的な提案をまとめてまいります。

次に、鳩山内閣から菅内閣への動向を確認しておこう。

鳩山内閣では、「新しい公共」という理念、およびNPOを強化育成していく寄付税制やNPOバンクなどの政策メニューが提示されたが実現には至らず、菅直人政権に引き継がれた。菅首相は2010年6月11日の所信表明などにおいて、雇用、障がい者や高齢者などの福祉、人権擁護、自殺対策の分野で、「様々な関係機関や社会資源を結びつけ、支えあいのネットワークから誰一人として排除されることのない社会」「一人ひとりを包摂する社会」の実現を目指す。「新しい公共」の取り組みも、こうした活動の可能性を支援するもの」。「『新しい公共』の考え方の下、すべての国民に『居場所』と『出番』が確保され、市民や企業、NPOなど様々な主体が『公（おおやけ）』に参画する社会を再構築することは重要な課題である」（2010年6月18日閣議決定「新成長戦略──『元気な日本』復活のシナリオ──」）と述べ、鳩山内閣からの政策の継続を訴えた。

そして、10月27日には「新しい公共」推進会議を設置した。それは菅首相・枝野官房長官・玄葉「新しい公共」担当相（民主党政調会長を兼務）など政府メンバーと20名の民間委員（NPO・NGO・起業・協同組合などのメンバー）により構成されるものである。そこでの検討課題として、①「新しい公共」と行政の連携、②行政と市民セクター等との公契約や協約のあり方、③行政と市民セクター等との相互交流の促進、④「新しい公共」の活動基盤整備、⑤住民同士の支えあいのネットワークづくりへの支援、が挙げられた。

菅政権下において、2011年3月11日に、東日本大震災が発生した。新しい公共の実際的な意義が再確認されるなか、同内閣は、「平成23年度税制改正大綱」を閣議決定した。これはNPO法の制定以後の最も大きなNPO政策の画期的改革と評価された。以下はその要点である（坪郷2011）[2]。

（2） NPO側の代表的な反応として、NPO法人「シーズ・市民活動を支える制度をつくる会」http://www.npoweb.jp/topics/news/law/ を参照（最終アクセス2012年1月16日）。

「市民公益税制の画期的な改革」
① 「所得税の寄附金控除制度に，税額控除方式を導入し，所得控除方式と選択制に」
② 「認定NPO法人制度に新しいパブリックサポートテスト（PST）（年3000円以上を寄附する寄附者が年平均100人以上）を導入し，現行の収入に占める寄附金額の割合が5分の1以上との選択制」
③ 自治体による制度 「自治体によって条例で指定を受けたNPO法人に対してPST要件を免除」「自治体が条例で指定したNPO法人への寄附金を個人住民税の寄附金控除の対象とすることができる」
④ 「設立後5年以内のNPO法人はPST要件を免除する『仮認定制度』を導入」
⑤ 「認定事務を，国税庁からNPO法人を認証した地方団体に移管する」

最後に震災後の動向についてまとめておきたい[3]。

2011年3月11日の東日本大震災後，NPOなど市民社会組織は，連携して救援事業を行うために全国ネットワーク（東日本大震災支援全国ネットワーク）を発足させた。141の組織が3月30日に東京でネットワークの創立総会に参加した[4]。

菅内閣において4月にはNPO等への支援プログラムを中核とする「新しい公共支援事業」のガイドライン（震災直前3月10日に制定）を震災に対応して改定した。6月には，「新しい公共支援事業」について，熟議の実施，支援拠点やプラットフォーム取組の支援などを含め，「新しい公共」推進会議が提言を行った。その後7月から11月にかけて，「新しい公共支援事業」の実施プロセスについてのパブリックコメントや都道府県アンケート，被災者支援に関するNPO等との意見交換会，公開意見交換会が相次いで行われ，再度のガ

（3）「新しい公共支援事業運営会議」議事録など「新しい公共」関連政策の資料が，http://www5.cao.go.jp/npc/index.html に網羅されている（最終アクセス2012年1月16日）。特に第5回新しい公共支援事業運営会議(平成23年11月17日）議事録，資料1「新しい公共支援事業の取組状況」を参照。

（4）2012年1月13日現在で710団体が参加している。世話団体23団体中，NPO法人は9団体，代表世話人3名のうち2名はNPO法人関係者である。http://www.jpn-civil.net/　参照。

イドラインの改定が行われている。

　このように，民主党政権になり，制度面，政策面においてNPOの活動を後押しする動きがみられる[5]。これによりNPOが，従来，日本の市民社会の特徴とされてきた「4つの小ささ」を克服し，さらには政策過程への参入を拡大していき，日本の政治や社会により大きなインパクトをもつ存在になるのかもしれない。また，東日本大震災からの復旧・復興過程において，ボランティア活動やNPOが大きな役割を果たしていることを見て取ることができる。被災地のニーズをくみ取り，柔軟にサービスを供給しつつ，政府に対してアドボカシーを行うというかたちで，NPOが復興をめぐる政治過程で活躍する可能性も考えられる。本書のデータからはいずれの可能性についても断言することはできないが，今後，NPOと政治をめぐる動向を注意深く観察する必要があるだろう。

（5）　もっとも，「新しい公共」関連政策に対して田中弥生は，政策目標が不明確である，政策課題のうち公契約のあり方が優先されている，人員や運営体制が整わない組織に大量な資金が流れてしまう，という問題点を指摘している。また，円卓会議以降，非営利組織のサービス提供機能やイノベーション力といった社会変革性にばかり着目しており，市民性が等閑視されていることを指摘している（田中 2011a：260-262）。同様に原田晃樹らも，政府の厳しい財政事情を自明の前提として，「新しい公共」が，もっぱら行財政の効率化のために，政府だけでは対応できなくなった公共サービスの空隙を，NPOを含む民間の主体に穴埋めしてもらいたいという期待の論理を軸にして展開されてきたことを指摘している（原田・藤井・松井 2010：1）。したがって，一連の政策が必ずしもNPOセクターの成長に利するとは限らない点には注意が必要である。

引用文献

秋山訓子．2011．「市民が政治を開くとき―NPO 法改正の本質は何か（上）」『世界』823：52-59．
浅野昌彦．2007．「政策形成過程における NPO 参加の意義の考察―政策実施過程から政策形成過程へ」『ノンプロフィット・レビュー』7（1）：25-34．
朝日新聞特別取材班．2000．『政治家よ―「不信」を越える道はある』朝日新聞社．
安立清史．2008．『福祉 NPO の社会学』東京大学出版会．
足立研幾．2002．「地球化と世界志向利益団体」辻中豊編『現代日本の市民社会・利益団体』木鐸社：191-209．
足立研幾．2004．『オタワプロセス―対人地雷禁止レジームの形成』有信堂．
足立研幾．2010．「グローバル化の進展と世界志向団体」辻中豊・森裕城編『現代社会集団の政治機能―利益団体と市民社会』木鐸社：272-286．
雨森孝悦．2007．『テキストブック NPO―非営利組織の制度・活動・マネジメント』東洋経済新報社．
雨宮孝子．2002．「NPO と法」山本啓・雨宮孝子・新川達郎編『NPO と法・行政』ミネルヴァ書房：28-55．
荒木昭次郎．1990．『参加と協働―新しい市民＝行政関係の創造』ぎょうせい．
石井山竜平．2009．「社会教育行政と公共主体形成」日本社会教育学会編『自治体改革と社会教育ガバナンス〔日本の社会教育第53集〕』東洋館出版社：42-57．
石生義人．2002．「ロビイング」辻中豊編『現代日本の市民社会・利益団体』木鐸社：163-189．
石田雄．1961．『現代組織論―その政治的考察』岩波書店．
石田英敬．2005．「『テレビ国家』のクーデター――政治がスタジオを乗っ取るとき」『論座』126：87-92．
市原正隆．2007．「まちづくりと地域内分権―特定非営利活動法人まちづくり山岡の実践をとおして」『岐阜医療科学大学紀要』1：67-82．
市原正隆．2008．「まちづくりと地域協議会―特定非営利活動法人まちづくり山岡の実践をとおして」『岐阜医療科学大学紀要』2：77-88．
伊藤修一郎．2001．「政策波及とアジェンダ設定」『レヴァイアサン』28：9-45．
植村邦彦．2010．『市民社会とは何か―基本概念の系譜』平凡社．
牛山久仁彦．2006．「社会運動と公共政策―政策形成における社会運動のインパクトと『協働』政策の課題」『社会学評論』57（2）：259-274．

後房雄．2009．『NPOは公共サービスを担えるか―次の10年への課題と戦略』法律文化社．
永和良之助．2008．「介護保険制度下における社会福祉法人の経営変化」『社会福祉学部論集［佛教大学］』4：19-36．
「エクセレントNPO」をめざそう市民会議編．2010．『「エクセレントNPO」の評価基準―「エクセレントNPO」を目指すための自己診断リスト―初級編―』言論NPO．
江藤俊昭．2004．『協働型議会の構想―ローカル・ガバナンス構築のための一手法』信山社．
大久保規子．2004．「市民参加・協働条例の現状と課題」『公共政策研究』4：24-37．
大島英樹．2002．「NPO法・中間法人法と社会教育団体―アソシエーションの析出という視点からの一考察」『立正大学文学部紀要』18：125-137．
大嶽秀夫．1979．『現代日本の政治権力経済権力』三一書房．
岡部一明．2000．『サンフランシスコ発―社会変革NPO』御茶の水書房．
岡本仁宏．2011．「NPOの政治活動の活性化に向けて」『ボランタリズム研究』1：3-12．
尾野嘉邦．2002．「NPOと政策過程―公共利益団体とイシューネットワーク」『国家学会雑誌』115（9・10）：1056-1116．
柏木宏．2008．『NPOと政治―アドボカシーと社会変革の新たな担い手のために』明石書店．
片桐新自．1995．『社会運動の中範囲理論―資源動員論からの展開』東京大学出版会．
加藤紘一．2008．「日本社会の再構築とNPOの可能性」非営利組織評価研究会編『日本の未来と市民社会の可能性―NPO法10年目の評価と課題』言論NPO：87-100．
金子郁容．1992．『ボランティア―もうひとつの情報社会』岩波書店．
金谷信子．2004．「社会福祉のNPO」山内直人編『NPO白書2004』大阪大学大学院国際公共政策研究科NPO研究情報センター：43-52．
蒲島郁夫．1990．「マス・メディアと政治」『レヴァイアサン』7：7-29．
蒲島郁夫・竹下俊郎・芹川洋一．2010．『メディアと政治　改訂版』有斐閣．
川北直生．2007．「法人制度と公益法人制度改革」山内直人・田中敬文・河井孝仁編『NPO白書2007』大阪大学大学院国際公共政策研究科NPO研究情報センター：21-31．
京俊介．2009．「政策形成に対する利益集団の影響力―著作権法全面改正における事例間比較」『阪大法学』58（5）：263-292．
久保文明．1997．『現代アメリカ政治と公共利益―環境保護をめぐる政治過程』東京大学出版会．
久保慶明．2010a．「影響力構造の多元化と市民社会組織・審議会」辻中豊・伊藤修

一郎編著『ローカル・ガバナンス―地方政府と市民社会』木鐸社：59-76.
久保慶明．2010b.「ローカル団体の存立・行動様式」辻中豊・森裕城編『現代社会集団の政治機能』木鐸社：253-271.
久保慶明・和嶋克洋・竜聖心．2011.「新聞報道にみる東日本大震災後の日本社会―読売, 朝日, 日経3紙における市民社会関連記事数の集計」口頭報告, 2011年5月18日「市民社会ガバナンスの会」筑波大学国際比較日本研究センター（http://cajs.tsukuba.ac.jp/2011/05/2011518cajs.html）最終アクセス2012年1月16日．
経済企画庁編．2000．『平成12年版国民生活白書―ボランティアが深める好縁』大蔵省印刷局．
河野勝．2009.「政策・政治システムと『専門知』」久米郁男編『専門知と政治』早稲田大学出版部：1-30.
小田切康彦・新川達郎．2008.「行政とNPOの協働事業に関する調査研究」『同志社政策科学研究』10（1）：125-137.
コーテン, デービッド．1995．『NGOとボランティアの21世紀』学陽書房．
小島廣光．1998．『非営利組織の経営』北海道大学出版会．
小島廣光．2003．『政策形成とNPO法―問題, 政策, そして政治』有斐閣．
小島廣光・平本健太編．2011．『戦略的協働の本質』有斐閣．
権妍李・濱本真輔．2010.「政治過程におけるNPO―影響力, ロビー戦術」辻中豊・坂本治也・山本英弘編『特定非営利活動法人（NPO法人）に関する全国調査報告書』筑波大学：95-109.
坂井宏介．2005.「政府・非営利組織間の協働関係―その理論的考察」『九大法学』91：45-114.
坂本信雄．2009．『ローカル・ガバナンスの実証分析』八千代出版．
坂本治也．2010a.「市民社会組織のもう1つの顔―ソーシャル・キャピタル論からの分析」辻中豊・森裕城編『現代社会集団の政治機能―利益団体と市民社会』木鐸社：287-302.
坂本治也．2010b.『ソーシャル・キャピタルと活動する市民―新時代日本の市民政治』有斐閣．
坂本治也．2010c.「NPO内部の相互作用」辻中豊編『特定非営利活動法人（NPO法人）に関する全国調査報告書』筑波大学：143-154.
坂本治也・山本英弘．2010.「NPO調査の意義と実施プロセス」辻中豊・坂本治也・山本英弘編『特定非営利活動法人（NPO法人）に関する全国調査報告書』筑波大学：21-30.
シーズ・市民活動を支える制度をつくる会．1996．『解説・NPO法案―その経緯と争点』シーズ・市民活動を支える制度をつくる会．
佐藤徹．2005.「市民参加の基礎概念」佐藤徹・高橋秀行・増原直樹・森賢三『新説市民参加』公人社：1-27.

重冨真一．2002．「NGO のスペースと現象形態―第 3 セクター分析におけるアジアからの視角」『レヴァイアサン』31：38-62．
篠原一．1977．『市民参加』岩波書店．
渋川智明．2001．『福祉 NPO―地域を支える市民起業』岩波書店．
渋谷望．2004．「〈参加〉への封じ込めとしての NPO―市民活動と新自由主義」『都市問題』95（8）：35-47．
島田恒．2003．『非営利組織研究―その本質と管理』文眞堂．
清水康之．2010．「自殺対策における NPO の役割」『社会福祉学』51（2）：112-115．
清水康之．2011．「実践レポート―山本孝史さんに教わった『NPO と政治の連携法』」『ボランタリズム研究』1：77-79．
市民フォーラム21・NPO センター．2003．『事業委託における NPO－行政関係の実態と成熟への課題―全国の NPO 法人への委託実態調査に基づいて』市民フォーラム21・NPO センター．
市民立法機構編．2001．『市民立法入門―市民・議員のための立法講座』ぎょうせい．
霜浦森平・山添史郎・塚本利幸・野田浩資．2002．「地域環境ボランティア組織における自立と連携」『環境社会学研究』8：151-165．
霜浦森平・山添史郎・埴谷正紀・塚本利幸・野田浩資．2009．「地域環境 NPO の活動の包括性とジレンマ」『環境社会学研究』15：104-118．
末村祐子編．2007．『NPO の新段階―市民が変える社会のかたち』法律文化社．
須田木綿子．2011．『対人サービスの民営化―行政‐営利‐非営利の境界線』東信堂．
世古一穂．2007．『協働コーディネーター―参加型社会を拓く新しい職能』ぎょうせい．
善教将大．2010．「政府への信頼と投票参加―信頼の継続効果と投影効果」日本政治学会編『年報政治学2010-1 政治行政への信頼と不信』木鐸社：127-148．
曽我謙悟．2005．「高度経済成長期の官僚制とその後」多胡圭一編『日本政治―過去と現在の対話』大阪大学出版会：170-196．
高田昭彦．2003．「市民運動の新しい展開―市民運動から NPO・市民運動へ」『都市問題』94（8）：69-84．
田尾雅夫．1999．『ボランタリー組織の経営管理』有斐閣．
田尾雅夫・吉田忠彦．2009．『非営利組織論』有斐閣．
田口富久治．1969．『社会集団の政治機能』未來社．
武智秀之編．2004．『都市政府とガバナンス』中央大学出版部．
竹中佳彦．2010．「団体リーダーのイデオロギーと利益の組織化」辻中豊・森裕城編『現代社会集団の政治機能―利益団体と市民社会』木鐸社：90-114．
田中建二．1999．「行政－NPO 関係論の展開―パートナーシップ・パラダイムの成

立と展開（一）（二・完）」『名古屋大学法政論集』178：143-176，179：343-385．
田中敬文．2002．「NPOと行政のパートナーシップ」山本啓・雨宮孝子・新川達郎編『NPOと法・行政』ミネルヴァ書房：184-211．
田中弥生．1999．『「NPO」幻想と現実―それは本当に人々を幸福にしているのだろうか？』同友館．
田中弥生．2006．『NPOが自立する日―行政の下請け化に未来はない』日本評論社．
田中弥生．2008．『NPOの新時代―市民性創造のために』明石書店．
田中弥生．2011a．『市民社会政策論―3・11後の政府・NPO・ボランティアを考えるために』明石書店．
田中弥生．2011b．「メディア時評」毎日新聞（朝刊）2011年8月5日．
辻中豊．1988．『利益集団』東京大学出版会．
辻中豊．1998．「成熟型市民社会とNPO・NGO・市民活動団体」NIRA研究報告書『次の時代を担う日本の新しい組織とグループ』総合研究開発機構：87-115．
辻中豊．2002a．「序論：本書のモデル・構成・見方」辻中豊編『現代日本の市民社会・利益団体』木鐸社：15-35．
辻中豊．2002b．「世界政治学の文脈における市民社会，NGO研究」『レヴァイアサン』31：8-25．
辻中豊編．2002．『現代日本の市民社会・利益団体』木鐸社．
辻中豊．2009．「日本の市民社会とマクロトレンド」辻中豊・伊藤修一郎編『市民社会構造とガバナンス総合研究全国自治体（市区町村）調査報告書』筑波大学：3-22．
辻中豊編．2009a．『特定非営利活動法人に関する全国調査 J-JIGS2-NPO コードブック』筑波大学．
辻中豊編．2009b．『第二次団体の基礎構造に関する調査（日本全国・社会団体調査）コードブック』筑波大学．
辻中豊・伊藤修一郎編．2010．『ローカル・ガバナンス―自治体と市民社会』木鐸社．
辻中豊・坂本治也・山本英弘．2010．「現代日本のNPOの実態調査」辻中豊・坂本治也・山本英弘編『特定非営利活動法人（NPO法人）に関する全国調査報告書』筑波大学：1-20．
辻中豊・坂本治也・山本英弘編．2010．『特定非営利活動法人（NPO法人）に関する全国調査報告書』筑波大学．
辻中豊・崔宰栄・山本英弘・三輪博樹・大友貴史．2007．「日本の市民社会構造と政治参加―自治会，社会団体，NPOの全体像とその政治関与」『レヴァイアサン』41：7-44．
辻中豊・森裕城編．2009．『第二次団体の基礎構造に関する調査（日本全国・社会団体調査）報告書』筑波大学．

辻中豊・森裕城．2010．「本書の課題と構成」辻中豊・森裕城編『現代社会集団の政治機能―利益団体と市民社会』木鐸社：15-32．
辻中豊・森裕城編．2010．『現代社会集団の政治機能―利益団体と市民社会』木鐸社．
辻中豊・山本英弘・久保慶明．2010．「日本における団体の形成と存立」辻中豊・森裕城編『現代社会集団の政治機能―利益団体と市民社会』木鐸社：33-64．
辻中豊・ロバート・ペッカネン・山本英弘．2009．『現代日本の自治会・町内会―第1回全国調査にみる自治力・ネットワーク・ガバナンス』木鐸社．
辻山幸宣編．1998．『住民・行政の協働―分権時代の自治体職員⑦』ぎょうせい．
坪郷實編．2003．『新しい公共空間をつくる―市民活動の営みから』日本評論社．
坪郷實編．2006．『参加ガバナンス―社会と組織の運営革新』日本評論社．
坪郷實．2011．「『地域主権』と『新しい公共』―国際比較の視点」口頭報告，公開シンポジウム「民主党政権における『新しい公共』をめぐって」2011年6月19日(於：北海道大学)．
津屋有季．2009．「滋賀県におけるNPOがつなぐ美術館・芸術家と学校の連携」『美術教育学―美術科教育学会誌』30：241-252．
トクヴィル，アレクシス・ド（岩永健吉郎・松本礼二訳）．1972 [1840]．『アメリカにおけるデモクラシー』研究社．
徳久恭子．2008．『日本型教育システムの誕生』木鐸社．
内閣府経済社会研究所．『民間非営利団体実態調査報告書』各年版．
内閣府国民生活局編．2009．『平成20年度市民活動団体等基本調査報告書』内閣府国民生活局ホームページ（https://www.npo-homepage.go.jp/data/index.html）最終アクセス2012年1月16日．
中野敏男．1999．「ボランティア動員型市民社会論の陥穽」『現代思想』27（5）：72-93．
中野雅至．2009．『天下りの研究―その実態とメカニズムの解明』明石書店．
中邨章．2003．『自治体主権のシナリオ―ガバナンス・NPM・市民社会』芦書房．
新川達郎．2005a．「NPOのアドボカシー機能」川口清史・田尾雅夫・新川達郎編『よくわかるNPO・ボランティア』ミネルヴァ書房：178-179．
新川達郎．2005b．「NPOと利益集団・圧力団体」川口清史・田尾雅夫・新川達郎編『よくわかるNPO・ボランティア』ミネルヴァ書房：24-25．
西川潤・佐藤幸男編．2002．『NPO／NGOと国際協力』ミネルヴァ書房．
西出優子．2011．「NPO／コミュニティ」稲葉陽二・大守隆・近藤克則・宮田加久子・矢野聡・吉野諒三編『ソーシャル・キャピタルのフロンティア―その到達点と可能性』ミネルヴァ書房：129-149．
羽貝正美編著．2007．『自治と参加・協働―ローカル・ガバナンスの再構築』学芸出版社．
初谷勇．2001．『NPO政策の理論と展開』大阪大学出版会．

初村尤而．2006.「都市における地域自治の試み―川崎・浜松・堺」岡田知弘・石崎誠也編『地域自治組織と住民自治』自治体研究社：201－234.
埴淵知哉．2007.「NPO法人の地理的不均等分布―都市システム論の観点から」『ノンプロフィット・レビュー』7（1）：35－46.
埴淵知哉．2011.『NGO・NGOの地理学』明石書店．
早瀬昇．2010.「市民活動の現在2010」『市政研究』168：6－13.
早瀬昇・松原明．2004.『NPOがわかるQ＆A』岩波書店．
馬頭忠治・藤原隆信編．2009.『NPOと社会的企業の経営学―新たな公共デザインと社会創造』ミネルヴァ書房．
馬場健司・三田村朋子・田頭直人．2009.『環境保全分野におけるNPO・市民団体の活動―質問紙調査データを用いた協働と政策過程への関与の分析』電力中央研究所．
原田晃樹・藤井敦史・松井真理子．2010.『NPO再構築への道―パートナーシップを支える仕組み』勁草書房．
平岡俊一．2007.「市民参加型環境政策形成におけるコーディネーターとしての環境NPO―京都府城陽市の事例から」『ノンプロフィット・レビュー』7（1）：13－23.
藤井敦史．1999.「NPO概念の再検討―社会的使命を軸としたNPO把握－市民事業組織の構想」『組織科学』32（4）：24－32.
藤井敦史．2004.「NPOにおける＜市民的専門性＞の形成―阪神高齢者・障害者支援ネットワークの事例を通して」『社会学年報』33：23－47.
藤井敦史．2010.「NPOとは何か」原田晃樹・藤井敦史・松井真理子『NPO再構築への道―パートナーシップを支える仕組み』勁草書房：1－25.
藤村コノヱ．2009.「立法過程におけるNPOの参加の現状と市民立法の課題―環境教育推進法とフロン回収・破壊法の事例から」『ノンプロフィット・レビュー』9（1）：27－37.
本間正明・出口正之編．1996.『ボランティア革命―大震災での経験を市民活動へ』東洋経済新報社．
前田健太郎．2006.「告発と政策対応―マスメディアの影響力とそのメカニズムに関する考察」『国家学会雑誌』119（7・8）：519－585.
町村敬志編．2009.『市民エージェントの構想する新しい都市のかたち―グローバル化と新自由主義を超えて（科学研究費補助金研究成果報告書）』一橋大学．
松岡崇暢．2010.「耕作放棄地解消に向けたNPO法人犬山里山研究所における取組―地域コーディネーターとしてのNPOの役割と有効性」『生活学論叢』17：50－61.
松下圭一．2005.『自治体再構築』公人の友社．
宮垣元．2003.『ヒューマンサービスと信頼―福祉NPOの理論と実証』慶應義塾大

学出版会.
村松岐夫. 1981.『戦後日本の官僚制』東洋経済新報社.
村松岐夫. 1994.『日本の行政―活動型官僚制の変貌』中央公論社.
村松岐夫. 1998.「圧力団体の政治行動」『レヴァイアサン』臨時増刊号：7 -21.
村松岐夫. 2006.「規範・制度・インセンティブ構造の変容」村松岐夫・久米郁男編『日本政治変動の30年―政治家・官僚・団体調査に見る構造変容』東洋経済新報社：325-345.
村松岐夫・伊藤光利・辻中豊. 1986.『戦後日本の圧力団体』東洋経済新報社.
村松岐夫・久米郁男編. 2006.『日本政治変動の30年―政治家・官僚・団体調査に見る構造変容』東洋経済新報社.
森巖夫. 1996.「地域づくりの基礎知識」森巖夫・猪爪範子・岡崎昌之・宮口涌廸・西村幸夫『地域づくり読本―理論と実践』ぎょうせい：1 -12.
森裕城. 2010a.「団体-行政関係の諸相―国との関係を中心として」辻中豊・森裕城編『現代社会集団の政治機能―利益団体と市民社会』木鐸社：135-155.
森裕城. 2010b.「政権交代前夜における団体-政党関係の諸相」辻中豊・森裕城編『現代社会集団の政治機能―利益団体と市民社会』木鐸社：180-194.
山内直人. 1997.『ノンプロフィット・エコノミー――NPOとフィランソロピーの経済学』日本評論社.
山内直人編. 1999.『NPOデータブック』有斐閣.
山内直人. 2002.『NPOの時代』大阪大学出版会.
山内直人. 2004.『NPO入門［第2版］』日本経済新聞社.
山内直人・伊吹英子編. 2005.『日本のソーシャル・キャピタル』大阪大学大学院国際公共政策研究科NPO研究情報センター.
山岡義典. 2000.「NPOと自治体はなぜ連携する必要があるのか」『都市問題』91（1）：3 -12.
山岡義典. 2005.「NPOの意味と課題」山岡義典編『NPO基礎講座［新版］』ぎょうせい：1 -100.
山岡義典. 2011.「政治とNPO―NPO法における政治規制条項の再検討を通して」『ボランタリズム研究』1：25-35.
山川雄巳. 1999.『政治学概論［第2版］』有斐閣.
山岸秀雄. 2000.「アメリカNPOからのメッセージ―社会システムの変革とNPO」山岸秀雄編『アメリカのNPO―日本社会へのメッセージ』第一書林：9 -38.
山口定. 2004.『市民社会論―歴史的遺産と新展開』有斐閣.
山田真裕. 2002.「2000年総選挙における棄権と政治不信」『選挙研究』17：45-57.
山本隆. 2010.『ローカル・ガバナンス―福祉政策と協治の戦略』ミネルヴァ書房.
山本英弘. 2010a.「NPOのプロフィール」辻中豊・坂本治也・山本英弘編『特定非営利活動法人（NPO法人）に関する全国調査報告書』筑波大学：31-48.

山本英弘. 2010b.「利益団体のロビイング—3つのルートと政治的機会構造」辻中豊・森裕城編『現代社会集団の政治機能—利益団体と市民社会』木鐸社：215-236.
山本英弘. 2010c.「ガバナンス概観—政策過程における多様な主体の参加と影響力」辻中豊・伊藤修一郎編『ローカル・ガバナンス—地方政府と市民社会』木鐸社：39-57.
山本英弘. 2010d.「市区町村職員のガバナンス意識」辻中豊・伊藤修一郎編『ローカル・ガバナンス—地方政府と市民社会』木鐸社：167-187.
山本啓編. 2008.『ローカル・ガバメントとローカル・ガバナンス』法政大学出版局.
山本啓・雨宮孝子・新川達郎編. 2002.『NPOと法・行政』ミネルヴァ書房.
寄本勝美. 2009.『リサイクル政策の形成と市民参加』有斐閣.

Alexander, Jennifer, Renee Nank, and Camilla Stivers. 1999. "Implications of Welfare Reform: Do Nonprofit Survival Strategies Threaten Civil Society?," *Nonprofit and Voluntary Sector Quarterly*, 28 (4): 452-475.
Almond, Gabriel A. and G. Bingham Powell, Jr. 1966. *Comparative Politics: A Developmental Approach*. Boston, Boston: Little Brown and Company.
Almond, Gabriel A. and Sidney Verba. 1963. *The Civic Culture: Political Attitudes and Democracy in Five Nations*. Princeton, NJ: Princeton University Press（石川一雄ほか訳. 1974『現代市民の政治文化—五カ国における政治的態度と民主主義』勁草書房）.
Anheier, Helmut. K. 2005. *Nonprofit Organizations: Theory, Management, Policy*. New York: Routledge.
Baumgartner, Frank R., Jeffrey M. Berry, Marie Hojnacki, David C. Kimball, and Beth L. Leech. 2009. *Lobbying and Policy Change: Who Wins, Who Loses, and Why*. Chicago: University of Chicago Press.
Berry, Jeffrey M. 1977. *Lobbying for the People: The Political Behavior of Public Interest Groups*. Princeton, NJ: Princeton University Press.
Berry, Jeffrey M. 1999. *The New Liberalism: The Rising Power of Citizen Groups*. Washington, DC: Brookings Institution Press（松野弘監訳. 2009.『新しいリベラリズム—台頭する市民活動パワー』ミネルヴァ書房）.
Berry, Jeffrey M. 2003. *A Voice for Nonprofits*. Washington, DC: Brookings Institution Press.
Berry, Jeffrey M. 2007. "Nonprofit Organizations as Interest Groups: The Politic of Passivity," in Allan J. Cigler and. Burdett A. Loomis (eds.), *Interest Group Politics, 7th ed*. Washington, DC: CQ Press.
Bob, Clifford. 2005. *The Marketing of Rebellion: Insurgents, Media, and International*

Activism. Cambridge: Cambridge University Press.

Brown, William A. and Joel O. Iverson. 2004. "Exploring Strategy and Board Structure in Nonprofit Organizations," *Nonprofit and Voluntary Sector Quarterly*, 33 (3): 377-400.

Burnell, Peter and Peter Calvert (eds.), 2004. *Civil Society in Democratization*. London: Frank Cass.

Burt, Ronald S. 1992. *Structural Holes: The Social Structure of Competition*. Cambridge, MA: Harvard University Press (安田雪訳. 2006.『競争の社会的構造—構造的空隙の理論』新曜社).

Chaves, Mark, Laura Stephens, and Joseph Galaskiewicz. 2004. "Does Government Funding Suppress Nonprofits' Political Activity?," *American Sociological Review*, 69 (2): 292-316.

Child, Curtis D. and Kirsten A. Grønbjerg. 2007. "Nonprofit Advocacy Organizations: Their Characteristics and Activities," *Social Science Quarterly*, 88 (1): 259-281.

Chinnock, Kathryn L. and Lester M. Salamon. 2002. "Determinants of Nonprofit Impact — A Preliminary Analysis" Paper presented at the panel session on "Nonprofit Impacts — Evidence from Around the Globe," Fifth International ISTR Conference, Cape Town, South Africa.

Cohen, Jean and Andrew Arato. 1992. *Civil Society and Political Theory*. Cambridge, MA: MIT Press.

Dees, Gregory J., Jed Emerson and Peter Economy (eds.), 2002. *Strategic tools for Social Entrepreneurs*. New York: John Wiley and Sons.

Diamond, Larry. 1999. *Developing Democracy: Toward Consolidation*. Baltimore: Johns Hopkins University Press.

Douglas, James. 1987. "Political Theories of Nonprofit Organization," in Walter. W. Powell (ed.), *The Nonprofit Sector: A Research Handbook*, New Heaven: Yale University Press: 43-54.

Drucker, Peter F. 1990. *Managing the Nonprofit Organization*, Harper Collins Publishers (上田惇生・田代正美訳. 1992.『非営利組織の経営』ダイヤモンド社).

Edwards, Bob and Michael W. Foley. 2001. "Civil Society and Social Capital: A Primer," in Bob Edwards, Michael W. Foley, and Mario Diani (eds.), *Beyond Tocqueville: Civil Society and the Social Capital Debate in Comparative Perspective*. Hanover, NH: University Press of New England: 1-14.

Ehrenberg, John. 1999. *Civil Society: The Critical History of an Idea*. New York: New York University Press (吉田傑俊監訳. 2001.『市民社会論—歴史的・批判的考察』青木書店).

Galaskiewicz, Joseph and W. Bielefeld. 1998. *Nonprofit Organizations in an Age of Uncertainty: A Study of Organizational Change*. Hawthorne, NY: Aldine De Gruyter.

Gazley, Beth. 2010. "Why Not Partner with Local Government?: Nonprofit Managerial Perception of Collaborative Disadvantage," *Nonprofit and Voluntary Sector Quarterly*, 39 (1): 51-76.

Gazley, Beth and J. L. Brudney. 2007. "The Purpose (and Perils) of Government-Nonprofit Partnership," *Nonprofit and Voluntary Sector Quarterly*, 36 (3): 389-415.

Geissel, Brigitte. 2008. "Do Critical Citizens Foster Better Governance?: A Comparative Study." *West European Politics*, 31 (5): 855-873.

Gidron, Benjamin, Ralph M. Kramer and Lester M. Salamon (eds.), 1992. *Government and the Third Sector: Emerging Relationships in Welfare States*, San Francisco: Jossey-Bass.

Granovetter, Mark. 1973. "The Strength of Weak Ties." *American Journal of Sociology* 78 (6): 1360-1380 (大岡栄美訳. 2006. 「弱い紐帯の強さ」野沢慎司編『リーディングスネットワーク論―家族・コミュニティ・社会関係資本』勁草書房：123-154).

Grønbjerg, Kirsten. 1993. *Understanding Nonprofit Funding: Managing Revenues in Social Services and Community Development Organizations*, San Francisco: Jossey-Bass.

Guo, Chao and Muhittin Acar. 2005. "Understanding Collaboration among Nonprofit Organizations: Combining Resource Dependency, Institutional, and Network Perspectives," *Nonprofit and Voluntary Sector Quarterly*, 34 (3): 340-361.

Haas, Peter M. 1989. "Do Regimes Matter? Epistemic Communities and Mediterranean Pollution Control," *International Organization*, 43 (3): 377-403.

Haas, Peter M. 1992. "Introduction: epistemic communities and international policy coordination," *International Organization*, 46 (1): 1-35.

Hager, Mark A., Sarah Wilson, Thomas H. Pollak, and Patrick Michael Rooney. 2003. "Response Rates for Mail Surveys of Nonprofit Organizations: A Review and Empirical Test," *Nonprofit and Voluntary Sector Quarterly*, 32: 252-267.

Hall, Peter Dobkin. 2010. "Nonprofit Organization," in Helmut K. Anheier, Stefan Toepler, and Regina List (eds.), *International Encyclopedia of Civil Society*. New York: Springer: 1072-1076.

Hansmann, Henry B. 1980. "The Role of Nonprofit Enterprise," *Yale Law Journal*, 89 (5): 835-901.

Harvey, David. 2005. *A Brief History of Neoliberalism*. Oxford: Oxford University Press (渡辺治. 2007. 『新自由主義―その歴史的展開と現在』作品社).

Herman, Robert. D. and Richard. D. Heimovics. 1991. *Executive Leadership in Nonprofit Organizations: New Strategies for Shaping Executive-Board Dynamics*. California: Jossey-Bass (堀田和宏・吉田忠彦訳. 1998. 『非営利組織の経営者リーダーシップ』森山書店).

Hirschman, Albert O. 1970. *Exit, Voice, and Loyalty: Responses to Decline in Firms, Organizations, and States*. Cambridge, MA: Harvard University Press（矢野修一訳. 2005.『離脱・発言・忠誠—企業・組織・国家における衰退への反応』ミネルヴァ書房）.

Ishkanian, Armine. 2010. "Nonprofit Organizations, Comparative Perspectives," in Helmut K. Anheier, Stefan Toepler, and Regina List (eds.), *International Encyclopedia of Civil Society*. New York: Springer: 1091-1095.

Jenkins, J. Craig. 1987. "Nonprofit Organizations and Policy Advocacy," in Walter W. Powell (ed.), *The Nonprofit Sector: A Research Handbook*. New Haven: Yale University Press: 296-318.

Kage, Rieko. 2011. *Civic Engagement in Postwar Japan: The Rivival of a Defeated Society*. New York: Cambridge University Press.

Kawato, Yuko and Robert Pekkanen. 2008. "Civil Society and Democracy: Reforming Nonprofit Organization Law," in Sherry L. Martin and Gill Steel, (eds.), *Democratic Reform in Japan: Assessing the Impact*. Boulder: Lynne Rienner: 193-212.

Key, V. O., Jr. 1958. *Politics, Parties, and Pressure Groups, 4th ed*. New York: Thomas Y. Crowell.

Kollman, Ken. 1998. *Outside Lobbying: Public Opinion and Interest Group Strategies*. Princeton, NJ: Princeton University Press.

Kooiman, Jan. 2000. "Societal Governance: Levels, Modes, and Orders of Social-Political Interaction," in J. Pierre (ed.), *Debating Governance: Authority, Steering, and Democracy*. Oxford: Oxford University Press: 138-164.

Levy, Jonah D. 1999. *Tocqueville's Revenge: State, Society, and Economy in Contemporary France*. Cambridge, MA: Harvard University Press.

Lindblom, Charles E. and Edward J. Woodhouse. 1993. *The Policy-making Process, 3th ed*. Englewood Cliffs, NJ: Prentice Hall（薮野祐三・案浦明子訳. 2004.『政策形成の過程—民主主義と公共性』東京大学出版会）.

Lipnack, Jessica and Jeffrey Stamps. 1982. *Networking*, New York: Ron Bernstein Agency INC（正村公宏監修, 日本開発統計研究所訳. 1984.『ネットワーキング』プレジデント社）.

McCarthy, John D. and Mayer N. Zald. 1977. "Resource Mobilization and Social Movements: A Partial Theory," *American Journal of Sociology*, 82 (6): 1212-1239（片桐新自訳. 1989.「社会運動の合理的理論」塩原勉編『資源動員と組織戦略—運動論の新パラダイム』新曜社：21-58）.

Mettler, Suzanne. 2002. "Bringing the State Back In to Civic Engagement: Policy Feedback Effects of the G. I. Bill for World War II Veterans," *American Political Science Review*, 96 (2): 351-365.

Mosley, Jennifer E. 2011. "Institutionalization, Privatization, and Political Opportunity: What Tactical Choices Reveal About the Policy Advocacy of Human Service Nonprofits," *Nonprofit and Voluntary Sector Quarterly*, 40 (3): 435-457.

Nadelmann, Ethan A. 1990. "Global prohibition regimes: the evolution of norms in international society," *International Organization*, 44: 479-526.

Najam, Adil. 2000. "The Four-Cs of Third sector Government Relations: Cooperation, Confrontation, Complementarity, and Co-optation," *Nonprofit Management & Leadership*, 10 (4): 375-396.

Ogawa, Akihiro. 2009. *The Failure of Civil Society?: The Third Sector and the State in Contemporary Japan*. Albany, NY: State University of New York Press.

Okimoto, Daniel I. 1989. *Between MITI and the Market : Japanese Industrial Policy for High Technology*. Stanford, CA: Stanford University Press(渡辺敏訳. 1991.『通産省とハイテク産業―日本の競争力を生むメカニズム』サイマル出版会).

Olson, Mancur. 1965. *The Logic of Collective Action: Public Goods and the Theory of Groups*. Cambridge, MA: Harvard University Press (依田博・森脇俊雅訳. 1996. 『集合行為論―公共財と集団理論（新装版）』ミネルヴァ書房).

Pekkanen, Robert. 2006. *Japan's Dual Civil Society: Members Without Advocates*. Stanford, CA: Stanford University Press (佐々田博教訳. 2008.『日本における市民社会の二重構造―政策提言なきメンバー達』木鐸社).

Pestoff, Victor A. 1998. *Beyond the Market and State: Social Enterprises and Civil Democracy in a Welfare Society*. Aldershot: Ashgate (藤田暁男ほか訳. 2000.『福祉社会と市民民主主義―協同組合と社会的企業の役割』日本経済評論社).

Pharr, Susan J. 1996. "Media as Trickster in Japan: A Comparative Perspective," in Susan J. Pharr and Ellis S. Krauss (eds.), *Media and Politics in Japan*. Honolulu: University of Hawaii Press: 19-43.

Pierre, Jon. 2000. "Introduction: Understanding Governance," in Jon. Pierre (ed.), *Debating Governance: Authority, Steering, and Democracy*. Oxford: Oxford University Press: 1-10.

Putnam, Robert D. 1993. *Making Democracy Work: Civic Traditions in Modern Italy*. Princeton, NJ: Princeton University Press (河田潤一訳. 2001.『哲学する民主主義―伝統と改革の市民的構造』NTT 出版).

Putnam, Robert D. 2000. *Bowling Alone: The Collapse and Revival of American Community*. New York: Simon & Schuster (柴内康文訳. 2006.『孤独なボウリング―米国コミュニティの崩壊と再生』柏書房).

Putnam, Robert D. (ed.), 2002. *Democracies in Flux: The Evolution of Social Capital in Contemporary Society*. New York: Oxford University Press.

Ramphal, Shiridath S. and Ingvar Carlsson. 1995. *Our Global Neighborhood: The Report of the Commission on Global Governance*. Oxford: Oxford University Press.

Reid, Elizabeth J. 1999. "Nonprofit Advocacy and Political Participation," in Elizabeth T. Boris and C. Eugene Steuerle (eds.), *Nonprofits and Government: Collaboration and Conflict*. Washington, DC: Urban Institute Press: 291-327（上野真城子・山内直人訳．2007.「NPO・アドボカシーと政治参加」『NPOと政府』ミネルヴァ書房：264-299）.

Rhodes, R. A. W. 1997. *Understanding Governance: Policy Networks, Governance, Reflexivity and Accountability*. Philadelphia, PA: Open University Press.

Rhodes, R. A. W. 2000. "Governance and Public Administration," in Jon Pierre (ed.), *Debating Governance: Authority, Steering, and Democracy*. Oxford: Oxford University Press: 54-90.

Robbins, Stephen. P. 1990. *Organization Theory, 3rd ed*. Englewood: Prentice Hall.

Rothenberg, Lawrence S. 1992. *Linking Citizens to Government: Interest Group Politics at Common Cause*. New York: Cambridge University Press.

Saidel, Judith. R. 1991. "Resource Interdependence: The Relationship between State Agencies and Nonprofit Organizations," *Public Administration Review*, 51 (6): 543-553.

Salamon, Lester M. 1987. "Partners in Public Service: The Scope and the Theory of Government-Nonprofit Relations," in W. Powell (eds.), *The Nonprofit Sector: A Research Handbook*. New Haven: Yale University Press: 99-117.

Salamon, Lester M. 1994. "The Rise of the Nonprofit Sector," *Foreign Affairs*, 73 (4): 109-122（竹下興喜訳．1994.「福祉国家の衰退と非営利団体の台頭」『中央公論』109巻11号：401-412）.

Salamon, Lester M. 1995. *Partners in Public Service: Government-nonprofit Relations in the Modern Welfare State*. Baltimore, Md.: Johns Hopkins University Press（江上哲監訳．2007.『NPOと公共サービス―政府と民間のパートナーシップ』ミネルヴァ書房）.

Salamon, Lester M. and Helmut K. Anheir. 1994. *The Emerging Sector*. Maryland: The Johns Hopkins University（今田忠監訳．1996.『台頭する非営利セクター』ダイヤモンド社）.

Salamon, Lester M. and H. Anheier. 1997a."Toward a Common Definition," in Lester M. Salamon and Helmut K. Anheier (eds.), *Defining the Nonprofit Sector: A Cross-national Analysis*. Manchester: Manchester University Press: 29-50.

Salamon, Lester M. and Helmut K. Anheier. 1997b. "Conclusion," in Lester M. Salamon and Helmut K. Anheier (eds.), *Defining the Nonprofit Sector: A Cross-national Analysis*. Manchester: Manchester University Press: 495-505.

Schattschneider, E. E. 1960. *The Semisovereign People: A Realist's View of Democracy in America*. New York: Holt, Rinehart and Winston（内山秀夫訳．1972.『半主権人民』

而立書房).
Schlozman, Kay Lehman and John T. Tierney. 1986. *Organized Interests and American Democracy*. New York: Harper & Row.
Schwartz, Frank J. 2002. "Civil Society in Japan Reconsidered," *Japanese Journal of Political Science*, 3 (2): 195-215.
Skocpol, Theda. 2003. *Diminished Democracy: From Membership to Management in American Civic Life*. Norman: University of Oklahoma Press (河田潤一訳. 2007. 『失われた民主主義――メンバーシップからマネージメントへ』慶應義塾大学出版会).
Smith, Steven. R. and Grønbjerg Kirsten. 2006. "Scope and Theory of Government-Nonprofit Relations," in Walter W. Powell and Richard Steinberg (eds.), *The Nonprofit Sector: A Research Handbook 2ed*. New Heaven: Yale University Press: 221-242.
Smith, Steven Rathgeb and Michael Lipsky. 1993. *Nonprofits for Hire: The Welfare State in the Age of Contracting*. Cambridge, MA: Harvard University Press.
Stoker, Gerry. 2004. *Transforming Local Governance: From Thatcherism to New Labour*. New York: Palgrave Macmillan.
Taylor, Charles. L. and David. A. Jodice. 1983. *World Handbook of Political and Social Indicators, 3rd ed*. vol. 2. New Haven: Yale University Press.
Truman, David B. 1951. *The Governmental Process: Political Interests and Public Opinion*. New York: Knopf.
Verba, Sidney, Kay L. Schlozman, and Henry Brady. 1995. *Voice and Equality: Civic Voluntarism in American Politics*. Cambridge, MA: Harvard University Press.
Walker, Jack L. 1983. "The Origins and Maintenance of Interest Group in America," *American Political Science Review*, 77 (2): 390-406.
Walker, Jack L. 1991. *Mobilizing Interest Groups in America: Patrons, Professions, and Social Movements*. Ann Arbor: University of Michigan Press.
Weisbrod, Burton A. 1977. *The Voluntary Nonprofit Sector*. Lexington, MA: Lexington Books.
Wolch, Jennifer R. 1990. *The Shadow State: Government and Voluntary Sector in Transition*. New York: Foundation Center.
Young, Dennis. R. 2006. "Complementary, Supplementary, or Adversarial?: Nonprofit-Government Relathions," in E. T. Boris and C. E. Steuerle (eds.), *Nonprofit and Government: Collaboration and Conflict*, Washington, DC: Urban Institute Press: 37-79 (上野真城子・山内直人訳. 2007. 「相補か, 補完か, 敵対か――米国の NPO と政府との関係をめぐる理論的, 歴史的検証」『NPO と政府』ミネルヴァ書房:26-60).

付録1　NPO調査の設計と実施

辻中豊・山本英弘・坂本治也

1. 調査票の構成

　1章で述べたように，NPO調査は，新興の市民社会組織としてのNPOの存立様式と活動実態を捉えられるように設計されている（表補−1）。調査票は48の質問項目からなり，枝質問を含めると約400項目から構成される。質問内容を大別すると，団体の概要，団体の内部構成，活動内容，行政・政党との関係，他団体との関係などである。調査票は付録2に掲載しているのであわせて参照されたい。

　また，本プロジェクトでは，1997年の「団体の基礎構造に関する調査（JIGS調査）」と今回NPO調査と同時に行った「社会団体に関する全国調査（JIGS2社会団体調査）」において，職業別電話帳（iタウンページ）を母集団情報とし，多様な社会団体についての調査を行っている（辻中編 2009b；辻中・森編 2010参照）。NPO調査を実施した目的の1つは，新たな制度により法人格を取得した非営利団体について調査し，既存の社会団体と比較することで，日本の市民社会構造をより明確に捉えることである。そのため，NPO調査はJIGS調査と比較分析が可能なように設計されている。表補−1には，NPO調査の各質問項目の内容を示すとともに，JIGS2社会団体調査との質問項目の対応関係を示している。

2. 調査のプロセス

　NPO調査は，2006年1月〜2008年7月にかけて実施した。調査の準備（母集団の情報収集・確定，調査票の作成等），調査の実施，補完調査の実施の3つのプロセスに分けられる（図補−1参照）。以下では，プロセスごとに実施

表補−1　NPO調査の質問項目（JIGS2調査との対応）

NPO	社会団体	概要	NPO	社会団体	概要
Q1	Q1	団体所在地	Q32	Q29	一般向けの活動
Q2	Q2	団体設立年	Q33	Q34	働きかけの手段と頻度
Q3		法人格取得年	Q34	Q35	影響力行使の成功経験＜実施＞
Q4		所轄官庁	Q34	Q35	影響力行使の成功経験＜修正・阻止＞
Q5	Q4	会員数	Q35		行政と比べNPOの優位な点
Q6	Q5	職員・スタッフ数とその類型	Q36		一般論として，現在のNPOと行政の関係
Q7		団体設立理由	Q37		NPOが関わるべき政策過程
Q8		利益の実現対象	Q38		NPOに対する各種意見への立場
Q9	Q11	活動する地理的範囲	Q39	Q36	一般会員の活動参加頻度
Q10	Q12	上記地域内での影響力	Q40		会員への連絡手段
Q11		活動分野（主・従）	Q41	Q37	会員同士の交流の程度
Q12	Q8	関心のある政策や活動分野	Q42	Q38	団体の運営形態
Q13	Q9	団体の目的・活動	Q43	Q40	会員の職業構成比率
Q14	Q13	各種意見に対する立場	Q44	Q39	会員の大卒割合
Q15	Q14	設立時資金援助の有無と援助元	Q45	Q41	予算
Q16	Q15	情報の取得元	Q45	Q41	国や自治体からの補助金
Q17	Q16	接触可能な対象	Q46	Q42	回答者の最終学歴
Q18	Q17	行政機関との関係	Q47	Q43	回答者の交際対象
Q19		所轄官庁からの働きかけ	Q48	Q44	政治的位置づけ（保守−革新）
Q20	Q21	相談を受ける対象と頻度		Q3	団体の位置付け（支部−本部等）
Q21	Q18	行政への直接的働きかけの対象と頻度		Q6	会員の条件
Q22		地方議会議員との関係		Q7	団体の分類
Q23	Q20	政党への働きかけと頻度		Q10	法人格の有無とその種類
Q24	Q22	信頼できる主張先		Q19	行政への間接的働きかけの対象と頻度
Q25	Q23	国・自治体の政策への満足度		Q24	団体の利益を全国的に代表する団体
Q26		競合する法人や組合		Q25	上記「有」の場合，その団体の影響力
Q27	Q26	各種団体の影響力		Q30	最近の選挙での支持・推薦
Q28	Q27	各種団体との関係性（協調−対立）		Q31	07年衆院選に際し政党からの働きかけ
Q29		自治体・町内会との関係への希望		Q32	選挙活動
Q30		上記で「連携」をの望む場合，その理由		Q33	予算編成での働きかけ（国）
Q31	Q28	過去3年のマスコミへの登場		Q33	予算編成での働きかけ（自治体）

図補−1　NPO調査の日程

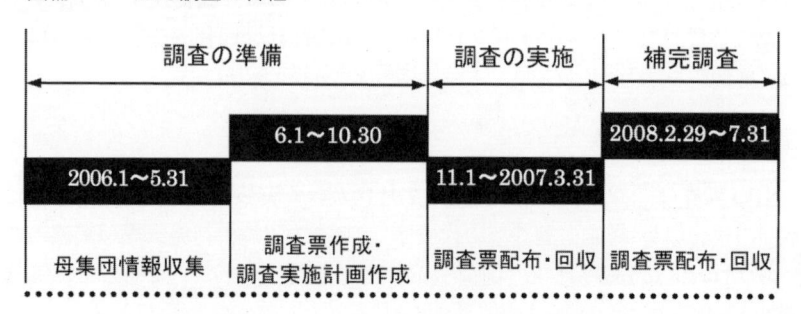

調査の準備　　　　　調査の実施　　　補完調査

2006.1〜5.31　母集団情報収集

6.1〜10.30　調査票作成・調査実施計画作成

11.1〜2007.3.31　調査票配布・回収

2008.2.29〜7.31　調査票配布・回収

表補−2　NPO調査の概要

母集団	・データ・ソース：内閣府・各都道府県のNPO法人リスト ・全国組織数：23,403
調査概要	・調査期間：2006年11月〜2007年3月　　・調査対象地域：日本全国 ・サンプル抽出：全数　　　　　　　　・調査方法：郵便による配布・回収 ・配布数：23,403　　　　　　　　　　・有効回収数：5,127 ・回収率：21.9%
調査内容	・団体の概要，団体の内部構成，活動内容，行政・政党との関係，他団体との関係など
補完調査	・調査期間：2008年2月〜7月 ・調査対象：団体ID認知3,136団体（団体ID自己申告回答） ・有効回収数：1,604　　　　　　　　・回収率：51.1% ・補完調査内容：政党，行政，裁判所のうち，どこに働きかけるのが有効か 　Q27（影響力），Q28（協調関係）のアクター追加：中央省庁の官僚

方法を述べていく。なお，調査の概要については表補−2に要約している。

2.1. 調査対象に関する情報収集

2006年1〜5月に内閣府（http://www.npo-homepage.go.jp/data/pref.html）および各都道府県ホームページに掲載されているすべてのNPO法人リストから各団体の情報（名称，住所，主な活動分野）を収集した。その結果，収集時点で内閣府と各都道府県を合わせてNPO法人数は26,368団体が存在することが判明した。

2.2. 調査の実施

調査票配布は2006年11月から準備を始め，12月8日から3度に分けて，郵送によって全数の26,368団体に配布した。しかし，調査票を配布したうち，2,965団体は解散や転居による住所不明により郵便が還付された。これらは調査不能であり，これを除いた母集団の規模は23,403である。2007年1月9日に，はがきにて回答のあった団体へのお礼と未回答の団体への再依頼を行った。そして，2007年3月末まで回収し，最終的には5,127団体から回答を得た。

回収率は21.9%であり，通常の個人に対する郵送調査と比較してみると低い[1]。ちなみに，同時期に調査を行った社会団体調査の回収率は17.3%であ

（1）　NPOに対する郵送調査の回答率の低さはアメリカでも問題視されている（Hager et al. 2003）。

る。この理由として，一般に言われるように社会調査に協力が得られにくい社会環境になりつつあることや，NPO法人を対象としたアンケート調査が数多く行われているため回答者にとって負担になったことなどが考えられる。あるいは，政治とのかかわりについての質問など，本調査には回答が難しかったり，センシティブな質問が多く含まれているからかもしれない。

また，前述のように調査票は内閣府および各都道府県のリストに掲載されている全団体に配布した。サンプリング理論に基づくならば，大規模サンプルをとることで非標本誤差（サンプリング理論に基づかない様々なエラー）を大きくするよりも，適正なサンプル数を設定してランダムサンプリングし，回収率を向上させるように努めたほうが望ましいと考えられる。しかし，日本全国47都道府県に所在する団体の全貌を幅広く記述し，団体分類や活動範囲などでデータを分割していくとサンプル数が小さくなってしまい，詳細な分析に耐えなくなってしまう恐れがある。そのため，本調査では非標本誤差によるバイアスの恐れがあるものの，より多くのサンプルを採取できる全数配布を行った。

2.3. 補完調査の実施

NPO調査をはじめ，社会団体調査，自治会調査，海外における市民社会組織調査を行っていく過程で，社会団体とNPOとの比較によって日本の市民社会を捉えるうえで欠かせない，いくつかの重要な質問項目が外れてしまった。通常，対象者を匿名としている調査では，回答後に質問の追加や補完を行うことは困難であるが，後述のように3,136団体のIDがわかっており，極めて大規模な今回の調査をより完全なものにするため，あえて補完調査を行うこととした。なお，同様の補完調査は社会団体調査においても実施している。

補完調査は3つの質問項目からなる。第1に，有効な働きかけ対象についてである。これは，団体の主張を通したり，権利，意見，利益を守るために，働きかける有効な対象（政党ないし議会，行政，裁判所）がどれかを尋ねた質問である。これは，立法，行政，司法の三権のうち，団体がどれを最も有効な要求ルート（標的）とみているのかを分析する上で，重要なものである。当初はこの質問も調査票に掲載する方針であったが，紙幅の関係から割愛した。しかしながら，この質問は諸外国における市民社会組織調査でも用いて

おり，国際比較の観点から日本の市民社会と政治社会との接合面を捉えるうえではやはり不可欠であると再考するに至った。

第2に，中央省庁の官僚の影響力についてである。政治過程において，様々な団体・集団および政治的エリートのうち，どのようなアクターが影響力を発揮しているのかについての団体の認識を捉えるために，NPO調査では，各アクターの政治に対する影響力を評価する質問を設けた。Q27では，26アクターについて評価を求めている。しかし，この広範な26アクターの中に，行政機関のトップとして「首相官邸」が設けられているものの，「中央省庁の官僚」という項目が欠落してしまった。これは全くの編集エラーによって，この重要なアクターが消失してしまったものである。言うまでもなく実質的な行政府の影響力を見るためには，具体的な行政活動に携わるアクターを考慮する必要がある。

第3に，団体と中央省庁の官僚との協調－対立関係についてである。前述の影響力評価と同様の理由から，「団体と各アクターとの協調－対立関係（Q28）」においても中央省庁の官僚を追加した。

補完調査の対象は，本調査において調査票末尾に団体IDを任意に記載した団体である。ID番号は調査結果報告のハンドアウトを希望する団体に任意で記入を求めたものである[2]。このような団体は3,136団体（回答サンプルの61.2％）である。2008年2～5月に調査票を郵送で配布し，FAXでの返答を依頼した（回収は7月まで）。最終的に1,604団体から回答を得た（回収率51.6％）。

補完調査に回答した団体は，本調査に回答した団体のうち，自らID番号を記入し，さらに補完調査の追加的質問にまで回答をしたという点から，調査に対して非常に好意的な団体であると考えられる。しかし，辻中編（2009a）では，団体の様々な特性についてNPO調査回答サンプルと比較したが，あまり大きな相違は確認されなかった。

（2） あらかじめすべての調査票に整理番号をつけておく方法も考えられるが，プライバシーに対して敏感な回答者に配慮し，このような方法はとらなかった。

3. サンプルバイアスの検討

　母集団となる NPO 法人リストをもとに，都道府県別や活動分野ごとの団体数などの基礎的情報をまとめておく。実際に回収した調査票による結果も併記し，回収サンプルの代表性を検討する。

　調査票には調査結果の報告書が欲しい団体に ID 番号を記すように求めている。実際に ID の記載があったのは3,136団体である。これらの団体については，元になる母集団リストの情報をもとに，母集団全体と比較する。しかし，ID が記載されているのは回収サンプル数の61.2％でしかない。そのため，回収サンプル全体の特徴を探るために，調査票における回答内容の集計と母集団情報との比較も行う。

　表補－３は，都道府県ごとの団体数と全体に占める割合である。それぞれ，母集団である NPO 法人リストにおける団体数，回収サンプル（ID 記載団体），回収サンプル（全体）[3]の順に記載する。ほとんどの都道府県でサンプル全体に占める団体数の割合は変わらないが，東京都だけ母集団で21.1％であるのが，回収サンプル（ID 有）で15.9％，回収サンプル（全体）で15.5％となっており，5ポイント程度低い。

　続いて，表補－４は特定非営利活動推進法で定められた活動分野ごとに団体数をみたものである。これには１つの団体でも複数該当することがある。そのため，全体数（合計）に対する割合を示している。なお，母集団のリストでは該当する数が無制限であるのに対して，調査票では２つの活動分野のみを答えるかたちをとっている。母集団情報に基づく，母集団と回収サンプル（ID 有）では，割合がほとんど変わらない。回答内容に基づく回収サンプル（全体）においても，多くの活動分野において，全体の分布に占める割合は母集団と変わらない。

　以上のように，NPO 調査には回収率の低さや補完調査の実施など，調査の遂行上，いくつかの問題があったものの，所在地と活動分野で見る限り，回収サンプルに大きな偏りはないと考えられる。

　（3）　回収サンプル（全体）の抽出率とは，各都府県における母集団の団体数に占める回収サンプルの割合である。

表補－3　NPOの都道府県別分布

区分	母集団 度数	母集団 パーセント	回収サンプル（ID有）度数	回収サンプル（ID有）パーセント	回収サンプル（全体）度数	回収サンプル（全体）パーセント	抽出率
北海道	925	4.0	142	4.4	267	5.2	28.9
青森県	188	0.8	29	0.9	56	1.1	29.8
岩手県	238	1.0	42	1.3	75	1.5	31.5
宮城県	367	1.6	55	1.7	94	1.8	25.6
秋田県	126	0.5	25	0.8	43	0.8	34.1
山形県	194	0.8	26	0.8	57	1.1	29.4
福島県	306	1.3	43	1.3	80	1.6	26.1
茨城県	321	1.4	50	1.6	82	1.6	25.5
栃木県	281	1.2	40	1.2	64	1.3	22.8
群馬県	410	1.8	57	1.8	88	1.7	21.5
埼玉県	863	3.7	113	3.5	178	3.5	20.6
千葉県	1,027	4.4	148	4.6	212	4.2	20.6
東京都	4,934	21.1	509	15.9	793	15.5	16.1
神奈川県	1,506	6.4	197	6.1	312	6.1	20.7
新潟県	335	1.4	80	2.5	107	2.1	31.9
富山県	140	0.6	32	1.0	50	1.0	35.7
石川県	177	0.8	30	0.9	48	0.9	27.1
福井県	157	0.7	27	0.8	41	0.8	26.1
山梨県	106	0.5	13	0.4	18	0.4	17.0
長野県	510	2.2	91	2.8	154	3.0	30.2
岐阜県	338	1.4	68	2.1	111	2.2	32.8
静岡県	527	2.3	87	2.7	143	2.8	27.1
愛知県	845	3.6	120	3.7	194	3.8	23.0
三重県	409	1.7	54	1.7	100	2.0	24.4
滋賀県	286	1.2	47	1.5	75	1.5	26.2
京都府	683	2.9	90	2.8	136	2.7	19.9
大阪府	1,751	7.5	216	6.7	334	6.5	19.1
兵庫県	891	3.8	118	3.7	191	3.7	21.4
奈良県	202	0.9	23	0.7	53	1.0	26.2
和歌山県	327	1.4	38	1.2	63	1.2	19.3
鳥取県	74	0.3	7	0.2	15	0.3	20.3
島根県	131	0.6	21	0.7	41	0.8	31.3
岡山県	303	1.3	41	1.3	69	1.4	22.8
広島県	297	1.3	39	1.2	68	1.3	22.9
山口県	231	1.0	30	0.9	54	1.1	23.4
徳島県	137	0.6	29	0.9	44	0.9	32.1
香川県	146	0.6	15	0.5	26	0.5	17.8
愛媛県	203	0.9	31	1.0	49	1.0	24.1
高知県	166	0.7	25	0.8	43	0.8	25.9
福岡県	759	3.2	92	2.9	160	3.1	21.1
佐賀県	175	0.7	24	0.7	41	0.8	23.4
長崎県	225	1.0	25	0.8	48	0.9	21.3
熊本県	323	1.4	32	1.0	54	1.1	16.7
大分県	249	1.1	32	1.0	54	1.1	21.7
宮崎県	149	0.6	22	0.7	42	0.8	28.2
鹿児島県	265	1.1	39	1.2	58	1.1	21.9
沖縄県	200	0.9	22	0.7	23	0.5	11.5
合計	23,403	100.0	3,136	97.8	5,108	100.0	21.8
欠損値			1,991		19		
合計			5,127		5,127		

表補-4　NPOの活動分野（複数回答）

	母集団 度数	母集団 パーセント	回収サンプル(ID有) 度数	回収サンプル(ID有) パーセント	回収サンプル(全体) 度数	回収サンプル(全体) パーセント
保険・医療・福祉	9,900	42.3	1,360	43.4	2,351	45.9
社会教育	5,977	25.5	791	25.2	667	13.0
まちづくり	6,508	27.8	935	29.8	1,347	26.3
学術・文化・芸術・スポーツ	4,631	19.8	597	19.0	771	15.0
環境保全	4,318	18.5	655	20.9	874	17.0
災害救援	832	3.6	103	3.3	86	1.7
地域安全	1,355	5.8	193	6.2	155	3.0
人権擁護・平和推進	1,996	8.5	252	8.0	259	5.1
国際協力	2,533	10.8	287	9.2	248	4.8
男女共同参画	1,120	4.8	152	4.8	108	2.1
子どもの健全育成	5,276	22.5	732	23.3	1,155	22.5
情報化社会の発展	909	3.9	141	4.5	178	3.5
科学技術の振興	383	1.6	66	2.1	100	2.0
経済活動の活性化	1,245	5.3	189	6.0	215	4.2
職業能力の開発・雇用機会拡充	1,348	5.8	204	6.5	263	5.1
消費者保護	436	1.9	67	2.1	96	1.9
団体運営に関する連絡・助言・援助	4,664	19.9	645	20.6	277	5.4
登録情報なし・欠損値	5,634	24.1	656	20.9	43	0.8
合計	23,403	―	3,136	―	5,127	―

NPO調査票

Ⅰ．あなたの団体の概要についておたずねします。

Q1．あなたの団体の所在地をご記入ください。

　　　□ 都道府県　　　□ 市区町村

Q2．あなたの団体が設立されたのは何年頃ですか。西暦でご記入ください。

　　　□ 年

Q3．あなたの団体が法人格を取得されたのはいつですか。西暦でご記入ください。

　　　□ 年　□ 月

Q4．あなたの団体の所轄官庁はどこですか。

　　　1．内閣府　　2．都道府県　　□

Q5．あなたの団体の会員数を次にあげる項目ごとにご記入ください。なお団体会員の場合は、団体会員数とその団体に属する構成員の総合計数をご記入ください。（正確にわからない場合は概数でけっこうです）

	個人会員の会員数	団体会員の会員数（所属人数の合計）
設立時	人	団体 （　　人）
現在	人	団体 （　　人）

Q6．あなたの団体の職員・スタッフ数を次にあげる項目ごとにご記入ください。

常勤スタッフ	人
非常勤スタッフ	人
ボランティアスタッフ	人

Q7．次にあげる中で、あなたの団体が設立した理由として、最もふさわしいものをお答えください。

　　1．自発的な市民活動が発展した　　5．行政の勧めがあった
　　2．政策に対して不満があった　　　6．NPO法が制定された
　　3．公的サービスへの不満があった　7．その他
　　4．特定の問題（災害や犯罪等）が発生した　（　　　　　　）

　　　□

Q8．あなたの団体の活動は、どのような人々の利益の実現を目指していますか。あてはまるものすべての番号に〇をつけてください。

　　1．地域住民　　　　　　　　　　5．日本中の人々
　　2．団体の顧客、サービス受益者　6．特定の国や地域の人々
　　3．団体のメンバー　　　　　　　7．世界中の人々
　　4．寄付者、援助者　　　　　　　8．その他（　　　　　　）

Q9. あなたの団体が活動対象とする地理的な範囲は、次のどのレベルですか。

　　　1．市町村レベル　　　　　　　　4．日本全国レベル
　　　2．都道府県レベル　　　　　　　5．世界レベル
　　　3．複数県にまたがる広域圏レベル

Q10. Q9でお答えになった地域で、あなたの活動分野において何か政策問題が生じたとき、あなたの団体はどの程度影響力をもっていますか。

　　　1．まったくない　　　　　　　　4．かなり強い
　　　2．あまりない　　　　　　　　　5．非常に強い
　　　3．ある程度強い

Q11. 次にあげる特定非営利活動促進法で定められた活動分野の中から、**あなたの団体の主たる活動分野の番号を1つお答えください。また、従たる活動分野**があれば、その番号を1つお答えください。

　　　　　　　　　　　　　　　　　　　　　　　　主たる　　従たる
　　　　　　　　　　　　　　　　　　　　　　　　活動分野　活動分野

1．保健、医療又は福祉の増進を図る活動
2．社会教育の推進を図る活動
3．まちづくりの推進を図る活動
4．学術、文化、芸術又はスポーツの
　　振興を図る活動
5．環境の保全を図る活動　　　　　　13．科学技術の振興を図る活動
6．災害救援活動　　　　　　　　　　14．経済活動の活性化を図る活動
7．地域安全活動　　　　　　　　　　15．職業能力の開発又は雇用機会
8．人権の擁護又は平和の推進を図る活動　　の拡充を支援する活動
9．国際協力の活動　　　　　　　　　16．消費者の保護を図る活動
10．男女共同参画社会の形成の促進を図る活動　17．前各号に掲げる活動を行う
11．子どもの健全育成を図る活動　　　　　団体の運営又は活動に関する
12．情報化社会の発展を図る活動　　　　　連絡、助言又は援助の活動

Q12. 国や自治体の政策のうち、あなたの団体が関心のある政策や活動分野はどれにあたりますか。あてはまるものすべての番号に〇をつけてください。また、最も重要なものの番号を1つだけお答えください。

　　　　　　　　　　　　　　　　　　　　　　　　　　　　最も重要

　　　1．財政政策　　　　　　　　　14．教育政策
　　　2．金融政策　　　　　　　　　15．女性政策
　　　3．通商政策　　　　　　　　　16．地方行政政策
　　　4．業界の産業振興政策　　　　17．労働政策
　　　5．土木・建設・公共事業政策　18．農業・林業・水産政策
　　　6．運輸・交通政策　　　　　　19．消費者政策
　　　7．通信・情報政策　　　　　　20．環境政策
　　　8．科学技術政策　　　　　　　21．厚生・福祉・医療政策
　　　9．地域開発政策　　　　　　　22．国際交流・協力・援助政策
　　　10．外交政策　　　　　　　　　23．文教・学術・スポーツ政策
　　　11．平和・安全保障政策　　　　24．団体支援政策
　　　12．治安政策　　　　　　　　　25．その他
　　　13．司法・人権政策　　　　　　　（　　　　　　　　　）

Q13. あなたの団体の主な目的、活動は次のどれにあたりますか。<u>あてはまるものすべての番号に○をつけてください。</u>

1. 会員に情報を提供する
2. 会員の生活や権利を防衛する
3. 会員に教育・訓練・研修を行う
4. 会員に国や自治体からの補助金や奨励金を斡旋する
5. 会員に許認可や契約などの行政上の便宜をはかる
6. 国や自治体に対して主張や要求を行う
7. 情報を収集し、会員以外の組織・団体・個人に提供する
8. 専門知識に基づく政策案を会員以外の組織・団体・個人に提言する
9. 公共利益を実現するために啓蒙活動を行う
10. 他の団体や個人に資金を助成する
11. 一般向けに有償でサービスを提供する
12. 一般向けに無償でサービスを提供する
13. その他（　　　　　　　　　　　　　　　　　　　　　）

Q14. 次にあげる意見に対する団体としての立場をお答えください。

```
5.賛成      4.どちらかといえば賛成      3.どちらともいえない
2.どちらかといえば反対      1.反対
```

A．政府を評価する基準としては政策の効率性が最も重要である	5	4	3	2	1
B．行政においては能率よりも調整の方が大切である	5	4	3	2	1
C．政府の主要な課題は国民間の所得格差の是正である	5	4	3	2	1
D．経済社会に対する国家の関与は少なければ少ないほどよい	5	4	3	2	1
E．政府は経済の非効率な部分を保護しすぎている	5	4	3	2	1
F．政府の主要な課題は地域間格差の是正である	5	4	3	2	1
G．どちらかといえば経済成長よりも環境保護を重視した政治を行ったほうがよい	5	4	3	2	1
H．国や自治体の決定に対して、もっと国民が参加できるようにしたほうがよい	5	4	3	2	1
I．安全を守るためには、国民の自由が多少制限されてもしかたがない	5	4	3	2	1
J．政府の権限のうち可能なものは自治体に委譲したほうがよい	5	4	3	2	1
K．国民の意見は国や自治体の政治に反映されている	5	4	3	2	1
L．企業は利益追求だけでなく社会貢献も行うべきだ	5	4	3	2	1

Ⅱ. あなたの団体と他の団体・組織との関係についておたずねします。

Q15. あなたの団体の設立にあたり、次にあげる組織の支援はありましたか。あてはまるすべての番号に〇をつけてください。

1. 国　　　　4. 専門家
2. 自治体　　5. NPO中間支援施設　　7. その他
3. 企業　　　6. 他のNPO　　　　　　（　　　　　　　）

Q16. あなたの団体は、活動する上で必要な情報をどこから得ていますか。次の中から重要な順に3つまでお答えください。

　　　　　　　　　　　　　　　　　　　　　1位　2位　3位

1. 中央省庁　　　7. マスメディア関係者
2. 政党　　　　　8. 専門紙・業界紙関係者
3. 自治体　　　　9. 系列団体
4. 地方議員　　　10. 協力団体　　　　　13. 町内会・自治会
5. 学者・専門家　11. あなたの団体の会員　14. その他
6. 企業　　　　　12. NPO　　　　　　　　　（　　　　　　　）

Q17. 次にあげる中にあなたの団体が接触できる人がいますか。あてはまるすべての番号に〇をつけてください。

1. 国会議員　　　　　4. 首長など自治体幹部　7. テレビ放送記者
2. 中央省庁の課長以上　5. 自治体の課長以上
3. 地方議員　　　　　6. 新聞記者

Q18. あなたの団体は、国や所在地の自治体とどのような関係にありますか。それぞれについて、次の事項にあてはまる場合は✓をつけてください。

	国	都道府県	市町村
A. 政策提言をしている			
B. 有償で委託業務をしている			
C. フォーラムやイベントを共同で企画・運営している			
D. 政策決定や予算活動に対して支持や協力をしている			
E. 政策執行に対して援助や協力をしている			
F. 上記の他に無償で行政の支援をしている			
G. 審議会や諮問機関へ委員を派遣している			
H. 行政の政策執行に対してモニタリングしている			

Q19. あなたの団体は、これまでに所轄官庁から次のような働きかけを受けたことはありますか。あてはまるものすべての番号に〇をつけてください。

1. 事業報告の提出要請　　5. 書面での指導
2. 活動内容の改善命令　　6. 立ち入り検査
3. 定款違反の指摘　　　　7. 活動業務に関する提案
4. 口頭での指導　　　　　8. その他（　　　　　　　）

Q20. あなたの団体と関連する政策について、次にあげる人や組織からどのくらい相談を受けますか。現在と10年前（1996年）についてお答えください。

　5.非常に頻繁　　4.かなり頻繁　　3.ある程度　　2.あまりない　　1.まったくない

	現在					10年前				
A．国会議員	5	4	3	2	1	5	4	3	2	1
B．中央省庁	5	4	3	2	1	5	4	3	2	1
C．地方議員	5	4	3	2	1	5	4	3	2	1
D．自治体	5	4	3	2	1	5	4	3	2	1

Q21. あなたの団体が行政に〈直接的〉に働きかけをする場合、次にあげる役職の方と、どのくらい面会や電話をしますか。現在と10年前についてお答えください。

　5.非常に頻繁　　4.かなり頻繁　　3.ある程度　　2.あまりない　　1.まったくない

	現在					10年前				
A．大臣など中央省庁の幹部	5	4	3	2	1	5	4	3	2	1
B．中央省庁の課長クラス	5	4	3	2	1	5	4	3	2	1
C．知事など都道府県の幹部	5	4	3	2	1	5	4	3	2	1
D．都道府県の課長クラス	5	4	3	2	1	5	4	3	2	1
E．市長など市町村の幹部	5	4	3	2	1	5	4	3	2	1
F．市町村の課長クラス	5	4	3	2	1	5	4	3	2	1

Q22. あなたの団体は、地方議会の議員とどのような関係にありますか。都道府県と市町村それぞれについて、次の事項にあてはまる場合は✔をご記入ください。

	都道府県	市町村
A．団体出身の議員を出している		
B．議員に対して活動を支援している		
C．議員に対して政策提言をしている		
D．議員に対して情報提供を行っている		
E．議員からの定期活動報告を受ける		
F．議員を交えた政策の勉強会・懇談会を行っている		
G．その他（　　　　　　　　　　）		

Q23. あなたの団体が政党に働きかけをする場合、次にあげる政党とどのくらい接触しますか。現在と10年前についてお答えください。

> 5.非常に頻繁　4.かなり頻繁　3.ある程度　2.あまりない　1.まったくない

		現在					10年前				
A.	自民党	5	4	3	2	1	5	4	3	2	1
B.	民主党	5	4	3	2	1	5	4	3	2	1
C.	共産党	5	4	3	2	1	5	4	3	2	1
D.	社民党	5	4	3	2	1	5	4	3	2	1
E.	公明党	5	4	3	2	1					
F.	新進党						5	4	3	2	1
G.	地域政党	5	4	3	2	1	5	4	3	2	1

Q24. あなたの団体の権利や利益、意見を主張するとき、次にあげる人・組織・集団は、一般的にいって、どのくらい信頼できるとお考えですか。現在と10年前についてそれぞれお答えください。

> 5.非常に信頼できる　4.かなり信頼できる　3.ある程度
> 2.あまり信頼できない　1.まったく信頼できない

		現在					10年前				
A.	国会議員・政党	5	4	3	2	1	5	4	3	2	1
B.	中央省庁	5	4	3	2	1	5	4	3	2	1
C.	地方議員・政党	5	4	3	2	1	5	4	3	2	1
D.	自治体の首長	5	4	3	2	1	5	4	3	2	1
E.	自治体	5	4	3	2	1	5	4	3	2	1
F.	裁判所	5	4	3	2	1	5	4	3	2	1
G.	マスメディア	5	4	3	2	1	5	4	3	2	1
H.	世論	5	4	3	2	1	5	4	3	2	1
I.	国際機関	5	4	3	2	1	5	4	3	2	1

Q25. あなたの団体は、国や自治体の政策に、どのくらい満足していますか。政治全般とあなたの団体の活動分野のそれぞれについてお答えください。

> 5.非常に満足　4.満足　3.ある程度　2.不満　1.非常に不満

A. 政策全般（国）	5	4	3	2	1
B. 政策全般（自治体）	5	4	3	2	1
C. あなたの団体が関心のある政策（国）	5	4	3	2	1
D. あなたの団体が関心のある政策（自治体）	5	4	3	2	1

Q26. 次にあげる中にあなたの団体と活動において競合する法人や組合はありますか。その法人や組合とは競争的な関係ですか、それとも協調的な関係ですか。

　　　　　　　　　　1.競争的　　　2.協調的　　　3.競合しない

A．NPO法人		H．労働組合	
B．財団法人		I．商工組合	
C．社団法人		J．消費生活協同組合	
D．特殊法人		K．農業協同組合	
E．社会福祉法人		L．中小企業事業協同組合	
F．中間法人		M．株式会社	
G．認可地縁団体		N．その他（　　　　　）	

Q27. 次にあげるグループは、日本の政治にどの程度の影響力を持っていると思いますか。日本政治全般とあなたの団体が関心のある政策領域について、「ほとんど影響力なし」を1とし「非常に影響力あり」を7とする尺度にあてはめて、点数をご記入ください。

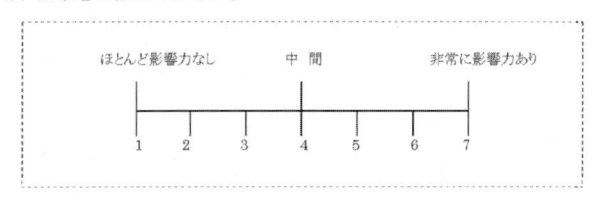

　　　ほとんど影響力なし　　　中間　　　非常に影響力あり
　　　　1　　2　　3　　4　　5　　6　　7

※点数をご記入ください。

	政治全般	関心のある政策		政治全般	関心のある政策
A．農林漁業団体			N．首相官邸		
B．経済・業界団体			O．与党		
C．労働団体			P．野党		
D．教育団体			Q．都道府県		
E．行政関係団体			R．市町村		
F．福祉団体			S．裁判所		
G．専門家団体			T．警察		
H．政治団体			U．大企業		
I．市民団体			V．マスメディア		
J．学術・文化団体			W．暴力団		
K．趣味・スポーツ団体			X．外国政府		
L．宗教団体			Y．国際機関		
M．町内会・自治会			Z．外国の団体		

Q28. あなたの団体は、次にあげるグループとどのような関係にありますか。「非常に対立的」を1とし「非常に協調的」を7とする尺度にあてはめて、点数をご記入ください。

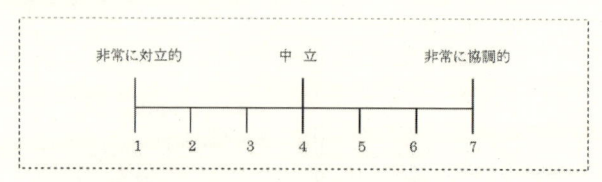

```
    非常に対立的      中立       非常に協調的
    ├────┼────┼────┼────┼────┼────┤
    1    2    3    4    5    6    7
```

※点数をご記入ください。

A．農林漁業団体		N．首相官邸	
B．経済・業界団体		O．与党	
C．労働団体		P．野党	
D．教育団体		Q．都道府県	
E．行政関係団体		R．市町村	
F．福祉団体		S．裁判所	
G．専門家団体		T．警察	
H．政治団体		U．大企業	
I．市民団体		V．マスメディア	
J．学術・文化団体		W．暴力団	
K．趣味・スポーツ団体		X．外国政府	
L．宗教団体		Y．国際機関	
M．町内会・自治会		Z．外国の団体	

Q29. あなたの団体は、地域社会での活動を行ううえで、自治会や町内会との関係についてどのようにお考えですか。

　　1．連携して活動していきたい
　　2．連携したいとは思わない（独立で活動したい）

Q30. Q29で「1．連携して活動していきたい」とお答えの方におたずねします。その理由は次にあげるうち、どれに最も近いですか。

　　1．地域の実情やニーズについて知ることができる
　　2．活動に際して協力が得られる
　　3．地域住民と親睦を深めることができる

Ⅲ．あなたの団体の活動についておたずねします。

Q31. 過去3年間に、あなたの団体はテレビや新聞・雑誌に何回ぐらいとりあげられましたか。　　　　　　　　　回

Q32. あなたの団体では、一般の人に向けて次にあげる活動をどのくらい行いますか。

| 5.非常に頻繁　4.かなり頻繁　3.ある程度　2.あまりない　1.まったくない |

A. 懇談会・勉強会・ミニフォーラム	5	4	3	2	1
B. シンポジウム・イベント	5	4	3	2	1
C. 広報誌・ミニコミ誌の発行	5	4	3	2	1
D. ホームページなどインターネットを使った情報発信	5	4	3	2	1

Q33. あなたの団体は、政治や行政に要求や主張する際に、次にあげる手段や行動をどのくらい行いますか。Q9 でお答えになった団体の活動範囲を念頭において、お答えください。

| 5.非常に頻繁　4.かなり頻繁　3.ある程度　2.あまりない　1.まったくない |

A. 与党との接触（電話、会見など）	5	4	3	2	1
B. 野党との接触（電話、会見など）	5	4	3	2	1
C. 中央省庁との接触（電話、会見など）	5	4	3	2	1
D. 自治体との接触（電話、会見など）	5	4	3	2	1
E. 政党や行政に発言力をもつ人との接触	5	4	3	2	1
F. 政党や行政の法案作成の支援	5	4	3	2	1
G. 技術的、専門的情報や知識の提供	5	4	3	2	1
H. パブリック・コメント	5	4	3	2	1
I. 手紙、電話、電子メールなどで働きかけるよう会員に要請	5	4	3	2	1
J. 請願のための署名	5	4	3	2	1
K. 集会への参加	5	4	3	2	1
L. 直接的行動（デモ、ストライキなど）	5	4	3	2	1
M. マスメディアへの情報提供	5	4	3	2	1
N. 記者会見による立場表明	5	4	3	2	1
O. 意見広告の掲載（テレビ、新聞、雑誌）	5	4	3	2	1
P. 他団体との連合の形成	5	4	3	2	1

Q34. あなたの団体の活動によって、特定の政策や方針を、国と自治体に〈実施〉または〈修正・阻止〉させることに成功した経験がありますか。

1. 経験あり
2. 経験なし

【国の政策・方針】【自治体の政策・方針】
実施　修正・阻止　実施　修正・阻止
□　　□　　　　□　　□

IV. NPOに対するあなたの団体のお考えについておたずねします。

Q35. 次にあげる中で、公共的なサービスを提供するうえで、行政機関と比べてNPOが優位な点を、<u>重要な順に3つまで</u>お答えください。

1位	2位	3位

1. 旧弊や慣習に縛られない先駆的な活動ができる
2. 効率的なサービスを提供できる
3. 受益者のニーズに柔軟に対応できる
4. 受益者のニーズに迅速に対応できる
5. 公平なサービスを提供できる
6. 多元的な価値観を表現できる
7. 腐敗や汚職の危険が少ない

Q36. 現在の日本社会におけるNPO全般と行政との関係は、次にあげる中で、どれに最も近いとお考えですか。

1. おおむね対等に意見交換や協働している
2. NPOが行政機関を支援する関係にある
3. 行政機関がNPOを支援する関係にある
4. 認証を除いて関わりがない

Q37. 一般的にいって、NPOは政策策定のどの段階に関わるのがよいとお考えですか。<u>あてはまるものすべての番号に○をつけてください。</u>

1. 政策の計画立案
2. 政策の決定
3. 政策の執行
4. 政策の評価
5. 政策と関わるべきではない

Q38. 次にあげるNPOについての意見に対する団体としての立場をお答えください。

> 5.賛成　4.どちらかといえば賛成　3.どちらともいえない
> 2.どちらかといえば反対　1.反対

A．NPOと行政は対等に協働したほうがよい	5	4	3	2	1
B．NPOは行政の政策執行に協力したほうがよい	5	4	3	2	1
C．行政はNPOの活動を支援したほうがよい	5	4	3	2	1
D．行政はNPOへの規制を緩和したほうがよい	5	4	3	2	1
E．企業はNPOの活動を支援したほうがよい	5	4	3	2	1
F．NPOの活動領域は今後ますます拡大したほうがよい	5	4	3	2	1

V. あなたの団体の内部についておたずねします。

Q39. あなたの団体では、一般の会員はどのくらい実際の活動に参加していますか。

> 5.非常に頻繁　4.かなり頻繁　3.ある程度　2.あまりない　1.まったくない

A．団体の運営や意思決定に関与する	5	4	3	2	1
B．イベントなど実地活動に参加する	5	4	3	2	1
C．会費や寄付金を支払う	5	4	3	2	1

Q40. あなたの団体では、会員に対する連絡にどのような方法を用いていますか。
利用頻度の多い順に3つまでお答えください。

	1位	2位	3位

1．電話
2．郵便
3．電子メール
4．メールマガジン
5．ホームページ
6．電子掲示板
7．口頭
8．その他（　　　）

Q41. あなたの団体では、会員同士の交流はどのくらいありますか。

> 5.非常に頻繁　4.かなり頻繁　3.ある程度　2.あまりない　1.まったくない

A．役員と一般の会員が顔をあわせて話をする	5	4	3	2	1
B．一般の会員同士が顔をあわせて話をする	5	4	3	2	1
C．電子メールのメーリングリストを活用している	5	4	3	2	1
D．ホームページの掲示板を活用している	5	4	3	2	1

Q42. あなたの団体では、次にあげる項目にどのくらいあてはまりますか。

> 5.非常によくあてはまる　4.あてはまる　3.ある程度
> 2.あまりあてはまらない　1.まったくあてはまらない

A．規定をもとにして団体運営している	5	4	3	2	1
B．団体の方針をできるだけ会員全体で決めている	5	4	3	2	1
C．団体の活動を行うには、専門的な知識や技能が必要である	5	4	3	2	1
D．団体の運営方針は創設者の理念と不可分である	5	4	3	2	1
E．団体の運営責任者は率先して問題解決法を提示する	5	4	3	2	1
F．会員同士で意見対立がある場合、時間がかかっても話し合う	5	4	3	2	1
G．団体の目的や運営方針は会員に浸透している	5	4	3	2	1
H．団体についての情報は会員間で共有されている	5	4	3	2	1

Q43. あなたの団体の会員にはどのようなご職業の方が多いですか。おおよそでかまいませんので、割合（％）をご記入ください。

農林漁業従事者	会社経営者自営業者	被雇用者（常勤）	専門職	退職者年金受給者	主婦	学生	その他（　　）
％	％	％	％	％	％	％	％

Q44. あなたの団体の会員には大学を卒業されている方がどのくらいいらっしゃいますか（在学中も含みます）。おおよその割合（％）をご記入ください。　□％

Q45. あなたの団体の昨年度の収入の内訳について、おおよその額をご記入ください。

会費 入会金	団体の 事業収入	行政の委託 業務手数料	国や自治体 の補助金	募金 補助金	その他（　　）	合計
万円	万円	万円	万円	万円	万円	万円

VI. 回答者ご自身についておたずねします。

Q46. 回答者ご自身が最後に卒業された学校はどちらですか。
　　1．中学校　　　　4．大学
　　2．高等学校　　　5．大学院
　　3．短大・高専

Q47. 回答者ご自身が、公私ともにおつきあいしている中に、次のような方々はいらっしゃいますか。あてはまるものすべての番号に〇をつけてください。
　　1．町内会・自治会役員　　　6．県や市町村の課長以上
　　2．協同組合理事　　　　　　7．国会議員
　　3．同業者組合の役員　　　　8．地方議員
　　4．NPOや市民活動団体の役員　9．マスメディア関係者
　　5．政治団体の役員　　　　　10．学者・専門家

Q48. 回答者ご自身は、保守的－革新的と問われれば、どのあたりに位置づけられますか。次の尺度のあてはまる番号をお答えください。

　　革新　　　　　中間　　　　　保守
　　├―┼―┼―┼―┼―┼―┤
　　1　2　3　4　5　6　7

以上で設問は終わりです。ご協力ありがとうございました。
◇調査結果報告を希望される団体は、お手数ですが、お送りした封筒のあて先にありますID番号をご記入ください。なお、回答内容とID番号を照合することは一切行いません。
　　　　　　　　　　　　　ID：

筑特推 reg-cat-id

社会団体調査・NPO調査追加質問票

筑波大学大学院人文社会科学研究科
　文部科学省科学研究費特別推進研究　社会団体・NPO調査グループ
(Fax) 029-853-XXXX, XXXX

下記の質問につきまして、再度のご回答をお願い申し上げます。

1. あなたの団体の主張をとおしたり、権利、意見、利益を守るために、政党（ないし議会）、行政、裁判所のどれに働きかけることがより有効だと思われますか。現在と10年前について、1～3の順位をご記入ください。

	政党（ないし議会）↓	行政↓	裁判所↓
【現　在】	（　）位	（　）位	（　）位
【10 年前】	（　）位	（　）位	（　）位

2. 中央省庁の官僚は、日本の政治にどの程度の影響力を持っていると思いますか。日本政治全般とあなたの団体が関心のある政策領域について、下記の尺度の中であてはまる点数に〇をつけてください。

＜中央省庁の官僚の影響力＞

	ほとんど影響力なし			中　間			非常に影響力あり
日本政治全般	1	2	3	4	5	6	7
関心のある領域	1	2	3	4	5	6	7

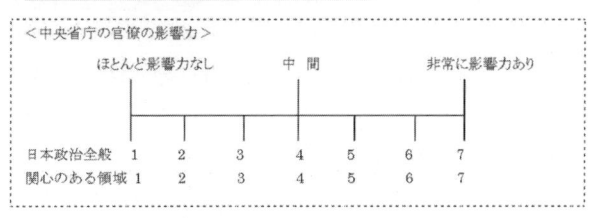

3. あなたの団体は、中央省庁の官僚とどのような関係にありますか。下記の尺度の中であてはまる点数に〇をつけてください。

＜中央省庁の官僚との関係＞

非常に対立的			中　立			非常に協調的
1	2	3	4	5	6	7

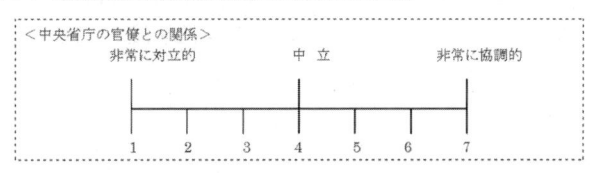

※ご回答のうえ、受け取り後1週間ぐらいまでにFAXにてご返信いただけると幸いに存じます（送信先：**029-853-XXXX, XXXX**）。

Abstract

Yutaka TSUJINAKA, Haruya SAKAMOTO, and Hidehiro YAMAMOTO, Editors

The Politics of Non-Profit Organizations in Contemporary Japan:
A New Stage of Civil Society

Although non-profit organizations(NPOs) have been the center of much attention in recent years, their relationship with politics remains unexplained because scholars have not yet fully studied the relationship between NPOs and politics.

This book reports our study of that relationship from the perspective of political science and civil society. It is based on data from the J-JIGS2-NPO, a national NPO survey, which we used to survey all 23,403 NPOs in existence as of December 2006 and which yielded 5,127 replies, for a 21.9% response rate.

Our analysis has three features. First, we compare NPOs with traditional civil society organizations. As latecomers in Japanese civil society, most NPOs were established after 1998 when Japan legislated its NPO law. J-JIGS2-NPO is designed to allow comparison with J-JIGS2, an interest group survey conducted simultaneously. The survey comparisons reveal civil society transfigurations.

Second, we probe the comprehensive relationships between NPOs and politics. We drew data from NPOs regarding how often they contact and lobby politicians, political parties, central government ministries and agencies, and mass media. We also asked about their confidence in political institutions, their interest and satisfaction with policies, and their experiences of influencing policy decisions and implementations.

Third, we describe NPOs more thoroughly than preceding studies that have lumped NPOs together or have focused only on a particular set of NPOs or part of their functioning. In contrast, our extensive survey data allow us to consider all NPO types and activities.

To summarize our main findings, most NPOs were established after 1998, have small budgets and few members, and act in local areas. As preceding studies have shown, Japanese civil society is indeed small. However, NPO members are actively involved in events and with each other. As such, we can surmise that NPOs in Japan provide "citizenship education."

NPOs have three features as civil society organizations. First, they are increasingly becoming entrepreneurial, as exemplified by the flourishing of welfare NPOs. When Japan introduced a new national elder-care insurance system, Japan's welfare market was stimulated and many welfare NPOs were established. Second, NPOs supply information and expert knowledge, features that differentiate them from interest groups. Third, they have a broad network of media contacts. NPOs working nationwide or worldwide cooperate closely with mass media to disseminate information.

Some NPOs involve national politics, although most work more extensively with local governments and are generally less involved with policy decisions than are interest groups. As of 2006 to 2007, when we conducted our survey, NPOs had not yet broken through Japan's old political structure.

However, NPOs embrace being entrusted with local public services and being involved in local government's "maximum mobilization of scarce resources." Although they may be incorporated as an instrument of neoliberal regimes, NPOs play important roles in local administration. Moreover, each year they are increasing their contact with political administrations. If their involvement with policy decisions engenders a break from the old political structure, they will reconstitute local political order. NPOs and local politics will have a more important relationship because local politics influence national politics through decentralization, autonomy of prefectural governors and mayors of municipalities, and reform of local governments. Also important will be coordination between NPOs and traditional civil society organizations such as neighborhood associations, chambers of commerce and industry, and agricultural cooperatives.

索引

ア行

アウトサイド・ロビイング →ロビイング
アソシエーション革命　59-60
新しい公共　3, 62, 266
　──推進会議　267
アドボカシー（advocacy, 政策提言）　27, 38, 110, 129, 156, 248, 252
安倍内閣　13
天下り　71
アントレプルナーシップ　104
委託業務　191
委託業務手数料　145
　行政からの──　57
委託疲れ　137
インサイド・ロビイング →ロビイング
インターネット　58, 155
後房雄　73, 106, 139
影響力
　──資源　152
　主観的──　149-150, 174, 177
　主観的──認知　192
　政治的──　149-151, 162, 174, 180
エクセレントNPO →NPO
NGO（Non Governmental Organization, 非政府組織）　28
　国際──　239, 254
NPO
　──政府間の相互依存的関係　138
　──中間支援施設　69
　──調査　287
　──（調査の）補完調査　290
　──という言葉　8
　──の多様性　261
　──の政治性　6
　──の地理的不均等分布　63
　──の定義　28
　──法（特定非営利活動促進法）　32, 61, 71, 165, 237, 241-242, 253-254
　──法人　209, 237-239, 241-243, 253-254
　──法人総数　50
　──法人リスト　289
エクセレント──　162-163, 262
環境──　210
教育──　210, 221, 226-227, 234-235
公的資金依存型──　55
国内志向──　240-243, 246, 250-253
新興勢力としての──　234
世界志向──　237, 239-243, 245-247, 249-254
地域──　211, 228, 233-235
NPO・NGO関係団体委員会　7
NPO・NGO出身国会議員　7

カ行

介護保険　62
　──法　53
価値推進団体　112, 167
活動空間　45
活動範囲のローカル性　65
活動分野　45, 209
活動目的　81
蒲島郁夫　169
ガバナンス　6
ローカル・──　183
環境NPO →NPO
環境保護運動　161-162
関心政策　83
官僚　71
　──主導　112
　行政──　72, 112, 155
寄付　137
　──やボランティア　55
教育NPO →NPO
教育系市民団体　212, 221, 234
教育団体　211, 221, 227, 234
教育分野　220-221
行財政改革　71
教職員組合　220
行政依存　137-139, 141

索　引

――体質　75
行政官僚　→官僚
行政・公的資金依存型　58
行政ネットワーク　→ネットワーク
行政の補助金　90
行政への依存度　144
行政補助団体　75, 137
グローバル化（グローバリゼーション）　25, 238-239, 253
啓発教育（public education）　164, 167
公益法人　61
――制度　71
――制度改革　62
公共サービスの供給機能　26
公共性　25
公共政策に対する不満　143-144
公共利益（public interest）　26
――団体（public interest group）　111
公衆アジェンダ　168
構造の穴　160
構造の穴（structural holes）理論　159
公的資金依存型 NPO　→ NPO
公民館　220
国際 NGO　→ NGO
国際協力　237, 239-243, 254
――NGO ダイレクトリー　237-238, 242
国内志向 NPO　→ NPO
国内志向団体　238, 241-243, 250-253
55年体制　117
個人会員数　57
コプロダクション　184

サ行

サード・セクター（third sector）　24
財団・社団法人　50
サラモン，レスター（Lester M. Salamon）　30, 60, 74
産業団体　228, 233
三次結社　99
シーズ・市民活動を支える制度をつくる会　165
事業委託　139
JIGS（Japan Interest Group Study）プロジェクト　33

JIGS 調査　10, 43-44
市区町村調査　36, 194
シグナリング（signaling）　163, 166-167
時期的留意点　12
資源（リソース）調査　79-80, 89-90, 157
自社さ連立政権　71
下請け化　245-246, 253
　行政の――　137, 139
自治会　187
――調査　35
自治体　124, 126-127, 129
市町村　125
篠原一　72
清水康之　168
市民運動　53, 71
市民活動　53, 71
――団体　31
――団体等基本調査　42
市民協働　3
市民公益税制改革　268
市民社会（civil society）
――概念　23
――におけるレイトカマー（late comer, 新規参入者）　40
――の多様性　210
――の定義　23
――の領域　24
（日本の市民社会における）4つのＳ　9, 255
市民社会組織（civil society organization）　25, 68
　旧来型の――　40
市民団体　220, 227, 233
＜市民的専門性＞　155-156
自民党　7, 71, 110, 112, 117-119
――一党優位　112
社会運動　132
社会過程　44
――における NPO　256
社会教育関係団体　221
社会団体　34
社会的企業　89
社会福祉協議会　212
社会福祉法人　50, 61, 212-213
シャットシュナイダー（E. E. Schattschneider）

162
柔軟性　156
主務官庁　61
シュワルツ，フランク（Frank Schwartz）　24
準統治機能　72
常勤スタッフ数　57
商工団体　227-228
情報（information）　152-153, 155-156, 177, 179-180
情報公開　155
職業構成　97
職業別電話帳（iタウンページ）　33
署名活動　163, 165, 168
新興勢力としてのNPO　→NPO
新自由主義　25, 84
スタッフ数　94
ステイクホルダー　6
政権党ネットワーク　→ネットワーク
政策アジェンダ　168
政策エリートに対する信頼　132-134, 143
政策エリートに対する不信　132
政策過程への参加　190, 194
政策受益団体　112, 115
政策に対する不満　129
政策不満　130-132, 136
　　――度　134
政治過程　109, 113
　　――におけるNPO　259
　　――の二環構造モデル　112, 117
政治行動　109-110, 129, 131-134, 136-139, 141-142, 144-145
政治的機会構造（political opportunity structure）　164
政治に対する忌避意識　4
政党　114, 128
政府の失敗　130, 185, 204
世界志向NPO　→NPO
世界志向団体　237-239, 241-243, 245-254
セクター団体　112
選挙制度改革　71
選挙に与えるNPOの影響　263
先駆性　156
専門知　155
専門知識　246-248, 252-253

専門的知識　96
ソーシャル・キャピタル　26, 98
組織政治の衰退　264

タ行

田中弥生　73, 137
団体活動費の推移　14
団体財政の推移　14
団体設立年　51
団体設立の理由　52
団体の正統性（評判）　151, 155
団体法制度　61, 68
断片化指数　97
地域NPO　→NPO
地域協議会　227
地域系市民団体　212, 228, 234
地域産業団体　212, 228, 234
地域自治区　227
地域住民組織　227
地域づくり分野　227
小さな政府，大きな財政赤字の問題　10, 255
知見の含意　262
地方議員　196
地方における秩序再編　263
地方分権　71
中央省庁　71, 124-127, 152, 154
中間支援施設　69
定量的（quantitative）手法　42
デモ　168
　　――・ストライキ　163, 168
特定非営利活動促進法（NPO法）　→NPO
トクヴィル，アレクシス・ド（Alexis de Tocqueville）　25
トリックスター（trickster）　173

ナ行

内閣府経済社会研究所民間非営利団体に対する調査　13
二大政党　117-118, 121
日本NPOセンター　162
日本社会をめぐる謎解き　9
日本政治の比較政治学的文脈での謎　255
任意団体である各種の市民活動団体（任意市民団体）　37

認定 NPO 法人制度　62
ネットワーク　159-161, 177, 179-180
　　行政──　112
　　政権党──　112, 117
　　野党──　112, 117
ネットワーキング　247
農林水産業団体　227-228

ハ行

ハーシュマン（Albert O. Hirschman）　132
鳩山由紀夫　266
阪神・淡路大震災　15, 61, 71
PTA　221
非営利性　30
非営利セクター国際比較研究プロジェクト
　（The Johns Hopkins Comparative Nonprofit
　Sector Project）　30
東日本大震災　9, 15
　　──支援全国ネットワーク　268
非政府性　30
票とカネ　151, 179
ファー，スーザン・J（Susan J. Pharr）　80
福祉 NPO　210, 213, 220, 234
　　──の事業化　234
福祉系市民団体　212-213, 234
福祉団体　211, 213, 219-220, 234
福祉分野　212
不満　129
フリーライダー問題　74, 91
紛争拡大（conflict expansion）　163, 166-167
紛争の拡大　162
ペッカネン（Robert Pekkanen）　80, 106
ベリー，ジェフリー（Jeffrey M. Berry）　5, 111
法人格取得年　51
ボランタリー・セクター（voluntary sector）　24
ボランタリーの失敗　74
ボランティア　137

──の神話　193

マ行

マスメディア　164, 166-173, 177, 179, 249-250, 253
松下圭一　73, 137
松原明　165
ミッション（使命）　79, 137
民主主義の学校　26
民主党　7, 117-119
　　──政権下での NPO に関する政策　264
　　──政策集 INDEX2009　265
村松岐夫　112, 126

ヤ行

野党ネットワーク　→ネットワーク
山岡義典　29
山岸秀雄　8
世論　162-163, 165, 169
弱い紐帯（weak ties）　160

ラ行

リーダーシップ　104
利益団体（利益集団）　26, 43, 111, 113, 115, 152
利益団体政治　128, 151, 179, 181
　　──の旧構造　112
　　日本の──　111, 151
利益表出機能　26
冷戦　71
レファレント多元主義（referent pluralism）　169
ロビイング（ロビー活動）　111
　　インサイド・──（inside lobbying）　163
　　アウトサイド・──（outside lobbying）　163-169, 177, 179-180

ワ行

ワイスブロッド（Burton A. Weisbrod）　129

著者略歴

辻中　豊（つじなか　ゆたか）
1954年　大阪府生まれ
1981年　大阪大学大学院法学研究科単位取得退学，博士（法学）京都大学
現　在　筑波大学副学長（国際担当），人文社会系教授
主要著書・論文　『利益集団』東京大学出版会，1988年，『現代日本の市民社会・利益団体』木鐸社，2002年，『現代日本の自治会・町内会』（ロバート・ペッカネン，山本英弘との共著）木鐸社，2009年，『現代社会集団の政治機能―利益団体と市民社会』（森裕城との共編）木鐸社，2010年，『ローカル・ガバナンス―地方政府と市民社会』（伊藤修一郎との共編）木鐸社，2010年，"From Developmentalism to Maturity: Japan's Civil Society Organizations in Comparative Perspective," in Frank J. Schwartz and Susan J. Pharr eds. *The State of Civil Society in Japan*, Cambridge University Press, 2003.

坂本治也（さかもと　はるや）
1977年　兵庫県生まれ
2005年　大阪大学大学院法学研究科博士後期課程単位修得退学，博士（法学）
現　在　関西大学法学部准教授
主要著書・論文　『ソーシャル・キャピタルと活動する市民―新時代日本の市民政治』有斐閣，2010年，「ソーシャル・キャピタル論とガバナンス」岩崎正洋編『ガバナンス論の現在―国家をめぐる公共性と民主主義』（所収）勁草書房，2011年，「市民社会組織のもう1つの顔―ソーシャル・キャピタル論からの分析」辻中豊・森裕城編『現代社会集団の政治機能―利益団体と市民社会』（所収）木鐸社，2010年

山本英弘（やまもと　ひでひろ）
1976年　北海道生まれ
2003年　東北大学大学院文学研究科博士課程修了，博士（文学）
現　在　山形大学地域教育文化学部講師
主要著書・論文　Kawato, Y, R. Pekkanen and H. Yamamoto "State and Civil Society in Japan" A. Gaunder ed. *The Routledge Handbook of Japanese Politics*, Routledge, 2011，『現代日本の自治会・町内会』（辻中豊，ロバート・ペッカネンとの共著）木鐸社，2009年，「社会運動の発生と政治的機会構造」数土直紀・今田高俊編『数理社会学入門』勁草書房（所収），2005年

足立研幾（あだち　けんき）
1974年　京都府生まれ
2003年　筑波大学大学院国際政治経済学研究科修了，博士（国際政治経済学）
現　在　立命館大学国際関係学部准教授
主要著書・論文　『オタワ・プロセス―対人地雷禁止レジームの形成』有信堂，2004年，『レジーム間相互作用とグローバルガヴァナンス―通常兵器ガヴァナンスの発展と変容』有信堂，2009年，"Why Japan Signed the Mine Ban Treaty: The Political Dynamics behind the Decision," *Asian Survey*, Vol.45, No.3, 2005

久保慶明（くぼ　よしあき）
1983年　栃木県生まれ
2011年　筑波大学大学院人文社会科学研究科修了，博士（政治学）
現　在　筑波大学人文社会系助教
主要著書・論文　「地方政治の対立軸と知事-議会間関係―神奈川県水源環境保全税を事例として」日本選挙学会年報『選挙研究』25(1)，2009年，「ローカル団体の存立・行動様式」辻中豊・森裕城編『現代社会集団の政治機能―利益団体と市民社会』（所収）木鐸社，2010年，「市区町村職員をとりまくネットワーク」辻中豊・伊藤修一郎編『ローカル・ガバナンス―地方政府と市民社会』（所収）木鐸社，2010年

現代日本のNPO政治ー市民社会の新局面ー

2012年5月30日第1版第1刷　印刷発行　Ⓒ

編著者との 了解により 検印省略	編著者	辻中　豊也 坂本　治也 山本　英弘
	発行者	坂口　節子
	発行所	(有)木鐸社 (ぼくたくしゃ)
	印刷	アテネ社　製本　高地製本所

〒112-0002 東京都文京区小石川 5-11-15-302
電話 (03) 3814-4195番　FAX (03)3814-4196番
振替 00100-5-126746　http://www.bokutakusha.com

(乱丁・落丁本はお取替致します)

ISBN978-4-8332-2454-3　C3033

辻中豊（筑波大学）責任編集
現代市民社会叢書

本叢書の特徴：
　21世紀も早や10年を経過し，科学技術の「進歩」や社会の「グローバリゼーション」の進行によって，世界が否応なく連動しつつある。それに伴って国家と社会・個人およびその関係の在り方も変わりつつあるといえよう。本叢書は主として社会のあり方からこの問題に焦点を当てる。2006年8月から開始された自治会調査を皮切りに，電話帳に掲載された社会団体，全登録NPO，全市町村の4部署について2008年1月までの1年半の間，実態調査を続け，合計4万5千件におよぶ膨大な市民社会組織と市区町村に関する事例が収集された。この初めての全国調査は従来の研究の不備を決定的に改善するものである。本叢書はこの貴重なデータを基礎に，海外10カ国余のデータを含め多様な側面を分析し，日本の市民社会を比較の視座において実証的に捉えなおすものである。

（1）辻中豊・ロバート・ペッカネン・山本英弘
現代日本の自治会・町内会：
第一回全国調査にみる自治力・ネットワーク・ガバナンス
　　　　A5判・264頁・3000円（2009年）ISBN978-4-8332-2420-8

（2）辻中豊・森裕城編
現代社会集団の政治機能：
利益団体と市民社会
　　　　A5判・380頁・3500円（2010年）ISBN978-4-8332-2430-7

（3）辻中豊・伊藤修一郎編
ローカル・ガバナンス：
地方政府と市民社会
　　　　A5判・250頁・3000円（2010年）ISBN978-4-8332-2429-1

〔以下続刊〕
（5）小嶋華津子・辻中豊・伊藤修一郎
比較住民自治組織

現代世界の市民社会・利益団体研究叢書
辻中豊編（筑波大学）　　　　　　　　　　　　全6巻

　各国市民社会組織の構成や配置, そして利益団体としての政治過程での行動, 関係を世界的な比較の中で体系的に分析し, 各国の政治社会構造の特性を摘出する。とりわけ, 共通の調査分析部分とそれを踏まえた日本との比較と各国別の固有の質的な分析を行う。

第1巻　現代日本の市民社会・利益団体
辻中豊編
A5判・370頁・4000円（2002年）ISBN4-8332-2319-8

第2巻　現代韓国の市民社会・利益団体
：体制移行と日韓比較研究
辻中豊・廉載鎬編
A5判・490頁・6000円（2004年）ISBN4-8332-2320-1

第3巻　現代アメリカの市民社会・利益団体
：ロビー政治の実態と日米比較
辻中豊・石生義人・久保文明編
A5判・350頁・価未定　ISBN4-8332-2321-X

第4巻　現代ドイツの市民社会・利益団体
：団体政治の日独比較
辻中豊・フォリヤンティ=ヨスト・坪郷實編
A5判・350頁・価未定　ISBN4-8332-2322-8

第5巻　現代中国の市民社会・利益団体
辻中豊・李景鵬・国分良成編
A5判・350頁・価未定　ISBN4-8332-2323-6

第6巻　現代世界の市民社会・利益団体
：総括　5カ国比較
辻中豊編
A5判・350頁・価未定　ISBN4-8332-2324-4

別巻　日本における市民社会の二重構造
R. Pekkanen, Japans Dual Civil Society : Without Advocates, 2006
R. ペッカネン著　佐々田博教訳
A5判・272頁・3000円（2008年）ISBN978-4-8332-2399-7 C3031

　日本における市民社会の組織は, 消費者運動に焦点を絞った生活者運動に終始する傾向が強く, 国の政策転換や社会全体の改革に提言する機会が少ない。しかし, 日本の市民社会は社会関係資本や共同体の育成を通じて民主主義をささえる一方, 政策提言団体に育てる人材が少ないことが市民社会の二重構造を作り出している, と分析する。

公共経営論
田尾雅夫著 (愛知学院大学)
A5判・450頁・4500円（2010年）ISBN978-4-8332-2424-6
　近代が仮想した市民社会が現前にある。しかし成熟した豊かなその市民社会の前に大いなる陥穽が待ちうける。即ち少子高齢社会の致来である。膨らむ一方の需要に対して，少ない資源をどのように案分するか，それをどのように乗り越えるかは，全体社会として関わらざるを得ない大きな政策課題である。本書は公共セクターの組織をマネジメントするための方法を提示する。

行政サービスのディレンマ
M. Lipsky, Street-Level Bureaucracy, 1980
M. リプスキー著　田尾雅夫訳
A5判・352頁・3000円（1998年2刷）ISBN4-8332-0224-7
■ストリート・レベルの官僚制
　本書は街中の，地域住民のニーズと直接相対する官僚制＝教師・警官・弁護士・ソーシャルワーカー等の組織内外の行動の実態から，その制約要因や可能性を多角的に分析。本書により80年度ライト・ミルズ賞，81年度アメリカ政治学会カメラー賞を受ける。

行政サービスの組織と管理
田尾雅夫著
A5判・302頁・4000円（2010年6刷）ISBN4-8332-2145-4
■地方自治体における理論と実際
　本書は，「地方自治」という規範的概念を内実化するための方途として地方自治体の組織の変革可能性を議論したものである。即ち地方自治を機能させるための道具或いは装置としての自治体をどう運営するかということに実証的・理論的に取り組んだ。組織論の研究蓄積を駆使した試行調査の成果。日経図書文化賞受賞。

地方分権時代の自治体官僚
金　宗郁著 (香川大学法学部)
A5判・222頁・4000円（2009年）ISBN978-4-8332-2413-0
　社会の多様化に伴う複雑な社会問題は「地方分権時代」をもたらした。自治体間の政策競争が現実となりつつある今日，政策決定過程における官僚の行動が，どのように自治体の政策パフォーマンスに影響を与えているか。その組織規範に焦点を当て，社会学的新制度論の文化・認知的アプローチを取り入れて計量的に解明する。

日本の政府間関係　■都道府県の政策決定
Steven R. Reed, Japanese Prefectures and Policymaking, 1986
スティーヴン・リード著　森田朗他訳
A5判・296頁・2800円（1998年2刷）ISBN4-8332-2151-9
　1 政府間関係における影響力　2 比較的視座における日本の地方政府　3 日本の地方政府の発展　4 公害規制政策　5 住宅政策　高校教育政策　7 結論
　日本の地方自治を，比較政治学の観点から考察し政策決定に当ってどのような影響力関係が働いているかを分析。

自治体発の政策革新
伊藤修一郎著　(筑波大学)
A5判・300頁・3000円（2006年）ISBN4-8332-2376-7
■景観条例から景観法へ
　本書は景観条例を題材として，自治体が現代社会の政策課題に取り組む主体として，その潜在力を発揮できるのは，どのような条件のもとでか。いかにして自治体発の政策革新が可能になるのか，を追究する。分析した自治体は全国に及び，理論整理と実証的積み重ねは，他に類をみない。

市町村合併をめぐる政治意識と地方選挙
河村和徳著　(東北大学情報科学研究科)
A5判・184頁・2500円（2010年）ISBN978-4-8332-2436-9
　これまでの合併に関する研究は，「合併」という事象にのみ着目したものが多かった。しかし，地方政治の連続性を考慮すると，ポスト「平成の大合併」における政治現象は，合併のアウトカムが問題であり，本書は，合併後の地方政治を考える際の仮説を導き出す探索型の研究である。

民主制のディレンマ　■市民は知る必要のあることを学習できるか？
Arthur Lupia, Mathew D. McCubbins, The democratic dilemma : can citizens learn what they need to know? 1998.
アーサー・ルピア＝マシュー・D. マカビンズ著　山田真裕訳
A5判・300頁・3000円（2005年）ISBN4-8332-2364-3 C3031
　複雑な争点について市民がどのように意思決定するかを経済学，政治学，および認知科学に基づくモデルを構築し，それらを実験で検証する。民主制が依拠している委任を成り立たせる理性的選択の条件を明示し，併せて制度設計が市民による統治能力にどう影響するかも洞察。

日本型教育システムの誕生
徳久恭子著（立命館大学法学部）
A5判・352頁・4500円（2008年）ISBN978-4-8332-2403-1 C3031
　敗戦による体制の転換において，教育改革は最優先課題であった。それは米国型の「国民の教育権」を推し進めようとするGHQと旧来の伝統的自由主義にもとづく教育を取り戻したい文部省との対立と妥協の政治過程であった。教育基本法という日本型教育システムの誕生にいたるそのプロセスを，従来の保革対立アプローチの呪縛を脱し，アイディアアプローチを用いて論証する政治学的考察。

教育行政の政治学
村上祐介著（日本女子大学）
A5判・322頁・3000円（2011年）ISBN978-4-8332-2440-6 C3031
■教育委員会制度の改革と実態に関する実証的研究
　教育行政学と行政学は教育委員会制度改革に対する規範的な見解の違いはあるが，現状認識としては，共に教育行政が縦割り集権構造の強い領域であるというモデルの理解に立っている。本書はこれに対し通説とは異なるモデルによって実証的な分析を提示する。更にその実証過程で新しい制度論に基づき，理論的貢献を果たす。

著作権法改正の政治学
京　俊介著（中京大学法学部）
A5判・270頁・3500円（2011年）ISBN978-4-8332-2449-9 C3031
■戦略的相互作用と政策帰結
　多くの有権者，政治家にとって極めて専門的な内容であるロー・セイリアンスの政策分野の一つに著作権法・知的財産政策がある。本書は著作権法改正過程を巡る政治家，官庁，利益集団，外国の戦略的相互作用をゲーム理論を用いて分析し，その上でそれらを民主的手続きの正当性の観点から考察する。

制度発展と政策アイディア
佐々田博教著（立命館大学）
A5判・270頁・3500円（2011年）ISBN978-4-8332-2448-2 C3031
　戦後日本における開発型国家システムの起源はどこにあるか，またそのシステムが戦時期から戦後の長期に亙って維持されたのは何故か。本書は主導的官僚機構と政策アイディアの連続性のポジティブ・フィードバック効果によるアプローチに基づき，満州国，戦時期日本，戦後日本の歴史を過程追跡し，検証する。